Ernst Laas

Kants Analogien der Erfahrung

Ernst Laas

Kants Analogien der Erfahrung

ISBN/EAN: 9783743699922

Hergestellt in Europa, USA, Kanada, Australien, Japan

Cover: Foto ©Thomas Meinert / pixelio.de

Weitere Bücher finden Sie auf **www.hansebooks.com**

Kants

Analogien der Erfahrung.

Eine kritische Studie

über die

Grundlagen der theoretischen Philosophie

von

Ernst Laas.

BERLIN

WEIDMANNSCHE BUCHHANDLUNG.

1876.

INHALTSVERZEICHNISS.

Einleitung (§ 1 und 2).

Erster Theil (§ 3-16).

Bedeutung und Umfang, Quelle und Werth der Analogien der Erfahrung.

Allgemeine Bedenken.

Zweiter Theil (§ 17-28).

Die erste Analogie.

Dritter Theil (§ 29-38).

Die zweite und die dritte Analogie.

Schluss (§ 39 und 40).

———————

Die Citate aus Kant sind sämmtlich nach der Ausgabe von Karl Rosenkranz
und Fried. Wilh. Schubert, 1838 ff.

Einleitung.

(§ 1 und 2.)

1.

Seit Schopenhauers wiederholten, nachdrücklichen und vorwurfsvollen Ermahnungen ist das Kantstudium in frischesten Fluss gekommen[1]; der Königsberger Philosoph findet von Neuem seine Commentatoren und Paraphrasten wie am Ende des vorigen Jahrhunderts; den Schultz, Mellin, Reinhold und Beck haben sich die K. Fischer, E. Arnoldt, H. Cohen, J. Witte u. A. an die Seite gestellt; der tiefbohrende und vielseitig orientirte Denker ist uns wieder «ganz nahe[2]» gebracht. Und während Schleiermacher vor 80 Jahren noch mit einer gewissen Verdriesslichkeit «an der räucherigen Schwarte[2]» nagte, hören wir jetzt von Kantlesern und Kantforschern über ihr Studium manch tröstliches und dankbares Wort[3]. Die Dunkelheiten der Lehre und Darstellung weichen immer mehr der vollen und ganzen «Sonnenhelle»[2]. Immer mehr wächst die Aussicht, dass man auch in nicht philosophischen Kreisen nicht bloss die Nothwendigkeit und Nützlichkeit der Beschäftigung mit Kants Schriften bald gebührend würdigen, sondern auch für das echt Kantische dermassen Verständniss und so zu sagen instinktives Gefühl bekommen wird, um in der Subsumtion von Lehren und Gelehrten unter das grosse Schulhaupt etwas wählerischer zu sein als bisher; denn es sind bei Weitem nicht alle Schriftsteller «Kantianer», die sich dafür ausgeben oder von Andern als solche bezeichnet werden[4].

So verdienstlich die neue schon vielbändig sich darstellende Kantphilologie ist, wenn es zu verhüten gilt, dass fremdartige und synkretistische Ideen hinter Kants marmornem Ruhme Deckung und Verbreitung suchen, so kann hier so wenig wie sonst Philologie letzter wissenschaftlicher Zweck sein. Und wie es nicht genügen kann, den Kriticismus seinem authentischen Sinne nach festzustellen, ihn zu durchleuchten und genetich zu begreifen, um selbst danach etwa mit irgend einer Köhlermetaphysik weiter zu vegetiren, so darf man ihn auch nicht unter allen Umständen «retten» wollen, um etwa, wie Jemand spottend bemerkt, doch irgend ein «anständiges Obdach zu haben», das sich bei der allgemeinen, «philosophischen Wohnungsnoth»[5] zur Unterkunft eignet: obwohl nicht zu leugnen ist, dass einige Kantforscher vorläufig in dieser bescheidenen, aber sterilen Unterordnung ihre volle Befriedigung finden[6]. Es bedarf, je vertrauter uns Kant wieder wird, um so mehr der kritischen Vorsicht, der selbständigen Prüfung und wo es nöthig scheint der Weiter- oder Umbildung. Nur so dürfte übrigens auch Hoffnung werden, dass der gegenwärtigen Epoche aus jenen intensiven philologisch-historisch-apologetischen Bemühungen endlich das erwächst, wonach sie, wenn man den ziemlich lauten und verbreiteten Wehklagen glauben darf, ein so grosses Verlangen trägt, nämlich eine kritisch vorsichtige und wissenschaftlich wohlbegründete Welt- und Lebensansicht.

2.

Das Fundament einer wissenschaftlichen Philosophie kann nur in einer kritischen Untersuchung über die letzten Prinzipien unserer Erkenntniss oder wie Helmholtz (Ueber das Sehen des Menschen, 1855, S. 5) es ausdrückt, über «die Quellen unseres Wissens und den Grad seiner Berechtigung»: es kann nur in einer besonnenen und unbefangenen Erkenntnisstheorie gefunden werden, der sich, gleichfalls nach Helmholtz, «kein Zeitalter», wir fügen hinzu: sicher kein Philosoph «ungestraft[7] wird entziehen können». Offenbar ist es auch eine von den Hauptursachen, auf die die umfassende und tiefgehende Wiederaufnahme des Kantstudiums zurückzuführen ist, dass dieser Philosoph von jener Ueberzeugung innerlichst durchdrungen war[8]. Es ist daher nicht zufällig, dass von seinen Schriften gerade diejenigen am eifrigsten durchmustert und am hellsten beleuchtet werden, welche seine eigenthümlich tiefsinnige Erkenntnisslehre, seine Transcendentalphilosophie auseinanderlegen. Jedermann fühlt es, dass in ihnen nicht bloss der Kern seiner eigenen Gedanken steckt, sondern auch dass hier die Dinge verhandelt werden, bei deren Erörterung und Erledigung unsere gegenwärtigen Bestrebungen wieder einzusetzen haben.

Eine Kritik der Kantischen Erkenntnisslehre ist etwas, was nicht bloss unzählige Mal nebenbei stattgefunden hat, sondern was sehr oft auch geflissentlich für sich unternommen worden ist. Wenn diese zum Theil hochverdienstlichen Bemühungen bis jetzt noch nicht den Erfolg gehabt haben, ein wissenschaftlich brauchbares und wohlbefestigtes Fundament für etwaigen Weiterbau zu gewinnen, so scheint eine Hauptursache dieses Mangels die zu sein, dass meist das grundlegende Referat über die Kantischen Lehren nicht concentrirt genug war; ich meine dass man sich erstens wieder und immer wieder noch weitläufig exponirend auf Dinge einliess, über die unter Urtheilsfähigen kaum noch ein Missverständniss möglich ist — so kann es wohl allmählich als ausgemacht gelten, wie Kant die Apriorität von Raum und Zeit hat verstehen wollen, — und dass man zweitens sich in all die vielverschlungenen und oft erzscholastischen Umständlichkeiten, Wendungen und Windungen verlocken und auseinanderzerren liess, durch welche die Kantischen Schriften und vorzüglich die Kritik der reinen Vernunft (gerade wie die Aristotelische Metaphysik und Analytik) angestrengtem Nachdenken und mühevoller Forschung leider ebenso sehr Anlass und Beschäftigung bieten, wie durch den Gedankengehalt und die zum Theil frappirende Neuheit der darin herausgearbeiteten, aus der Tiefe emporgeholten Ergebnisse.

Die folgenden Blätter suchen dem angedeuteten Fehler und Misserfolg dadurch aus dem Wege zu gehen, dass sie erstens

sofort diejenige Partie der Kantischen Erkenntnisskritik in
den Mittelpunkt der Betrachtung stellen, welche die Eigenthümlichkeit der Denkart des Autors am kräftigsten hervortreten lässt, welche dabei nachweislich vielfach missverstanden
worden ist, in welcher ferner diese Theorie culminirt, ja in
welche schliesslich alle wirklich wichtigen Gedankenlinien des
Systems der Art zusammenlaufen, dass wenn sie in den
inneren Blickpunkt gerückt wird, die Gefahr kaum entstehen
kann, für die Vortheile der Concentration all die schiefen und
gewaltsamen Auffassungen einzutauschen, welche die Heraus-
lösung eines Gliedes aus einer sorgfältig verschlungenen
Gedankenkette sonst mit sich zu bringen pflegt.

Diese Cardinalstelle der Kritik der reinen Vernunft ist die,
welche überschrieben ist: Die Analogien der Erfahrung,
jene merkwürdige Stelle, welche den Beweis dafür zu erbringen
versucht, dass wir ein volles und unzweifelhaftes Recht
haben, vor aller Erfahrung von aller Erfahrung, die wir
machen können, auszusagen, dass sie ein Beharrliches
als Substanz enthalten, so wie dass sie dem Gesetze der
Causalität und Wechselwirkung unterworfen sein
müsse. Diese Stelle steht mitten inne in der «systematischen Vorstellung aller synthetischen Grundsätze
des reinen Verstandes»; sie setzt durchweg die Deduction der reinen Verstandesbegriffe, so wie den Schematismus derselben voraus; sie weist durch letzteren in die
Erörterungen der transcendentalen Aesthetik über die
Zeit hinein; es wird sich unten zeigen, dass sich die Lehre
von der transcendentalen Idealität des Raumes überall zur
kritischen Vergleichung herandrängt; der Substanzbegriff
nöthigt, auf die psychologischen Paralogismen, der Kraftbegriff in seinem Verhältniss zur Substanz und Causalität, in
die metaphysischen Anfangsgründe der Naturwissenschaft einen Blick zu werfen, durch den Causalitäts-
begriff wird die Teleologie, wie die Freiheitslehre nahe
gerückt; und von da aus eröffnet sich die Aussicht in die
weiten und unabsehbaren Gefilde der Metaphysik. Die
verstärkte und concentrirte Beleuchtung einer solchen Stelle
ist so weit davon entfernt, das Kantische System in ein fremd-
artiges, gefälschtes Licht zu rücken, dass sie vielmehr die

Einheit und Vergliederung des Ganzen recht deutlich und kräftig zu markiren im Stande ist.

Um indessen alle Vorsicht walten zu lassen, soll auch die kritische Behandlung der Analogien in jeder dem Verständniss und der Würdigung förderlich scheinenden Weise zu denjenigen Gedankengruppen der Kantischen Philosophie jedesmal absichtlich ausbiegen, welche entweder von dorther Licht empfangen oder dorthin Licht zu spenden vermögen (vgl. § 19 ff., § 25 ff., § 31 ff., § 36). Es besteht auf keinen Fall die absurde Tendenz, mit der Heraussonderung und Bevorzugung des einen Lehrartikels eine Verkümmerung der Kantischen Theorie zu verbinden, um etwa gar leichter über sie obsiegen zu können. Man wird eher Zeichen des Gegentheils finden, Zeichen der Absicht meine ich, Kants Position möglichst zu decken und zu halten. Sollte z. B. die ausser- oder nachkantische Forschung auf Thatsachen geführt und Anschauungen entwickelt haben, welche der Kantischen Lehre sei es Zeugniss geben, sei es eine vortheilhaftere Fassung verleihen, so wird man die Kritik bemüht sehen, zu Kants Gunsten, so weit der Wunsch Wahrheit zu finden es erlaubt und in Pflicht stellt, davon Gebrauch zu machen (vgl. § 32 und 33).

Diese Weise der Behandlung schien um so mehr angezeigt, als zweitens überall die Absicht vorschwebte, die Erläuterung und Kritik Kants, so ausführlich und einlässlich dieselbe auch gerathen möchte, in letzter Instanz nur als Vorbereitung und Handhabe für eigene positive Grundlegungen zu benutzen (vgl. § 28, § 39 f.). Auch aus diesem Grunde hat gelegentlich über die Sphäre der Kantischen Schriften, ja des Kantischen Zeitalters, nach vorwärts und rückwärts hinausgegriffen werden müssen. —

Unter den Philosophen, welche die Gegenwart beherrschen und mit Kant im Einklang oder im Gegensatz sich befinden. schienen John Stuart Mill und Schopenhauer die meiste Berücksichtigung zu verdienen. Man wird es aber bald genug empfinden, aus welchen Gründen, trotz vielfältiger Uebereinstimmung mit den Prinzipien und Methoden des Ersteren, der Verfasser doch der Ansicht ist, dass es denselben nur zum Vortheil gereicht haben würde, wenn sie mehr auf Grund eingehender Vertrautheit mit Kant als im Gegensatz zu den

wenngleich wohlunterrichteten und nachdenklichen, aber bei
Weitem nicht so tief, kräftig, und ich möchte sagen zugreifend angelegten englischen Aprioristen Whewell und Hamilton
entwickelt worden wären; und wesshalb er es gar in hohem
Grade bedauern müsste, wenn man durch die zum Theil
knappere und durchsichtigere Darstellung, welche der Letztere einigen Kantischen Gedanken verdienstvoller Weise
gegeben hat und durch die in manchen Punkten zutreffende[9],
ja schlagende Kritik, die er an andern geübt hat, in noch
weiteren Kreisen als jetzt schon sich bewegen liesse, der
Beschäftigung mit Kant selbst sich zu überheben, um lieber
an den inexacten, ja zum Theil wüsten Vorstellungen des
Schülers ein träges, steriles, wo nicht gar bloss provocatorisches Ergötzen zu suchen, anstatt sich durch die schwieriger
und abstossender gefassten, aber im Grossen und Ganzen doch
abgeklärteren und vor Allem exacteren Ideen des Meisters in
der Tiefe aufrütteln, belehren und wenn es sein kann zu
wirklich gesunden Neuschöpfungen sich anregen zu lassen.
Zumal dasjenige, was uns dieser Schüler als die «Basis» und
«Seele» der Kantischen Philosophie bezeichnet — er findet
es selbst seinen indisch-romantischen Bizarrerien und Paradoxien verwandt — von Kant selbst auf das Energischeste
perhorrescirt sein würde[10].

Von wissenschaftlichen Verächtern der Philosophie ist
mehr als andere G. Th. Fechner berücksichtigt, dessen
gehaltreiche Schrift über die physicalische und philosophische
Atomenlehre (1. Aufl. 1855, 2. Aufl. 1864) den Prinzipien
echter, nämlich wissenschaftlicher Philosophie — zu solcher
rechne ich die Kantische, nicht aber die Schellingsche —
gar nicht fern steht, und die in ihren zum Theil heftigen
Ausfällen gegen dieselbe nur beweist, wie F. A. Lange
(Geschichte des Materialismus, 2. Aufl., II, 193) mit zurückfliegendem, leichtblütigem Spott sich ausdrückt, dass ihr
Verfasser jeden Philosophen hinter der Ofenbank sucht, hinter
welcher er selbst gesteckt hat.

Ich habe zunächst vor, die den Analogien der Erfahrung
vindizirte Bedeutung durch eine Auseinandersetzung mit
Schopenhauer und durch Berufung auf Kants eigene Bemerkungen noch genauer zu bestimmen und fester zu begründen.

Erster Theil.

(§ 3-16.)

Bedeutung und Umfang,
Quelle und Werth der Analogien der Erfahrung.
Allgemeine Bedenken.

3.

Obwohl auch Schopenhauer unsere Partie der Kritik der reinen Vernunft besonders hervorhebt, ja obwohl er sie zu den «eigentlich tiefsinnigen Capiteln» der Kantischen Schriften rechnet, zu den Capiteln, bei deren Lectüre «man sich dem ganzen traumartigen Dasein, in welches wir versenkt sind, auf wundersame Weise entrückt und entfremdet fühlt[11]» (Werke, V, 183 f.): Kants bedeutendste Leistung findet er in ihr nicht. Nach ihm liegen die Leistungen, die Kants Namen zu «verewigen» berufen sind, weil sie «unumstössliche» wissenschaftliche Errungenschaften darstellen, in der transcendentalen Aesthetik, sowie in der Lehre vom intelligiblen Charakter und der intelligiblen Freiheit (Werke, II, 185, 341 f., 518, 532; IV, Preisschrift über die Freiheit des Willens, S. 95; V, 90). Dagegen wird auf den ganzen Abschnitt, welchem die Analogien der Erfahrung angehören: auf die transcendentale Analytik wird wiederholt und wortreich der Tadel der stilistischen und gedanklichen Unklarheit, Unsicherheit und Unhaltbarkeit geheftet (vgl. vorzüglich Werke, II, 528 f.); was freilich zu dem vorher citirten überschwänglichen Lob nicht sonderlich stimmen will.

Inzwischen ist in Beziehung auf die in der transcendentalen Aesthetik vorgetragene Lehre von der Subjectivität und Apriorität der Anschauungsformen Raum und Zeit zu bemerken, dass sie von derjenigen Seite, welche sie für Schopenhauer vorzüglich werthvoll macht, indem sie seinen Fundamentalsatz: «die Welt ist Vorstellung» begründet, Kant nicht ausschliesslich zugehört, dass sie, wie Schopenhauer selbst sehr wohl weiss (vgl. z. B. Werke, II, 514 f.), wenigstens was den Raum und alles was in ihm ist, betrifft, schon Berkeley [12], «gegen dessen Verdienst Kant nicht gerecht ist», mit aller Klarheit und Entschiedenheit vertreten hat; und dass sie von der anderen Seite, von der, welche den universalen, apodiktischen und zugleich synthetischen Charakter der mathematischen Axiome und Lehrsätze begründen soll, bis auf eine geringfügige Lücke [13], schon in der Inauguraldissertation entwickelt ist; vgl. besonders § 15 D. : Si omnes spatii affectiones non nisi per experientiam a relationibus externis mutuatæ sunt, axiomatibus geometricis non inest universalitas nisi comparativa, qualis acquiritur per inductionem, h. e. æque late patens ac observatur, neque necessitas, nisi.....; et spes est, ut fit in empiricis, spatium aliquod detegendi aliis affectionibus primitivis præditum etc. Handelte es sich also in dem für die Kantische Erkenntnisslehre grundlegenden Werke, der Kritik vom Jahre 1781, nur um die Lehre von der Subjectivität der sogenannten secundären wie primären Qualitäten und von der Apriorität und transcendentalen Idealität des Raumes und der Zeit, so hätte Kant jedenfalls die 11 Jahre mühsamer und schweigsamer Denkarbeit nicht nöthig gehabt, um von der Schrift über die Principien der sinnlichen und intelligiblen Welt zu jener Kritik vorzudringen. In dieser Lehre liegt das Neue und Originelle nicht, was 1781 an das Licht trat (vgl. Anm. 4).

Neu nun freilich, originell, und wir können dies Schopenhauer (Preisschrift über die Freiheit, a. a. O., S. 95) und Anderen zugestehn, auch sehr «schön» und «tiefsinnig» ist dasjenige, was Kant von dem Verhältniss zwischen empirischem und intelligiblem Charakter in der Kritik der reinen Vernunft (a. a. O., II, S. 418 ff.) vorgetragen und nachher in den Prolegomenen (§ 53) und in der Kritik der praktischen Vernunft (VIII, 224 ff.) wiederholt hat. Auch zeigt der Charakter des Stils wie die aus dieser Doctrin von dem Autor gezogene Consequenz, dass wir es mit einem Gedankengebilde zu thun haben, an welchem dem Philosophen selbst gewaltig viel gelegen ist, mit dem es ihm heiliger Ernst ist, das eine, ich möchte sagen vitale Bedeutung für ihn hat; bildet es doch, nach seinem eigenen Ausdruck (Fortschritte der Metaphysik, a. a. O., I, 554) mit der Lehre der transcendentalen Aesthetik zusammen die « zwei Angeln », um welche sich die von der Vernunftkritik in Disciplin gehaltene Metaphysik dreht; und während jene « aufs Uebersinnliche, aber für uns Unkennbare bloss hinweist », ist die Lehre von der Realität des Freiheitsbegriffes « Begriff eines erkennbaren Uebersinnlichen ». Und doch wird für denjenigen, welcher nicht, wie Kant es einmal von sich sagt (VII, 98), das Schicksal hat in Metaphysik « verliebt zu sein », auch zu Schelling-Schopenhauerschem Mysticismus weder Anlage noch Temperament besitzt, der bei aller Anstrengung vergeblich auslaufende Versuch, den Cardinalbegriff jener Lehre : einen zeitlosen, absoluten Anfang einer Causalreihe, der doch den sinnlich-mechanischen Causalnexus nicht alteriren soll, ich sage nicht vorzustellen, nein sogar nur zu denken, wirklich zu denken, ganz auszudenken (vgl. § 33), gerade von dem Erfolg begleitet sein, sich von der Kantischen Metaphysik zu den Prinzipien seiner Erkenntnisstheorie zurückzuwenden, wovon denn hier zunächst auch allein die Rede sein soll. Mag Metaphysik sich einstellen, wenn sie aus wissenschaftlichen Motiven nothwendig wird (vgl. § 40).

4.

Betrachten wir zuvörderst, welche Bedeutung Kant selbst den Analogien der Erfahrung innerhalb seiner Erkenntnisslehre beimisst.

Die Analogien gehören zu den « synthetischen Grundsätzen », zu den Sätzen, die im Prädicat einen Zuwachs zu dem im Sub-

jecte liegenden Erkenntnissbesitz beibringen, und zwar
a priori, mit dem Anspruch auf Nothwendigkeit. Kant
beschäftigt sich mit der Frage, woher das Recht auf solchen
Zuwachs wohl komme.

Im 27. Paragraphen der Prolegomena erinnert er an die
in der Kritik vorgetragene Ableitung dieser Grundsätze aus
den Unterschieden der logischen Urtheilsformen, an die sogenannte «metaphysische Deduction», sowie an den Nachweis,
dass sie nur auf Gegenstände der Erfahrung, nicht auf das
Uebersinnliche Anwendung finden und bemerkt danach: «Am
meisten aber muss der Leser auf die Beweisart der Grundsätze, die unter dem Namen der Analogien der Erfahrung
vorkommen, aufmerksam sein.» Stecke er nämlich etwa in der
«langen Gewohnheit», mit dem Empiristen Hume (vgl. Proll.,
§ 5, III, 30), Erfahrung für eine «bloss empirische Zusammensetzung», ein «blosses Aggregat von Wahrnehmungen»
zu halten, so werde er hier den Unterschied der Erfahrung
von einem solchen «Aggregat» dargelegt finden; er möge auf
ihn «wohl Acht haben» (vgl. Fortschritte der Metaphysik,
I, 507 ff.).

Prolegomena § 37 (III, 82) wird der «höchste Punkt»
bezeichnet, den die Transcendentalphilosophie «nur immer
berühren mag», ihre «Grenze und Vollendung»; sie liegt in
der Antwort auf die Frage: wie ist Natur möglich?
Diese Frage enthält neben der «materiellen» Seite, welche
unter «Natur» Raum und Zeit mit ihren Inhalten versteht,
und welche, wie Kant a. a. O. bemerkt, in der transcendentalen Aesthetik, und wie wir hinzufügen können, schon in der
Inauguraldissertation ihre Erledigung gefunden hat, eine «for-
melle» Seite. Auf dieser Seite wird ähnlich wie in dem Anm. 4
citirten Briefe an Herz nach der Möglichkeit des Inbegriffs
von Regeln, von «reinen und allgemeinen Naturgesetzen»
gefragt, unter denen alle Erscheinungen stehen müssen. Die
eigenthümlich Kantische, von ihm selbst a. a. O., S. 85, als
«anfangs befremdlich» bezeichnete Antwort ist bekanntlich:
Sie sind «möglich», sie haben nicht bloss apriorischen
Ursprung, sondern auch apriorische Gültigkeit, weil «der
Verstand seine Gesetze (a priori) nicht aus der Natur schöpft,
sondern sie dieser vorschreibt», weil «Natur und mög-

liche Erfahrung ganz und gar einerlei ist[14]»; weil jene Gesetze die «Bedingungen der nothwendigen Vereinigung aller Wahrnehmungen in einer Erfahrung» enthalten, «ohne welche wir ganz und gar keinen Gegenstand der Sinnenwelt erkennen können». Mit dieser höchsten Aufgabe der Transcendentalphilosophie nun stehen unsere Analogien im unauflöslichen Zusammenhang; und damit zugleich mit all den schwierigen Meditationen, welche Kant seit Veröffentlichung seiner Inauguraldissertation abgesponnen hatte. Wie sollte es auch anders sein? befindet sich doch unter ihnen gerade der «S a t z vom Grunde», dessen Apriorität Hume so scharfsinnig bezweifelt hatte! was dann «eben dasjenige» war, was Kants «dogmatischen Schlummer» einst unterbrochen und seinen speculativen Untersuchungen die kritische, transcendentale Richtung gegeben hatte (Proll., a. a. O., S. 9)[15].

Der Zusammenhang tritt auch äusserlich hervor. Kant sagt, auf seinen Beweis für die Apriorität der Analogien zurückblickend (Kritik der r. Vern., II, 181 f.): «Unsere Analogien stellen also eigentlich d i e N a t u r e i n h e i t im Z u s a m - m e n h a n g e a l l e r E r s c h e i n u n g e n unter gewissen E x p o n e n t e n [16] dar.... Zusammen sagen sie : alle Erscheinungen liegen in e i n e r N a t u r [17] und müssen darin liegen, weil ohne diese Einheit a priori keine E i n h e i t d e r E r f a h - r u n g... möglich wäre» (vgl. II, 188[18]).

Kant hat in der Vorrede der 2. Auflage der Kritik das Grundaperçü seiner Erkenntnisslehre mit der copernicanischen Erklärung der scheinbaren Planetenbewegungen in einen merkwürdigen, bekannten Vergleich gesetzt (II, 670 ff.). Er fand jenes so revolutionär wie diese, hier wie dort die landläufige Auffassungsart geradezu auf den Kopf gestellt. Wie Copernicus Bewegung und Ruhe ganz im Gegensatz zu dem bisherigen Gebrauch «auf eine widersinnische aber doch wahre Art» (S. 674) an Sterne und Zuschauer vertheilte, so wollte Kant «behufs der verlangten Möglichkeit einer Erkenntniss a priori, die über die Gegenstände, ehe sie uns gegeben werden, etwas festsetzen soll, w e n i g s t e n s z u m V e r - s u c h e e i n m a l a n n e h m e n , die Gegenstände (als Objecte der Sinne) müssten sich nach unserem Erkenntniss richten» — und nicht umgekehrt, was man bisher glaubte.

Und die in der Vorrede auf diese Weise nur als Hypothese vorgetragene «Umänderung der Denkart» wird dann in der Kritik selbst «aus der Beschaffenheit unserer Vorstellungen von Raum und Zeit und den Elementarbegriffen des Verstandes», wie der Autor meint, «apodiktisch bewiesen»: was, wenn die Analogie mit der Erklärung der himmlischen Bewegungen weiter geführt werden sollte, allerdings, wie Kant andeutet, der Newtonschen Leistung für die Gravitationslehre entsprechen würde (S. 673 f.).

Eine solche Position in Beziehung auf die «Begriffe der Grössen» anzunehmen, war ihm schon in der Inauguraldissertation, so wie in dem Briefe an Herz (Anm. 4) nicht schwer gefallen: «In der Mathematik geht dieses an, weil die Objecte vor uns nur dadurch Grössen sind und als Grössen können vorgestellt werden, dass wir ihre Vorstellungen erzeugen können, indem wir Eines etliche Mal nehmen,» (XI, 26)[10]. Er erinnert in der Stelle jener Vorrede an diesen Anfang seiner gleichsam copernicanischen «Umänderung der Denkart», indem er die oben citirte «verlangte Möglichkeit» in Beziehung auf die «Anschauung» nunmehr «ganz wohl» aus der «Beschaffenheit unseres Anschauungsvermögens» erklärbar findet. Aber was die Beziehung der Anschauungen als Vorstellungen auf irgend etwas als Gegenstand und die Bestimmung dieses durch jene angeht, so formulirt er von Neuem eine Alternative, die die alten Skrupel ins Gedächtniss ruft. Er streift noch einmal das Bedenken, ob nicht die Verstandesbegriffe, wodurch ich die Bestimmung des Gegenstandes zu Stande bringe, von diesem Gegenstand selbst abhängig seien; aber er hat es jetzt, wie er glaubt, siegreich überwunden: «ich würde auf diese Weise nichts hiervon a priori wissen». Ein solches Wissen aber ist ihm «wirklich und gegeben» (Proll., a. a. O., S. 27). Also muss auch in Beziehung auf die Verstandesgesetze, die wir in der Natur ausgeprägt finden, wie in Beziehung auf die Gesetze von Grössen und Anschauungen, der erkenntnisstheoretische Copernicanismus gelten, die Lehre, «dass wir von den Dingen nur das a priori wissen, was wir selbst in sie legen.» II, 169: «Zu aller Erfahrung und deren Mög-

lichkeit gehört Verstand und das Erste, was er
dazu thut, ist nicht: dass er die Vorstellung der Gegenstände
deutlich macht, sondern dass er die Vor-
stellung eines Gegenstandes überhaupt möglich macht.»

Auf diese zweite Hälfte des Copernicanismus werden wir
nun im Anschluss gerade an die Analogien von dem Philosophen wiederum ganz besonders aufmerksam gemacht, wie
denn gleich das letzte Citat diesem Contexte entlehnt war.
Eine Stelle, die sich wenige Seiten vorher findet, ist für unsere
Zwecke noch belehrender. Nachdem von der zweiten Analogie, dem Gesetze, dass die objectiven Erscheinungen nach
einer Regel auf einander folgen (vgl. unten § 29 und 30),
gezeigt ist, dass es die Bedingung sei, unter welcher «ich
meine subjective Synthetis (der Apprehension) objectiv mache»,
zu einem objectiven Ereigniss, einer wirklichen Begebenheit
mache, wird fortgefahren (II, 166): «Zwar scheint es, als
widerspreche dieses allen Bemerkungen, die
man jeder Zeit über den Gang unseres Verstandes-
gebrauches gemacht hat, nach welchem wir nur allererst
durch die wahrgenommenen und verglichenen
übereinstimmenden Folgen vieler Begebenheiten auf vorhergehende Erscheinungen, eine
Regel zu entdecken geleitet worden, der gemäss
gewisse Begebenheiten auf gewisse Erscheinungen jederzeit folgen und dadurch zuerst veranlasst worden, uns den
Begriff von Ursache zu machen[20]. Auf solchen Fuss würde
dieser Begriff bloss empirisch sein.... Seine Allgemeinheit und Nothwendigkeit wären alsdann nur
angedichtet.... weil sie nur auf Induction gegründet
wären. Es geht aber hiermit so, wie mit andern reinen Vorstellungen a priori (z. B. Raum und Zeit), die wir darum
allein aus der Erfahrung als klare Begriffe herausziehen können, weil wir sie in die Erfahrung gelegt
hatten»[21], u. s. w. Die Worte zeigen auf das deutlichste wie
sehr diese zweite Hälfte der revolutionären Theorie ganz
nach dem Muster der ersten concipirt ist (vgl. oben S. 8) und
wie viel des Gewichts dieser zweiten Seite auf die bedeutsamste
der Analogien fällt.

Dass in der neuen Erkenntnisslehre die bisherige Denkart in befremdlicher Weise auf den Kopf gestellt sei, wird auch in einer die dritte Analogie und ein auf sie bezügliches Corollar betreffenden Anmerkung (II, 183) recht deutlich hervorgehoben. Die Analogie ist der «synthetische» Satz von der Wechselwirkung oder Gemeinschaft (commercium) aller Substanzen (vgl. § 34), das Corollar der Satz von der «Einheit des Weltganzen, in welchem alle Erscheinungen verknüpft sein sollen» (nach Kant nämlich «offenbar eine Folgerung des Grundsatzes der Gemeinschaft aller Substanzen, die zugleich sind», der dritten Analogie). Dieser Satz galt auch, bemerkt Kant, vor der Kritik; aber wie wollte man ihn beweisen? Man konnte doch die «Wechselwirkung des Mannigfaltigen», «ein reales Verhältniss», nicht etwa aus dem localen Zugleichsein, der communio spatii, «einem bloss idealen Verhältniss» mit Grund erschliessen wollen? Nein: es geht eben nur umgekehrt! Die Gemeinschaft der Substanzen ist «eigentlich der Grund der Möglichkeit der Coexistenz» und «man schliesst also eigentlich nur aus dieser auf jene, als ihre Bedingung zurück.»

Und in Beziehung auf alle drei Analogien wird die originelle Position des Autors folgendermassen deutlich gemacht. Die Analogien gelten ihm von vornherein als in sich selbst gewiss, thatsächlich wirklich und unbestritten, gerade so wie die himmlischen Phänomene; bei der Erklärung der letzteren geriethen die Ptolemäer in die Verlegenheiten des Epicyclengewirrs; in grössere Verlegenheit und Ungeheuerlichkeit war nach Kant der bisherige Rationalismus mit seinen Beweisen für jene Sätze gerathen; z. B. für den Satz vom zureichenden Grunde, «dass jede Begebenheit etwas im vorigen Zustande voraussetze, worauf sie nach einer Regel folge». Es forderte dieser Ausgang eine radicale Aenderung der Beweisart. Kant macht über seine eigenthümliche Beweisart, auf die Acht zu haben er, wie wir (S. 10) sahen, den Leser besonders ermahnt, folgende «Anmerkung»: «Hätten wir diese Analogien dogmatisch, d. i. aus Begriffen beweisen wollen, so wäre alle Bemühung gänzlich vergeblich gewesen. Denn man kann von einem Gegenstande und dessen

Dasein auf das Dasein des andern oder seine Art zu existiren, durch blosse Begriffe dieser Dinge gar nicht kommen, man mag dieselben zergliedern wie man wolle» — wie Kant aus Hume gelernt hatte[22]. «Was blieb uns nun übrig?» Ja was blieb übrig, wenn die Zergliederungskunst so «vortrefflicher Analysten» (II, 33), wie sie die wolfische Schule gezeitigt hatte, vor den Zweifeln des Empirismus erlag? was blieb übrig, wenn man den R a t i o n a l i s m u s «retten» wollte (vgl. Fortschritte der Metaphysik, I, 507 ff.)? Wie es Kant schien, nichts als der Recurs auf die «Möglichkeit der Erfahrung», als die «Methode», nach der, wie wir sehen werden, die Analogien wirklich «apodiktisch bewiesen» sein sollen.

Der Bedeutsamkeit und Wichtigkeit gerade dieser «transcendentalen Naturgesetze» entsprechend, hat Kant auch überall da, wo es darauf ankam für «intellectuelle und zugleich synthetische Sätze a priori» (a. a. O.) Beispiele zu bezeichnen, jedesmal an erster Stelle oder allein die Analogien der Erfahrung, vorzüglich die erste und zweite herausgehoben[23]. Und auch bei Berichterstattern über die Kantische Erkenntnisslehre macht sich meist ungesucht der Vorrang der Analogien gerade so geltend wie wir es oben (S. 7) schon bei Schopenhauer sahen[24].

Schopenhauer bezeichnete freilich die Erörterungen über diese Analogien zugleich als unklar, unsicher und unhaltbar. Ob sie und in wie fern sie haltbar sind: das ist gerade die Frage, die uns beschäftigt. Und sollten die Beweise, die Kant uns bietet, an Unklarheiten und Unbestimmtheiten leiden, so wird man sich bei der eminenten Bedeutung, die der Philosoph nachgewiesenermassen dem Gegenstand beilegt, um möglichste Klärung und Festigung seiner Ansicht bemühen müssen.

5.

Die erklärende Thätigkeit findet sich zunächst bei dem N a m e n aufgehalten. Warum heissen Sätze von so universalem und prinzipiellem Charakter wie das Causalitätsgesetz «Analogien»? warum nicht A x i o m e, wie der Brief an Herz (Anm. 4; W., XI, 26) solche Grundsätze nennt und wie die erste Classe der synthetischen Sätze in der Kritik (II, 141 ff.)

wirklich genannt wird? Oder warum nicht «Anticipationen», wie die zweite Classe, deren Grundsatz: In allen
Erscheinungen hat das Reale eine intensive
Grösse, d. i. einen Grad, «alle Wahrnehmungen als
solche antizipirt»? Warum nicht Anticipationen, da man doch
nach Kant (II, 145) «alle Erkenntniss, wodurch ich dasjenige,
was zur empirischen Erkenntniss gehört, a priori erkennen
und bestimmen kann, eine Anticipation nennen kann.»
Der Satz, dass jede Veränderung ihre Ursache haben müsse,
enthält doch solche Bestimmung über Empirisches im voraus!
Und stossen wir doch bei Kant selbst gelegentlich (Proll.,
III, 54) auf eine Fassung desselben, die Alles was geschieht,
jederzeit als durch eine Ursache nach beständigen Gesetzen
vorher bestimmt bezeichnet! Warum heissen also nicht
alle Grundsätze Anticipationen? Auch nach II, 204 besteht ja
ihre Leistung gerade darin, «die Form einer möglichen Erfahrung überhaupt zu antizipiren.» Und was insbesondere
unsere Analogien angeht, so heisst es (S. 182) in Beziehung auf
sie, dass es Regeln der synthetischen Einheit a priori seien,
«vermittelst deren wir die Erfahrung antizipiren» können.

Wenn man dieses alles zusammenhält, so würde, da unser
wissenschaftlicher Sprachgebrauch für Sätze, die mögliche
Erfahrungen in universalster Weise vorher bestimmen, wie
etwa das Galileische Trägheitsaxiom, den Terminus Antizipation nicht anzuwenden pflegt, jedenfalls nichts im Wege
stehen, die «Analogien» Kants, beispielsweise den Satz von
der gesetzmässigen Abfolge aller Erscheinungen, als Axiom
zu bezeichnen; und Kants Wechsel der Terminologie scheint
nur ein Luxus oder eine scholastische Spielerei zu sein. So
wenig geleugnet werden soll und kann, dass etwas davon
hier vorliegt, ja dass der grosse Philosoph auch sonst mehrfach diese Schwäche zeigt, so ist es doch billig und zur Klärung der Sache nothwendig, das thatsächliche Motiv für diese
fremdartige Namengebung kennen zu lernen.

Weshalb er nicht einen «discursiven» Satz, wie: Alles,
was geschieht, hat seine Ursache, wesshalb er keinen
«synthetischen Satz der reinen und transcendentalen Vernunft», überhaupt keinen Grundsatz in der Philosophie
für die Bezeichnung Axiom geschickt erachtet, setzt er des Wei-

teren in dem Abschnitt der Kritik, welcher « die Disciplin der reinen Vernunft im dogmatischen Gebrauche » überschrieben ist, auseinander. Axiome sind ihm nur « unmittelbar gewisse », « evidente », « augenscheinliche » Sätze, wie : « dass zweimal zwei vier geben », « dass drei Punkte jederzeit in einer Ebene liegen » ; kurz, Axiome gehören der Mathematik an. Solche Sätze lassen sich durch Construction in der Anschauung unmittelbar als richtig erweisen und begreifen ; philosophische, discursive Grundsätze aber « erfordern jederzeit noch eine Deduction », und können « nicht direct unmittelbar aus den Begriffen allein » erkannt werden (II, 566 ff.).

Und warum heisst ein « discursiver » Satz, wie der von der nothwendigen Correlation von Ursache und Wirkung, « Analogie » ? Von Neuem tritt uns der Gegensatz von Philosophie und Mathematik entgegen, wie er keimartig zuerst in dem Briefe an M. Herz (Anm. 4) zum Vorschein kam. II, 155 : « In der Philosophie bedeuten Analogien etwas sehr Verschiedenes von dem, was sie in der Mathematik vorstellen.» Erstens nicht die Gleichheit zweier quantitativen, sondern zweier qualitativen Verhältnisse ; aber allerdings eine Gleichheit, eine Identität, « nicht wie man das Wort gemeiniglich nimmt, eine unvollkommene Aehnlichkeit zweier Dinge, sondern eine vollkommene Aehnlichkeit zweier Verhältnisse zwischen ganz unähnlichen Dingen » (Proll., § 58, III, 132). Zweitens lässt sich hier, wenn drei Glieder der Proportion gegeben sind, nur das Verhältniss zu einem vierten, nicht aber dieses vierte Glied selbst erkennen und a priori bestimmen. « So ist eine Analogie zwischen dem rechtlichen Verhältnisse menschlicher Handlungen und dem mechanischen der bewegenden Kräfte » (a. a. O., S. 133, Anm.; Kritik der Urtheilskraft, § 89, 2, IV, 369 ff.); dem Gesetze der Newtonischen Mechanik : actioni contrariam semper et æqualem esse reactionem, entspricht auf dem « ganz unähnlichen » Gebiete des Rechts eine « vollkommen ähnliche » Verhältnissbestimmung : « ich kann gegen einen Andern niemals etwas thun, ohne ihm ein Recht zu geben, unter den nämlichen Bedingungen eben dasselbe gegen mich zu thun.»

Wenn das dritte Glied der Proportion mit dem ersten zur selben Gattung gehört, kann ich antizipatorische Bestimmungen über das vierte Glied selbst treffen; wenn das nicht der Fall ist, nur über das Verhältniss zum dritten (Kritik der Urtheilskraft, a. a. O., S. 370, Anm.). Ich kann z. B. zwar die Proportion ansetzen: wie sich verhält die Beförderung des Glücks der Kinder zu der Liebe der Eltern, so die Wohlfahrt des menschlichen Geschlechts zu dem in Gott, was wir Liebe nennen; aber diese Liebe selbst bleibt ein Unbekanntes, empfängt aus der menschlichen Neigung keine Bestimmung (Proll., a. a. O., S. 133). «Wenn ich sage: wir sind genöthigt, die Welt so anzusehen, als ob sie das Werk eines höchsten Verstandes und Willens sei, so sage ich wirklich nicht mehr als: wie verhält sich eine Uhr zum Künstler, so die Sinnenwelt oder alles was die Grundlage dieses Inbegriffs von Erscheinungen ausmacht[25], zu dem Unbekannten, das ich also hierdurch zwar nicht nach dem, was es an sich selbst ist, aber doch nach dem, was es für mich ist, nämlich in Ansehung der Welt, deren ich ein Theil bin, erkenne.» Ich bestimme nur das Verhältniss der obersten Ursache zu einer mir bekannten Wirkung, der Weltordnung, und sage: «Die Causalität der obersten Ursache ist dasjenige in Ansehung der Welt, was menschliche Vernunft in Ansehung ihrer Kunstwerke ist».... «ohne darum eben dasselbe, was ich am Menschen unter diesem Ausdruck verstehe[26], oder sonst etwas mir Bekanntes ihr als ihre Eigenschaft beizulegen»; auch hat der Begriff der Ursache hierbei gar nichts mit Sinnlichkeit, nichts mit Zeitfolge zu thun (Proll., a. a. O., S. 132, 135, Anm., 133, Anm.).

Diese mit echt Kantischer Subtilität und Reserve verclausulirten und dabei übrigens doch nicht rundweg sich resignirenden[27] metaphysischen Erklärungen genügen[28], um von den Motiven für die Benennung unserer erkenntnisstheoretischen Grundsätze die richtige Vorstellung zu gewinnen. Halten wir uns zur näheren Verdeutlichung an den wichtigsten der drei Sätze, das Causalitätsaxiom! Es heisst in der Fassung der 1. Auflage: Alles was geschieht (anhebt zu sein) setzt etwas voraus, worauf es nach einer Regel folgt. Das Verhältniss, welches vorliegt, trat uns auch in der letztcitirten metaphysisch auslaufenden Analogie entgegen; es ist das zwischen Ursache und Wirkung. Wir haben nach dem Obigen zu fragen: Zu welcher philosophischen Proportion ist es zu ergänzen? welches ist das Verhältniss, mit dem das causale in «vollkommener Aehnlichkeit» gedacht wird? warum lässt sich das vierte Glied selbst nicht herausrechnen?

Die Antwort auf diese Fragen ist in Kantischem Sinne folgende: Das reale Verhältniss von Ursache und Wirkung, übrigens für uns nur im Zeitschema vorstellbar und auf Erscheinungen anwendbar, ist analog der in den hypothetischen Urtheilen durch keine seinliche Bedingung restringirt auftretenden Verstandesrelation von Grund und Folge. Es ist absolut nothwendig, dass wie jeder Grund seine Folge hat, auch jedes Ereigniss seine Wirkung; welches aber diese Wirkung sein werde, lässt sich a priori nicht sagen. Jede Veränderung hat ihre Ursache; aber welches jedesmal diese Ursache ist, kann erst a posteriori in der Wahrnehmung sich darstellen. Hume hatte völlig recht, wenn er die Möglichkeit, die besondere Natur der Wirkung aus der Ursache zu deduziren, leugnete. Gewiss kann man nicht, auch Adam vor der Trübung seiner Erkenntnisskräfte durch den Sündenfall konnte nicht aus der Durchsichtigkeit und Flüssigkeit des Wassers a priori schliessen, dass es ihn eventuell ersticken könne; gewiss vermag man nicht einzusehen, warum der Schnee nicht wie Salz schmecken oder wie Feuer brennen soll. Alles richtig. Die Natur des vierten Gliedes der Proportion ist eben nicht zu erschliessen. Hume hätte nur auf Grund dieses Sachverhalts nicht weiter behaupten sollen, dass auch das Verhältniss zwischen dem dritten und vierten Gliede nicht a priori gelte, dass das Causalitätsverhältniss selbst auch nur ein empirisch bestimmbares sei, dass man es erst abwarten müsse, ob überall und zu jederzeit die Ereignisse causaliter, durch Gesetze verknüpft seien. Sein Fehler war — so kann man es im Sinne Kants ausdrücken — dass er die Conception einer «Analogie der Erfahrung» nicht traf. Eine Analogie der Erfahrung ist eine «Regel», das vierte Glied der Proportion zwischen einem logischen und einem realen Verhältniss «in der

Erfahrung zu suchen und ein Merkmal es in derselben aufzufinden»; sie gilt «als Grundsatz von den Gegenständen (der Erscheinungen) nicht constitutiv, sondern bloss regulativ»[29] (Kr. d. r. V., Werke, II, 155).

6.

Die Fassung kann, wenn man sich des sonstigen Gebrauchs der Termini «constitutiv» und «regulativ» bei Kant erinnert, ein Missverständniss hervorrufen, das sich oft genug eingestellt hat und in Reflexionen und Ansichten etwa folgender Beschaffenheit mündet: Es ist ein unabweisbares Bedürfniss des Verstandes, ja ein nothwendiger Trieb jeder animalischen Intelligenz, für jede Veränderung eine gesetzmässige Ursache anzunehmen und nach dieser Maxime eine solche zu suchen. «Es geschieht durch den Causalbegriff, dass der Affe, hierin, wie es scheint, menschlich organisirt[30], mit der Pfote hinter den Spiegel greift oder das neckische Geräth umdreht, um die Ursache der Erscheinung seines Doppelgängers zu suchen» (Lange, Gesch. des Materialismus, 2. Aufl., II, 46 f.). Dem angeborenen Triebe, jede Veränderung auf eine Ursache zurückzuführen, folgen wir Animalia schon sogleich, wenn wir die veränderlichen Empfindungszustände unsers Selbst, an sich nur «ärmliche Dinge», ein «roher Stoff» (Schopenhauer, Vierf. Wurzel. § 20, W., I, 52 f.), als Ursachen, als Objecte in den a priori zur Verfügung stehenden Raum «projiciren». Und in der solchermassen entstandenen Welt setzen wir unserm causalen Triebe gemäss voraus, dass wiederum alles seine Ursache haben müsse. Wäre es auch anders, hätte der Weltlauf keine gesetzmässige durch Causalnexus determinirte Gangart, die uns vertrauenswerthe und erfolgreiche Prämeditationen gestattete: wir könnten nicht einen Moment leben. Das Causalitätsgesetz ist etwas, was nur der Verstand versteht; es ist ein apriorisches Besitzthum unserer animalischen Natur, ein Vehikel für den Aufbau einer objectiven Welt, ein Postulat für sichere

Lebensleitung; es ist eine Maxime unwissenschaftlicher Neugierde und wissenschaftlicher Forschung; ein unentbehrliches Regulativ aller theoretischen und praktischen Reflexion. «Das Gesetz vom zureichenden Grunde ist nichts anderes als die Forderung alles begreifen zu wollen, als der Trieb unsers Verstandes, alle unsere Wahrnehmungen seiner eigenen Herrschaft zu unterwerfen, nicht ein Naturgesetz; mit seinem inductiven Beweise sieht es sehr misslich aus» (Helmholtz: Ueber die Erhaltung der Kraft, S. 3; Physiologische Optik, S. 453 ff.).

Ich sehe davon ab, diese in kantischen Farben schillernden Vorstellungen und Räsonnements — welche aber zumeist nur etwa so weit kantisch sind, als das «Analogon kantischer Vorstellungsart», womit einst Gœthe die Kantianer zu «lächelnder Verwunderung»[31] reizte — hier zu widerlegen oder nach dem Maasse der Wahrheit, das ihnen inne wohnt, zu modifiziren. Die ganze Abhandlung ist der Aufgabe gewidmet, über diese Dinge meine Ansicht zu entwickeln (vgl. vorzüglich § 29 ff.; § 39). Nicht einmal auf die Abscheidung alles Nichtkantischen kommt es mir hier an. Nur das Verführerische will ich beseitigen, was in Kants Ausdrücken: «Regel, das vierte Glied.... in der Erfahrung zu suchen», «nicht constitutiver, sondern bloss regulativer Grundsatz», liegt und leicht Missverständnisse hervorrufen kann, die schliesslich in der eben mitgetheilten Weise auslaufen. In dieser Beziehung soll erst einmal feststehen, was echt kantisch ist.

7.

In der Kritik der Urtheilskraft (Einl., IV f., und § 60) sowie in der von Sigismund Beck redigirten Abhandlung: Ueber Philosophie überhaupt handelt Kant von Gesetzen, deren Charakteristik der eben mitgetheilten erkenntnisstheoretischen Auffassung besser entspricht, als das Causalitätsgesetz, obwohl sie von ihm und seinen Verwandten prinzipiell und radical unterschieden werden. An ihnen kann man sich über den correcten Sinn und Inhalt der kantischen Analogien am besten orientiren.

Diese Gesetze werden auf folgende Weise eingeführt : Wir suchen an der Hand reiner Verstandesgesetze, wie des Causalitätsaxioms, die Erscheinungen uns zurechtzulegen, zu begreifen. Unter jenen apriorischen Gesetzen stehen empirische ; das Causalitätsgesetz z. B. umfasst alle die particllen Regelmässigkeiten, welche die allgemeine Gesetzmässigkeit des Naturlaufs zusammensetzen. Wie, wenn diese particllen Regelmässigkeiten so unübersichtlich, wenn sie vielleicht gar «unendlich mannigfaltig» (Kant, IV, 22) wären, so dass für unser Gedächtniss und unsere Vorstellungskraft jede Möglichkeit des Behaltens und Zusammenfassens schwände! wenn «die spezifische Verschiedenheit der empirischen Gesetze der Natur, sammt ihren Wirkungen, so gross» würde, «dass es für unseren Verstand unmöglich wäre, in ihr eine fassliche Ordnung zu entdecken, ihre Producte in Gattungen und Arten einzutheilen »! Würden wir im Stande sein, «aus einem für uns so verworrenen, unserer Fassungskraft nicht angemessenen Stoff eine zusammenhängende Erfahrung zu machen» (S. 25), die Natur zu begreifen? würden wir uns in ihr auch nur praktisch zurecht zu finden, die Zukunft zu beherrschen, unser Leben zu erhalten vermögen ?

So entsteht unserm Verstande das «Bedürfniss» (a. a. O., S. 23), aller Reflexion über die Natur als «Prinzip a priori» die «Maxime» zum Grunde zu legen, «vorauszusetzen», «anzunehmen», dass nach den empirischen Gesetzen, die den allgemeinen Verstandesgesetzen subordinirt sind, «eine erkennbare Ordnung der Natur möglich sei», «dass es in ihr eine für uns fassliche Unterordnung von Gattungen und Arten gebe», dass die verschiedenen Arten der Causalität «unter einer geringen Anzahl von Prinzipien stehen mögen, mit deren Aufsuchung wir uns zu beschäftigen haben» u. s. w. (S. 24); kurz, dass der materiale Gehalt der Natur (vgl. § 4, S. 10) nach einem Prinzipe der Zweckmässigkeit für unser Erkenntnissvermögen «zur Fasslichkeit für die menschliche Urtheilskraft» (S. 239), nach einem «Gesetze der Specification» und «systematischen Einheit» zugerichtet sei. «Wenn wir eine solche systematische Einheit antreffen», freuen wir uns, «eines Bedürfnisses entledigt», «ob wir gleich nothwendig annehmen mussten, es sei eine solche Einheit,

ohne dass wir sie doch zu beweisen vermochten[32]»
(S. 23).

Das klingt durchaus an die Art an, wie wir oben, namentlich von Helmholtz, die kantische Apriorität des Causalitätsgesetzes, sollen wir sagen, verstanden oder umgebildet sahen; aber gerade die zum Theil bis zu völliger Congruenz sich steigernde Verwandtschaft, welche diese Auffassung mit dem kantischen Gesetze der Specification zeigt, beweist wie unkantisch sie selbst ist[33]. Denn Kant statuirt zwischen diesem mit sammt seinen Verwandten und jenem einen radicalen unüberbrückbaren Unterschied. Nämlich folgenden :

Das Causalitätsgesetz, wie die beiden andern Analogien der Erfahrung, alle synthetischen Sätze a priori sind nach Kant als solche objectiv gültige, allgemeine Naturgesetze, Vorschriften des reinen Verstandes an die Natur, die sie immer und überall zu bewähren hat, weil sie selbst der Grund der Möglichkeit der Natur sind (vgl. § 4). Prolegomena, § 37 (III, 85) : «Der Verstand schöpft seine Gesetze (a priori) nicht aus der Natur, sondern schreibt sie dieser vor.» Durch das Gesetz der Specification aber, wie nach Helmholtz durch das Causalitätsgesetz, «schreibt man weder der Natur ein Gesetz vor, noch lernt man eins von ihr durch Beobachtung (ob zwar jenes Prinzip durch diese bestätigt werden kann)»; es betrifft nur unsere Reflexion über die Natur; es ist eine Forschungsmaxime, ein Leitfaden; man will damit nur, dass man nach diesem Prinzip den empirischen Naturgesetzen nachspüre, weil wir nur soweit als jenes stattfindet, mit dem Gebrauch unsers Verstandes in der Erfahrung fortkommen und Erkenntniss erwerben, begreifen können (IV, S. 24 ff.). «Die allgemeinen Gesetze des Verstandes, welche zugleich Gesetze der Natur sind, sind derselben ebenso nothwendig...., als die Bewegungsgesetze der Materie..... Allein, dass die Ordnung der Natur nach ihren besonderen Gesetzen bei aller unsere Fassungskraft übersteigenden wenigstens möglichen Mannigfaltigkeit..... doch dieser wirklich angemessen sei, ist, so viel wir einsehen können, zufällig» (a. a. O., S. 26).

Kurzum : die Analogie der Erfahrung, insbesondere das Causalitätsgesetz, ist nach Kant bloss regulativ zwar für die Auffindung des «Was» der Verknüpfung und Relation; aber in Beziehung auf das «Dass» ist sie constitutiv. Wir haben nach ihm ein unzweifelhaftes Recht, von vornherein zu behaupten, dass jede mögliche Erfahrung, dass die gesammte objective Wirklichkeit, die ganze Natur unter diesen Gesetzen stehen muss : es sind die höchsten und allgemeinsten, unbestritten gültigen «Naturgesetze», «obgleich aus Spontaneität entsprungen» (IV, 26).

Es fragt sich, wie Kant das beweisen will.

8.

Die letzte Quelle aller synthetischen Grundsätze a priori liegt bekanntlich in den «formalen Verstandeshandlungen», welche sich in den «Urtheilen» ausgeprägt finden. Es soll die logische «Relation» der Urtheile sein, welcher analog die Analogien der Erfahrung ein empirisch reales objectiv gültiges Verhältniss bezeichnen; danach heissen sie [31].

Da ist zunächst Eins höchst auffällig, dass die erste Analogie, der Grundsatz: Bei allem Wechsel der Erscheinungen beharrt die Substanz, und das Quantum derselben wird in der Natur weder vermehrt noch vermindert (so nach der 2. Aufl. der Kritik), wie Kant selbst sagt, eine reale «Relation» gar nicht enthält, dass Kant es selber tadeln muss, wenn man, um eine Relation herauszubringen, die besondere Art und Weise, wie die Substanz in den Accidenzen existirt, als ein besonderes Dasein fasst, das man als Inhärenz dem Dasein der Substanz als Subsistenz gegenüberstellt. Eigentlich liege gar keine reale Sonderung und Contraposition, sondern nur eine logische Abstraction vor; es entspringen sogar aus der Ueberspielung des logischen in ein reales Verhältniss «viel Missdeutungen»; «und es ist genauer und richtiger geredet, wenn man das Accidenz nur durch die Art, wie das Dasein einer Substanz positiv bestimmt ist, bezeichnet».... «Daher denn auch diese Kategorie unter dem Titel der Verhältnisse steht mehr als die Bedingung derselben, als dass sie selbst ein Verhältniss enthielte» (Kr. d. r. V., II, 160).

Wenn nun aber zwar das kategorische Urtheil ein logisches
Verhältniss darstellt, der darauf gebaute transcendentale
Grundsatz aber auf kein entsprechendes reales Verhältniss
hinweist, so fällt nicht bloss das Motiv fort, das Substanzaxiom «Analogie» zu nennen, sondern dieser Sachverhalt
muss auch gegen die sogenannte metaphysische Deduction,
d. h. gegen die Begründung der in den Grundsätzen verwertheten realen Kategorien durch die aus den logischen
Urtheilsformen auflesbaren Verstandesfunctionen, misstrauisch
machen. Man wird am Ende sich entschliessen müssen, unsere
Grundsätze, abgelöst von der angeblichen logischen Wurzel,
ganz für sich auf ihre transcendentale Wahrheit zu prüfen.

Auch dies ist nicht unbedenklich und gleichfalls dazu angethan, die Isolirung der Grundsätze anzuempfehlen, dass in
dem kategorischen Urtheil: der Stein ist hart — wie
Kant selbst sieht (V, 315), — es «dem Verstande unbenommen
bleibt», die logische Function der im Subject und Prädicat
verwertheten Begriffe «umzutauschen und zu sagen: einiges
Harte ist ein Stein», dagegen wenn durch den «Verstandesbegriff» ein «Object» in Ansehung der Urtheilsfunction
«als bestimmt gedacht wird», es nicht zulässig ist, anstatt des
Steins das Harte zur Substanz zu machen. Wo bleibt da
die «Analogie» zwischen logischem Urtheil und empirischer
Realität [35]?

Sie bleibt nicht und sie kann auch nicht bleiben angesichts
des äquivoken Charakters der Copula (des ist oder der Ver-
balendung); ebenso häufig als sie wirkliche oder «gleichniss-
weise, sagen wir symbolisch[36]» gedachte Inhärenz bedeutet,
wie in den Urtheilen: Gold ist schwer, der Löwe brüllt, die
Nacht ist stürmisch, die Tugend ist lehrbar und macht glücklich, drückt sie Subsumtion, Einordung in eine Classe
aus: Die atmosphärische Luft ist ein permanentes Gas,
Sokrates war ein Athener, blau ist eine Farbe[37].

Und wenn wir wirklich «inhärirende» Eigenschaften,
Zustände und Actionen von «subsistirenden» Personen und
Dingen prädiciren, indem wir aus der complexen Gesammt-
wahrnehmung oder Vorstellung, kantisch zu reden, «das
eigentlich Beharrliche und Radicale gleichsam absondern»
(Kritik der r. V., II, 160) und dem Wechselnden in Gedanken

gegenüberstellen und urtheilend wieder mit ihm vereinigen:
liegt in dieser logischen Operation, die das relativ Beharrliche unzählbar häufiger trifft als die absolute Substanz, als
das letztlich «Radicale» — selbst das unbestimmte «Es» in
Urtheilen wie: es blitzt, wird kein Verständiger als Andeutung
der kosmischen «Substanz» fassen wollen! — liegt in jener
logischen Abstraction eigentlich dasjenige, was das Urtheil
a priori, das «Naturgesetz»: «In allem Wechsel der Erscheinungen beharrt Etwas absolut», irgend zu begründen, zu
«deduziren» fähig ist? Greift nicht dieser synthetische Satz
weit über jedes Analogon der Thatsache hinaus, dass wir
durch eine Classe von kategorischen Urtheilen das Wahrgenommene und Vorgestellte dadurch denkend zum Bewusstsein bringen, dass wir zwischen dem Wechselnden und
Constanten eine Scheidung machen? Auch Schopenhauer sieht
(W., II, 559) eine Gewaltsamkeit darin, «jenen grossen metaphysischen Grundsatz» an die «einfache», man möchte beinahe
sagen harmlose Form der Verbindung von Subject und Prädicat zu hängen. Es wird gerathen sein ihn aus dieser Abhängigkeit zu lösen und für sich zu prüfen.

Und noch Eins: Das Denkmaterial, welches in den synthetischen Grundsätzen verwerthet wird, sollen «reine Verstandesbegriffe» sein. Kann man wohl die Substanz als einen
solchen bezeichnen? Oder folgt aus dem, was als solcher von
Kant in Anspruch genommen wird, auf natürliche und
gesunde Weise dasjenige, was der Grundsatz der Beharrlichkeit behauptet? Kant sagt (Kritik der r. V., II, 315): «Der nackte
Verstandesbegriff von Substanz enthält nichts weiter, als dass
ein Ding, als Subject an sich, ohne wiederum Prädicat von
einem andern zu sein, vorgestellt werden solle.» Wir gehen
über die Schwierigkeit hinfort, wie dieser «Verstandesbegriff»
aus der Verstandeshandlung des kategorischen Urtheils,
welches wohl von einem Verhältniss zwischen Subject und
Prädicat, aber nicht von dem Subject allein redet, und letzteres
nicht als ein solches bezeichnet, das nicht gelegentlich auch als
Prädicat auftreten könnte, gewonnen werden mag und fragen
nur: Wie ist es nur irgend denkbar, dass man von diesem
Begriffe aus auf das Beharrlichkeitsaxiom komme? Kant
bemerkt selbst in unmittelbarem Anschluss an die citirten

Worte: «Daraus folge nichts von Beharrlichkeit.»
Und an einer andern Stelle (S. 281): «Es fehlt so viel, dass
man die Fortdauer, das Nichtentstehen und Nichtvergehen
aus der blossen Kategorie einer Substanz schliessen könnte,
dass wir vielmehr die Beharrlichkeit eines gegebenen Gegenstandes aus der Erfahrung zu Grunde
legen müssen, wenn wir auf ihn den empirisch brauchbaren Begriff von einer Substanz anwenden wollen? Was
hilft uns also der Begriff, die Kategorie, wenn sie für uns
nur auf der Grundlage einer Erfahrungsthatsache überhaupt
verständlich und anwendbar ist? Wir können es daher nur
völlig der Sache gemäss finden, wenn Kant in dem Beweise
für den Grundsatz, wie auch Schopenhauer (a. a. O.) bemerkt,
«dessen vermeintlichen Ursprung... aus der Kategorie ganz
bei Seite setzt».

Man muss nicht wähnen, dass der «Schematismus der
reinen Verstandesbegriffe» dem nackten Substanzbegriff einen Zusatz zu liefern im Stande wäre, welcher die
transcendentale Wahrheit des Beharrlichkeitsaxioms, und wie
es seine Wurzeln letztlich doch in der «Spontaneität» des
Verstandes habe, durchsichtig zu machen vermöchte. In dem
Zeitschema liegt nicht ein Zusatz zu Etwas, was an sich schon
eine Bedeutung hätte; sondern in ihm liegt hier schlechterdings alles. Hören wir Kant, so sind freilich alle Kategorien so geartet, dass sie, der sinnlichen Bedingungen und
Restrictionen entkleidet, weder zu definiren noch auch nur
durch ein Beispiel fasslich zu machen sind (vgl. Kr. d. r.
V., II, 200; Proll., § 45, III, 101). Näher zu gesehen ist dem aber
nicht ganz so. Was z. B. das Verhältniss von Ursache und
Wirkung angeht, so bleibt, wenn ich die Zeit weglasse, nach
der etwas auf etwas anderes unabänderlich folgt, und mich
bloss nach Kants Anweisung an das im hypothetischen
Urtheil zu Tage tretende logische Moment halte, zwar nicht
mehr etwas übrig, was ich Ursache und Wirkung nennen
könnte, wohl aber etwas was verständlich und fassbar ist und
zugleich mit dem realen Causalitätsverhältniss eine wirkliche
Analogie hat, nämlich die logische Dependenz, das Abhängigkeitsverhältniss der Folge zum Grunde. Auch ist es ausserhalb
des Logischen, z. B. im Bereich der mathematischen Raum-

verhältnisse, möglich den Begriff der Abhängigkeit und Nothwendigkeit zu exhibiren; man erinnere sich an Schopenhauers
Princ. rationis sufficientis essendi. Auch das Verhältniss von
Mittel und Zweck, auch der mathematische Begriff der Function zeigt diese Abhängigkeit. Ja, in der Lehre von der gegenseitigen Abhängigkeit der Wirkungsweise der Substanzen
von einander hat Kant selbst den Begriff der Dependenz mit
dem Anspruch auf Fassbarkeit (vgl. II, 779 und unten § 34)
vorgeführt, ohne dass er ihn von Zeitfolge tingirt sein liesse.

Aber Substanz ohne Beharrlichkeit in der Zeit, «ein Subject
an sich», ist allerdings ein völlig leerer Begriff. Schwerlich
wird auch ein der Zeitwelt, allem Wechsel und Wandel ent-
rückter Intellekt, sagen wir z. B. die Menschenseele, wenn
sie nach Platon am τόπος ὑπερουράνιος der Schau des ewig
Seienden geniesst, kategorische Urtheile mit Inhärenzcha-
rakter zu bilden im Stande sein; denn allerdings «die classi-
ficatorische Unterordnung der Begriffe wird gelten von
zeitlos Vorgestelltem wie von Wahrgenommenem» (Lotze,
Logik, S. 564).

Kant selbst sagt (a. a. O., S. 201): «Lasse ich die Beharrlichkeit (welche ein Dasein zu aller Zeit ist) weg, so bleibt
mir zum Begriff der Substanz nichts übrig, als die logische
Vorstellung vom Subject, welche ich dadurch zu realisi-
ren vermeine, dass ich mir Etwas vorstelle, welches bloss
als Subject (ohne wovon ein Prädicat zu sein) stattfinden kann.
Aber nicht allein, dass ich gar keine Bedingungen weiss,
unter welchen dann dieser logische Vorzug irgend einem
Dinge eigen sein werde» (wir können hinzufügen: nicht bloss
keine weiss, sondern auch keine irgend vorstellen und erdenken kann): «so ist auch gar nichts weiter daraus zu machen
und nicht die mindeste Folgerung zu ziehen, weil dadurch gar
kein Object des Gebrauchs dieses Begriffs bestimmt wird, und
man also gar nicht weiss, ob dieser überall irgend
etwas bedeute» (vgl. die Streitschrift gegen Eberhard, I,
448 f.; Proll., § 47; Kr. d. r. V., II, 319). Man kann es danach nur billigen, wenn Kant in dem Beweise für die Behar-
lichkeit der Substanz sich einer so imaginären Grundlage
entledigte; man wird es natürlich finden, dass auch die Kritik
den Beweis für sich, ohne Rücksicht auf die metaphysische
Deduction, betrachtet.

9.

Ueber die Gewaltsamkeit, Unmöglichkeit und Perversität, die «Kategorie» der Gemeinschaft und den Grundsatz der Wechselwirkung aus den disjunctiven Urtheilen herzuleiten, haben schon Schopenhauer und die von ihm (W., II, 544) citirten Vorgänger so überzeugend sich ausgelassen — Schopenhauer z. B. sagt treffend: Disjunction und Wechselwirkung «sind sich sogar ganz entgegengesetzt» — dass man auch in Beziehung auf die dritte Analogie auf Kants metaphysische Deduction verzichten darf. Selbst ein so eifriger Kantapologet wie Cohen sieht sich hier (a. a. O., S. 229 ff.) zu der Position genöthigt, dass er nicht sowohl die in der Analogie auftretende Kategorie auf das disjunctive Urtheil stützt, sondern umgekehrt zunächst «über die transcendentale Apriorität des Grundsatzes, d. h. über seine Nothwendigkeit zur Möglichkeit der Erfahrung Verständigung herbeizuführen» versucht, um danach die Wendung zu nehmen: ....«damit ist die Apriorität der Kategorie, in welcher derselbe seinen transcendentalen Grund empfängt.... erwiesen und von diesem Gesichtspunkt aus auch die metaphysische Deduction aus der disjunctiven Urtheilsform gerechtfertigt; denn in welcher andern Art des Denkens läge der unentbehrliche Gedanke des die coordinirten Theile umfassenden Ganzen?» Wir können von der wunderlichen, advocatorischen, dem Zweifler Gegenbeweis zuschiebenden Frage absehen; jedenfalls wird auch hier der Beweis für die dritte Analogie so sehr der Stütze der metaphysischen Deduction unbedürftig und von ihr unabhängig gefunden, dass letztere vielmehr nachträglich durch erstere zu erweisen und zu rechtfertigen gesucht wird.

Wenn die zweite Analogie den Satz ausspricht, dass die zeitliche Succession im empirisch Realen durch das Band der Ursache und Wirkung verknüpft sei, und die dritte Analogie behauptet, dass die gleichzeitigen Substanzen (unmittelbar oder mittelbar) in dynamischer Gemeinschaft stehen, indem jede «die Causalität gewisser Bestimmungen

in der andern und zugleich die Wirkungen von der Causalität der andern in sich enthält» (S. 179), so haben wir so
sichtlich beidemal dieselbe Relation vor uns, einmal einseitig
über das Successive, das andere mal wechselseitig über die
Coexistenzen ausgespannt, dass es am gerathensten scheint,
auch den Satz von der Wechselwirkung mit unter die Kategorie der Causalität zu stellen und als eine besondere Manifestation des Satzes vom Grunde zu betrachten.

10.

Nachdem es sich als unthunlich herausgestellt hat, das im
disjunctiven Urtheil ausgeprägte logische Verhältniss zu
einer realen Analogie zu benutzen, nachdem auch das kategorische Urtheil gegen die Zumuthung, den Satz von der
absoluten Beharrlichkeit der Substanz zu begründen, sich
spröde erwiesen hat, wird man geneigt sein, auch die hypothetische Urtheilsform, die aus der «Tafel» allein noch unbean-
standet zurückgeblieben ist, in Zweifel zu nehmen, ob sie
wohl das natürliche logische Analogon zu dem Causalitätsaxiom sei. Sollten Verstandesfunctionen, blosse Begriffe auch
wohl reale Verhältnisse und objective Wahrheiten begründen oder vorbilden können? Ich sehe davon ab, dass
Kant wirklich dieser Meinung ist: aber da man diese von
ihm selbst als fremdartig und «widersinnisch» bezeichnete
Ansicht von vornherein schwerlich erwarten kann, so, meine
ich, kann man nach dem Misserfolg, in welchen der Versuch
mit den beiden andern Urtheilsformen ausschlug, auf den Ein-
fall gerathen, soll es denn nun einmal um «Analogien» sich
drehen, einen logischen Satz, ein logisches Axiom, eher als
einen Begriff, eine Kategorie, eine «Function» für das logische
Muster des Causalitätsgrundsatzes heranzuziehen. Bei dem
Satze von der Beharrlichkeit scheint man ja nach Kants Aeusserung, dass die Kategorie der Substanz «unter dem Titel der
Verhältnisse steht mehr als die Bedingung derselben, als dass
sie selbst ein Verhältniss enthielte» (II, 160), von der Ausbildung
einer Proportion zwischen einem logischen und einem realen
Verhältniss überhaupt Abstand nehmen zu dürfen. Für das

Causalitätsaxiom bietet sich aber als passendes logisches Analogon das Prinzip an[38], dass jeder Satz seinen Grund haben müsse. Stellen wir zwischen diesem logischen und unserm empirisch gültigen Grundsatz die Analogie auf, so haben wir, wie wir wünschen, eine «Wahrheit» hier wie dort, eine «metalogische» Wahrheit, schopenhauerisch zu reden, hier, eine ontologische dort. Wollte man dabei möglichst im Sinne der kantischen Erkenntnisstheorie verharren, so würde man etwa ansetzen, dass der von dem Principium rationis sufficientis in seinen Arbeiten geleitete Verstand, wie er deutend, forschend überall jener metalogischen Wahrheit folge, so auch auf Grund subjectiver Wahrnehmungen («Apprehensionen») eine objectiv reale, eine in Raum und Zeit wohl geordnete Erfahrungswelt «aus Spontaneität» der Art auferbaue, dass objectiv nur dasjenige succedire, was die Relation von Ursache und Wirkung, und nur dasjenige simultan sei, was Wechselwirkung verknüpft; es sei nachher kein Wunder, dass die bezüglichen Grundsätze von aller Erfahrung gelten, da Erfahrung allein durch sie möglich geworden sei.

Kant selbst bringt die metalogische und die metaphysische Seite des leibnizischen Principium rationis sufficientis [39] — diese sind es eben, die wir in Analogie stellen — in ähnlicher Weise zusammen in der Kritik der Eberhardschen Demonstration dieses Prinzips (I, 409 ff.):

Der Wolfianer wird getadelt, dass er erstens diese beiden Seiten nicht von einander getrennt, den Unterschied zwischen dem logischen (formalen) und dem transcendentalen (materialen) Gehalt des Satzes übersehen oder verwischt habe [40], dass er zweitens des dogmatischen Aberglaubens sei, man könne transcendentale Prinzipien «aus blossen Begriffen ohne Beziehung auf sinnliche Anschauung» beweisen, und dass er drittens den Satz in seiner metaphysischen (materialen) Fassung auch auf Dinge an sich ausgedehnt habe. Kant hält seine Gültigkeit für Erscheinungen fest: er ist ein «transcendentales Prinzip»; die «Kritik» (der r. Ver.) hat «unzählige Mal» gesagt, dass ein solches «über die Objecte und ihre Möglichkeit etwas a priori bestimmen müsse»; es ist das transcendentale Prinzip, welches in der Kritik als zweite

«Analogie» auftritt. Man sieht wie sie hier mit dem logischen Theil des Princ. rat. suff. in Analogie gestellt wird; hier das Axiom: «Jeder Satz muss seinen Grund haben» dort das Axiom: «Jedes Ding muss seinen Grund haben.»

11.

Ist man erst einmal so weit, hat man Kant selbst die metalogische und metaphysische Relation des berühmten leibnizischen Prinzips parallelisiren und die transcendentale «Analogie» abtrennen sehen, so wird man begierig zu erfahren, wie es denn mit der realen Kehrseite des a n d e r n grossen logischen Prinzips, das bei den Leibnizianern eine so hervorragende Rolle spielt, wie es mit der metaphysischen Analogie des Principium identitatis et contradictionis gehalten werden soll, zumal beide so zu sagen die Pole der Achse sind, um welche die kantischen durch Leibnitz, Crusius und Hume aufgestachelten erkenntnisstheoretischen Meditationen fortwährend rotiren.

Es ist bekannt[41], dass der grosse Schulphilosoph Aristoteles in seiner doppelseitigen Polemik gegen heraklitische Metaphysik und sophistisch-skeptische Dialektik (πρὸς τὰς λογικὰς δυσχερείας) dem Principium identitatis et contradictionis eine doppelte Fassung gab, theils eine logische, theils eine ontologische. In ersterer Hinsicht heisst es z. B. Anal. post. A, 11 (77ª, 10): μὴ ἐνδέχεσθαι ἅμα φάναι καὶ ἀποφάναι. Met. B, 2 (996ª,29): πᾶν ἀναγκαῖον ἢ φάναι ἢ ἀποφάναι; gleich daneben aber auch: ἀδύνατον ἅμα εἶναι καὶ μὴ εἶναι; und beide Auffassungen vereinigen sich auf eine der eberhardschen Vermischung innerhalb des Princ. rat. suff. einigermassen analoge Weise vermittelst des Homonymon «ὑπάρχειν», in dem sowohl logisch wie ontologisch ausdeutbaren Grundsatz, Met. Γ, 3 (1005b,19): τὸ αὐτὸ ἅμα ὑπάρχειν τε καὶ μὴ ὑπάρχειν ἀδύνατον τῷ αὐτῷ καὶ κατὰ τὸ αὐτό. Und diese Doppelseitigkeit finden wir bei aller Wandlung, die die Formel selbst erfahren hat, bis auf den heutigen Tag conservirt; wir finden sie beispielsweise bei Baumann in seiner «Philosophie als Orientirung über die Welt» (1872, S. 373 ff.); wir

finden sie bei Sigwart in der Logik (1873, S. 145 ff.,
S. 368 ff.)[42], wo der aristotelische Satz: ἀδύνατον ἅμα εἶναι καὶ
μὴ εἶναι eine «Anwendung» des anderen μὴ ἐνδέχεσθαι ἅμα
φάναι καὶ ἀποφάναι genannt wird. Dabei ist es bemerkenswerth,
dass Baumann, wie übrigens auch Herbert Spencer und J. St.
Mill (vgl. Mills Logik, II, 7, 4, Uebersetzung von Gomperz,
I, 300), die ontologische Fassung für eine Abstraction aus
den Thatsachen der Erfahrung hält, während
Sigwart darin eine Voraussetzung, ein Postulat unsers Wissens- und Erkenntnisstriebes
sieht: «Wo die Möglichkeit vorausgesetzt würde,
dass das Seiende an sich den Widerspruch ertragen könnte,
der nur unserem Denken widerstrebe, da wäre eben damit
jedes Streben, dasselbe zu erkennen, vergeblich» (S. 369).
Was, meine ich, auch insofern bemerkenswerth ist, als es
deutlich erkennen lässt, dass beide dieses Prinzip für einen
im kantischen Sinne synthetischen Satz[43] halten,
dass sie es nicht durch die logische Fassung von selbst für
erwiesen erachten. Baumann (S. 377): «Ein Zurückgehen auf
den Satz der Identität beim Beweis[44], ist nicht bloss ein
Zurückgehen auf den blossen Act, dass etwas gesetzt ist, sondern darauf, dass es als wahr und wirklich gesetzt
wurde und somit als etwas, was erfahrungsmässig
und thatsächlich es ausschliesst, anders zu sein, als
es gesetzt wurde[45].»

Um so dringlicher wird die Frage: Wie stellt sich Kant zu
diesem Axiom?

Für einen Philosophen, der wie er zwischen unserer empirischen, mit Raum und Zeit behafteten Welt und dem Sein an
sich, dem Sein überhaupt eine so tiefe und weite Kluft befestigte,
dass für das letztere die widerstrebendsten Möglichkeiten offen
blieben[46], war es in hohem Grade angezeigt genau zu sagen,
wie es mit folgenden Fragen gehalten werden sollte:

Ist die Formel: Es ist unmöglich dass dasselbe zugleich sei
und nicht sei, ein allgemeines Naturgesetz, wie der Satz vom
Grunde? Ist auch sie der «Beziehung auf sinnliche Anschauung»
bedürftig? Ist auch bei ihr die Ausdehnung auf «Dinge an
sich» unerlaubt? Gilt sie nur vom phänomenalen Sein? Ist sie
aber hier auch eine unumgängliche Bedingung der synthe-

tischen Einheit des Mannigfaltigen der Anschauung in einer möglichen Erfahrung? Wie ist sie zu «beweisen»? «Aus blossen Begriffen» doch wohl nicht? Wer wollte es auch auf sich nehmen, erst auch andere Formen des Seins neben der uns bekannten zu statuiren, und dann doch aus dem blossen, kahlen Begriff des Seins zu schliessen, dass es widerspruchslos sein müsse? Es kann doch wohl überhaupt ebensowenig irgend eine Qualität des Seins aus dem Seinsbegriff als solchem, wie das Sein aus einer allerrealsten und vollkommensten Vorstellung gefolgert werden[47]! Oder ist ein «transcendentaler» Beweis erbringbar? Oder bedarf die Formel keines Beweises?

Wir dürfen erwarten, dass sich Kant diese Fragen vorgelegt hat und sehen uns nach der Antwort um.

12.

In der Kritik Eberhards lässt sich Kant über unser Problem also vernehmen (I, 411):

Es «ist klar, dass der Satz des Widerspruchs ein Prinzip ist, welches von Allem überhaupt gilt, was wir uns denken mögen, es mag ein sinnlicher Gegenstand sein und ihm eine mögliche Anschauung zukommen oder nicht; weil er vom Denken überhaupt, ohne Rücksicht auf ein Object gilt. Was also mit diesem Prinzip nicht bestehen kann, ist offenbar gar nichts (gar nicht einmal ein Gedanke).» Aehnlich heisst es in den Fortschritten der Metaphysik (I, 569): «Das Ding, wovon selbst der blosse Gedanke unmöglich ist (d. i. der Begriff sich widerspricht), ist selbst unmöglich.»

Wir sind der Ansicht, dass wir uns einer Lehre gegenüber befinden, die für die ganze kantische Philosophie von vitaler Bedeutung ist. Es verlohnt sich, die Worte des Philosophen einer kritischen Prüfung zu unterwerfen.

Eins ist zunächst völlig deutlich, dass der Satz vom Widerspruch nicht auf das empirische Sein eingeschränkt, sondern dass ihm eine schlechterdings universale Bedeutung für alles Sein überhaupt vindizirt wird, mag demselben eine Anschauung

zukommen oder nicht. Dass es ausser dem empirisch vorzeig-
baren Sein noch ein anderes gibt oder geben kann, wird still-
schweigend vorausgesetzt. Aber auch von diesem gilt der Satz
vom Widerspruch. Was mit ihm nicht bestehen kann, kann
auch nicht «sein».

Zweifellos ist der Satz hiernach ein Existenzialsatz;
urtheilt er doch sogar über die fundamentalste conditio sine
qua non alles Seienden, aller Existenzfähigkeit.
Nun aber ist nach Kant «ein jeder Existenzialsatz
synthetisch» (II, 466; I, 577); so wäre also auch nach
ihm die ontologische Wendung des Princ. id. ein synthetischer
Satz, und wir haben ein Recht zu fragen: worauf er denn
eigentlich beruhe?

Warum muss jedes Sein so beschaffen sein, dass es den
Widerspruch ausschliesst? Warum muss, was vom «Denken
überhaupt» gilt, von Allem überhaupt gelten? Warum muss
das «Ding», das möglich sein soll, an erster Stelle die Anforderung erfüllen, dass sein Gedanke möglich sei? Warum ist,
was «nicht einmal ein Gedanke» ist, «offenbar gar nichts»?
Warum kann unser Denken so anspruchsvoll in alles Sein
hinauslangen, dass es ihm Vorschriften machen darf? Wie
kommt das Sein, das doch wohl durch Denken nicht gesetzt
ist, dazu dem Denken so gefügig zu sein?

Was man ausserhalb des kantischen Gedankenkreises auf
solche Fragen antworten würde, wissen wir wohl. Aber wir
wissen zugleich auch, dass es Antworten wären, die, in ihre
Consequenzen geführt, mit der Transcendentalphilosophie
schlechterdings nicht zusammen bestehen können. Wir halten.
es für angemessen, zur Verdeutlichung des individuellen Charakters dieser solche Antworten vorweg anzudeuten.

So gewaltsam der Gedanke ist, unausführbar ist er nicht: es
ist ansetzbar und ausdenkbar, dass es ein «Denken» gäbe,
dass all unser Denken ein solches wäre, welches gar keinen
Anspruch darauf zu machen hätte, irgendwo an irgend einem
Seienden sich bewährt zu finden. Wir können den Fall setzen,
dass es unserer Intelligenz zwar möglich wäre, sich im Kreise
imaginativer Gebilde, sagen wir beispielsweise mathematischer, frei und ungehemmt zu ergehen, dass es aber innerhalb gegebener Realitäten und der etwa aus ihnen componirten

«Welt» fortwährend und unablässig nicht bloss auf Unbegreiflichkeiten, sondern auch auf Unausdenkbarkeiten und unlösbare Widersprüche stiesse. Es ist sicher, dass wenn dann diese unsere Intelligenz von jenen absolut absurden Realen nicht etwa durch psychischen Zwang, wohl gar durch schmerzliche Aggressionen zum Aufmerken gereizt würde, sie bald gegen eine Sphäre, in der sie schlechterdings nichts ihrer Natur gemäss zu thun fände, sich völlig indifferent verhalten und absperren würde, um die Gesetze der Logik ausschliesslich noch in jenen spontanen Imaginationen walten zu lassen, die ihr eine Befriedigung verschaffen, welche ihr innerhalb des Realen selbst versagt ist. So gewaltsam, wie gesagt, eine solche Fiction ist, sie ist angesichts der kantischen Grundvorstellungen, nach welchen es absolut unbekannte Seinsformen geben soll, eigentlich sogar nahe gelegt und für die erschöpfende Charakteristik unsers wirklichen Denkens und wirklichen Seins jedenfalls eine gute Vorbereitung.

Gegenüber dem empirisch Realen nämlich befinden wir uns nicht in jener traurigen, öden Lage. Sondern «so ist die Natur der Sachen, der gegebenen vorstellbaren Inhalte geartet, dass das Denken, wenn es sich den logischen Gesetzen seiner Bewegungen überlässt, am Ende seines richtig durchlaufenen Weges wieder mit dem Verhalten der Sachen zusammentrifft» (Lotze, Logik, S. 552). Und weil dem so ist, weil das empirisch Wirkliche, so weit wir es bis jetzt haben erproben können — und wir Menschen verkehren schon recht lange mit ihm — nirgends zu dem Verdacht Anlass gegeben hat, als könne eine logisch untadelige Gedankenreihe, wenn sie an das Wirkliche correkt angeknüpft ist, die Congruenz mit Letzterem jemals verlieren : darum sprechen wir in Beziehung auf das uns bekannte Sein allerdings den Satz aus, dass alles was in seiner Sphäre «möglich» sein soll, mindestens denkmöglich sein müsse; darum bauen wir auch auf die ontologische Wendung des Princ. id.; und es wird, wie es in der logischen Fassung der letzte Grund aller unserer logischen Entwickelungen ist, der selbstverständliche Ankergrund für alle Bestimmungen über empirisches Sein. Und wir werden uns für dieses Sein zu interessiren und an ihm denkend thätig zu sein so lange fortfahren, als es den in jenem Prinzip ausgesagten Fundamentalanspruch unsers Denkens befriedigt, den Anspruch, dessen Nichtverwirklichung entweder alle Denkarbeit überhaupt aufheben, oder falls dergleichen möglich wäre und Interesse genug böte, auf blosse Imaginationen beschränken müsste. Jedenfalls haben wir gar keinen Anlass, über ein nicht denkgemässes Sein Gedanken anzustellen.

Sollte es daher aus irgend einem Grunde, beispielsweise um das empirisch Reale völlig zu «erklären», unserm Denken nöthig scheinen, neben dem unmittelbar Gegebenen hypothetisch noch ein anderes, sagen wir metaphysisches Sein vorauszusetzen und vorzustellen : wir werden annehmen dürfen, dass innerhalb dieser relativ freien Sphäre nun gar nur die äusserste Verzweiflung, etwa der gänzliche Misserfolg des Versuchs mit widerspruchslosen Ansätzen das g e g e b e n e Reale nun auch wirklich zu erklären, zu dem Schritte treiben könnte, an ein dem ontologischen Principium contradictionis zuwiderlaufendes Sein zu denken, was denn aber auch eben so viel wäre, wie eine definitive Absage an jegliche Erklärungsunternehmung, welche von dem empirischen Sein zu jenem hypothetischen den Ueberschritt wagen möchte. (Vgl. § 40).

Noch eine Bemerkung würde man gewiss in ausserkantischer Sphäre über unsere obigen Fragen zu machen haben. Dieselben stellen sich so, als'gäbe es eine undefinirbare Menge verschiedener Seinsformen; sie eröffnen allen Ernstes jene gewaltsame Möglichkeit, die ein Nichtkantianer nur als eine für die Charakterisirung des wirklichen Denkens und Seins um des Contrastes willen nützliche Fiction zulassen könnte. In Wahrheit würde er nicht zuerst viele, vielleicht unendlich viele Seinsmöglichkeiten ansetzen und danach unser bekanntes Sein als einen glücklichen Spezialfall behandeln, der u. a. den dankenswerthen Zug an sich trägt, der Logik (und unter gewissen Voraussetzungen auch der Mathematik) Anwendung zu gestatten, sondern er würde jene prinzipielle und reale Unterscheidung zwischen Denken und Sein überhaupt gar nicht beginnen; er würde auch nicht wissen wie die beiden Gebiete, einmal erst radical von einander getrennt, jemals anders als durch einen — glücklichen Wurf und Zufall, ich meine durch eine nicht weiter zu durchleuchtende rohe Thatsächlichkeit zusammenkommen könnten. Er würde meinen,

kein anderes Denken zu kennen als solches, das zunächst
nicht an freien Phantasiegebilden, sondern an denkgemässen
Gegebenheiten auf und niedersteigt, und das, wenn es in ima-
ginativen Formen sich ergeht, an denselben doch immer noch
die Wurzeln und Anwendungsmöglichkeiten erblickt, welche
ins Gegebene hinabführen. Er würde meinen, kein anderes
Sein zu kennen als solches, das vor denkenden Subjecten sich
breitet und so allseitig und intensiv logisch tingirt sich zeigt,
dass man in den meisten Fällen schwer sagen kann, ob die
Methoden und Formen, welche wir zu seiner Intellektuirung
anwenden, zuerst von uns frei ersonnen und an dem Wirklichen versucht und bewährt worden sind, oder ob das Wirkliche selbst sie unmittelbar uns dargereicht und wir sie aus
ihm abstrahirt haben; jedenfalls sind sie immer in stetem Aus-
tausch mit demselben emporgeblüht; hier genau die Leistungen repartiren zu wollen, wäre gerade so als wenn man
darüber stritte, ob der Rosenstock seine Blüthe mehr sich
selbst oder dem Mai verdankt. Von diesem Standpunkt aus
ist der Gedanke an andere Seinsmöglichkeiten jenseits unsers
empirischen Seins immer erst ein später; und es wird ihm
nur gerade so viel Herrschaft verstattet, als die Denkarbeit
am Gegebenen dazu auffordert und das Princ. id. — nebst
andern und für die Denkarbeit nothwendigen, nicht weg-
denkbaren Prinzipien — unweigerlich Anwendung findet. Und
sollte das Denken, ursprünglich nur für das gegebene Sein
interessirt, im Fortgang seiner Reflexionen über dasselbe merken, dass seine an demselben in Gang gesetzten Erklärungsversuche auf die Voraussetzung von Schwindel erregenden
Weltungeheuern führen, in denen das ontologische Princ. id.
nicht mehr gilt, in denen 2×2 nicht mehr $= 4$ ist, wo genau
dieselben Bedingungen einmal diese, einmal jene Folge haben,
wo gar kein Gesetz die Successionen beherrscht, so wird es
entweder meinen, irre gegangen zu sein, oder wenn es, ich
weiss nicht wie, dem Zwange jener Folgerungen und Voraussetzungen glaubt erliegen zu müssen, wahrscheinlich nun mehr
die Denkarbeit einstellen. Jedenfalls dürfte es nicht ebenso
leicht sein, in realen Gebieten des absoluten Widerspruchs
und Nonsens sich noch denkend zu bethätigen, wie an grad-
linigen «Dreiecken», deren Winkelsumme beliebig kleiner als
zwei Rechte ist, noch Mathematik zu treiben [48].

Kants Philosophie nun ruht ganz und gar auf Ansichten von dem Verhältnisse unsers Denkens zum Sein, die dem eben gekennzeichneten Standpunkt zuwiderlaufen. Er statuirt erstens an den verschiedensten Stellen neben unserm bekannten, dem empirischen Sein aus freier Hand eine nicht weiter bestimmte Anzahl von a n d e r n Seinsmöglichkeiten; vor Allem wird das Sein an sich der empirischen Realität so gegenüber gestellt, dass wirklich zwischen dem, was von uns vorstellbar und denkbar ist, und dem Sein der Dinge «an sich selbst» eine unüberbrückbare Kluft aufgerissen wird. So heisst es Proll., § 38, am Schluss (III, 88), dass «die Natur der Dinge an sich selbst sowohl von Bedingungen unserer Sinnlichkeit als des Verstandes unabhängig» sei. Und da erübrigt denn eben die Frage: Warum gleichwohl der Satz des Widerspruchs auch von jenen nichtsinnlichen Gegenständen gilt, denen keine mögliche Anschauung zukommt? warum trotz der Unabhängigkeit der Dinge an sich von Bedingungen des Verstandes, gleichwohl das «Ding», wovon selbst der blosse Gedanke unmöglich ist, selbst unmöglich sein soll? Können wir so etwas a priori, aus blossen Begriffen wissen?

A priori, aus blossen Begriffen, hätten wir am Ende es auch für «unmöglich» gehalten, dass dasselbe Ding zugleich eine rauhe Oberfläche haben, achteckig, weiss und süss sein könne. Aus Erfahrung freilich wissen wir, wie so das zum Beispiel an einem Stück Zucker z u g l e i c h möglich ist, obwohl achteckig und süss an sich viel weiter von einander entfernt scheinen, als achteckig und neuneckig, welche gleichwohl incompatibel sind. Jene Diversitäten verträglich zusammengehen zu sehen, dies ermöglicht uns die Thatsache, dass wir mit verschiedenen Sinnen «zugleich» Wirklichkeiten erhalten können. Aber der gewöhnliche, von kritischen, z. B. herbartschen Scrupeln noch nicht behelligte Mensch nimmt ohne sich Sorgen zu machen und Verlegenheiten zu empfinden an, dass das Ding diese v e r s c h i e d e n e n Eigenschaften auch an sich besitze, besitze ganz abgesehen von jeder sinnlichen Wahrnehmung.

Warum sollte es für ihn nicht eine Welt geben können, die an sich so wäre, wie eine an sich einheitliche Objecten welt in Relation zu Subjecten erscheinen würde, welche zwei absolut c o n t r ä r e Sinne hätten? Wenn wir ohne von Aufforderungen, die im Gegebenen liegen, gereizt zu sein, aus absolut spontaner Anregung Seinsmöglichkeiten ansetzen dürfen, warum sollte die Idee von einer solchen Wahrnehmungsweise «unmöglich» sein? warum sollte sie im Bereiche einer Philosophie vor Allem für unmöglich gelten, welche von der Nothwendigkeit unserer Sinnlichkeit die geringschätzigste Meinung hat? Die perzipirenden Subjecte jener fictiven Correlation würden dann so geartet sein, dass sie, ganz wie wir jetzt ohne Beschwerde rauh und weiss zusammenbestehen lassen, durch ihre Organisation genöthigt wären, demselben Gegenstande immer zugleich weiss und schwarz oder achteckig und neuneckig zuzusprechen : etwa so wie wir schon jetzt gelegentlich dasselbe Wasser, nach dem Eindruck, den die höher temperirte Hand erhält, kalt, nach dem, welchen die niedriger temperirte erhält, warm nennen; oder wie uns jedes unserer beiden Augen von demselben «Dinge» zwei verschiedene perspectivische Aufnahmen lie- fert. Die seienden Dingen müssten nun «an sich» so sein; der gewöhnliche, naive Realist würde sie auch sicher so ansetzen.

Gewiss ist schon die Zumuthung abgeschmackt, in eine so absolut sich selbst contrecarrirende Doppelwelt hinein zu denken[49]. Ausschliessliche Gewöhnung an unsere Welt, die eben nicht so ist, und die, wo sie so scheint, durch Berück- sichtigung aller mitspielenden Relationen leicht von diesem Scheine befreit und logisch gerecht gemacht werden kann, so dass wir selbst durch so befremdliche Thatsachen, wie die des Dimorphismus, an dem Vertrauen nicht irre werden, dass das, was «objectiv» ist, eben das ist, was es ist, und nicht zugleich sein Gegentheil, ich sage die jahrtausendelange Gewöhnung an u n s e r e absolut logisch fundirte Welt, macht uns den Ansatz einer andern so schwer, wie er an sich müssig ist. Aber eben so schwer wird uns das Denken und Vorstellen einer Welt, in der Veränderungen, Handlungen arriviren könnten, ohne gesetzmässig an feste Zeitbedingungen geknüpft zu sein[50]; und doch gibt Kant Hume recht, der selbst in der empirischen Welt solchen Ablauf der Weltveränderungen nicht selbstverständlich und gegen alle Befürchtungen des

Gegentheils geschützt finden konnte; und doch findet er für die empirische Allgemeingültigkeit des Causalitätsaxioms einen transcendentalen Beweis nöthig. Wir fragen : wie lautet der transcendentale Beweis für den parallelen Fall? Und warum soll «überhaupt» nicht s e i n, was u n s schwer wird zu denken? was uns zu denken unmöglich ist[51]?.

Warum soll es vor Allem auf dem Boden der kantischen Philosophie nicht möglich s e i n, die uns selbst mit zahlreichen Conceptionen beschenkt, die unvorstellbar, unausdenkbar sind und von denen gleichwohl Seinsmöglichkeit behauptet wird? als da sind ein intuitiver Verstand[52], eine intellektuale Anschauung, ein afficirendes, auf unser Subject einwirkendes Ding an sich, das ausser der Zeit ist, ein «Object einer nicht sinnlichen Anschauung», dessen «Dauer keine Zeit» ist (II, 744), eine «Causalität», die «nicht entsteht oder zu einer gewissen Zeit anhebt» (II, 432), d i e s e l b e Ursache, welche zugleich intelligibel und phänomenal ist — was auch angesichts jener aus Proll., § 38, citirten Grundüberzeugung niemand wunderbar erscheinen kann.

Warum gilt nun gleichwohl das Princ. id. et contrad. «von Allem überhaupt»? Scheint es nicht, wenn dem so ist, auch nach Kant die «Ritze» zu sein, «durch welche ein Lichtstrahl seinen Weg zu uns findet von jenseits des Vorhangs, der uns die geheimnissvolle Welt der Dinge an sich verdeckt»? — wie J. St. Mill über einen ähnlichen aprioristischen Ansatz Sir W. Hamiltons spottet? (Logik, II, 6, 3).

So ist es indessen offenbar bei Kant nicht gemeint. Es bringt unser Prinzip nach der Kritik der reinen Vernunft (II, 133; 465, Anm.) keinen Erkenntnissinhalt bei; ja es lässt Begriffsverbindungen im Urtheil zu, für die k e i n G r u n d weder a priori noch a posteriori gegeben ist, sogar solche, die objectiv geradezu f a l s c h sind; es bedarf eben für die Feststellung dessen, was innerhalb der Widerspruchslosigkeit von Verbindungen wirklich sein soll, noch anderer Erkenntnissstützen. Kurz, der Satz : «K e i n e m D i n g e k o m m t e i n P r ä d i c a t z u w e l c h e s i h m w i d e r s p r i c h t» (diese Fassung gibt Kant dem Prinzip, a. a. O., S. 133), ist ein zwar allgemeines, aber nur n e g a t i v e s Kriterium aller Wahrheit.

Wenn wir von dem zuletzt gewählten frappirenden A u s -
d r u c k : «negativ» zunächst absehen und uns nur an die
sachliche Charakteristik halten, so müssen wir, in Erinnerung
an unsere früheren Mittheilungen aus Kant (§ 5) sofort
bemerken, dass auch das Causalitätsaxiom keine wesentlich
höhere Dignität besitzt. Auch in ihm liegt, wie wir sahen,
nach Kant nicht mehr als die Behauptung, dass in der
objectiven Succession causale Correlation statt hat; über den
qualitativen Inhalt, die positive Natur der correlativen Glieder,
sagt es eben so wenig wie der Satz des Widerspruchs über
das, was von den widerspruchslos ansetzbaren Verbindungen
in der Welt wirklich existirt, oder umgekehrt, w e l c h e
Diversitäten als compatibel gelten können. Jenes prädicirt
von allem Existenten die Identität mit sich, dieses von dem
Successiven die Gesetzmässigkeit; da weder die Identität in
dem kahlen Begriff Existenz, noch die Gesetzmässigkeit im
Begriff der Succession enthalten ist, so sind beide Urtheile
gleich synthetisch; und in so fern als beide alle nähere Bestimmung der Inhalte, die einander widersprechen und einander
gesetzmässig succediren können, anders woher erwarten, so
sind sie beide gleich f o r m a l. U n t e r d i e s e r R e s t r i c -
t i o n e n t h a l t e n b e i d e g l e i c h s e h r e i n e u n e r -
l ä s s l i c h e A n a l o g i e d e s e m p i r i s c h e n S e i n s
m i t d e m l o g i s c h e n D e n k e n. Unter dieser Restriction:
denn wollte der ontologische Satz vom Grunde eine reale
Abfolge darum als nicht causal bezeichnen, weil die Folge
aus dem Grunde nicht logisch, begrifflich ableitbar ist, wollte
das Princ. id. alle Verbindungen des Diversen an einem
Dinge für unmöglich erklären, so würden sie ihre Befugniss
überschreiten; sie erwarten beide die Erfüllung mit den
Inhalten, hier der causalen Correlation, dort der Compati-
bilität aus andern Erkenntnissquellen.

Wenn Kant diesen Charakter des Princ. id. et contrad. im
Auge hatte, so hätte er, scheint es, besser gethan, anstatt es
ein «negatives» Kriterium aller Wahrheit zu nennen, die
«Formalität» von ihm auszusagen[53]; wie denn auch wirklich
S. 134 unser Prinzip als «ein von allem Inhalt ent-
blösster und b l o s s f o r m a l e r G r u n d s a t z» bezeichnet
w i r d.

So verlockend es nun erst recht sein möchte, die beiden grossen leibnizischen Cardinalprinzipien der Erkenntnisslehre auch bei Kant auf einen Fuss gebracht zu sehen ; wir müssen durchaus davon abstehen. Die Verwandtschaft der beiden Axiome in ihrer ontologischen Gestalt, die man, durch einige Wendungen verführt, in Kant vielleicht hineinzulesen versucht sein könnte, ist weit davon entfernt über gewisse schillernde und elastische Ausdrücke hinauszutreten. Im Gegentheil: seine Absicht ist darauf gerichtet, das von den Leibnizianern so fest geschürzte Band völlig zu zerreissen. Schwerlich kann aber irgend Jemand aus dem bisher Citirten die Art voraus ahnen, wie er diese Trennung wirklich ausgeführt hat.

Obwohl noch die zuletzt angezogene Formel: Keinem Dinge kommt ein Prädicat zu, welches ihm widerspricht, das Plus deutlich hervortreten lässt, das sie gegenüber der logischen Fassung enthält: Keinem Subject, keinem Begriff kommt ein Prädicat zu, welches ihm widerspricht; obwohl jene erste Fassung höchst auffällig an die Formulirung des Satzes vom Grunde erinnert: Jedes Ding muss seine Ursache haben, welche Kant selbst von der logischen: Jedes Urtheil muss seinen Grund haben, sondert und der eberhardschen Confusion mit Nachdruck, ja fast mit Erregung gegenüber hält ; obwohl ganz augenscheinlich das princ. contrad. in der ersten Fassung nicht «wie die logischen Prinzipien thun, bloss die formalen Bedingungen der Urtheile betrifft», sondern «über die Objecte und ihre Möglichkeit etwas a priori bestimmt», was nach der Auseinandersetzung mit Eberhard Merkmal eines «transcendentalen Prinzips» ist (I, 410); kurz, obwohl der synthetische Charakter jener Formel fortwährend zweifellos zu Tage tritt : stellt Kant — wir können wohl sagen zu unserer grossen Verwunderung — in der Kritik (a. a. O., S. 134) die Lehre auf, dass jener Satz: Keinem Dinge kommt ein Prädicat zu, welches ihm widerspricht, vielmehr das allgemeine Principium aller analytischen Erkenntniss sei (S. 133), dass er «bloss in die Logik[54] gehöre, weil er von Erkenntnissen, bloss als Erkenntnissen überhaupt, unangesehen ihres Inhalts gilt», als ob nicht auch der Causalsatz nichts über den Inhalt

der causalen Correlation bestimmte, als ob nach Kants eigenen
Prinzipien so «bloss in die Logik» gehören k ö n n t e, was so
axiomatisch von «Dingen» Aussage thut und von «allem»
gelten soll, es mag ein sinnlicher Gegenstand sein oder nicht.

Oder sollte sich Kant auf den Ausdruck «Prädicat» steifen
wollen, der allerdings den ontologischen Anfang des Satzes
wieder ins Logische umzulenken scheint? Aber wie konnte er
Eberhard gegenüber es doch so deutlich und überzeugend
machen, dass sobald ich in dem logischen Grundsatz: Jedes Urtheil muss seinen Grund haben, für Urtheil Ding einsetze, natürlich der Grund nur Realgrund, Ursache sein könne[55]. Dem entsprechend muss hier, sowie der «Begriff» im Subject in das
«Ding» übergeht, das Prädicat als reales Attribut verstanden
werden; nicht aber kann die Homonymie des Ausdrucks «zukommen», welcher übrigens darin völlig dem aristotelischen
ὑπάρχειν (vgl. oben S. 32) gleicht, als Brücke dienen, um, was als
Existenzialsatz begann, mit dem logischen Ausdruck Prädicat[56]
zunächst in Verbindung und dann in Einklang zu setzen.
Eindeutig und κατὰ τὸ αὐτὸ gefasst, heisst der Satz: Keinem
Dinge kommt eine Eigenschaft, Action oder Relation zu, die
sich mit seinen wesentlichen Eigenschaften (vgl. § 14) nicht
verträgt.

Wollte Jemand[57] Kants Sache damit vertheidigen, dass er
auf Grund einer Bemerkung, die gegen die theologischen Onto-
logisten fällt (II, 465), es für unzulässig erklärte, in seiner
von uns zuletzt behandelten Formel — Keinem Dinge kommt
ein Prädicat zu, welches ihm widerspricht — «in den Begriff
eines D i n g e s schon den Begriff seiner E x i s t e n z» hinein-
zutragen, so wäre dem erstens zu bedeuten, dass es h i e r niemand dem «Dinge» ansehen kann, dass es der Autor «lediglich
seiner M ö g l i c h k e i t nach d e n k e n wollte,» sondern dass
die Formel für den Unbefangenen völlig denselben Gedanken
ausspricht wie die andere, welche geradezu zwischen dem
Begriff des Dinges und dem Dinge selbst einen Unterschied
macht: «Das Ding, wovon der Begriff sich widerspricht, ist
selbst unmöglich»; dass zweitens der ganze Wirrwarr, den
wir tadeln, eben gerade durch schillernde Ausdrücke, wie
«Ding», das einmal schon den Begriff der Existenz in sich
enthält, einmal nicht, vorzüglich freilich durch eine andere

Homonymie, nämlich die des Ausdruckes Möglichkeit, angerichtet ist; dass eben für einen Standpunkt, wie den kantischen, von dem aus unser bekanntes Sein nur als eine Spezies des Gattungsbegriffs Sein gefasst wird, es begrifflich ein total Verschiedenes für uns ist, denkmöglich und seinsmöglich an sich zu sein; und dass drittens gegen Eberhard rund und nett erklärt wird, dass der Satz von Allem gilt, es mag ein sinnlicher Gegenstand sein oder nicht.

Woher wissen wir nun, dass Widersprechendes in keiner Weise wirklich sein kann? woher, dass das Sein an sich nicht z. B. absolutes Werden, ruhelose Identität von Sein und Nichtsein ist? fortwährende coincidentia oppositorum?

Und wenn wir unsererseits auch gern von übermenschlichen Anforderungen abstehen, wenn wir auch darauf verzichten, einen absoluten Gültigkeitsbeweis für einen Satz geliefert zu sehen, der schon in seiner logischen Gestalt die Unterlage alles Beweises[58] ist, und der in ontologischer Fassung zunächst nur das Sein charakterisirt, das Gegenstand unserer Denkarbeit sein will, so müssen wir doch, da nachweisbar, thatsächlich unser empirisches Sein diesem Anspruch unsers Verstandes durchgängig wirklich Genüge thut, von einem Kant, der die ebenso durchgängige empirische Geltung des ontologisch gewandten Princ. rat. sufficientis «transcendental» deducirt, seiner allgemeinen philosophischen Position gemäss erwarten, dass er erstens ihn als ein Prinzip möglicher Erfahrung betrachte, dass er zweitens diejenigen Restrictionen anbringe, durch welche das Prinzip des «reinen» Verstandes auf ein Sein anwendbar wird, das von der Zeitbedingung afficirt ist, und dass er drittens ihn in dieser Form auf seine Weise «apodiktisch» zu «beweisen» versuche.

13.

Die ausgeführte und präcise Fassung des Satzes zeigt deutlich seine Beziehung auf Erfahrung, auf unsere Erscheinungswelt; ich meine eine Fassung etwa von folgendem Wortlaut: «Jedem Dinge kann in demselben Augenblicke und an demselben Theile seines ganzen Wesens, körperlichen

Dingen in specie an demselben Orte immer nur ein Prädicat A, aber nicht zugleich ein von A conträr verschiedenes zukommen[59].» Hier ist in der Beziehung auf Raum und Zeit und die aus der phänomenalen Wirklichkeit allein bekannte Bedeutung des Conträren, als des innerhalb einer empirischen Gattung oder sagen wir Reihe Verschiedenen [60], so deutlich die ausschliessliche Anwendung auf unsere Erfahrungswelt ausgedrückt, dass man allerdings wenn irgendwo einen transcendentalen Beweis für angezeigt erachten sollte. Es liegt nahe, Kants Fussstapfen folgend, etwa anzunehmen, es sei nur darum z. B. unmöglich, dass dasselbe weder örtlich noch zeitlich zugleich sei und nicht sei, weil Erfahrung überhaupt nur dadurch zu Stande komme, dass wir alle nicht disparaten sondern conträren Unterschiede der Empfindung sofort räumlich und zeitlich zur Vertheilung bringen. Schopenhauer wenigstens definirt die Zeit als «die Möglichkeit entgegengesetzter Bestimmungen an demselben Dinge» (Satz vom Grunde, § 18)[61]; und liesse sich in Beziehung auf den Raum nicht ganz ähnlich reden [62]?

Aber gerade hier ist es, wo Kants Differenz von unsern Erwartungen am eclatantesten hervorbricht. Es fragt sich nur, ob er zu seiner Position berechtigt war; ob er berechtigt war, sich zu dem Princ. contradictionis total anders zu stellen, als in Betreff des real gewandten Principium rationis sufficientis.

In der Kritik (a. a. O., S. 134) t a d e l t er in der üblichen Formel: Es ist unmöglich, dass etwas z u g l e i c h sei und nicht sei, gerade dies, dass der Satz in dem zugleich «durch die B e d i n g u n g d e r Z e i t afficirt sei»; hierdurch habe das «Principium aller analytischen Erkenntniss eine Synthesis» erhalten, «welche aus Unvorsichtigkeit und ganz unnöthiger Weise in ihn gemischt worden». Der Satz des Widerspruchs darf «als ein bloss logischer Grundsatz seine Aussprüche gar nicht auf die Zeitverhältnisse einschränken, daher ist eine solche Formel d e r A b s i c h t d e s - s e l b e n ganz zuwider». Um die ursprüngliche «Absicht» zu exemplificiren, bringt er den analytischen Satz bei: Kein ungelehrter Mensch ist gelehrt: «Weil d a s M e r k m a l (der Ungelehrtheit) d e n B e g r i f f d e s S u b j e c t s m i t

ausmacht......, erhellt der verneinende Satz unmittelbar aus
dem Satze des Widerspruchs, ohne dass die Bedingung:
zugleich, hinzukommen darf[63].»

Indessen es ist doch eben ein Anderes, ob es sich in dem
Satze um das logische Verhältniss zwischen Begriff und
Merkmal, oder um das reale zwischen Ding und Eigenschaft
handelt! In dem ersten gilt natürlich der Satz des Widerspruchs als ein bloss logisches Axiom und ohne Affection durch
die Zeit; wie er aber und ob er im zweiten Falle gelten solle
oder könne, das kommt auf das Sein an, das man ins Auge
fasst. Das jedenfalls ist klar, dass von der Sphäre empirischer
Realität, in welche der ungelehrte Mensch als «Ding» fällt,
der Satz ontologisch nur eben unter der Restriction a u f d i e s-
e l b e Zeit gilt, welche übrigens in diesem Falle, wenn der
Satz realiter verstanden wird, in dem «ist» mit enthalten liegt:
denn nichts ist dehnbarer, kann prägnanter werden und mehr
durch Homonymie täuschen als die Copula: ist (vgl. oben
S. 25). Wir sehen Kant sich mit diesem Satze durchaus in
einem ähnlichen Zirkel drehen, wie der war, aus dem er in
Beziehung auf das Princ. rat. suff. seinen Antagonisten Eberhard mit so viel Schärfe und Humor zu verjagen wusste.

Eine strengere, besser, eine consequentere Unterscheidung
— denn im Ganzen ist es ja sogar eine der verdienstlichsten
Leistungen Kants, auf diese Unterscheidung Gewicht gelegt
zu haben[64] — aber eine noch consequentere Unterscheidung zwischen Urtheilen, die r e a l e T h a t s a c h e n betreffen
und auf E x i s t e n z gehen, von blos e r k l ä r e n d e n, «in
denen von der bestimmten Existenz einzelner durch das Sub-
jectwort benennbarer Dinge nicht die Rede ist (wenn auch
eine solche häufig durch die Natur des Vorgestellten vorausgesetzt ist[65]» — wie in Kants Beispiel vom «ungelehrten
Menschen»), hätte zeigen müssen, dass nur die objective Gültigkeit der letzteren von der Zeit unabhängig ist; dass das
Axiom: Keinem D i n g u. s. w., aber gerade über die Sphäre
der blossen Erklärung fortgreift, synthetisch ist und von
unserer empirisch realen Welt jedenfalls nur unter der Zeitbedingung gilt; d a n n a b e r a u c h a l l g e m e i n.

Für diese allgemeine Geltung wird ein Nichtkantianer
keine andere Beglaubigung anzuführen wissen, als diejenige,

welche ihm auch den Satz vom Grunde stützt. Er wird sagen: beide ermöglichen allein ein wissenschaftlich fruchtbares Denken über Sein und Geschehen; sie sind beide unerlässliche Voraussetzungen unserer Denkarbeit am Gegebenen; und sie haben beide bisher keine stichhaltige und ernsthafte Ausnahme erlitten. Müsste einmal constatirt werden, erstens dass das empirische Sein Widersprüche erträgt, die auf keine Weise zur Befriedigung unsers Verstandes beglichen werden könnten, zweitens dass genau dieselben Bedingungen einmal diese, einmal jene Folge hätten, so würde das Denken jedes Interesse verlieren sich weiter mit einem so absurden und denkspröden Material zu beschäftigen. Absolut unmöglich ist der Eintritt eines solchen Falles nicht; aber bisher war alles was von Menschen erfahren und erlebt ward, nachweislich der Art, dass der Verdacht, der gesunde Verstand könne einmal durch das Sein mit einem absoluten Nonsens überrascht werden, zu den aller windigsten und leersten Möglichkeitsträumen gehört, die den Denkenden um so weniger zu beunruhigen brauchen, als bei Verwirklichung solcher Möglichkeit das Reale sofort dem Denken gleichgültig werden oder es ertödten würde.

Je mehr aber der Nichtkantianer die ontologische Gleichwerthigkeit des Princ. id. et contrad. und des Princ. rat. suff. urgiren muss, je mehr er auch in Beziehung auf das erstere, wenn man es durchaus will, die müssige Möglichkeit offen zu lassen sich genöthigt sieht, die in Beziehung auf das zweite Kant durch einen transcendentalen Beweis endgültig zu beschwören gedachte, um so mehr muss jeder der Consequenz halber wünschen, dass Kant auch für das erste Prinzip einen solchen Beweis in Angriff genommen hätte; dass, wenn einmal Gesetze, die wie «Analogien» logischer Verhältnisse unsere Erfahrung beherrschen, den von Kant eingeführten Titel erhalten sollten, auch die ontologische Anwendung des Princ. contrad. unter die «Analogien der Erfahrung» gesetzt worden wäre. Dann wäre freilich die Ableitung der synthetischen Grundsätze aus den von der traditionellen Logik dargebotenen symmetrisch aufgebauten zwölf Urtheilsformen noch mehr in die Brüche gegangen.

Anstatt durch einen transcendentalen Beweis hat Kant die durchgängige empirische Gültigkeit unsers Prinzips eigentlich durch — das Dictum de omni begründet; etwa so:

> Was von Allem überhaupt gilt, gilt auch vom empirischen Sein;
> Nun gilt aber der Satz des Widerspruchs von Allem überhaupt;
> Also....

Und da sehen wir uns wieder auf die Frage zurückgeworfen: Warum gilt der Satz von Allem überhaupt? Und hierauf erfolgt die irrthümliche Antwort: weil er «logisch», weil er ein «analytisches Prinzip» ist.

Der historische Ursprung, der psychologische Grund der falschen Stellung, die Kant zu dem Principium identitatis einnahm, liegt deutlich zu Tage. Jahrzehnte lang hatte er mit dem Werkzeug der dogmatischen Philosophen, insbesondere des «lieben Baumgarten» hantiert. Hier drehte es sich fortwährend um Begriffsverhältnisse. Durch blosse «Zergliederung der Begriffe»[66] wurden die sublimsten Erkenntnisse gewonnen: Aus dem Begriff der Einfachheit der Substanz wurde die Fortdauer der Seele nach dem Tode, aus dem Begriff eines allerrealsten Wesens das Dasein Gottes geschlossen. Das Fundament des Gedankenbaues war des Aristoteles βεβαιοτάτη ἀρχή, das Princ. identitatis et contradictionis. In dieser einen «Angel» hieng die ganze Metaphysik. Selbst das leibnizische Princ. rat. suff. hatte Baumgarten (Metaphysik, § 20; vgl. Kant gegen Eberhard, a. a. O., S. 413 f.) daran befestigt. Genau betrachtet, waren alle Urtheile, die innere Berechtigung hatten, «analytisch», blosse Erklärungen (vgl. II, 173); sie liefen am Princ. identitatis hin; alle synthetischen Urtheile aber waren unkritische Erschleichungen und Selbsttäuschungen[67]. Nun kam der aufrüttelnde, skeptische Stoss durch Hume. Kant sah ein, dass der Satz vom Grunde aus Begriffen nimmer herausvernünftelt werden könne, dass er synthetisch sei und einer correspondirenden Anschauung bedürfe. Da schnitt er — schon in der Preisschrift: Ueber die Deutlichkeit der Grundsätze der natürl. Theologie[68] — zwischen dem Princ. contradictionis und rationis sufficientis das Tischtuch mitten entzwei.

Nun sollte das erstere nur als Princip aller analytischen Erkenntniss gelten, keinen neuen Aufschluss gewähren[69]; und
es wurde in der Kritik, die es «eigentlich nur mit dem synthetischen Theile unserer Erkenntniss zu thun» hatte, vorn weg
ausgesondert. Dabei aber übersah der Philosoph, dass das
Princ. unter den Händen der Schule wie unter seinen eigenen
eine Form angenommen hatte, die über die Sphäre der blossen
Begriffsverhältnisse, der analytischen, der «erklärenden»
Urtheile hinauslangte, hinauslangte in die Welt der Objecte,
des Seins, der phänomenalen sowohl als der intelligiblen Welt.
Und da erübrigte denn eben die Frage, woher das so gewandte
Prinzip diese seine Befugniss wohl hätte?

14.

Es gibt noch einen Satz der Wolfischen Metaphysik, übrigens einen mit dem Princ. ident. sehr verwandten Satz, auch
darin verwandt, dass er ein logisches Axiom ontologisch
umwendet und sich sehr wohl zu einer «Analogie
der Erfahrung» wenn nicht, wie jener, sogar zu mehr
qualifizirte, gegen den Kant eine völlig ähnliche Antipathie
entwickelt. Er steht bei Baumgarten im § 132 der Metaphysik
(ed. VII, 1779) und wird von Kant in einer Anmerkung der
Streit-(Preis)schrift gegen Eberhard (I, 464 f.) besprochen. Er lautet
seinen wichtigsten Bestandtheilen nach bei Baumgarten:
Essentiae rerum ..... sunt ..... immutabiles;
mutatio aber ist nach § 125: determinationum in
ente successio, wodurch, wie auch Kant a. a. O., bemerkt,
dieser Satz gleichfalls die Zeitaffection erhält, und worauf hin
er leicht in die Form umgesetzt werden kann: In allen Veränderungen bleibt das eigentliche «Wesen» der Dinge constant und der Wechsel betrifft nur ihre Bestimmungen.

Wenn man nun bedenkt, wie nahe dieser Satz hiermit dem
von Kant approbirten Axiom von der Beharrlichkeit der Substanz rückt, — es lautet z. B. Kritik der r. Vernunft, W., II,
156 : Alle Erscheinungen enthalten das Beharrliche (Substanz) als den Gegenstand selbst
und das Wandelbare als dessen blosse Bestim-

m u n g (ähnlich S. 158) — was bei der gemeinschaftlichen
Abstammung von essentia und substantia aus der aristotelischen οὐσία auch gar nicht wunderbar ist[70] : so begreift man
es kaum, wie Kant auch in diesem Satz die ontologische Wendung nur usurpirt finden und ihn derselben entkleidet in die
Schranken der Logik verweisen konnte. Aber es geschieht
ohne Umstände und ohne Rückhalt. Die «Zweideutigkeit» des
«Ausdruckes» ist schuld, dass er sich in die Metaphysik «ein-
geschlichen» hat und so «für synthetisch gehalten wird», «als
ob dadurch ein Gesetz der Natur, welches unsern Begriff von
den Gegenständen (vornehmlich da von der Existenz in der
Zeit die Rede ist) erweiterte, vorgetragen würde.» Aber —
fragen wir — lag nicht eine ähnliche «Zweideutigkeit» auf
dem Satz vom Grunde? machte sie nicht Kant gerade in derselben Abhandlung viel zu schaffen? und doch ist hier von
keinem «Einschleichen» in die Metaphysik die Rede! sondern
der Satz vom Grunde gilt in seiner ontologischen Haltung
wirklich und unbedenklich als ein synthetischer Satz, als ein
Gesetz der Natur. «Lehrlinge» sind im Stande, sagt Kant mit
einem Anflug von Entrüstung, «die Meinung einiger Minera-
logen, als ob Kieselerde wohl nach und nach in Thonerde
verwandelt werden könne» mit dem Baumgarten'schen § 132
«kurz und gut abzufertigen». Als ob «Lehrlinge», die so thöricht sind, nicht denselben Unfug auch mit dem Satze von
der Beharrlichkeit der Substanz treiben könnten! — wenn dies
nicht der Fall wäre, hätte z. B. Kant nicht nöthig gehabt,
seine Paralogismen der reinen Vernunft zu schreiben; — als ob
nicht die Fassung, welche unten (§ 17) bei dem Substanzaxiom
sich als die geeignetste empfehlen wird, auch hier dergleichen
Unfug beseitigen könnte, indem man sagte : In allem Wechsel
der Dinge erhält sich Etwas, d i e s i s t i h r e i g e n t l i -
c h e s W e s e n ! Alles andere, könnte man denken, sind nur
auf wechselnden Relationen beruhende M o d i, A c t i o n e n
und Z u s t ä n d e dieses Wesens. Das ontologische Princ. id.
würde hinzufügen, dass diese dem «Wesen» nicht widersprechen dürfen.

Jedenfalls ist Kants Dekret: dass «dieser m e t a p h y s i s c h e
S i n n s p r u c h ein armer identischer Satz» sei, «der mit
dem Dasein der Dinge und ihren möglichen oder unmögli-

chen Veränderungen gar nichts zu thun» habe, angesichts des wirklich vorhandenen Versuchs, eine ontologische Behauptung daraus zu machen, eine höchst wunderliche Formulirung des, wie es scheint, beabsichtigten Gedankens, dass jede Wendung, welche den «armen identischen Satz», der «gänzlich zur Logik gehört» und als s o l c h e r die grosse Weisheit «einschärft», «dass, wenn ich den Begriff von einem und demselben Object behalten will, ich nichts an ihm abändern, d. i. das Gegentheil von demjenigen, was ich durch jenen denke, nicht von ihm prädiziren müsse», — ich sage : Kants Aussage über den «metaphysischen Sinnspruch» ist eine wunderliche Formulirung des Gedankens, dass jede ontologische Wendung des logischen Satzes u n b e r e c h t i g t sei. Welchen Gedanken zu vertreten, denn doch gerade gegenüber der oben versuchten Umformung dem Philosophen, welcher den Begriff der «Analogie der Erfahrung» ersann, etwas mehr Aufenthalt, Untersuchung und Mühe hätte auferlegen sollen, als er hier hat für nöthig halten mögen.

Freilich würde die Einlassung auch auf d i e s e «A n a l o g i e d e r E r f a h r u n g» ihm noch mehr den Glauben an die grundlegende logische Tafel zerrüttet haben. Im Uebrigen ist der Satz so «arm» und «identisch» wahrhaftig nicht, als er Kant erscheint. Erhebt er doch den Anspruch zu wissen, dass in allen Veränderungen sich Etwas, das eigentliche «Wesen» erhält, was leicht so gefährlich und verwegen gewandt werden könnte, dass Kant nöthig finden würde, seine Paralogismen der reinen Vernunft ins Feld zu führen. Oder was hätte er zu Schopenhauers Lehre von der Unveränderlichkeit des Charakters gesagt? zu der Lehre, dass der «Charakter» darum unveränderlich ist, weil er das eigentliche «Wesen» des Menschen ausmacht? ist etwa diese Meinung der jener Lehrlinge analog, die den Uebergang von Kieselerde in Thonerde leugneten? Wie hätte er sich ferner zu J. H. von Kirchmanns Theorie (vgl. dessen Vortrag über das Prinzip des Realismus, 1875) stellen wollen, nach welcher zwar «das Wesen und das Unwesentliche» zu den zwölf «Beziehungsformen» gehören, die er, wie Kant seine zwölf Kategorien, zu einem «ursprünglichen Besitz der menschlichen Seele» (S. 15) macht (auch Kants Substanz und Accidenz, sowie Ursache

und Wirkung sind darunter), nach welcher andererseits aber
(S. 11) das «Wesentliche ein schwankender Halt ist, der jedem Wunsche dienen kann»? Gibt es wirklich in den D i n g e n
nichts «Wesentliches»? beispielsweise in den Organismen?
insbesondere den mit Bewusstsein begabten? keine forma
substantialis? keine Schopenhauersche «Idee»? Was ist es,
was sie nicht zu eigentlichen B e g r i f f e n , sondern zu e i n -
h e i t l i c h e n Dingen macht? die Beharrlichkeit der Substanz doch wohl nicht, da die Stoffe in ihnen unablässig
wechseln? also etwa die Form? etwa der Bewegung der in
ihnen oscillirenden Molekule? Und wenn in der Welt als
solcher die «Substanz» beharrt: beharrt nicht in ihr auch das
«Wesen»? die Form? Und was ist dieses ewige Wesen? diese
Form?

Wir hätten es gerne gesehen auf solcherlei Fragen Antwort
zu erhalten. Anstatt dessen wird der Satz von der Immutabilität
des Wesens als ein «armer, identischer» in die Logik ver-
wiesen. Und — «das Wesen» ist keine Kategorie. Vgl. § 39.

15.

Die Rücksicht auf die Z e i t , welche im Princ. id. et contrad.
so unberechtigter Weise von Kant perhorrescirt wurde, tritt
in den drei von ihm wirklich als synthetische Grundsätze
behandelten Analogien um so kräftiger hervor; und es ist
kein Zweifel, dass die «Beweise» sogar in dieser Beziehung
auf die Zeit den Kern der Sache sehen. Das zeigt sich schon
gleich im Allgemeinen.

«Der allgemeine Grundsatz der Analogien ist: Alle E r s c h e i -
n u n g e n stehen ihrem D a s e i n nach a priori unter R e g e l n
d e r B e s t i m m u n g i h r e s V e r h ä l t n i s s e s u n t e r
e i n a n d e r i n d e r Z e i t (Kritik der r. V., 1. Aufl., W., II,
152 f.). — Da Erfahrung ein E r k e n n t n i s s d e r O b j e c t e
durch Wahrnehmungen ist, folglich das Verhältniss im Dasein des Mannigfaltigen, nicht wie es i n d e r Z e i t zusam-
m e n g e s t e l l t w i r d[71], sondern wie es o b j e c t i v i n d e r
Z e i t i s t , in ihr vorgestellt werden soll, die Z e i t s e l b s t
a b e r n i c h t w a h r g e n o m m e n w e r d e n k a n n , so

kann die Bestimmung der Existenz der Objecte in der Zeit nur durch ihre Verbindung in der Zeit überhaupt, mithin nur durch a priori verknüpfende Begriffe geschehen (Kritik, 2. Aufl., W., II, 764 f.). — Die Regel des Verstandes.... bestimmt jeder Erscheinung ihre Stelle in der Zeit.... Die Analogien sind nichts anderes als Grundsätze der Bestimmung des Daseins der Erscheinungen in der Zeit nach allen drei modis derselben, dem Verhältnisse zu der Zeit selbst als einer Grösse (d. i. die Dauer), dem Verhältnisse in der Zeit als einer Reihe (nacheinander), endlich auch in ihr als einem Inbegriff alles Daseins (zugleich) (a. a. O., S. 181). — Die Analogien betreffen die Verknüpfung des Daseins der Anschauungen in einer Erfahrung; diese kann nichts anders als die Bestimmung der Existenz in der Zeit nach nothwendigen Gesetzen sein, unter denen sie allein objectiv gültig, mithin Erfahrung ist..... Diese allgemeinen Gesetze enthalten also die Nothwendigkeit der Bestimmung des Daseins in der Zeit überhaupt..... wenn die empirische Bestimmung in der relativen Zeit objectiv gültig, mithin Erfahrung sein soll.» (Proll., § 27, W., III, 72 f.)

Diese Worte stellen einen klar concipirten, deutlich und scharf ausgeprägten, begreiflichen und höchst originellen Gedanken dar. In unsern Wahrnehmungen herrscht die Laune des Zufalls; Belieben und Willkür. Die Anschauungen treten so neben und hinter einander auf, wie sie gerade zusammen gerathen; aus diesem subjectiven Gewirr und Gewühl entwickelt sich nett und glatt in allen auf gleiche Weise die in der Zeit nach Simultaneität und Succession fest angeordnete Welt von objectiven Erscheinungen, die uns allen bekannte und für alle gleich sehr gültige Erfahrungswelt. Trotz des wirbelnden Spiels und Wechsels der singulären und individuellen Perzeptionen beurtheilen wir alle, soweit wir «gesund» sind, der Regel nach auf gleiche Weise, was objectiv beharrt, ruht und gleichzeitig neben einander ist; und was ein in der Zeit verlaufendes Ereigniss, eine wirkliche Begebenheit und nicht ein subjectiver Vorstellungslauf. In dieser sogenannten objectiven Welt (mundus phænomenon) manifestiren und bewähren sich jederzeit gewisse allgemeine Verknüpfungs-

gesetze; wir sind uns bewusst, dass sie nie cessiren; sie
tragen den Charakter der Allgemeinheit und Nothwendigkeit.
Kant möchte nicht, dass dieses erstaunliche Wunder des
empirischen Seins in rohem Stumpfsinn als selbstverständlich
hingenommen werde oder.der flachen oder sich überhebenden
Scepsis zum Raube fiele. Er bohrt nach einer Erklärung; und
findet sie in dem copernicanischen Gedanken, dass jene feste
Zeitordnung der objectiven Erscheinungen, die objective
Succession und Coexistenz, aus den zufällig zusammengerathenen und bunt wechselnden Wahrnehmungsverläufen
herausgearbeitet werde durch eine Gewalt, die hinaus ist
über Subjectivität und Affection, Zufall und Willkür, durch
eine Gewalt die das Urtheil aller Menschen zu binden und zu
einigen vermag; dies ist ihm — der Verstand in seiner
strengen Gesetzmässigkeit: Die «allgemeinen Gesetze enthalten die Nothwendigkeit der Bestimmung des Daseins
in der Zeit überhaupt, folglich nach einer Regel
des Verstandes a priori» (Proll., § 27, III, 73). «Dem
Verstande kommt es allein zu, aus der Erscheinung ein objectives Urtheil zu fällen» (a. a. O., § 13, Anm. 3, S. 48). «Der
Verstand ist der Ursprung der allgemeinen Ordnung der
Natur, indem er alle Erscheinungen unter seine eigenen Gesetze fasst, und dadurch allererst Erfahrung (ihrer Form nach)
a priori zu Stande bringt» (a. a. O., § 38[b], S. 87). Es sind
Verstandsgesetze jene allgemeinen Verknüpfungsgesetze, die
in allen Erscheinungen mit dem Siegel der Nothwendigkeit
auftreten. Es sind die Handhaben, mit denen der Verstand ein
Jedes unverrückbar fest in seine Zeitstelle eingeordnet hat [72].
Kein Wunder nachträglich, wenn die solcher Art gewordene
Erfahrungswelt jene Gesetze des Verstandes, denen sie überhaupt ihr Dasein verdankt, allüberall bewährt.

Man kann nicht leugnen, dass diese neue Erkenntnisstheorie durch Festigkeit und Bestimmtheit ihrer allgemeinen
Züge, sowie durch warmes verständnissvolles Gefühl für die
Erstaunlichkeit des empirischen Daseins sich höchst vortheil-
haft auszeichnet. Sie hat auch seit nun fast einem Jahrhundert
durch ihren markigen, ernsten Charakter auf viele edle und
tiefgrabende Forscher einen nachhaltigen und erhebenden
Eindruck gemacht. Gleichwohl kann sie natürlich der kritischen Prüfung nicht überhoben sein.

16.

Von vornherein machen sich zwei schwer wiegende Bedenken geltend, von denen das erste sich an die von Kant selbst
fortwährend betonte Parallelität[73] von Raum und Zeit
anlehnt, das zweite aber die relative Angemessenheit jeder
Materie für die in ihr auszuprägende Form, die Unmöglichkeit[74] absoluter Indifferenz der Materie gegen die Form
zum Anlass der Erwägung nimmt.

Fassen wir zunächst den ersten Punkt ins Auge! Kant lässt
an der Hand reiner, Nothwendigkeit schaffender Verstandesarbeit mit Hilfe des Schemas der absoluten Zeit aus den subjectiven Apprehensionen den geordneten Inhalt der objectiven,
«relativen», empirischen Zeit hervorwachsen. Entsteht denn,
fragen wir prüfend, auf parallele Weise unsere Vorstellung
von den objectiven Lagerungen und Bewegungen der Dinge
im R a u m?   .

Wir wissen wohl, dass solche psychologisch - genetische
Fragen nicht dem Geschmack Kants entsprechen. Er will
erforschen, was in der Erfahrung liegt; nicht wie sie zeitlich
wird (vgl. Proll., § 22). Auch ist es ja überhaupt vorläufig
höchst schwierig und misslich, genau bis ins Einzelne sagen
zu wollen, welche Stufen ihr Werden durchläuft; die wichtigsten Thatsachen, die zu verwerthen wären, liegen hinter
der Erinnerung des Psychologen. Ueberall daher, wo seit
Locke und Condillac dergleichen Entstehungsgeschichten des
Seelenlebens und der Erfahrung unternommen worden sind,
findet man wirkliche oder angebliche Beobachtungen mit
beliebigen, phantastischen[75], wenn nicht gar tendenziösen,
höchstens mehr oder weniger probablen Hypothesen und
Einfällen nur allzusehr vermischt. Gleichwohl drängt uns
Kant auf diesen Weg und er selbst sieht sich genöthigt ihn
zu betreten (vgl. W., II, 157, 162 ff., 178). Und das reife
Bewusstsein hat doch immerhin in einigen Fällen noch eine
brauchbare Erinnerung des Weges, auf dem es zu seinen
Vorstellungen gekommen ist; und immerhin steht Einiges
doch so weit fest, um erkenntnisstheoretische Prinzipien, die

zu weit von dem Wahrscheinlichen und Natürlichen abbiegen,
auch durch derartige psycho-genetische Erwägungen an sich
irre machen zu können.

Wie ist es also? Verdanken wir es «Begriffen, die nicht
in der Wahrnehmung liegen» (Kritik der r. V., II, 769),
verdanken wir es «reinen Verstandesbegriffen», dass, so weit
wir zurück zu denken vermögen, wir mit jedem Blick, den
wir öffneten, die Lichter und Schatten, die verschiedenen
Farbentöne und Farbennüancen nach festen Richtungslinien [76]
zu einem durch unsern Kopf gehenden Coordinatensystem,
einem «imaginären Cyclopenauge» oder «Raumcentrum [77]»
in Beziehung gesetzt fanden? dass die optischen Qualitäten
jedesmal zu Flächen und Dingen von fester Grösse und Gestalt
in dem Raume unseres Bewusstseins zusammenrückten? dass
Jegliches in dem Relief, das vor unserm Auge in die
Tiefe sich wölbt und gliedert, eine gewisse Entfernung ein-
nimmt?

Nicht einmal für die, während unseres bewussten Lebens
unter Umständen eintretende s i n n l i c h e C o r r e k t u r der
zuerst gesehenen Entfernung und Grösse sind reine Verstandesbegriffe der Leitfaden [78], sondern bekanntlich mancherlei
e m p i r i s c h e A s s o z i a t i o n e n. Sie sind es auch nicht für
die verstandesmässige Schätzung und Ausdeutung des wirk-
lich Gesehenen. Je nach den Positionen unseres Körpers und
unserer beobachtenden Organe haben wir von demselben
«Object» das sinnliche Bild eines Kreises, einer Ellipse, einer
geraden Linie; was uns lehrt, als den «objectiven» Thatbestand einen Ring von bestimmter Grösse anzusetzen, sind
nicht sowohl reine Verstandesbegriffe, als Erinnerungsvor-
stellungen, Ideenassoziationen, geometrische Reductionen.
So präpariren wir aus den mancherlei perspectivischen Verjüngungen und Verziehungen, in denen sich hinter einander
geschichtet die Wahrnehmungsobjecte unmittelbar darbieten,
diejenige Form, Grösse und Entfernung heraus, welche jedem
im absoluten Raum zukommt, wenn es etwa auf diejenige
Grösse als die «wahre» reducirt ist, unter der es dem Auge
in der Entfernung des deutlichsten Sehens oder der tastenden
Hand erscheinen w ü r d e. Vgl. § 28. «Den Gang der Planeten stellen uns die Sinne bald rechtläufig, bald rückläufig

vor» (Proll., a. a. O., S. 48); aber wie vieler hin und her
tastender Versuche und geometrischer Hilfsconstructionen
hat es seit Eudoxus bedurft, bis uns Copernicus die einfache
Vorstellung eröffnete, welche demjenigen sich darbieten
w ü r d e, der sich im Geiste auf die Sonne versetzte!

Nicht der «reine» Verstand mit seinen Kategorien, sondern
der durch viele Jahrtausende am sinnlich Gegebenen geübte
Verstand, der vor Allem die Empfindungen von den spontanen
Bewegungen des eigenen Leibes, Kopfes und Augenpaares
(die mutationes oculi internæ mit eingeschlossen), die zuerst
von dem Unterschied zwischen blosser Lagenveränderung
zweier Körper gegen einander und wirklicher objectiver
Bewegung des einen oder beider, sowie innerhalb eines abge-
grenzten Systems von dem zwischen relativer und absoluter
Bewegung einen grundlegenden Begriff gewährten. in Rücksicht zu nehmen und in Rechnung zu stellen wusste[79]: ein
solcher, von dem Bedürfniss nach Widerspruchslosigkeit
und gesetzmässigem Zusammenhang geleiteter Verstand verfiel auf die empirischen Regeln, nach denen heute die Bestimmung der objectiven Locationen und Translationen, so weit
überhaupt möglich, stattzufinden pflegt[80]. Bewegt sich das
System fort, dem unser Leib angehört, so dass er in eine
wirkliche, aber passive Bewegung geräth, so zweifeln wir
anfänglich; wir wissen nicht so sicher und unmittelbar, wie
wir unsere spontanen Bewegungen erkennen, ob unser Fahrzeug sich bewegt, oder seine Umgebung, falls nämlich auch
diese, soweit unsere Erfahrung reicht, sich bewegen könnte.
Sobald sich aber in dieser Umgebung ein Gegenstand zeigt,
aus dessen oder seiner Gattungsverwandten früheren Beziehungen zu unserm Leibe wir erfahrungsmässig wissen,
dass er feststeht oder keine Eigenbewegungen der jetzt einschlägigen Art zu haben pflegt, z. B. ein Haus, ein Baum :
so sind wir von Neuem über den objectiven Verhalt orientirt.
Foucault's Pendelversuch zeigt sinnfällig, dass sich die Erde
bewegt, und nicht der Fixsternhimmel, wenn der Beobachter,
wie sonst das Haus u. dgl., nun die als unveränderlich
bekannte Schwingungsebene des Pendels fixirt.

So finden wir in Beziehung auf die objectiven Determinationen räumlicher Verhältnisse durchweg einen andern

Krystallisationskern als «reine Verstandesbegriffe» : Wir finden, so weit unsere Erinnerung reicht, die unmittelbaren
Localisationen der Tast- und Muskelgefühle und die aus
denselben durch Sonderung des «objectiven» und «subjectiven» Factors (wir halten dieselbe für ursprünglich) sich
organisirende Vorstellung unseres Leibes und der verschiedenen Gliederstellungen desselben; wir finden gegebene, nicht
«gemachte», jedenfalls in dem uns noch erreichbaren Bewusstsein nicht gemachte geometrische Relationen zu diesem Leibe;
unmittelbare Unterscheidung von spontaner Bewegung und
Ruhe des Leibes sowie seiner beweglichen Organe; wir finden
Erinnerung, Assoziation, unbewusste Geometrie : immer mit
Rücksicht auf den Leib; er ist für jede Location der Perzep-
tionsinhalte unumgängliche Bedingung und ursprüngliches
Beziehungscentrum ; von ihm muss bei dem Blinden wie bei
dem Sehenden wenigstens ein, wenn auch noch so primitives,
stereometrisches Skelett sich fest gemacht haben, ehe irgend
etwas unsern bewussten Raum- und Bewegungs-
bestimmungen Aehnliches gelingen kann. Kant selbst
bemerkt : «Wir können den Unterschied ähnlicher und gleicher, aber doch incongruenter Dinge (z. B. widersinnig
gewundener Schnecken) nur verständlich machen durch das
Verhältniss zur rechten und linken Hand» (Proll., § 13, III,
42 f.). Ebenso verdanken wir das vorn und hinten, das oben
und unten unmittelbaren Leibesgefühlen[81]. Auf dem Boden
solcher ursprünglich gegebenen Materialien und hinzugebrachten Retentions-, Reproductions-, Recognitions-[82], Com-
parations-, Distinctions- und Assoziationsthätigkeiten kommt
Jeder bald dazu, sich im Ganzen richtig, jedenfalls für den
praktischen Gebrauch befriedigend, vorstellen zu können, wie
das, was er in solcher Gestalt, Grösse und Entfernung sieht,
aussehen würde, wenn er es etwa in den Tastbereich der
Hand und in die Richtung des deutlichsten Sehens brächte,
um danach jedesmal die perspectivischen Bilder, welche
übrigens bei unpassenden Augeneinstellungen und Spiegel-
ungen sich sogar verdoppeln, zu einheitlich bestimmten,
gegenseitig sich excludirenden, «wirklichen» Objecten,
deren Sphäre weit über die Grenze des gesehenen Reliefs
hinaus sich dehnt, umdeuten zu können.

Sollte der Prozess, durch welchen wir es ermöglichen, aus dem wechselnden Rhythmus und der Discontinuität singulärer Wahrnehmungs- und Vorstellungsreihen eine objective, perennirende, allgemein gültige, gleichmässigfliessende Zeit, in der Jedes seine feste Stelle hat, heraus zu construiren, ein wesentlich verschiedener sein? Sollten wir nicht etwas den perspectivischen Lagerungen und dem von ihnen vorausgesetzten leiblichen Beziehungsskelett Aehnliches auch in Bezug auf die Zeit unmittelbar und ursprünglich, sollen wir sagen: erwerben oder vorfinden, um danach dann an der Hand empirischer Regeln die absoluten Zeitbestimmungen ähnlich zu vollziehen, wie die Dislocation im absoluten Phantasieraum? Vgl. § 19. —

Das andere Bedenken, zu welchem Kants Lehre von den die zeitlichen Ordnungen der «objectiven» Welt regelnden Gewalten Veranlassung gibt, läuft auf Folgendes hinaus: Es soll eine spontane Arbeit unseres «reinen» Verstandes sein, was «Erfahrung», die objectiv nothwendigen Verhältnisse der Succession und Simultaneität auferbaut. Aber dieser Bau sieht sich an ganz bestimmte Materialien gewiesen, die ge - geben werden: an die in den subjectiven Apprehensionen uns zugeführten Empfindungsinhalte. Durch den Eingriff des Verstandes werden diesem Material Gesetze eingebildet; allgemeinste, formale Gesetze; beispielsweise das Causalitätsgesetz; es sagt aus, dass immer ein Complex von gewissen Antecedentien eine bestimmte Folge hat. Da dürfen wir doch wohl fragen, was uns zu der Voraussetzung berechtigt, dass die solcher Weise zu verknüpfenden Materialien auch immer da sein werden? oder dass nicht in dem Gegebenen für dasselbe Consequens eine Vielfachheit von antecedirenden Gruppen sich anfindet; dass nicht einmal für ein gesetzmässiges Antecedens, das andere mal für das Consequens ein Datum fehlt oder überschüssig ist? dass das Gegebene den Anordnungsarbeiten des Verstandes nicht absolut spröde gegenübersteht?

Und liegt etwa die Ordnung schon in dem gegebenen Material implicite[83]; ist es selbst nicht schlechthin chaotisch, sondern schon nach allen Seiten für die Ordnungsbeziehungen präformirt, die aus ihm herausgewirkt werden sollen — Kant ist weit davon entfernt, dieser Meinung zu sein (vgl.

Kritik der r. V., 2. Aufl., § 27) — genügt dann die Annahme
nicht, dass der Verstand dieser präformirten Gesetzmässigkeit nur inne werde, anstatt dass er sie nun spontan erzeugen
muss, ohne doch, da ihm die Stoffe für seine Thätigkeit «von
aussen» kommen, ihrer Verfügbarkeit gewiss sein zu dürfen?

Die Aufgabe ist, aus zufälligen Successionen und — wie wir
glauben (vgl. § 21) — Simultaneitäten für jede Erscheinung die
objectiv nothwendige Zeitstelle zu bestimmen. Sollen wir aus
der Art, wie wir diese Aufgabe noch jetzt lösen, einen Schluss
machen für die Zeit, deren wir uns nicht mehr erinnern, so
fällt es uns schwer, an die souveräne Disciplinirungskraft und
Herrschaft der logischen Functionen zu glauben. Der perlu-
strirende Blick und die willkürliche oder passive Bewegung
des eigenen Leibes führen uns noch jetzt unzählige Mal
objectiv Ruhendes (Simultanes) zunächst als ein psychisches
Begebniss vor; und ein und derselbe Blick auf den Fixsternhimmel präsentirt uns, mit Al. von Humboldt (Kosmos, I,
161) zu reden, «Ungleichzeitiges». Denken wir nun das
objective Zeitverhältniss «spontan» in die Wahrnehmungen
hinein? Oder benutzen wir die empirischen Regeln,
deren wir allmählig inne werden? indem wir von Anfang an Gleichzeitiges theilweise gleichzeitig wahrnehmen (§ 21), und den aus der Dauer der
physico-psychischen Vermittelung und Function entstehenden
Aufenthalt sowie den in allen successiven Apprehensionen
von den Bewegungen der eigenen Organe herrührenden Beisatz theils unmittelbar theils mittelbar zu entdecken, auszusondern und zu berechnen lernen; indem wir die objectiven
Bewegungen fixiren und, soweit sie für gleichmässig gehalten
werden und periodische Einschnitte zeigen, zu objectiven
Zeitbestimmungen von fortschreitender Exactheit benutzen?

Sind wir nicht so weit davon entfernt, vermittelst apriori-
scher «Analogien» jedem Wahrnehmungsinhalt seine objective
Zeitstelle mit Nothwendigkeit bestimmen zu können, dass
wir in der schon seit Jahrtausenden menschlicher Wahrnehmung und Beurtheilung geöffneten Erfahrungswelt in
Beziehung auf die «objective Realität» einiger himmlischer
Phänomene noch jetzt damit befasst sind, in immer noch
zu steigernder Approximation an völlige Genauigkeit die

Stelle in der absoluten Zeit herauszurechnen? Und glauben
wir uns nicht dabei von einer «Nothwendigkeit» abhängig,
die ausserhalb der Verfügungen unseres Verstandes liegt,
die mit psychischem viel mehr als mit logischem Zwange
wirkt? —

Aber vielleicht verstehen wir den Autor nicht richtig.
Betrachten wir daher, ohne uns weiter in allgemeine Bedenken
zu vertiefen, die Analogien im Einzelnen. Selbst die Frage,
ob Beharrlichkeit, Folge und Zugleichsein füglich alle drei
mit gleichem Recht «Modi der Zeit» (vgl. II, 153, 181) genannt werden können, oder ob auch nur einer dieser Begriffe,
sei bei Seite gedrängt [64].

Zweiter Theil.

(§ 17-28.)

Die erste Analogie.

17.

Die erste Analogie betrifft die Beharrlichkeit der Substanz. Kant findet den Satz vor; er hält ihn für berechtigt; aber er trifft ihn nirgends bewiesen an. Er versucht eine wissenschaftliche Präcisirung, und da er ihn nicht als ein blosses Postulat oder nur für eine heuristische Maxime ansehen kann (vgl. § 6 f.), so gibt er einen Beweis. Folgen wir diesen seinen Schritten!

«Zu allen Zeiten haben nicht bloss der Philosoph, sondern selbst der gemeine Verstand die Beharrlichkeit als ein Substratum alles Wechsels vorausgesetzt, werden sie auch jederzeit als ungezweifelt annehmen» (Kr. d. r. V., W., II, 158). «Ein Philosoph wurde gefragt: wie viel wiegt der Rauch? Er antwortete: Ziehe von dem Gewicht des verbrannten Holzes das Gewicht der übrig bleibenden Asche ab, so hast du das Gewicht des Rauchs. Er setzte also als unwidersprechlich voraus, dass selbst im Feuer die Materie (Substanz) nicht vergehe» (a. a. O., S. 159). Dieser Satz [85] wird als ein «Folgesatz aus dem Grundsatze der Beharrlichkeit» bezeichnet. «Ein anderer Folgesatz» ist der: «Aus Nichts wird nichts.»

«Gigni de nihilo nihil; in nihilum nil posse reverti, waren zwei
Sätze welche die Alten unzertrennt verknüpften» (ebenda)[86].
Und «jetzt findet sich der Satz, dass die Substanz bleibt und
beharrt als allgemeines Naturgesetz, das völlig a priori
besteht, unter den Grundsätzen derjenigen Propädeutik der
Naturlehre, die unter dem Titel der allgemeinen Naturwissenschaft vor aller Physik (die auf empirische Prinzipien gegründet ist) vorhergeht» (Proll., § 15; vgl. Kr. d. r. V., II,
707, Anm.). «Dass dieser Schritt der Metaphysik reell und
nicht bloss eingebildet sei, nimmt der Physiker ohne Bedenken
an; denn er braucht ihn mit dem besten Erfolg in
aller durch Erfahrung fortgehenden Naturbetrachtung;
sicher, nie durch eine einzige widerlegt zu werden, nicht
darum, weil ihn noch nie eine Erfahrung
widerlegt hat,..... sondern weil er ein dem
Verstande unentbehrlicher Leitfaden ist,
um solche Erfahrung anzustellen» (Fortschr.
der Metaph., I, 560). Indem Kant bedauert, dass das Axiom
gleichwohl «nur selten, wie es ihm doch gebührt, an der
Spitze der reinen und völlig a priori bestehenden Gesetze der
Natur steht» (II, 158), gibt er hinlänglich zu verstehen, dass
er auch seinerseits diesem Satze aus ganzer Seele beipflichtet;
er deutet an, warum er ihm beipflichtet: «Der Grundsatz
enthält Nothwendigkeit, die jederzeit ein Zeichen eines
Prinzips a priori ist» (Proll., § 48, Anm., III, 105).

Die Axiome der heutigen Physik: «Die Quantität
der Materie oder der Atomgehalt der Welt
ist constant»; und: «Die Summe der in der Welt
vorhandenen lebendigen Kräfte und Spannkräfte ist constant», sind offenbar Ausläufer jenes
allgemeinen Naturgesetzes, von dem Kant redet. Das erstere
führte er selbst, wie wir sahen (vgl. S. 61 u. Anm. 85), als
«Folgesatz aus dem Grundsatz der Beharrlichkeit» (II, 159)
auf. —

Worauf ruhen nun diese Beharrlichkeitsaxiome? Kant
findet es «in der That sehr merkwürdig, dass die Metaphysiker
jederzeit so sorglos über den Grundsatz der Beharrlichkeit
der Substanzen weggeschlüpft sind, ohne jemals einen Beweis
davon zu versuchen» (Proll., III, 105, Anm.); er trifft «von

diesem so synthetischen Satze nirgends auch nur den Versuch
von einem Beweise» (II, 158). Um seinerseits einen solchen
beizubringen, hält er «als Philosoph» es für nöthig, die Thesis
«etwas bestimmter» (a. a. O.) auszudrücken. Er unternimmt
die mannigfaltigsten Formulirungen. In der ersten Auflage
lautet sie in der Ueberschrift (S. 156): Alle Erscheinungen enthalten das Beharrliche (Substanz)
als den Gegenstand selbst und das Wandelbare als dessen blosse Bestimmung, das ist
eine Art, wie der Gegenstand existirt; und ähn-
lich lautet die Fassung am Schluss des Beweises (S. 158), bloss
dass hier dem Ausdruck Substanz einmal «(phænomenon)», ein
anderes Mal «oder Substanzen» hinzugefügt wird; womit
wir offenbar erinnert werden, dass wir uns im Bereiche des
phänomenalen Seins und seiner Vielheiten bewegen, dass nicht
etwa z. B. von der Substanz Spinoza's die Rede ist. Diese
beiden Formulirungen nun haben den grossen Mangel, dass
sie die Existenz beharrlicher Substanzen in den wandelbaren
Erscheinungen als bekannt voraussetzen und neu
davon nur aussagen, dass die Substanz der «Gegenstand
selbst sei», während das Wandelbare nur seine «Bestimmung»,
die «Art» sei, wie dieser Gegenstand existire. Hierdurch wird
aber entweder der synthetische Charakter des Satzes überhaupt aufgehoben, indem das Neue, was er enthält, auf die
terminologische Bestimmung hinausläuft, dass wir das Beharrliche den Gegenstand, das Wandelbare seine Bestimmung
nennen; oder falls mehr ausgesagt sein soll, als eine neue
Prägung von Terminis, so erübrigt die Frage: ob nicht die
Art wie ein Gegenstand existirt auch — beharrlich sein
könne? existirt doch z. B. die beharrliche Materie beharrlich
im dreidimensionlichen Raum und ist doch eine ihrer «Bestimmungen», ihr constantes Attribut: die Undurchdringlichkeit[87]!
und zweitens: was denn das sei, was nach Abzug aller Bestimmungen und Arten zu existiren als das «Radicale» und
als das Substrat übrig bleibt?

An der Stelle, wo es direkt auf einen philosophischen,
«bestimmteren» Ausdruck abgesehen ist (II, 158), heisst der
Satz: «Bei allen Veränderungen in der Welt
bleibt die Substanz und nur die Accidenzen

w e c h s e l n.» Aber nachdem Kant noch eben bedauert hat,
dass dieser «so synthetische Satz» nirgends bewiesen sei,
überrascht er uns mit der köstlichen Bemerkung: «I n d e r
T h a t i s t d e r S a t z : d a s s d i e S u b s t a n z b e h a r r-
l i c h s e i, t a u t o l o g i s c h. D e n n b l o s s d i e B e h a r r-
l i c h k e i t i s t d e r G r u n d, w a r u m w i r a u f d i e
E r s c h e i n u n g e n d i e K a t e g o r i e d e r S u b s t a n z
a n w e n d e n.» Aehnlich S. 159: «Wir können einer Erscheinung nur darum den Namen Substanz geben, weil wir ihr
Dasein zu aller Zeit voraussetzen.» Auch S. 173 ist die
Beharrlichkeit ein wesentliches und eigenthümliches Kennzeichen der Substanz[88]. Gleichwohl heisst auch die Thesis
der zweiten Auflage (II, 760): «B e i a l l e m W e c h s e l
d e r E r s c h e i n u n g e n b e h a r r t d i e S u b s t a n z»,
d. h. also das Beharrliche. Und der Zusatz: «u n d d a s
Q u a n t u m d e r s e l b e n w i r d i n d e r N a t u r w e d e r
v e r m e h r t n o c h v e r m i n d e r t», kann an dem tautologischen Charakter des Satzes so wenig ändern, dass er ihn
nur verdoppelt: denn natürlich kann etwas, was seinem
Wesen nach constant, beharrlich ist, keine quantitative
Vermehrung resp. Einbusse erleiden. Wie müssig und leer
der Zusatz ist, verdeutlicht auch der bezügliche Passus des
Beweises: «Da die Substanz also im Dasein nicht wechseln
kann, so kann ihr Quantum in der Natur auch weder vermehrt noch vermindert werden.»

Nur an einer Stelle hat Kant richtig gesehen, wie die
Thesis lauten musste, um das eigentlich Synthetische der
Aussage klar und bestimmt hervortreten zu lassen. Er sagt
(II, 158): «Man hätte beweisen müssen, d a s s i n a l l e n
E r s c h e i n u n g e n **etwas** B e h a r r l i c h e s s e i (an wel-
chem das Wandelbare nichts als Bestimmung seines Daseins
ist)»; oder wie es in der der zweiten Auflage unter der zweiten
Analogie beigefügten Recapitulation (II, 168) in anderer
Wendung, aber mit gleichem Gehalt heisst: «A l l e r
W e c h s e l (S u c c e s s i o n) d e r E r s c h e i n u n g e n i s t
n u r V e r ä n d e r u n g, n i c h t E n t s t e h e n o d e r V e r-
g e h e n[89].» Vgl. a. a. O., S. 160 f. und oben § 14. —

Wir wenden uns zu dem B e w e i s e oder vielmehr zu den
Beweisen. Denn Kant hat in der zweiten Auflage der Kritik

einen neuen in sich abgeschlossenen Beweis ausgesponnen und danach — als ob nichts geschehen wäre — den Beweistenor der ersten Auflage wiederum folgen lassen. Diese erste Auflage aber bietet selbst wieder zwei Beweise, einen für den Satz, dass in allen Erscheinungen etwas Beharrliches sei und einen für die Unmöglichkeit des Entstehens und Vergehens; und der erste Beweis, der seinerseits wieder Bestandtheile enthält, die mit dem in der zweiten Auflage hinzugefügten verwandt sind, ja zum Theil mit ihm parallel laufen, wird unter der zweiten Analogie unter Zuhilfenahme eines Beispiels mit geringer Modification noch einmal recapitulirt.

Man sieht, Kant hatte einigermassen recht, wenn er sich des «Talents einer lichtvollen Darstellung eben nicht bewusst» war (II, 687). Wir versuchen zunächst durch Sonderung des Verschiedenartigen und Verknüpfung des Verwandten sein Beweisgestrüpp übersichtlich und durchsichtig zu machen.

Ueber den zu erwartenden Charakter des Beweises wird nach allem, was bisher über Kants Standpunkt vorgetragen ist, kaum noch eine Vorerinnerung nöthig sein. Es versteht sich von selbst, dass der Beweis, «weil er einen synthetischen Satz betrifft», nicht «dogmatisch, d. i. aus Begriffen» geführt werden kann. «Dergleichen Sätze», wie sie «nur in Beziehung auf mögliche Erfahrung gültig» sind, «können auch nur durch eine Deduction der Möglichkeit der letzteren bewiesen werden» (S. 158). Es ist demnach zu beweisen, «dass die Beharrlichkeit eine nothwendige Bedingung ist, unter welcher allein Erscheinungen, als Dinge oder Gegenstände, in einer möglichen Erfahrung bestimmbar sind» (S. 161).

Thesis: In allen «Erscheinungen, im Felde der Erfahrung» ist etwas Beharrliches; wir nennen es die Substanz («phänomenon», «Substanz in der Erscheinung»). Entstehen und Vergehen «schlechthin» sind unmöglich (II, 158, 159, 161, 173, 767).

18.

Erster Beweis (II, 156, 766 f.):

«Alle Erscheinungen sind in der Zeit». Sie ist «die beharr-liche Form der innern Anschauung». Sie ist das «Substrat», in welchem «das Zugleichsein sowohl als die Folge allein vorgestellt werden kann». Sie «bleibt und wechselt nicht»[90]. Nun kann sie aber für sich nicht wahr-genommen werden[91]. «Folglich muss in den Gegen-ständen der Wahrnehmung, d. i. den Erscheinungen, das Substrat anzutreffen sein, welches die Zeit überhaupt vorstellt, und an dem aller Wechsel oder Zugleichsein durch das Verhältniss der Erscheinungen zu demselben in der Apprehension wahrgenommen werden kann. Es ist aber das Substrat alles Realen.... die Substanz».

Hierzu sind die verwandten Sätze aus dem ersten Beweise der ersten Auflage (S. 157 f.) zu stellen: «Nur in dem Beharr-lichen sind Zeitverhältnisse möglich.... d. i. das Beharrliche ist das Substratum der empirischen Vorstellung der Zeit selbst, an welchem alle Zeitbestimmung allein möglich ist. Die Beharrlichkeit drückt überhaupt die Zeit als das beständige Correlatum alles Daseins der Erscheinungen, alles Wechsels und aller Begleitung aus.... Durch das Beharrliche allein bekommt das Dasein in verschiedenen Theilen der Zeitreihe nach einander eine Grösse, die man Dauer nennt. Denn in der blossen Folge allein ist das Da-sein immer verschwindend und anhebend und hat niemals die mindeste Grösse. Ohne dieses Beharrliche ist also kein Zeit-verhältniss. Nun kann die Zeit an sich selbst nicht wahrgenommen werden; mithin ist dieses Beharrliche an den Erscheinungen das Substratum aller Zeitbestimmung, folglich auch die Bedingung der Möglichkeit aller syntheti-schen Einheit der Wahrnehmungen, d. i. der Erfahrung.»

Die Worte scheinen so weit im Einzelnen klar, dass man, ohne in eine besondere Analyse einzutreten, folgendes sofort

als den Kern derselben bezeichnen kann : Objectives Zugleichsein und objective Folge ist nur vorstellbar, oder was dasselbe
ist : Einheit der Erfahrung ist nur möglich auf der Unterlage
einer in sich beharrlichen (absoluten) Zeit, an welcher jedes
sein bestimmtes Verhältniss, seine Stelle und Dauer angesetzt
erhält; oder vielmehr, da sie selbst, diese Zeit, kein Gegenstand der Wahrnehmung ist, auf dem Boden eines sinnlichen
Inhalts der absoluten Zeit, der ebenso beharrlich ist, und
insofern die Zeit v e r t r e t e n kann. Dieser Inhalt liegt nicht
etwa in subjectiven, psychischen Erscheinungen, etwa in dem
unser waches Leibesleben begleitenden constanten Gefühl von
unserm «Ich», sondern draussen «in den Gegenständen
(Objecten) der Wahrnehmung»; es ist dieses Beharrliche in
ihnen die Substanz. Da Erfahrung nur durch sie möglich ist,
muss sie in der Erfahrung anzutreffen sein.

19.

Was soll man nun zu dieser « Deduction» sagen?

Dass die Voraussetzung des Idealgebildes einer ewig identischen, daher durch eine gerade Linie symbolisirbaren (vgl.
Kr. d. r. V., II, 42) «absoluten» Zeit für alle unsere Ordnungen i n n e r h a l b d e r E r f a h r u n g mehr oder weniger nothwendig sei, wird niemand in Abrede stellen; es ist
völlig richtig, dass sie das unentbehrliche Substrat ist, das
allen exacten Bestimmungen über Zugleichsein, Folge und
Dauer zu Grunde liegt. Gleich das erste Axiom der Mechanik,
dass ein einmal in Bewegung gesetzter, materieller Punkt
sich selbst überlassen in g l e i c h e n Z e i t e n gleiche Weg-
abschnitte zurücklegt, ist ohne jene Zeit nicht einmal verständlich [92]. Aber sonst ist nahezu Alles auf den Kopf gestellt,
ohne doch damit copernicanische Bedeutung zu erhalten.

Da wir die « absolute Zeit » natürlicher Weise nicht
« wahrnehmen » können, so sucht Kant, wie wir Andern auch,
nach einem Wahrnehmbaren, was uns für den Anhalt, den
unsere Ordnung der empirischen Zustände und Ereignisse an
jener Idealzeit, wenn sie « wahrnehmbar » wäre und übrigens
zugleich wie eine Skala liniirt jederzeit vor uns stände, haben

würde, als Ersatz, als Surrogat dienen kann. Er verfällt auf
ein « Etwas », ein X, einen Gegenstand, der nicht hier oder
dort i s t, a u f z e i g b a r i s t, sondern der « a n z u t r e f f e n »
sein « m u s s », weil, wie er sagt, ohne ihn Zeitverhältnisse,
Zeitbestimmung, Dauer, Erfahrung nicht möglich ist; von
dem aber nur so viel feststeht, dass er beharrlich, absolut
starr ist, während seine « Bestimmungen », die « Art wie er
existirt » sich wandelt. Nun unterscheidet aber Kant selbst
(Gegen Eberhard, I, 455) innerhalb der festen und nothwendigen « Prädicate » (vgl. § 12, Anm. 56) eines Wesens,
der ad essentiam oder « internam possibilitatem » pertinentia,
welche den wandelbaren Modis und Relationen gegenüber
stehen (vgl. § 14), die constitutiven und consecutiven Merkmale, und er rechnet die Beharrlichkeit der Substanz zu den
letzteren. Wir wüssten nun gern, was das constitutive Merkmal derselben ist, das aber « a n z u t r e f f e n » sein muss.
Anstatt dessen wird uns zum Ueberdruss oft eingeschärft,
dass nach Abzug der Beharrlichkeit der Substanzbegriff
absolut leer, unverständlich und undefinirbar sei (vgl. oben
§ 8, S. 28). Wollte man in dieser Noth etwa an die Materialität denken, so müsste vorläufig daran erinnert werden, dass
nach Kant der Satz von der Beständigkeit der Materie erst ein
Folgesatz aus dem Grundsatze der Beharrlichkeit « oder vielmehr des immerwährenden Daseins des eigentlichen Subjects
an den Erscheinungen » ist. Was dieses « eigentliche Subject » denn eigentlich sei, ausserdem, dass es « immer
währt », als was es perzipirt werde, — und perzipirt soll es
doch werden, um anstatt der unwahrnehmbaren Zeit als
Substrat aller Zeitbestimmungen dienen zu können, — das
fragt und forscht man vergebens. Einmal tritt uns sogar die
fast verdutzende Bemerkung entgegen : « Diese Beharrlichkeit
ist indess doch weiter nichts als die Art[93], uns das Dasein
der Dinge (in der Erscheinung) v o r z u s t e l l e n » (Kr. d. r.
V., II, 159 f.).
Ferner : Gesetzt es wäre ein solches Starres, immer sich
selbst Gleiches in allen Wahrnehmungen als constanter
Inhalt aufzeigbar, es sei meinetwegen die Materie: was würde
uns ein solches Beharrliches für unsere Zeitbestimmungen
helfen? Es könnte wohl dazu beitragen, dass wir überhaupt

erst einmal des Unterschieds von Zeitdauer und Wechsel inne
würden; obwohl wir, von der Analogie mit den Raumerfah-
rungen geleitet, den ursprünglichen Orientirungsanhalt etwas
näher bei uns, vielleicht unmittelbar in uns « anzutreffen »
wünschen möchten. Jedoch davon später! Indessen gesetzt
selbst ein Gegenstand der äusseren Wahrnehmung wäre
es und könnte es sein, der uns über diesen Fundamental-
unterschied primitiv aufklärte: um alle Zeitverhältnisse
zu bestimmen, um anzugeben, wie lange etwas dauert, um
die « Grösse » jedes « Daseins in verschiedenen Theilen der
Zeitreihe » zu messen: dazu hat man doch niemals ein beharrliches Sein, sondern eine Veränderung, gewöhnlich eine
allgemein zugängliche und von Allen, mit denen wir in Denkverkehr stehen, unmittelbar oder mittelbar controlirbare
sinnfällige [94] Veränderung, eine Bewegung als äusseren
Anhalt genommen; sensibilis quævis durationis per motum
mensura, sagt Newton. Erst die Bewegung ist es, erst eine
Bewegung, welche, wie auch immer, das Vertrauen, gleichmässig zu sein, hervorruft und markirte Absätze zeigt; erst
sie macht die absolute Zeit und dasjenige, was auch immer als
ihr sinnlicher Repräsentant gelten mag, zu einer für Bestimmungen und Messungen brauchbaren Skala.

Kant sagt: Bei unablässigem Wechsel des Zeitinhalts wäre
jedenfalls Zeitgrösse, Dauer nicht bestimmbar; « denn in
der blossen Folge allein ist das Dasein immer verschwindend
und anhebend » (II, 157). Er scheint übersehen zu haben,
dass die translatorischen Bewegungen am Himmel, nach denen
wir so vortrefflich die Zeitdauer wirklich bemessen, doch
auch Phänomene sind, die « immer verschwinden und anheben »; constant ist an unseren Zeitmessern, den Bewegungen, nur der absolute Raum, in dem sie sich vollziehen,
und — mit Einschränkung (wovon nachher) — die Geschwindigkeit; bei den meisten nicht einmal ungefähr die Richtung;
und Bewegung selbst ist continuirlicher Ortswechsel. Er hat
zweitens übersehen, dass selbst die Körper, die jene Bewegungen ausführen, soweit sie für Zeitbestimmung in Betracht
kommen, nur von relativer Constanz sind. Aber es würde
nichts im Wege stehen, die Zeiteinheiten, die sie uns ergeben:
den mittleren Sonnentag oder den Sterntag, das siderische

oder tropische, das bürgerliche oder platonische Jahr auch
auf die Dauer von Perioden des Daseins, sei es der Vergangenheit, sei es der Zukunft auszudehnen, die jenseits der
Existenz von Sonne und Erde, Himmelsäquator, Ekliptik und
Nachtgleichen liegen, ja sogar für sie als Massstab zu
benutzen, sobald wir nur ein Mittel der Uebertragung von
den uns geläufigen chronometrischen Bewegungen auf
gleicherweise verwerthbare jener anders gearteten Zeit und
Weltlage aufzufinden vermöchten. So sehr genügt uns die
Gleichmässigkeit der Bewegung eines nur relativ constanten
Körpers auch zur Bestimmung der Dauer. Und wünschten
wir selbst etwas Besseres, wir hätten nichts Besseres.

Ja, wir wählen dieses Mittel, Zeitverhältnisse zu bestimmen,
obwohl selbst diejenige Constanz, die wir hierfür unbedingt
nöthig zu haben scheinen, die Constanz der Geschwindigkeit, vorläufig nirgends in völliger Exactheit und Reinheit anzutreffen ist[95]; obwohl es, nicht bloss wie Newton
sagt, « möglich » (possibile), sondern sogar im höchsten Grade
wahrscheinlich ist, ut nullus sit motus æquabilis, quo
tempus accurate mensuretur: da es, so weit unsere Erfahrung reicht, keinen Körper und kein System von Körpern
im Raume gibt, das nicht, sei es durch unmittelbaren Con-
tact, Widerstand und Stoss, sei es durch « actio in distans »
seitens anderer Körper fortwährend die mannigfachsten Störungen seiner bisherigen Bewegung erlebte und weiter zu
befahren hätte; da es ein durchaus selbstständiges, dynamisch
freies Mobile nicht gibt; da, wie Kant selbst lehrt (vgl. § 34),
alle « Substanzen » der Erscheinungswelt in Wechselwirkung, d. h. in gesetzmässiger, gegenseitiger Abhängigkeit
stehen; da der ideale Fall, den das Galileische Trägheitsaxiom voraussetzt, an keiner einzigen materiellen Einheit,
an keinem System von solchen in reiner Isolirung stattfindet
oder gar in dieser seiner Charaktereigenthümlichkeit, wie es
für chronometrische Zwecke nöthig wäre, sich bemerklich
macht.

Aber die Bewegung ist uns als Index der Zeit so unentbehrlich, kein anderer Gegenstand der Wahrnehmung lässt sich
an ihre Stelle setzen, dass wir uns, da es nicht anders ist,
auch bei der approximativen Gleichmässigkeit der chronome-

trischen Fundamentalbewegung beruhigen; jederzeit nur
entschlossen, sobald das Vertrauen in die comparativ grösste
Gleichmässigkeit der ausgewählten, periodischen und weitere
Theilungen ermöglichenden Bewegung durch empirische
Vergleichungen erschüttert wird, oder irgendwo und irgendwie eine exacte, die Gleichmässigkeit der Idealzeit abbildende
und artikulirende Skala sich anbietet, die Störungen mit in
Rechnung zu stellen, sowie an der alten Uhr die nothwendigen Correcturen und Regulaturen anzubringen, resp. sie
gegen eine bessere zu vertauschen. Eine «transcendentale»
Deduction jedenfalls, welche uns etwa zu erweisen suchte,
dass eine gleichmässige Bewegung «anzutreffen» sein
«müsse», weil wir eine solche für Zeitbestimmung und
Einheit der Erfahrung unumgänglich brauchen, würde den
capitalen Mangel nicht wegzuschaffen vermögen, dass
möglicherweise alle wirklichen Bewegungen der Beschleunigung resp. Retardation unterliegen.

20.

Kant sagt : «Die Zeit..... bleibt und wechselt
nicht» (II, 766, 127). Es ist nicht klar, ob er so lehrte, um
die transcendentale Nothwendigkeit eines wahrnehmbaren
Beharrlichen als Index der Zeit herausbringen zu können,
oder ob er auf den Irrthum kam, das Beharrliche im Wechsel
könne die Zeitverhältnisse bestimmen, weil er so lehrte.
Jedenfalls ist diese Lehre so falsch wie jene.

Die Zeit fliesst; ihr Symbol ist die Bewegung. Eheu
fugaces, Postume, Postume, labuntur anni. Schopenhauer
hat völlig recht, wenn er (W., II, 560, und ähnlich sonst)
«eine bleibende Zeit» einen «Widerspruch» nennt; sie ist
ein continuirlich und ruhelos fortschreitendes Jetzt; jeder
Augenblick in ihr ist nur, wie Schopenhauer sagt (a. a. O.,
S. 8), «sofern er den vorhergehenden, seinen Vater, vertilgt
hat, um selbst wieder eben so schnell vertilgt zu werden.»
Fugit irreparabile tempus. Es mag ein Irrthum sein, wenn
Kant wiederholentlich behauptet, dass wir uns keine Linie
denken können, ohne sie in Gedanken zu ziehen — oft genug

betreffen wir uns dabei, dass wir bis zu einer gewissen Länge sie fertig vor unsere Phantasie hinstellen —: von der Linie, die als Symbol der Zeit dienen soll, ist es sicher, dass die Einbildungskraft sie ziehen muss; sowie die Zeit durchlebt, und wenn wir uns ihrer erinnern oder sie antizipiren, und wäre es auch noch so compendiös, durchlaufen sein will [96]. —

Man kann wohl fragen, ob denn die Zeit nichts an und um sich hat, was zu der kantischen Irrlehre, als stünde die Zeit, Veranlassung geben konnte. Wir verfolgen diese Frage, weil sie uns von selbst zu einem Beharrlichen führt, das jedem viel näher liegt als die Materie da draussen, und das Kant aus begreiflicher, aber übertriebener Scheu vor Vermischung mit den Hirngespinnsten der wolfischen Metaphysik merkwürdig nichtachtend behandelt hat.

Wir müssen von vornherein einen Unterschied zwischen Zeit und Zeit machen ; einen Unterschied, der erkenntnisstheoretisch nothwendiger zu sein scheint als jede andere Unterscheidung, z. B. die von bürgerlicher und astronomischer Zeit. Es ist nicht immer dieselbe Zeit, von der die Philosophen reden ; es entstehen die wunderlichsten Antinomien und Verlegenheiten, wenn man, von der Homonymie verführt, in den Aussagen über die Zeit die verschiedensten Dinge durcheinandermengt. Der Unterschied, den ich meine, ist der zwischen sinnlich erlebter und zwischen rein vorgestellter Zeit. Dasjenige, was ursprünglich und unmittelbar innerlich als Zeit erfahren wird, ist jedenfalls nicht die absolute Weltzeit, das tempus der Newtonianer, quod æquabiliter fluit, cujus fluxus mutari nequit ; nicht die Zeit, welche a parte ante und a parte post ins Unbegrenzte sich dehnt. Gleichwohl wird sie nur allzuhäufig, auch von Kant, als die Zeit schlechtweg angesetzt.

Kant sagt ferner (II, 40) : « Das Zugleichsein oder Aufeinanderfolgen würde selbst nicht in die Wahrnehmung kommen, wenn die Vorstellung der Zeit nicht a priori zum Grunde läge.» Gewiss ! Setzen wir erst einmal ein metaphysisches Subject für unsere Bewusstseinsmomente an, so wird es ja wohl von niemand bestritten werden können, dass es zu dem, was es wahrnimmt, auch den « Grund der Möglichkeit »

in sich tragen muss : was selbst nach den subtilsten Erörterungen über diesen Gegenstand (in der ~~Preis~~schrift gegen *Str..*
Eberhard, I, 445 f.) der einfache Sinn des Apriori von dieser
Seite ist. Aber in der Weise ist auch die gelbe Farbe und der
Veilchenduft a priori : sie könnten nicht in die Wahrnehmung kommen, wenn nicht zu diesen specifischen Erregungen der « Grund der Möglichkeit » in dem Subject organisch angelegt wäre [97]. In diesem Sinne ist die erlebte wie die
vorgestellte Zeit a priori.

Lassen wir diese « Möglichkeit » für jetzt aus dem Spiel
(vgl. § 36) und halten wir uns an die thatsächlich gegebene,
oder ganz unpräjudizirlich ausgedrückt, an die vorhandene,
die vorgefundene Wirklichkeit, so ist zunächst klar, dass
wir, wie gesagt, die unendliche Weltzeit unmittelbar,
ursprünglich nicht in uns antreffen. Was wir finden, ist
aber auch merkwürdig genug. Die allgemeinübereinstimmende
sprachliche Unterscheidung von Ich, Zeit und Empfindung (Gefühl und Wahrnehmung in Eins gedacht), scheint
zu lehren, dass es in allen menschlichen Bewusstseinen sich
so findet, wie ich es meine : dass überall, bei jeder inneren
Wahrnehmung (mindestens) ein Dreifaches fast unbeschreibbar neben und in einander und doch in der Abstraction von
einander lösbar anzutreffen ist. Erstens : ein empfundener
(wahrgenommener, vorgestellter, von einem subjectiven
Lebensgefühl mannigfacher Farbe begleiteter) Inhalt, als
markirter Punkt oder Abschnitt in einem continuirlich nach
vorwärts Fliessenden, welches das Zweite ist. Man wird dieses
Fliessenden am lebendigsten inne bei Gehörseindrücken,
namentlich wenn sie rhythmisirt sind [98]; oder wenn man auf
die Systole und Diastole beim Athmen oder auf den Pulsschlag und auf ähnliche rhythmische Bewegungen auch ausser
unserm Leibe achtet. Zu diesen beiden, der Empfindung und
der sinnlich unmittelbar erlebten Zeit oder Dauer, kommt
drittens, ihnen beiden gegenüberliegend, ein Identisches,
Gleichbleibendes : das Ich ; es wird in allem Wechsel, der es
selbst durchläuft, seiner selbst als eines letzten Beziehungspunktes inne, sowohl des Flusses, wie dessen, was in ihm auf
und niedersteigt ; es erfasst sich als dasjenige, was alle Succession und alle succedirenden Inhalte begleitet und in sich

zusammenhält[99]. Weil es immer, so lange es ist, sich auf
gleiche Weise fand, immer vermögend, sich von allem Fluss
und Wechsel denkend loszumachen, von ihm zu abstrahiren,
so wähnt es nun wohl in begreiflicher Naivetät, über denselben so hinaus zu sein, dass es sich — für e w i g hält, dass
ihm der Gedanke an Sterben und Nichtsein zwar durch mancherlei Reflexionen verständlich und durch mancherlei Erfahrungen und Vergleichungen gewiss, für das unmittelbare
Gefühl aber niemals geläufig wird[100].

Aber das Ich, welches sich um seiner Selbigkeit willen so
souverän über Zeit und Succession erheben möchte, findet
sich in Wirklichkeit von dem Wechsel der Bewusstseinsinhalte niemals isolirt. Es ist, existirt, lebt erst, wenn es
seiner Inhalte bewusst wird. Alles dreies: Empfindung,
(sinnliche) Zeit und Ich stehen und fallen völlig miteinander.
« Eine leere Zeit », sagt Kant (Kr. d. r. V., II, 161), « ist kein
Gegenstand der Wahrnehmung »; ebensowenig aber ein
leeres Ich. Wie ich der Regel nach[101] keine Wahrnehmungen
oder Vorstellungen habe, ohne dass sie sich als Erfüllungen
eines Jetzt an nachzitternde Erregungen eines Vorher (von
verschiedener, jedenfalls beschränkter Länge)[102] angereiht
finden; wie durch alle die sinnliche Zeit, das Gefühl
eines sich abspinnenden Bewusstseinslebens c o n t i n u i r -
l i c h[103] sich hindurchzieht, und mit ihnen beiden, der
Empfindung und der Zeit, das identische Bewusstsein selbst
fortwährend complizirt sich zeigt: so ist letzteres aber auch
ohne jene nicht, niemals von der Aufeinanderfolge der Vorstellungen in uns getrennt antreffbar.

In diesem Sachverhalt nun glaube ich die Wurzel der kantischen Irrlehre vom Bleiben der Zeit sehen zu dürfen. Weil
wir ohne das identische Ich die ursprüngliche Zeit nicht
erleben; weil wenn i c h nicht bin, auch die empfundene
(sit venia verbo) Zeit nicht mehr ist, so konnte, wenn man
wie Kant seinen Blick auf die Nothwendigkeit einer transcendentalen Herleitung des absolut Beharrlichen gebannt hielt,
leicht am Ende das Eine dem Andern sich unterchieben
(vgl. II, 304 f.). Diese Verwechselung setzte sich dann in der
Sphäre der vorgestellten Zeit, auf die wir sogleich kommen
werden, einfach fort. Denn allerdings ist es diese allein, die

Kant auch hier im Sinne hat; sonst könnte er uns so oft nicht einschärfen, dass die Zeit nicht wahrnehmbar wäre und, um uns merklich zu werden, eines sinnlichen Repräsentanten bedürft. Die Zeit, von der wir bisher redeten, ist selbst sinnlich tingirt; wir erleben sie selbst, wir verkehren nicht bloss mit einem Substituten derselben.

Uebrigens zeigt unsere Darstellung, dass, müsste für die Zeit ein Beharrliches als Symbol gesucht werden, — wir sind, wie gesagt, der Meinung nicht, sondern gehen nur dem kantischen Gedanken nach, — sich zunächst ganz nahe bei uns das sinnlich lebendige Ich als dieses Symbol anbieten würde, eher als die Materie. Und auch abgesehen davon leistet das Ich der Zeit und den in ihr wechselnden Inhalten einen wesentlichen Dienst; ich möchte sagen einen Dienst, der dem, was Kant mit seiner Materie im Auge hat, verwandt ist. Ich will das Nöthige in Anlehnung an Schopenhauer vortragen.

Es ist nicht von ungefähr, dass jene Dreiheit, von der wir sprechen, so unauflöslich in einander gewachsen ist. «Die Zeit wird nur wahrgenommen, sofern sie erfüllt ist und ihr Fortgang nur durch den Wechsel des sie Erfüllenden.» Ferner: «Der Lauf der Zeit mit Allem in ihr könnte nicht wahrgenommen werden, wenn nicht etwas wäre, das an demselben keinen Theil hat und mit dessen Ruhe wir die Bewegung jenes vergleichen. Wir können uns nicht vorstellen, dass, wenn Alles in unserm Bewusstsein, zugleich und zusammen, im Flusse der Zeit fortrückte, dieses Fortrücken dennoch wahrnehmbar sein sollte; sondern hiezu müssen wir ein Feststehendes voraussetzen, an welchem die Zeit mit ihrem Inhalt vorüberflösse. Für die Anschauung des äusseren Sinnes leistet dies die Materie, als die bleibende Substanz unter dem Wechsel der Accidenzien [104]; für den innern Sinn aber «etwas Unbewegliches im Bewusstsein selbst. Dieses aber kann nichts Anderes sein als das erkennende Subject selbst, als welches dem Laufe der» (sinnlich ursprünglichen, der erlebten) «Zeit und dem Wechsel ihres Inhalts unerschüttert und unverändert zuschaut. Vor seinem Blicke läuft das Leben wie ein Schauspiel zu Ende. Wie wenig es selbst an diesem Laufe Theil hat, wird uns sogar fühlbar, wenn wir im Alter die Scenen der Jugend und Kindheit uns lebhaft vergegenwärtigen » (Satz vom Grunde, § 18, I, 29. Parerga, V, 106 ff.). —

Ehe wir, was nunmehr zunächst sich andrängt, von der unmittelbar erlebten zur vorgestellten Zeit überlenken, ist noch ein Wort nöthig über die Frage, ob die primitive, sinnliche Zeit gleichmässig fliesse wie die Newtonsche; oder ob es hier ist, wie bei den mathematischen Idealconceptionen, dass die Wirklichkeit sie anregt, aber nie völlig exact darbietet.

Wenn wir unsere Selbstwahrnehmung und Erinnerung befragen, so scheint es so zu sein, dass ganz zu Anfang der Knoten der später durch Abstraction von einander lösbaren Gebilde (ich reflectire hier nur auf die drei : Vorstellung, Zeit, Ich) überhaupt gar nicht oder nur in unscheinbaren und unnachweisbaren, sagen wir embryonalen Ansätzen vor dem Bewusstsein auseinander trat [105]; dass allmählich dann gegenüber dem bald rascher, bald langsamer dahinfliessenden Wechsel von bewussten Inhalten, mit Benutzung vielleicht eines Durchschnitts oder Mittelmasses der Vorstellungsfolgen, schon innerlich diesen selbst in ihrer Einzelheit die Zeit, woran der Wechsel gehalten werden konnte, in steigender Genauigkeit als ein vergleichsweise Gleichmässiges sich gegenüber legte; bis wir zuletzt, als der Begriff absoluter Gleichmässigkeit sich gebildet hatte, auf die anschaulichen, unvergleichlich feineren und exacteren Repräsentationen jenes Ideals «ausser uns» — im Raume, meine ich — geriethen, welche uns nicht bloss der aufzehrenden und aushöhlenden Uebersteigerung der inneren Aufmerksamkeit und psychischen Analyse überhoben, sondern auch Mittel gewährten, einen brauchbaren Massstab darzustellen.

Inzwischen hatte zu der empfundenen Zeit längst eine vorgestellte sich gesellt, die über die unmittelbar von der inneren Wahrnehmung in Eins gegriffene Zeit [106] sich weit nach rückwärts in die Vergangenheit dehnte und an prominenten, erinnerten Erlebnissen des Ich hinlief; ja sogar über das jedesmalige Jetzt eine Bewegung derjenigen ähnlich fortsetzte, welche einst von den früheren Jetzts zu den folgenden, zu dem gegenwärtigen überführte. Von sinnlichen Lebensgefühlen machte sie sich je länger je mehr abstrahirend los. Wie meine Phantasie das stereometrische Skelett meines Leibes von diesem selbst abtrennen, wie sie damit um ihn, wie um jedes andere Object herumfahren, wie sie es auf Sonne und Sterne versetzen kann, bei welcher Thätigkeit das sinnlich den Raum schliessende Himmelsgewölbe vor dem geistigen Blick ins Unermessbare sich öffnet: so lässt auch die Zeit aus dem mit concretem Inhalt gefüllten inneren Flusse sich aussondern und sich weit, weit über den Horizont unsers Ich einer Linie analog ins Grenzenlose fortziehen. In diese vorgestellte Zeit reihen wir nun alles ein, was von Veränderungen unmittelbar oder mittelbar uns bekannt wird: die erinnerten wie die erlebten, wie die erhofften Momente und Lebensabschnitte, die objectiven wie die subjectiven Begebenheiten. Durch sie hin läuft ein nach rückwärts und vorwärts ebenso ins Unermessliche erweitertes, in die Vorstellung erhobenes reines Ich, ein bloss abstractes Bewusstsein (vgl. § 22).

Soll nun diese vorgestellte Zeit nicht bloss zu vagen und in der Ueberzahl der Fälle [107] höchst compendiarischen Bestimmungen verwerthet werden, so bedarf sie allerdings einer Symbolisirung und Repräsentation durch unmittelbar Anschauliches und sinnlich Festes, das zugleich die Anlegung einer Skala gestattet. Es ist wieder ein glücklicher Charakterzug der uns gegebenen Wirklichkeit, dass in den Perioden gewisser himmlischer Veränderungen ein Index sich anbietet, welcher nicht bloss die vorgestellte Zeit exacter zu gliedern gestattet, als irgend eine rhythmische Leibesbewegung früher die sinnliche zu markiren und zu articuliren vermochte, sondern welcher auch dem Ideal absoluter Gleichmässigkeit ausserordentlich nahe kommt. Die Zeit stellt sich in einer Hinsicht sogar unsern Ordnungsbedürfnissen gefüger, als der Raum. Während wir in unsern räumlichen Determinationen unter dem Uebelstand leiden, dass wir keinen absolut ruhenden Centralkörper anzutreffen vermögen, sondern mit unsern Beziehungen dieser Art von einem relativ feststehenden Körper an den andern uns gewiesen finden, können wir für unsere chronologischen Bestimmungen jeden beliebigen, von der jedesmal gegebenen Gegenwart aus fixirbaren prominenten oder aus irgend einem Grunde (etwa nach Analogie des

Meridians von Ferro) charakteristischen Moment zum Ausgangspunkt unserer allgemeinen Datirungen machen. Darin aber gehen wieder absoluter Raum und absolute Zeit parallel, dass sie beide als Continua alle Theilungen zulassen, welche unsere Absichten, das Wirkliche uns zurecht zu legen, an ihnen irgend nöthig finden. Wie jede Secunde Billionen von Aetherschwingungen auf sich nimmt, so würde auch ein Millimeter gegen eine beliebig hohe Zahl von Theilungen nichts einzuwenden finden; Tausende von Aetherwellen legen wir jetzt schon hinauf.

21.

Zweiter Beweis (II, 157, 163):
«Unsere Apprehension des Mannigfaltigen der Erscheinung ist jederzeit successiv[108] und ist also immer wechselnd. Wir können also dadurch allein niemals bestimmen, ob dieses Mannigfaltige als Gegenstand der Erfahrung zugleich sei oder nach einander folge, wo an ihr nicht etwas zum Grunde liegt, was jederzeit ist, d. i. etwas Bleibendes und Beharrliches».... «So ist z. E. die Apprehension des Mannigfaltigen in der Erscheinung eines Hauses, das vor mir steht, successiv — Nun ist die Frage: ob das Mannigfaltige dieses Hauses selbst auch in sich successiv sei?»... «Hier wird das, was in der successiven Apprehension liegt, als Vorstellung, die Erscheinung aber, die mir gegeben ist[109], ungeachtet sie nichts weiter, als ein Inbegriff dieser Vorstellungen (nichts an sich selbst) ist, als der Gegenstand betrachtet.» Die Simultaneität seiner Theile, seine Ruhe — das ist die Meinung — ist nur bestimmbar unter der Bedingung, «dass etwas zum Grunde liegt, was jederzeit ist», ein Beharrliches.

Diesem Beweise gegenüber lässt sich behaupten, dass weder unsere Wahrnehmung in allen ihren Theilen successiv[110] ist, Gleichzeitigkeit völlig ausschliesst; noch dass, wenn sie absolut wechselnd wäre, die kantische Bedingung zu objectiven Unterscheidungen des Zugleichseins und der Aufeinanderfolge zulangen würde.

Unsere Apprehension des Mannigfaltigen
ist nicht durchweg successiv. Sie wird successiv,
wenn wir über die Grenzen des zunächst gegebenen Gesichts-
feldes hinausgehen müssen; sie wird successiv, wenn wir
einzelne Theile des vorher als ein Ganzes Apprehendirten
genauer kennen lernen wollen. Wir schweifen mit unserm
Blicke wohl über eine Bergkette, ein Gemälde; wir concentriren
die Aufmerksamkeit auf engere und engere Flächenstücke;
wir umfahren mit dem Auge die Contouren der Gegenstände,
perlustriren sie nach verschiedenen Richtungen: überall
aber, selbst bei den minutiösesten Detailforschungen, wird
immer noch «jederzeit» unmittelbar Gleichzeitiges wahrgenommen.

Gleichwohl haben ja unsere objectiven Zeitbestimmungen
allerdings grosse Schwierigkeiten zu überwinden; aber sie
liegen bekanntlich ganz wo anders, als wo Kant sie sieht; sie
liegen, abgesehen von den durch die ausserleiblichen Medien
entstehenden Verzögerungen, vor allem in dem Zeitunterschied
zwischen psychischem Reiz und physischer Perzeption und
Apperzeption überhaupt, sowie in der «persönlichen Differenz» der Nerven und des Auffassungsvermögens der Einzelnen[111], und weiter in den Störungen und Hemmungen,
welche die zugleich andringenden Reize gegeneinander ausüben. Und in der Auflösung dieser Schwierigkeiten ist uns
dies gerade eine Hauptstütze, dass es überhaupt möglich ist,
«objectiv» Gleichzeitiges, wenn auch später, so doch seinen
Theilen nach ebenso simultan zu apprehendiren; die kantische
Hilfe aber kommt bei diesen Schwierigkeiten nie in Rede.

W. Wundt, der von der bekannten, schon 1822 durch
Bessel gegebenen Anregung ausgehend, diesen Gegenstand
mehr als ein Dutzend Jahre im Auge behalten und ihm eine
stattliche Anzahl genauer Beobachtungen und methodisch
erdachter Experimente gewidmet hat[112]: so sehr er der
naiven Vorstellung entgegenarbeitet, dass «der Verlauf der
Sinneswahrnehmungen unmittelbar und im wesentlichen
unverändert den zeitlichen Verlauf der äusseren Eindrücke
wiederhole[113]»; so viele Zeitverschiebungen er auch zu notiren hat[114]: so setzt er doch überall voraus, dass ein gewisser Umfang von Empfindungen nicht bloss gleichzeitig

zur Perzeption und Apperzeption gelangt, sondern dass auch diese Gleichzeitigkeit zumeist dieselbe ist, welche wir als die «objective» ansetzen[115]. Wie denn ja auch wirklich die Selbstbeobachtung eines jeden lehren muss, dass das einfache Aufliegen eines Gegenstandes auf der Haut, sowie der völlig ruhige Blick augenblicklich die ganze Wahrnehmung einer Fläche ergibt. Erst nachträglich werden behufs reicherer Ausprägung des Bildes innerhalb des simultan mit ruhendem Organ Perzipirten Detailbewegungen ausgeführt. Und nichts nöthigt oder berechtigt vorläufig zu der Vermuthung, dass dergleichen Bewegungen ursprünglich die Wahrnehmung überhaupt erst ermöglichten.

Für das ruhende Auge und die ruhende Hand existirt also die kantische Aufgabe gar nicht, aus successiven Apprehensionen objective Zeitbestimmungen zu machen. Sie lehren uns unmittelbar, was zugleich ist und auf einander folgt. Und so gewinnen wir die Unterlage und die nöthigen empirischen Fingerzeige, um danach auch innerhalb der wirklich successiven Apprehension durch schnell erfolgende Reductionen auf denjenigen Eindruck, welchen wir mit ruhendem Organ haben würden, das Subjective vom «Objectiven» unterscheiden zu lernen. Löst sich vor dem bewegten Auge oder Körper das «Object» in eine Aufeinanderfolge von Theilen auf, so wissen wir auf Grund von Erinnerungen und Assoziationen je länger je besser wie viel der perzipirten Succession wir auf die Bewegung des eigenen Leibes zu setzen haben und wie dieselbe Wahrnehmung sich vor dem ruhenden Organ ausnehmen würde; letztere ist uns die grundlegende, die normale, die «objective».

Natürlich ist das aus wirklichen und möglichen Perzeptionen mit ruhenden Sinnesorganen auf solche Weise sich componirende Weltbild auch uns vorerst nicht mehr, als was es Kant ist. Es ist auch für uns für jetzt nur ein Inbegriff von «Vorstellungen», nichts «an sich selbst», nichts als «Erscheinung».

Wenn wir freilich diese so entstandene «Welt» nach allen Seiten in sich einstimmig finden und von unabänderlichen Gesetzen beherrscht, welche die glücklichsten Vorausberechnungen gestatten: dann will es uns wohl bedünken, als

müsse sie doch mehr sein als ein blosses Phänomen vor
unserem Bewusstsein; als müsse sie hinweisen auf eine correspondente Ordnung wirklicher, transcendenter Dinge, die,
auf «uns», auf unser Ich wirkend, es affizirend, zu denjenigen
Wahrnehmungen erst die Veranlassung geben, von denen
unsere «objectiven» Compositionen anfänglich ausgingen.
Aber sofort erschreckt uns auch die Frage: Was ist das
eigentlich: unser «Ich»? wer sind wir? sind «wir» noch mehr
als was als constante Unterlage aller unserer Bewusstseinsmomente sich darstellt? Worauf hin sollen wir diesem empirischen Ich ein metaphysisches Wesen als Substanziale
gegenüber denken? Und wenn wir es thun: wer weiss, ob
dieses «Wesen», jenes metaphysische Ich, nicht auch «Wahrnehmungen» aus sich produziren kann? Oder soll es ein
Axiom sein, dass «wir» nur das wirken, was wir mit Bewusstsein wirken? Was heisst überhaupt «wirken»? was
heisst «auf uns wirken»? (vgl. § 32 und § 40).

Vorläufig stehen wir noch vor der einfacheren Frage, ob in
dem Falle, dass die Voraussetzung, welche Kant seinem
zweiten Beweise zu Grunde gelegt hat, der Wahrheit entspräche, — wie sie es unserer Ansicht nach nicht thut, —
das Zeitverhältniss des Objects nicht ohne die von ihm bezeichnete transcendentale Beihilfe bestimmt werden könnte.

Die kantische Voraussetzung erfüllt völlig das von Lotze
in der medicinischen Psychologie (§ 33, S. 420 f.) einge-
führte hypothetische Thier: es soll nur einen einzigen zugleich
sensiblen und beweglichen Hautpunkt etwa an der Spitze
eines Fühlhorns besitzen; sicher werden alle seine Perzeptionen successiv sein[116]. Wie nun? Kann es nicht gleichwohl
ohne den transcendentalen Ansatz eines Beharrlichen, durch
bloss psychischen Zwang und an der Hand von verständigen
Comparationen und Distinctionen, zu einer Klarheit darüber
gelangen, ob das von ihm wahrgenommene «Mannigfaltige
als Gegenstand der Erfahrung zugleich sei oder nachfolge»?
Lotze ist der Meinung, — und ich stehe nicht an, ihm beizu-
stimmen, — dass die «mangelnde Proportionalität zwischen
den Muskelgefühlen und den ihnen assoziirten Empfindungen»
wohl im Stande sei, aus den Wahrnehmungen einen subjectiven und einen objectiven Factor auszusondern; «mit dem-

selben Muskelgefühle wird bald diese, bald jene Empfindung,
je nach dem Wechsel der Umgebung gewonnen, und es ist
nicht wie in den Stimmorganen, wo derselben
Spannung stets derselbe Ton folgt»[117], und wo man
aus diesem Grunde leicht den letzteren wie die erstere für
unser selbsteigenes Product zu halten geneigt ist. In unserm
Falle aber ist dies unmöglich. Ist jenes hypothetische Wesen
nun psychisch geartet wie wir, so wird es das, was seiner willkürlichen Entschliessung parallel läuft, als subjectiv, was von
derselben unabhängig, sogar oft wider Wunsch und Neigung
sich einstellt, als «objectiv», als fremd, als ausser sich
betrachten. Und hat es wie wir die Möglichkeit, Perzeptionen
sowohl mit ruhendem wie mit bewegtem Organ zu erhalten ;
und besitzt es wie wir Erinnerungs- und Assoziationsver-
mögen, sowie das Vermögen räumlicher Auslegungen : so
muss es auch wie wir, trotz seiner dürftigen sinnlichen Aus-
rüstung, zur Unterscheidung eines gleichbleibenden und sich
ändernden, eines ruhenden und bewegten «Objects» gelangen.
Es wird etwa die Vorstellung eines bewegten Gegenstandes
zunächst ausbilden, wenn eine Reihe von Empfindungen an
seinem ruhenden Organ hinzieht; danach auch, wenn die
Bewegung, in welche es seine Muskelgefühle sonst auszu-
breiten pflegte, die Empfindungen schneller oder langsamer
vorüberführt oder gar keine neue Empfindung bringt. Es wird
im erstern Falle eine gleichsinnige, im zweiten eine wider-
sinnige objective Bewegung ansetzen, und im dritten Falle
finden, dass das Object seine eigene Bewegung mitmacht,
sei es dass es selbst das Object oder das Object sein Organ mit
herumführt; etwa so, wie wenn wir den Stock mit unserer
Hand bewegen, oder einem fliegenden Vogel, oder einem
stromabwärtstreibenden Schiffe nachschauen. So wird auch
das Lotze'sche Thier, mit unserm Verstande ausgerüstet, an
der Hand des unmittelbar Gegebenen sich wohl über objective
Ruhe und Bewegung ein Urtheil verschaffen können, ohne
dass der Verstand nöthig hätte mit spontaner Arbeit in das
thatsächlich Perzipirte einzugreifen, um, anstatt die in dem
Gegebenen indizirt liegende Ordnung aufzusuchen und zurechtzulegen, mit Kategorien eine Nothwendigkeit zu schaffen, die
nur für ihn selber wäre.

So sehr jede Möglichkeit, in dem wenn auch successiv Gegebenen einen hinlänglichen empirischen Anhalt zur Unterscheidung objectiver Constanz und Veränderung, objectiver Gleichzeitigkeit und Folge zu finden, Kants Ausblick nach einem transcendentalen Factor überflüssig macht, so scheint wunderbarer Weise Kant selbst gelegentlich diesen Weg zu betreten. Auch er muss es einfach zugestehen, dass zwischen der Wahrnehmung des Ruhenden und Fliessenden ein ganz bestimmter Unterschied sich zeige, ein Unterschied, der nicht erst gemacht, sondern vorgefunden, «bemerkt» werde. Diese Einsicht ist bei dem Transcendentalphilosophen um so interessanter, als er sich trotzdem nicht in die empiristischen Prinzipien zurückdrängen lässt; er bleibt «Copernicus». Er bleibt es, obwohl manche Wendungen sogar so herauskommen, als sei dasjenige, was als «objectiv» angesetzt wird, nicht bloss Erscheinung, sondern etwas «an sich selbst». Aber auch solch transcendenter Realismus ist nur ein täuschender Schein. — Wir müssen den Punkt ins Auge fassen.

Es ist unter der zweiten Analogie (II, 162 ff.), dass Kant sich von Neuem mit dem Scrupel beschäftigt, wie wohl Simultaneität und Succession zu bestimmen sein möchte, da doch «alle Synthesis der Apprehension so beschaffen sei, wie» er es «an der Erscheinung eines Hauses gezeigt habe» (vgl. oben S. 80), wodurch sich aber keine von der andern unterscheide (II, 164). «Allein, fährt er fort, ich bemerke auch: dass wenn ich an einer Erscheinung, welche ein Geschehen enthält» — schon hier möchte man gern den Autor mit der Frage unterbrechen: «ein Geschehen an sich»? oder wie ist das «enthält» zu verstehen? — «den vorhergehenden Zustand der Wahrnehmung A, den folgenden aber B nenne, dass B auf A in der Apprehension nur folgen, die Wahrnehmung A aber auf B nicht folgen, sondern nur vorhergehen kann. Ich sehe z. B. ein Schiff den Strom hinabtreiben. Meine Wahrnehmung seiner Stelle unterhalb folgt auf die Wahrnehmung der Stelle desselben oberhalb des Laufes des Flusses; und es ist unmöglich, dass in der Apprehension dieser Erscheinung das Schiff zuerst unterhalb, nachher aber oberhalb des Stromes wahrgenommen werden sollte. Die Ordnung in

der Folge der Wahrnehmungen in der Apprehension ist hier also bestimmt; und an
dieselbe ist die letztere gebunden.» Ich
glaube, man kann dreist behaupten, dass jeder, der von
Transcendentalphilosophie nichts ahnt, diese Worte nur
so verstehen wird: die subjective Apprehension fühlt sich
unter dem Zwang einer Ordnung, die ausserhalb des «Subjects» ihren Grund hat. Jedoch sehen wir weiter! «In dem
.... Beispiele von einem Hause konnten meine Wahrnehmungen in der Apprehension von der Spitze desselben
anfangen und beim Boden endigen, ingleichen rechts oder
links das Mannigfaltige apprehendiren. In der Reihe dieser
Wahrnehmungen war also keine bestimmte Ord-
nung, welche es nothwendig machte, wenn ich
in der Apprehension anfangen müsste.... Diese Regel»[118]
— doch sichtlich eine empirisch constatirte —
«aber ist bei der Wahrnehmung von dem, was geschieht,
jederzeit anzutreffen und sie macht die Ordnung der aufeinanderfolgenden Wahrnehmungen nothwendig.... Nur
dadurch kann ich von der Erscheinung selbst.... berechtigt
sein zu sagen: dass in jener eine Folge anzutreffen sei;
welches so viel bedeutet, als dass ich die Apprehension nicht
anders anstellen könne, als gerade in dieser
Folge.»
Und wenn dieser Zwang der «Regel» uns die Objectivität
der Zeitfolge erschliesst, «woran erkennt man, dass Dinge
in einer und derselben Zeit sind»? Kant beantwortet diese Frage unter der dritten Analogie (II, 178);
er beantwortet sie auf eine Weise, ganz wie wir es nach den
letzten Mittheilungen nur immer glauben erwarten zu dürfen.
Auch diese Erkenntniss beruht auf einer gegebenen und nur
abzumerkenden und zu deutenden Eigenthümlichkeit des
Apprehensionsprocesses selbst: Objective Gleichzeitigkeit ist
anzusetzen, «wenn die Ordnung in der Synthesis der Apprehension des Mannigfaltigen gleichgültig ist, d. i. von
A durch B, C, D auf E, oder auch umgekehrt von
E zu A gehen kann. Denn wäre sie in der Zeit nacheinander..... so ist es unmöglich, die Apprehension in
der Wahrnehmung von E anzuheben und rückwärts zu A

fortzugehen, weil A zur vergangenen Zeit gehört und also kein Gegenstand der Apprehension mehr sein kann.»

Ist das nun nicht wirklich so, als ob nach Kant, wie nach den Prinzipien des Empirismus und Realismus, eine Ordnung ausser dem Subject an sich da wäre und als ob nur gezeigt werden sollte, wie das Subject, obwohl es diese Ordnung an sich selbst nicht schauen, sondern nur ihre Wirkung auf sich erfahren kann, gleichwohl hinter dieselbe zu kommen vermag? Es wird derselben inne an dem empirisch sich darbietenden Unterschied zwischen der Ausführbarkeit und Nichtausführbarkeit eines beliebigen Wechsels, einer willkürlichen Umkehrung der apprehendirten Succession; dieser Unterschied macht sich mit unmittelbarem, sinnlichem Zwange geltend[119].

Aber natürlicher Weise ist bei einem Philosophen, der Raum und Zeit, in welchen denn doch auch jene «objective» Welt enthalten gedacht wird, als ausschliesslich subjective Gebilde fasst, dergleichen vorauszusetzen schlechterdings unmöglich. Und so ist es denn völlig seinen Fundamentalprinzipien entsprechend, dass an einer Stelle die «objective» Zeitordnung selbst als auch nur «Erscheinung», das «Object» als auch nur «vorgestellt» bezeichnet wurde (Anm. 118).

Um so dringlicher wird die Frage: was denn das nun für eine Wirklichkeit sei, welche dieser objectiven Welt zukommt? wo, wie und in welchem Sinne sie denn überhaupt eigentlich existire, da sie «an sich» nicht ist und andererseits in unseren Wahrnehmungen doch nur höchst fragmentarisch und andeutungsweise zum Vorschein kommt: Von Doppel- und Spiegelbildern, von phantastischen und entoptischen Erscheinungen ganz abgesehen, bietet uns, was die «objectiven» Rauminhalte und Raumverhältnisse anbetrifft (§ 16), der vorzüglich in Betracht kommende, der Gesichtssinn, anstatt jener absoluten Grössen und Gestalten, die wir uns nach empirischen Associationen und Regeln mit Benutzung des Tastsinns zurecht stellen, immer nur perspectivische Verzerrungen und Verjüngungen. Und was die Zeit anbelangt, so soll uns nach Kant die Wahrnehmung gar niemals die Gleichzeitigkeiten bieten, welche wir in der objectiven Welt voraussetzen. Was hat das nun für eine Bewandtniss mit dieser «objectiven» Welt? wo ist dieselbe? wo ist z. B. die ganze runde Erde, die sich um die Sonne dreht? welches ist der Vorzug dieser «objectiven Welt» vor dem unmittelbar Wirklichen, dem in den Wahrnehmungen Gegebenen, wenn sie doch an sich real nicht sein soll?

Wir sind ganz abgesehen von Kant auch für uns selbst verpflichtet, diesen prinzipiellen Fragen endlich einmal gründlich nahe zu treten, da wir uns bis zuletzt noch in dieser Hinsicht mit Kants Anschauungen völlig im Einklang fühlten. Noch auf S. 82 hoben wir es hervor, dass der Inbegriff der «objectiven» Gegenstände, wie er aus unmittelbaren Perzeptionen mit ruhenden Organen allmählich componirt wird, dass die «objective» Welt vorerst auch für uns nichts an sich selbst, dass sie nichts als Erscheinung sei. Was ist nun also eigentlich das Merkmal, wodurch sich «objective» Erscheinungen von «subjectiven», von blossen Wahrnehmungen unterscheiden?

Wir wollen an der Hand Kants der Beantwortung dieser Frage nachgehen; seine Philosophie wird durch dieselbe aufs tiefste berührt; steckt in ihr doch der alte radicale Scrupel vom Jahre 1772, der Anm. 4 hervorgehoben ward: «Auf welchem Grunde beruht die Beziehung desjenigen, was man in uns Vorstellung nennt, auf den Gegenstand?» (vgl. auch Anm. 119.) — Wir folgen also Kant. Vorweg aber sei bemerkt, dass die Frage doch nicht sofort im Sinne Kants völlig erledigt werden kann; wir können vielmehr zunächst die kantischen Gedanken nur bis zu einem Punkte treiben, von wo wir eine uns selbst befriedigende Lösung zu erreichen vermögen. Diese Antwort selbst wird freilich mit Kants Worten und Wendungen gegeben werden können; aber so sehr sie danach äusserlich betrachtet mit Kants Meinung selbst zu harmoniren scheint: innerlich biegt sie völlig von seinen Intentionen ab. Um so besser freilich ist gerade diese Wortübereinstimmung auch im Stande, der distinguirenden und individualisirenden Charakteristik der kantischen Erkenntnisslehre zum Unterbau zu dienen. Das Verfahren muss sich durch sich selbst rechtfertigen.

22.

Zunächst muss hervorgehoben werden, dass Kant das ganze Gewicht der Schwierigkeit fühlte, auf dem Boden eines Idealismus, der theoretisch unter allen Umständen nicht über «Erscheinungen» und «Vorstellungen» hinauszukommen hofft, einen prinzipiellen Unterschied zwischen Subjectivem und Objectivem ausfindig zu machen, der wirklich unserm Verstande ausreichende Befriedigung zu gewähren vermöchte. Aristoteles hatte einst gesagt, dass wenn wir «ἀκριβῶς, ἐναργῶς» wahrnehmen, das Phänomen mit dem Wirklichen, die subjective Wahrnehmung mit dem Gegenstande zusammenfalle (de an., 428ᵃ, 13 ff.); ganz ähnlich hatte Descartes die clara et distincta perceptio zur wahren, zur objectiven gemacht; dergleichen konnte Kants tiefer schauendem Verstande nicht genügen. «Wir haben Vorstellungen in uns», sagt er (Kr. d. r. V., II, 167 f.), «Vorstellungen, deren wir uns auch bewusst werden können. Dieses Bewusstsein aber mag so weit erstreckt und so genau oder pünktlich sein, als man wolle, so bleiben es doch nur immer Vorstellungen, d. i. innere Bestimmungen unseres Gemüths..... Wie kommen wir nun dazu, dass wir diesen Vorstellungen ein Object setzen oder über ihre subjective Realität ..... ihnen noch ich weiss nicht was für eine objective beilegen?» Worauf hin tritt eine Vorstellung so «aus sich selbst heraus», dass sie «objective Bedeutung bekommt noch über die subjective, welche ihr als Bestimmung des Gemüthszustandes eigen ist?..... Was gibt die Beziehung auf einen Gegenstand unseren Vorstellungen für eine neue Beschaffenheit?» welches ist die «Dignität, die sie dadurch erhalten?» Kurz: was heisst auf idealistischem Boden objectiv? objective Realität?

Kant sagt (Proll., § 18, III, 58): «Alle unsere Urtheile sind zuerst blosse Wahrnehmungsurtheile.» Gewiss! denn es gibt «zuerst» für uns nichts weiter als Wahrnehmungen, als Erlebniss unserer Bewusstseinszustände und Bewusstseinsinhalte; sie sind das ursprünglich Gegebene, als solches unmittelbar und zweifellos sicher und gewiss. Aber, fährt Kant fort, Urtheile über Wahrnehmungen «gelten bloss für uns, d. i. für unser Subject; und nur hintennach geben wir ihnen eine neue Beziehung, nämlich auf ein Object und wollen, dass es auch für uns jederzeit und ebenso für Jedermann gültig sein solle.»

So sehr wir uns verwundern, wie unser subjectives «Geben» und «Wollen» die «Dignität» objectiver Gültigkeit verleihen könne, so sehen wir zunächst von diesem Scrupel ab und notiren: Objectiv gültig ist dasjenige, was — woraufhin auch immer — für uns jederzeit und ebenso für Jedermann gelten soll.

Wir fragen weiter: Kann jedes Wahrnehmungsurtheil diese «neue Beziehung» und «Beschaffenheit» annehmen? Nach Kant: Nein! Es gibt nach ihm (Proll., § 19, III, 59 f. Ueber Philosophie überhaupt, I, 598 f.; vgl. Kr. d. r. V., II, 38 f.) Wahrnehmungsurtheile, «welche niemals objectiv werden können, weil sie sich bloss aufs Gefühl, welches Jedermann als bloss subjectiv erkennt, beziehen»[120]; als Beispiele solcher Urtheile werden angeführt: das Zimmer ist warm, der Zucker süss, der Wermuth widrig, der Wein angenehm. «Ich verlange gar nicht, dass ich es jederzeit oder jeder Andere es ebenso wie ich, finden soll; sie drücken nur eine Beziehung zweier Empfindungen auf dasselbe Subject, nämlich mich selbst, und auch nur in meinem diesmaligen Zustande der Wahrnehmung aus ..... dergleichen nenne ich Wahrnehmungsurtheile. Eine ganz andere Bewandtniss hat es mit dem Erfahrungsurtheile»[121]. Wir werden nach den vorangegangenen Aeusserungen erwarten dürfen, dass es solche seien, die nicht bloss von meinem dermaligen Zustande gelten, dass ich von ihnen verlangen kann, dass ich und jeder Andere jederzeit es so finden soll, wie sie aussagen. «Ein einzelnes Erfahrungsurtheil, z. B. von dem, der in einem Bergkrystall einen beweglichen Tropfen Wasser wahrnimmt, verlangt mit Recht, dass ein jeder Andere es ebenso finden müsse» (Kr. der Urtheilskr., Einl., VII, W., IV, 32). Wäre das «verlangen» und das «gelten sollen» und «finden müssen» nicht, so würde man

vermuthen, dass die objectiven, die Erfahrungsurtheile desshalb allgemein gelten, weil ich und jeder Andere es eben
jederzeit so finden, und erwarten, dass es auch künftig so
sein werde; dass die Wahrnehmungsurtheile aber, welche
nicht in Erfahrungsurtheile übergehen können, desshalb nur
subjective, individuelle, ja sogar nur momentane Gültigkeit
haben, weil der in ihnen ausgesagte Thatbestand mit den
Individuen, ja sogar mit ihren Zuständen wechselt. Es würde
danach der ganze Unterschied auf einer thatsächlich vorhandenen Differenz in den Bewusstseinsinhalten der wahrnehmenden Subjecte beruhen, auf dem zufälligen Umstand,
dass die apprehendirenden Vermögen gewisse Züge der Homogeneität und Unveränderlichkeit besitzen. Es wäre danach
jede von individuellen Gefühlsbeisätzen gesäuberte Wahrnehmung objectiv: wird sie doch jedes uns homogene Indi-
viduum jederzeit in gleicher Lage ebenso erhalten! Das wäre
denn aber auch der pure und blanke Empirismus, wie wir
ihn auf alle Fälle nicht als Kants Meinung voraussetzen
dürfen.

Indessen immerhin! Die Worte Kants, soweit wir sie kennen
gelernt haben, wehren eine solchen Empirismus nicht ab;
auch das «verlangen» und «finden sollen» lässt eine Trans-
action mit ihm zu, die sehr gewöhnlich und sehr alt ist. Schon
im Zeitalter der Sophisten fand man es, und zwar auch innerhalb der von Kant auserlesenen, des individuellen
Gefühlsbeisatzes entkleideten Wahrnehmungen, angesichts der Träume, Hallucinationen und Illusionen, nöthig,
die objective Gültigkeit oder «Wahrheit» an gewisse
normative Bedingungen, etwa an den Zustand der Gesund-
heit und des Wachens zu knüpfen. Wodurch man denn
freilich sofort die indignirten Fragen anregte[122]: So soll also
wohl «die Wahrheit» nach der Majorität, nach der Länge
der Zeit bestimmt werden? Wie, wenn wir nun längere Zeit
schliefen als wachten? Würden nicht, wenn alle, mit Ausnahme von zweien oder dreien, geisteskrank wären, jene
Verrückten «verlangen», dass die Verständigen die Dinge
«finden sollten» wie sie? Τίς ὁ κρίνων τὸν ὑγιαίνοντα καὶ ὅλως τὸν
περὶ ἕκαστα κρινοῦντα ὀρθῶς; πότερον καθεύδομεν νῦν ἢ ἐγρηγόραμεν;
Ich sage nicht, dass der Empirismus nicht im Stande wäre,

auf dergleichen Einwürfe zu antworten; wir werden selbst darauf alsbald (S. 96) die Antwort geben; mir liegt jetzt nur an, zu zeigen, wie weit gewisse Aeusserungen Kants nach der Seite gehen, die er selbst nicht bloss vermeiden, sondern auch schlagen wollte.

Nach Kant bedeutet nun aber die objective Gültigkeit des Erfahrungsurtheils eben nicht sowohl Allgemeingültigkeit, soweit sie factisch reicht, sich bewährt hat und rationell begründete oder blind instinctive Hoffnung auf weitere Bewährung erweckt; sie bedeutet nicht sowohl eine subjective, einstimmige Normalansicht der grossen, aber zufälligen Mehrheit der «Gesunden» im wachen Zustande: sondern — etwas, was zwar mit einer gewissen Emphase auftritt und die Ahnung grösserer Tiefe erregt, aber auch seinem eigentlichen Sinne nach zunächst ziemlich dunkel bleibt; zumal der Gedanke an eine etwa vorauszusetzende Uebereinstimmung mit transcendenten Realen natürlich völlig bei Seite bleiben muss. Objective Gültigkeit bedeutet nach Kant «nichts anders, als die n o t h w e n d i g e Allgemeingültigkeit»; «objective Gültigkeit und n o t h w e n d i g e Allgemeingültigkeit (für jedermann) sind Wechselbegriffe; auch umgekehrt, wenn wir Ursache finden, ein Urtheil für n o t h w e n d i g allgemein gültig zu halten, so müssen wir es auch für objectiv halten, d. i. dass es nicht bloss eine Beziehung der Wahrnehmung auf ein Subject, sondern e i n e B e s c h a f f e n h e i t d e s G e g e n s t a n d e s ausdrücke; denn es wäre kein Grund, warum Anderer Urtheile n o t h w e n d i g mit dem meinigen übereinstimmen m ü s s t e n, wenn es nicht die E i n h e i t d e s G e g e n s t a n d e s wäre, a u f d e n s i e s i c h a l l e b e z i e h e n, m i t d e m s i e ü b e r e i n s t i m m e n u n d d a h e r a u c h a l l e u n t e r e i n a n d e r z u s a m m e n - t r e f f e n m ü s s e n» (Proll., § 18 und 19, W., III, 58 f.)

Aber, um des Himmels willen, wo ist denn dieser «Gegenstand», auf dessen «Einheit» sich alle objectiven Urtheile beziehen m ü s s e n, und der eine N o t h w e n d i g k e i t schafft, die über die zufällige Uebereinstimmung und den Normalitätsanspruch der gesunden Mehrheit hinauslangt? wo ist dieses Object, da es doch nicht der Gegenstand des Vulgärrealismus sein darf?

Die Antwort, welche Kant auf diese Frage gibt, ist so sehr mit dem allerhöchsten Prinzip der kantischen Erkenntniss-lehre, dem eigentlichen Cardinalgedanken der Kritik der reinen Vernunft und unserer Analogien verwachsen, dass sie sich nicht gut vortragen lässt, ohne schon jetzt wenigstens darüber so viel anzudeuten, dass die Antwort selbst verständ-lich wird; die einlässlichere Erörterung dieses Prinzips muss einer späteren Stelle vorbehalten bleiben (§ 35), an welcher ein volleres Licht auf dasselbe fallen kann. Hier sei also nur gesagt, dass die Allgemeingültigkeit «n i e m a l s a u f d e r W a h r n e h m u n g, s o n d e r n d e m r e i n e n V e r s t a n-d e s b e g r i f f e b e r u h t, u n t e r d e m d i e W a h r n e h-m u n g s u b s u m i r t i s t» (Proll., § 18, III, 58).

So dunkel und frappirend diese Wendung herauskommt, so zeigt sie jedenfalls Eins ganz klar, und zeigt es ohne weitere Auseinandersetzung, nämlich, dass unser Philosoph von der, sollen wir sagen wolfianisirenden oder mittelalterlich scholas-tischen, jedenfalls prinzipiellen und gleich sehr theoretischen wie praktischen Antipathie gegen die «Sinnlichkeit» nichts, gar nichts aufgegeben hat, mit der er seine philosophische Schriftstellerei begann; welche Antipathie theoretischerseits vor der Kritik der reinen Vernunft am deutlichsten und für unsere gegenwärtige Angelegenheit am instructivsten in einer Stelle der Inauguraldissertation vom Jahre 1770 zum Aus-druck kommt. Dort heisst es zu Anfang des § 4 (I, 309 f.): Quum ..... quodcunque in cognitione est s e n s i t i v i, pendeat a s p e c i a l i i n d o l e s u b j e c t i, ... quae pro varietate subjectorum in diversis potest esse d i v e r s a; quaecunque autem cognitio a tali conditione subjectiva exemta est, non nisi o b j e c t u m respiciat, patet: s e n s i t i v e c o g i t a t a e s s e r e r u m r e p r a e s e n t a t i o n e s u t i a p p a r e n t, i n t e l l e c t u a l i a a u t e m s i c u t i s u n t» [123]. Bei solchen Grundsätzen begreift man es, dass wenn es nun darauf ankam, o b j e c t i v e G ü l t i g k e i t, A l l g e m e i n g ü l t i g-k e i t, N o t h w e n d i g k e i t d e r U e b e r e i n s t i m m u n g zu begründen, der Bereich der schwankenden sinnlichen Erkenntniss ganz verlassen werden musste, um, was in der sinnlichen «Wahrnehmung» nicht liegen konnte, in einem «reinen Verstandesbegriff» zu suchen, «unter dem die Wahr-nehmung subsumirt ist».

Uns dient, wie gesagt, diese merkwürdige Lehre vorläufig nur dazu, die Antwort hinlänglich durchsichtig zu machen, welche Kant auf die Frage gibt : welches denn der Existenzort und die Existenzweise des «Objects» sei, auf das nach seiner Ansicht, ähnlich wie nach der des Realismus, jedes objective Urtheil Bezug haben und das jedem solchen Urtheil seine Allgemeingültigkeit verleihen soll, ohne doch ein an sich Reales sein zu können. Die Antwort selbst hat sonst übrigens mit jenem frappirenden Gedanken nichts weiter zu thun. Sie steckt in folgenden Sätzen, die wir unsererseits noch ein wenig weiter verfolgen müssen, um danach zu der Schlusswendung des zweiten Beweises der ersten Analogie zurückzulenken :

Zu aller Erfahrung gehört ausser der Wahrnehmung noch das Urtheilen. Dieses «kann zwiefach sein : erstlich, indem ich bloss die Wahrnehmungen v e r g l e i c h e und i n e i n e m B e w u s s t s e i n m e i n e s Z u s t a n d e s, oder zweitens, da ich sie in e i n e m B e w u s s t s e i n ü b e r h a u p t verbinde». Nur das letztere macht Erfahrung (Proll., § 20, a. a. O., S. 60). «Die gegebene Anschauung muss unter einen Begriff subsumirt werden, der . . . . . das empirische Bewusstsein der Anschauung i n e i n e m B e w u s s t s e i n ü b e r h a u p t verknüpft und dadurch den empirischen Urtheilen Allgemeingültigkeit verschafft» (S. 61). Ein solcher reiner Verstandsbegriff ist der der Substanz, der der Ursache ; sie dienen der «synthetischen Vereinigung der Wahrnehmungen i n e i n e m B e w u s s t s e i n ü b e r h a u p t» (a. a. O., § 30, S. 76). «Alles Mannigfaltige, so fern es in Einer empirischen Anschauung gegeben ist, ist in Ansehung einer der logischen Functionen zu Urtheilen» (d. i. in Ansehung reiner Verstandesbegriffe) «bestimmt, durch die es nämlich zu einem B e w u s s t s e i n ü b e r h a u p t gebracht wird» (Kr. d. r. V., 2. Aufl., § 20, II, 740).

Ja! «B e w u s s t s e i n ü b e r h a u p t» — das ist Etwas, was sich hören lässt! Ein solches Bewusstsein, das ist der vorher so räthselhafte Ort, wo die «objective Welt» des Idealisten zu existiren, wo sie eine Wirklichkeit zu erhalten vermag. Und dieses «Bewusstsein überhaupt» steht auch in vortrefflicher, man möchte sagen organischer Verbindung mit den andern Idealconceptionen, welche unsere bisherigen Erörterungen über die wissenschaftliche Analyse des Gegebenen nöthig fanden. Die objective Welt ist diejenige, welche durch Reduction aller beliebigen sinnlichen Wahrnehmungen der Gesunden und Wachenden auf eine und dieselbe Normalsituation dieser Menschenkategorie von der geometrisch, logisch und empirisch zugleich geleiteten Einbildungskraft widerspruchslos hinein construirt wird in einen R a u m ü b e r h a u p t, den absoluten, in eine Z e i t ü b e r h a u p t[124], die vorgestellte, die Newtonsche, für ein B e w u s s t e i n ü b e r h a u p t, für jenes Bewusstsein, jenes vorgestellte, reine Ich, das schon oben (§ 20, S. 75 ff.) der vorgestellten Zeit als nothwendiges Correlat gegenübergelegt ward.

Diese so vorgestellte Welt hat allerdings in mehrfacher Hinsicht einen Vorzug vor dem unmittelbar in den Einzelwahrnehmungen Gegebenen, einen Vorzug, der geeignet ist, sie zum Gegenstand eines tiefgehenden und universalen Interesses zu machen, auch wenn von jeglicher Corresponsion mit Realitäten an sich abgesehen wird. Sie bietet uns erstens anstatt der relativ beschränkten Summe zum Theil widerspruchsvoller, discontinuirlicher, ja an sich völlig räthselhafter und unablässig wechselnder Wahrnehmungsgruppen, die jeder Einzelne für sich hat, ein Gebilde, in dem eine unvergleichlich grössere Menge von Vorstellungen — wir nennen sie materielle Dinge mit ihren Eigenschaften und Relationen — jederzeit lückenlos und einstimmig neben einander steht und in dem, wie wir schon in umfassendster Weise erfahren haben und weiter voraussetzen, jeder Wechsel, jede Veränderung nach dem ontologischen Satze vom Grunde verstandesmässig zurechtgelegt werden kann. Zweitens ist diese objective Welt widerspruchslos gegenseitig sich excludirender und doch allseitig cohärenter, nur nach festen Gesetzen sich ändernder materieller Dinge das gemeinschaftliche Beziehungsobject aller Forschungen und Gedanken derer, die unter einander über die Jahrhunderte fort in Denkverkehr stehen. Wir können ferner auf Grund unserer Bekanntschaft mit ihr nicht nur in ihrem eigenen Kreise gewisse Grundzüge der Erscheinung «erklären» und danach zukünftige Begebenheiten in ihr vorausberechnen, sondern wir vermögen, wenn wir unsere Einzelwahrnehmungen mit dem Geschehen in ihr in Beziehung setzen und von ihm abhängig denken, auch diese in ihrer Gesetzmässigkeit begreiflich zu machen. Selbst die Welt der Träume, der Fieberphantasien, der Hallucinationen und Illusionen empfängt durch Verknüpfung mit ihr je länger je mehr Licht und gesetzmässige Nothwendigkeit.

Dieser einheitliche Beziehungsmittelpunkt aller disparaten Bewusstseine, diese zugleich widerspruchslose und gesetzmässige und nach allen Seiten Aufklärung schaffende Welt: wie sie in hohem Grade den Verstand befriedigt, so begründet sie rückwirkend die Prärogative derer, die sie ausbilden, und der von ihnen zu Grunde gelegten und benutzten Wahrnehmungen; sie begründet ihren Anspruch als allverbindliche Norm zu gelten[125]. «Nicht die Mehrheit macht die Wahrheit der Empfindung aus, so dass wir auf blosse Abstimmung reduzirt wären, sondern der geistig Gesunde ist der, welcher seinen und den abweichenden Zustand erklären kann, wie der Vernünftige der ist, welcher den geistig Kranken zu heilen, mindestens zu behandeln versteht»[126].

Dort, in jener einem abstracten, allgemeinmenschlichen Bewusstsein überhaupt angehörigen objectiven Welt, liegt der einheitliche Gegenstand; dort arrivirt das einheitliche Ereigniss, mit dem alle «objectiven» Urtheile übereinstimmen müssen[127]. Dort ist die Erde rund; dort dreht sie sich um ihre Achse und um die Sonne. Dort ist alles, dort geschieht alles, was objectiv ist: dort, wo, von individuellen Gefühlserregungen frei, das Bewusstsein überhaupt im absoluten Raum in Beziehung auf ein ideales Körperskelett nach identischer Norm jedem seine absolute Grösse und Gestalt bestimmt; wo dieses Universalbewusstsein von jedem gegebenen Momente aus a parte ante und a parte post in idealischer Gleichmässigkeit die absolute Weltzeit ins Unermessbare sich dehnen sieht. Dieses hypothetische und ideale Bewusstsein überhaupt bildet mit der absoluten Zeit und dem absoluten Raum das Gerüst der empirischen Bestimmungen über die tönende und farbige Welt unserer praktischen Bestrebungen; diese Trias ist aber auch die nothwendige Unterlage, auf der die mathematisch-mechanische Naturerklärung Farbe und Klang, Licht und Wärme in die Schwingungen eines eigenschaftslosen Stoffes auflöst. Die ponderablen und imponderablen Materien oscil-

liren vor einem Bewusstsein überhaupt im absoluten Raum;
und ihr Rhythmus bestimmt sich nach Einheiten der absoluten Zeit: Ἄ δή, können wir mit Platon (Rep., 529ᵈ) sagen,
ἃ δὴ λόγῳ μὲν καὶ διανοίᾳ ληπτά, ὄψει δ᾿οὔ. Sie werden erfasst von
dem Verstande und der reinen mathematischen Imagination;
zu sehen aber sind sie nicht. Vgl. § 35.

23.

Kants Terminus «Bewusstsein überhaupt» ist freilich dazu
angethan, Reflexionen wie die zuletzt abgesponnenen zu veranlassen; leider bietet der Philosoph selbst nichts ihnen
Aehnliches. Er biegt vielmehr für sein «Bewusstsein überhaupt» sofort in die transcendentale Sphäre der Spontaneität
des Verstandes aus, wohin wir vorläufig, wie gesagt, ihm
nicht zu folgen vermögen. —
Es steht aus dem Gedankenkreise des zweiten Beweises der
ersten Analogie noch die Prüfung derjenigen geistigen Hilfe
aus, die für die Aufgabe, aus subjectiven, gleicherweise für
Coexistentes wie für Fliessendes successiven Apprehensionen
die richtige, objective Vertheilung zu Stande zu bringen, von
Kant selbst positiv angegeben wird. Warum wir glaubten
ihrer entbehren zu können, ist gesagt; was sie selbst zu leisten
vermöge, bedarf noch eines Wortes. Der Schlusssatz des
zweiten Beweises der ersten Analogie läuft so: Weil alle
Apprehensionen successiv sind und weil aus solchen Apprehensionen keine Zeitbestimmung für den «Gegenstand der
Erfahrung» sich gewinnen lässt — wir bezweifelten beides,
lassen es aber jetzt ex hypothesi wahr sein — so muss an
der Erfahrung «etwas zum Grunde liegen, was jederzeit ist,
d. i. etwas Bleibendes und Beharrliches».
Ich muss gestehen, dass so viel ich auch die Conclusion
Kants hin und herwende, sie für mich ein Orakel bleibt.
Ganz abgesehen davon, dass sich unter diesem zu Grunde
liegenden Etwas nichts Bestimmtes denken lässt — dieser
Punkt wurde schon oben § 19, S. 70 erörtert — ; gesetzt
selbst, wir dürften darunter uns nach Kant, wie Schopenhauer
will (Anm. 104), «für die Anschauung des äusseren Sinnes»

die Materie, für den innern Sinn aber das 'unbewegliche Ich denken, sei es nun das unmittelbar durch innere Wahrnehmung erfassbare oder unser «Bewusstsein überhaupt»: was möchte uns für die Erfahrung, die wir aus Apprehensionen constituiren wollen, zu dem Zwecke, den Kant im Auge hat, diese beharrliche Grundlage wohl helfen? da wir doch bei der, wenigstens hier vorausgesetzten, thatsächlichen Unmöglichkeit, in den Apprehensionen selbst einen Unterschied zwischen Zugleichsein und Folge zu entdecken — dass Kant sich in dieser Beziehung nicht consequent bleibt, sahen wir (§ 21, S. 85) — auf diese Grundlage nichts Geordnetes aufzutragen im Stande wären. Es mag sein, dass wenn wir wissen, ich meine: anderweitig erfahren haben, was objectiv als gleichzeitig, was als successiv anzusetzen ist, dass es dann zur bewussten und festen Klarheit und Sicherheit über die zeitliche Ordnung noch Etwas beitragen kann, wenn dem Wirrwarr des Mannigfaltigen, das in die Zeit eingereiht werden soll, ein Stabiles als sicherer Halt gegenüber steht — wir besitzen ein solches in unsrem Ich —, es mag sein, nein es ist gewiss, dass dieses Stabile das nothwendige Correlatum und Substratum alles Wechsels in dem Sinne ist, den Schopenhauer diesem Ausdruck gibt; und dass wenn Alles rückte, sich bewegte und fortflösse, dieses Fortrücken selbst nicht mehr wahrnehmbar wäre: aber wie das Beharrliche und Bleibende das Zeitverhältniss bestimmen mag, bleibt unbegreifbar.

24.

Der dritte Beweis (II, 159. 161) bezieht sich eigentlich nicht auf den Grundsatz der Beharrlichkeit selbst, sondern auf den «Folgesatz»: dass es kein Entstehen und keinen Untergang von Substanzen (phænomenon) geben könne; aber auch der Grundsatz selbst wird neu beleuchtet.

«Wenn dasjenige an der Erscheinung, was man Substanz nennen will, das eigentliche Substratum aller Zeitbestimmungen sein soll, so muss sowohl alles Dasein in der vergangenen als das der zukünftigen Zeit daran einzig

und allein bestimmt werden können...... Wenn wir neue
Dinge (der Substanz nach) wollten entstehen lassen »,
so « würde Einheit der Erfahrung niemals möglich sein.
Denn alsdann fiele dasjenige weg, welches die Einheit der
Zeit allein vorstellen kann, nämlich die Identität des
Substratums, als woran aller Wechsel allein durchgängige Einheit hat..... Veränderung kann nur an
Substanzen wahrgenommen werden und das Entstehen
oder Vergehen schlechthin, ohne dass es bloss eine Bestimmung des Beharrlichen betreffe, kann gar keine mögliche
Wahrnehmung sein, weil eben dieses Beharrliche die Vorstellung von dem Uebergange aus einem Zustande in den andern
und von Nichtsein zum Sein möglich macht, die also nur als
wechselnde Bestimmungen dessen, was bleibt, empirisch
erkannt werden können. Nehmet an, dass etwas schlechthin
anfange zu sein, so müsst Ihr einen Zeitpunkt haben, in dem
es nicht war. Woran wollt Ihr aber diesen heften, wenn nicht
an dasjenige was schon da ist? denn eine leere Zeit, die
vorherginge, ist kein Gegenstand der Wahrnehmung; knüpft Ihr aber dieses Entstehen an Dinge, die
vorher waren, und bis zu dem, was entsteht, fortdauern, so
war das letztere nur eine Bestimmung des ersteren als des
Beharrlichen. Eben so ist es auch mit dem Vergehen.... Substanzen (in der Erscheinung) sind die Substrate aller Zeitbestimmungen. Das Entstehen einiger und das Vergehen
anderer Substanzen würde selbst die einzige Bedingung der
empirischen Einheit der Zeit aufheben, und die Erscheinungen würden sich alsdann auf zweierlei Zeit beziehen,
in denen neben einander das Dasein verflösse, welches
ungereimt ist. Denn es ist nur Eine Zeit, in welcher alle
verschiedenen Zeiten nicht zugleich, sondern nach einander
gesetzt werden müssen? » —

So oft ich diese Stelle lese, jedesmal muss ich staunen über
die merkwürdige Vereinigung von tiefbohrendem Scharfsinn,
bewusster und berechtigter Ueberlegenheit über die Selbst-
verständlichkeiten des common sense — der Passus gehört in
diesen Beziehungen zu dem Besten, was Kant geschrieben hat
— und andererseits von scholastischen Leerheiten, von sophi-
stisch gewaltsamen Verrenkungen des natürlichen Sachver-

halts und von wunderlicher Nichtachtung einfacherer Erklä-
rungshilfen. Der Leser, dem unsre Distinctionen zwischen
sinnlich unmittelbarer und vorgestellter Zeit, zwischen einem
wirklich lebenden und einem von einem solchen nur vorgestellten Ich, zwischen empirischem und Bewusstsein überhaupt
im Gedächtniss waren, der sich ferner erinnerte, dass als der
natürlichste Gegenhalt gegen den fortwährenden Wechsel,
als das einfachste Mittel seiner inne zu werden, das constante
Ich mit seiner inneren Anschauungsform eruirt wurde : wird
selbst mehrfach in der Lage gewesen sein, gegen die kantischen Reflexionen einige triftige Einwendungen zu machen,
die von dem Philosophen übersehen oder verachtet wurden.
Auf jeden Fall aber ist die Stelle einer eingehenden Analyse
werth und bedürftig.

Zuerst wird uns noch einmal die Lehre von der Nothwendigkeit, für die Zeitbestimmung ein Beharrliches zu
besitzen, ins Gedächtniss gerückt, indem erklärt wird, dass
wenn sie gelten soll, diese Lehre, wenn die Substanz das
eigentliche Substrat a l l e r Zeitbestimmungen sein soll, dann
an ihr sowohl das Dasein in der vergangenen wie in
der zukünftigen Zeit, d. h. eben a l l e r Zeit müsse
bestimmt werden können. Was denn doch eine leere Tautologie
ist. Uebrigens bemerkten wir oben (§ 19, S. 71 f.), in wiefern die periodischen Bewegungen am Firmament, die wir
unsererseits als das empirische Substrat aller Zeitbestim-
mugen in Anspruch nahmen, für alles Dasein in der vergangenen und zukünftigen Zeit als solches zulangen können.

Den Grundsatz selbst streift auch die Bemerkung (II, 161) :
« Veränderung kann nur an Substanzen wahrgenommen
werden. » Wer etwa glauben wollte, dass in diesen Worten
Kant denn doch ganz klärlich die erkenntisstheoretische
Bedeutung des Beharrlichen genau so bedacht und gefasst
habe wie Schopenhauer und wie dieser es in Kant voraussetzte, was wir oben (§ 20, S. 77 u. Anm. 104) in Abrede stellten
— ein solcher würde natürlich in dem Satze den Nachdruck auf
« w a h r g e n o m m e n w e r d e n » legen und in dem Folgenden
leicht eine weitere Stütze für seine Ansicht in den Worten
finden können : « weil eben dieses Beharrliche die Vor-
s t e l l u n g von dem Uebergange aus einem Zustande in den

andern.... möglich macht» —er würde sich aber auch sofort, wenn er nur einen Blick in den voraufgeschickten Beweis würfe, sehr enttäuscht sehen. Derselbe läuft eine ganz andere Bahn; er bewegt sich nämlich in eitel Tautologie und Begriffsklauberei; und auf das «wahrgenommen werden» wird gar kein Gewicht gelegt. II, 160: «Veränderung ist eine Art zu existiren, welche auf eine andere Art zu existiren eben desselben Gegenstandes erfolgt. Daher ist Alles, was sich ändert, bleibend.» Das ist denn doch dasselbe Spiel mit der Copula und ihrer theils explicativen, theils existenzialen Bedeutung (vgl. § 8, S. 25; § 13, S. 47), dieselbe Leerheit, die uns gelegentlich auch jetzt noch aufgetischt wird, wenn es gilt die Beharrlichkeit a priori, zum Beispiel gar aus dem Satz des Widerspruchs, zu erweisen [128].

Kants Irrthum, als ob für die chronologischen Bestimmungen des empirischen Weltlaufs ein identisches, substantielles Substrat tauglich oder gar unentbehrlich sei, klingt auch in den Sätzen wieder, die sich direkt mit dem κοινὸν δόγμα der alten Physiker, der Unmöglichkeit des absoluten Werdens und Vergehens beschäftigen; vor Allem in der Behauptung, dass, wenn Etwas schlechthin anfinge zu sein, dieses, da sein Eintritt in die Zeit nur durch die Beziehung auf das, «was schon da ist, und bis zu dem, was entsteht, fortdauert», bestimmt werden könnte, damit eben doch wieder Accidenz Jenes, des Beharrlichen, würde. Diese Behauptung aber enthält eine ziemlich durchsichtige Sophistication: Erscheint etwas schlechthin Neues, heisst es, so könnte sein chronologisches Verhältniss nur an einem vorher Dagewesenen und bis zu ihm Fortdauernden bestimmt werden. Nehmen wir ein Beispiel! Das Aufleuchten eines neuen Sternes wird nach astronomischer Zeit bestimmt; diese setzt etwas bis zu diesem Ereigniss Beharrliches voraus: die Bewegungen der Erde um ihre Axe (soweit dieselben beharrlich sind). Was hindert aber nun, dass diese Bewegungen aufhören, dass die Erde selbst verschwindet? dass auch dieses Ereigniss danach wieder an einem bis dahin Beharrlichen (und seiner Bewegung) chronologisch determinirt werde? kurz, was hindert, bei jeder Beziehung auf Zeitbestimmungen mit relativen Beharrlichkeiten etwa der Art auszukommen, wie sie Aristoteles bei seinen Vorstellungen über das Fluctuiren der empedokleischen Elemente genügend fand? Kant schreitet über diese Denkbarkeiten einfach fort, indem er ohne Weiteres für das bis dahin Fortdauernde ein ewig Dauerndes, das absolut Beharrliche unterschiebt.

Im Uebrigen : selbst gesetzt, es könnte jede Neuschöpfung nur an einem Beharrlichen seine Zeitbestimmung empfangen, was hindert logischerseits, dass ein Neugeschaffenes von nun ab beharrt, von nun ab als « Substanz » sich gerirt, d. h. Eigenschaften und Fähigkeiten repräsentirt, Actionen ausübt, in Relationen tritt, Veränderungen erfährt, etwa so, wie es ein grosser Theil der Menschen von den psychischen Substanzen voraussetzt? Natürlich : wenn von vornherein feststeht, dass jedes, was durch ein Anderes seine Bestimmung in der Zeit erhält, nur Accidenz dieses Andern sein kann, so ist die Annahme, es könne etwas absolut Neues entstehen, von vornherein zur Absurdität verurtheilt; und es ist leicht, für die These der alten Physiker einen indirekten Beweis von der Art beizubringen, wie ihn Kant uns vorführt : gesetzt, es würde Etwas schlechthin, so ist dieses neu Entstandene doch nur Bestimmung, Accidenz des Beharrlichen, also nicht schlechthin geworden.

Aber Kant hat noch weitere Argumente : « Wenn wir neue Dinge (der Substanz nach) wollten entstehen lassen, so würde Einheit der Erfahrung, empirische Einheit der Zeit nicht möglich sein; die Erscheinungen würden sich auf zweierlei Zeit beziehen, welches ungereimt ist; denn es ist nur Eine Zeit. » — Allerdings, jene absolute Zeit, welche als Idealform für alles objective Geschehen in einem «Bewusstsein überhaupt» angesetzt ward, jene als in ewiger Gleichmässigkeit dahinfliessend vorgestellte Zeit, welche Kant als die Zeit schlechtweg zu bezeichnen pflegt, ist nur Eine; denn sie ist die Zeit, in welche die «objectiven» Vorstellungen aller uns homogenen Wesen zusammenlaufen sollen; sie ist so einzig wie die objective Welt selbst [129]. Aber was sie, die Zeit, an ihrer Einheit und Einfachheit einbüssen würde, wenn Substanzen in ihr kämen und gingen, wenn z. B. die aufleuchtenden und wieder erlöschenden Sterne mit dem Aufleuchten absolut entstünden und mit dem Erlöschen absolut vergingen; wenn die Menschen, die geboren werden und sterben, wirklich wechselnde «Substanzen» wären, als was sie in der Welt des praktischen Lebens und der Geschichte angesehen werden : das ist schlechterdings nicht zu verstehen. Lehrt doch Kant selbst sogar, «dass man die Zeit selbst nicht aufheben kann, ob man zwar ganz wohl die Erscheinungen aus der Zeit wegnehmen kann [130]» (Kr. d. r. V., W., II, 40). Ist ihre Existenz aber so wenig von den Ersoheinungen abhängig, so dürften es wohl noch weniger ihre Attribute sein. Es kann also wohl um der Erhaltung ihrer Einheit willen nicht sein, dass Entstehen und Vergehen von Substanzen in ihr sich unmöglich macht.

Aber es ist auch nicht sowohl die reine kantische Zeitform, was sich der absoluten Genesis sperrend in den Welt legt, als vielmehr die «empirische Einheit der Zeit», die Einheit der erfüllten Zeit, die Einheit der Zeitgeschichte, die Möglichkeit, die Ereignisse zu einer durchgängigen Erfahrung chronologisch zu verknüpfen. II, 174 : «Schöpfung kann als Begebenheit unter den Erscheinungen nicht zugelassen werden, indem ihre Möglichkeit allein schon die Einheit der Erfahrung aufheben würde.»

Indessen auch gegen diese Form des transcendentalen Beweises sprechen die Thatsachen : Chronologisch wohldeterminirte und einheitlich verknüpfte Weltgeschichte ist auch denen zu denken und zu bilden möglich gewesen, welche in völliger Sorglosigkeit über die ontologische Unstatthaftigkeit von Schöpfung und Annihilation «Substanzen» entstehen und verschwinden liessen.

Fasst man «Einheit der Erfahrung» freilich in tieferem und strengerem Sinne, als in dem der chronologischen Verknüpfbarkeit, wovon hier allein die Rede ist; kommt der Begriff auf dynamische Verknüpfung alles Neben- und Nacheinander zu einer einheitlichen «Natur» hinaus : zu einer Natur, in der von jedem Punkte der Zeit und des Raumes nach allen Richtungen und bis in die entlegensten Entfernungen gesetzmässige Verbindungen nicht fehlen ; in der, kantisch zu reden, Alles mit Allem in «Wechselwirkung» steht (vgl. § 33 f.): so ist allerdings die Frage, ob solche Erfahrungseinheit ohne ein zu Grund liegendes Beharrliches (phænomenon), an dem aller Wechsel nur ein Spiel seiner Veränderungen ist, zu Stande kommen kann ; aber zugleich auch die Frage, ob es wahrscheinlicher ist, dass eine transcendentale Voraussetzung der Art solcher Einheit das Leben gegeben hat, oder dass umgekehrt die empirische Beobachtung und wiederholte Bewährung so wundersamer und wundervoller Einheit zu der Idee, der Hypothese eines constanten Gehalts aller Erscheinungen uns hindrängt.

Aus dem dritten Beweise erübrigen noch die Stellen, in denen Kant unsern Auseinandersetzungen über das lebendige Ich und seinen für die Erkenntniss substanziellen Werth am nächsten kommt oder zu kommen scheint. In Wahrheit nämlich sucht er ja, wie wir wissen, das Substanzielle nicht im innern Sinn, sondern draussen « in den Gegenständen der Wahrnehmung », « in der Natur ». Um so auffälliger aber ist auch hier der Schein der Annäherung an die andere Position. « Das Entstehen oder Vergehen schlechthin.... kann gar keine mögliche Wahrnehmung sein.» Sollen wir das nicht folgendermassen deuten : Da die Existenz des empirischen Ich die conditio sine qua non aller Wahrnehmung ist, innerhalb seiner Wahrnehmung aber nichts absolut entstehen oder vergehen kann, weil, was auch Neues aufträte, das Ich zum Hintergrund und Substrat hätte, und was auch verschwände, das Ich als Residuum übrig liesse, so lange überhaupt Wahrnehmung bleibt: so kann Entstehen und Vergehen nicht wahrgenommen werden? Ob man Kants Worte so deuten darf, ist freilich mehr als fraglich; dass der Wortlaut aber wieder der missverständlichen Deutung nicht entgegensteht, ebenso gewiss. Eben dieses Ich, könnte man dem Wortlaut nach recht wohl denken, wäre « das Beharrliche », von dem Kant sagt, dass es « die Vorstellung von dem Uebergange aus einem Zustande in den andern möglich macht »; so dass es alle Veränderungen, die scheinbaren γενέσεις und φθοραί mit eingeschlossen, « nur als wechselnde Bestimmungen dessen, was bleibt », nämlich seiner selbst, des Vorstellenden, empirisch zu erkennen im Stande wäre. Es wäre die Substanz, an der allein « Veränderung wahrgenommen werden kann » (II, 261). Damit geriethen wir übrigens so ziemlich in die Schellingsche Formulirung des Beharrlichkeitsaxioms hinein. Sie lautet (W., I ^{10}, 220) : « Den accidentellen Aeusserungen und Erscheinungen, die man im Bewusstsein findet, liegt ein Beharrendes zu Grunde, das zu ihnen sich als Substanz (id quod substat) verhält.» Es ist ja klar, dass man auch die wahrgenommenen Objecte im Bewusstsein findet ; « denn man kann doch ausser sich nicht empfinden» (Kant, II, 302); id quod substat, ist das Ich; « das ganze Selbstbewusstsein liefert » ja « nichts als lediglich unsere eigenen Bestimmungen» (vgl. unten § 26).

Dass dies, trotz aller scheinbaren Verwandtschaft, Gedanken sind, die weit von Kants philosophischen Ueberzeugungen und Prinzipien abschweifen — wie er sich positiv zu ihnen stellt, werden wir nachher betrachten —: das geht nun freilich sowohl aus der Thesis, wie aus dem ganzen Tenor des Beweises zur Genüge hervor. Zwei Sätze sind es vorzüglich, an welchen jene Scheinbarkeiten zerschellen. Erstens : E s e n t s t e h t u n d v e r g e h t n i c h t s s c h l e c h t h i n. Zweitens: E s i s t n u r E i n e Z e i t — Sätze übrigens, die gewiss allgemeine Billigung verdienen und wissenschaftlich unantastbar sind. Das in allen Wahrnehmungen subsistirende Ich aber ist doch nun einmal als solches absolut entstanden und wird ebenso wieder verschwinden. Und sollte ein solches Ich, aus welchen Gründen auch immer, mehrere Ichs seiner Art annehmen, und dabei unfähig sein, in die Sphäre des Verständnisses für die Idealbegriffe des Objectivgültigen und des Gleichmässigfliessenden zu rücken, so würde es natürlich ebenso viel verschiedengefärbte Zeitläufe ansetzen als es Ichs mit Wahrnehmungsinhalten voraussetzt ; die Zeiten dieser Ichs flössen neben einander hin ; die Vorstellung wäre nicht «ungereimt»; sie wäre nur crass nominalistisch.

Andererseits freilich dürfte sich im Bereiche menschlichen Verkehrs nirgends ein Ich finden, das sich ausschliesslich auf seinen absoluten Anfang und seine unmittelbar erlebte Zeit bornirte, nichts weiter wollte und nichts weiter wüsste, als sein eigenes Leben und seine eigene Erinnerung und daneben die Möglichkeit oder auch Wahrscheinlichkeit anderer Ichs und anderer Zeiten. Wir knüpfen allzumal unsere individuelle

Existenz und Lebezeit an die Eine, allbeherrschende, objective, vorgestellte Weltzeit und reihen uns ein in die
Welt eines Bewusstseins überhaupt. Wir bedürfen ihrer, um
nicht über dem Wunder des absoluten Anfangs wahnsinnig
zu werden. Wir bedürfen ihrer, um unser Sein, unsere
Wahrnehmungen und Zustände erklären, d. h. in sich
einstimmig und gesetzmässig machen zu können. In dieser
objectiven, allgemeingültig vorgestellten Welt, da ist denn
allerdings nur Eine Zeit; und in ihr halten wir alle absolutes Entstehen und Vergehen für unmöglich.

25.

Da wir über die Art, wie wir unser individuelles Bewusstsein mit jener Welt eines Bewusstseins überhaupt in erklärende Verbindung bringen, ja unserer empirisch gegebenen
Lage, sowie unsern höchsten Bedürfnissen gemäss bringen
müssen, an dieser Stelle noch nichts sagen können — es
wird dazu die Erörterung des Causalitätsbegriffes erfordert —
so bleibt uns, ehe wir unsere Kritik der ersten Analogie zum
Abschluss führen, nur noch übrig, den Gegenstand, welcher
schon mehrfach nahe rückte und immer wieder bei Seite
geschoben werden musste, endlich direkt ins Auge zu fassen,
nämlich die Frage: Wie denkt Kant über die Beharrlichkeit und Substanzialität des individuellen Ich und eines «Bewusstseins überhaupt»?

Nach den Andeutungen, die darüber schon fielen, werden
wir nicht vermuthen dürfen, dass er geneigt sei, unser
«Bewusstsein überhaupt» seiner Verwandtschaft mit dem
absoluten Raum und der absoluten Zeit gemäss, wie es seine
Erkenntnisstheorie sonst mit sich brächte, etwa gleichwerthig
mit jenen «Anschauungsformen» als apriorisches Besitzthum des menschlichen Geistes zu behandeln [131].

Wie Kant über unsere Frage denkt, das ist in dem zweiten
Abschnitt der «Deduction der reinen Verstandesbegriffe» in Verbindung mit den «Paralogismen der reinen Vernunft» deutlich genug aus-

gesprochen. Wir bevorzugen aus bekannten Gründen für den ersten Abschnitt die zweite, für den zweiten die erste Auflage der Kritik der reinen Vernunft (II, 730 ff., 275 ff.).

Die «Deduction» will zeigen, dass nur diejenigen Vorstellungen des äussern wie des innern Sinnes als «objective» in das Bewusstsein einzutreten vermögen, welche, durch die spontane Synthesis der constructiven Einbildungskraft und des in Kategorien arbeitenden Verstandes gleichsam hindurchgegangen, der «Einheit der Apperzeption» (des Bewusstseins) gemäss geworden sind. Diese unserm Gegenstand zunächst völlig fremde Intention bringt den Philosophen wie von selbst in eine ähnliche Lage, als die war, in welcher wir uns bewogen fanden, von dem empirisch individuellen Bewusstsein zu dem denknothwendigen Hilfsbegriff eines allgemeinen, eines «Bewusstseins überhaupt» überzuschreiten. Und doch bleibt die Aehnlichkeit eine nur äusserliche.

Der Ausdruck «Bewusstsein überhaupt» wurde aus diesem Zusammenhang schon oben beigebracht (§ 22, S. 94); er steht im 20ten Paragraphen; noch ergiebiger für unsere Sache sind Kants §§ 16, 18 und 19.

Die Thatsache der Constanz, Continuität und Identität (der «analytischen Einheit») des empirischen Bewusstseins wird aus einer dahinter liegenden «transcendentalen Einheit des Selbstbewusstseins», einer «reinen» oder «ursprünglichen»: der «synthetischen Einheit der Apperzeption» erklärt, welche das Zusammenstehen aller meiner Vorstellungen in einem allgemeinen Selbstbewusstsein, die durchgängige Beziehung auf ein begleitendes, identisches: Ich denke, möglich machen soll. Die Einheit dieses «reinen» Selbstbewusstseins wird im Gegensatz zu der subjectiven und empirischen, von Zuständen des Subjects, von empirischen Bedingungen, Umständen und Assoziationen abhängigen, objectiv genannt. Die Beziehung auf die «ursprüngliche Apperzeption», so wird behauptet, trete im objectiv gültigen Urtheil heraus; mache sich dort durch «das Verhältnisswörtchen ist» bemerkbar.

Ich meine: wenn man von diesen Gedanken, ich möchte sagen, das Metaphysische abstreift, so kommen die Ausdrücke: reines, allgemeines Selbstbewusstsein, so kommt die

Vorstellung, dass die Objectivität unserer Urtheile auf ein
solches « reines », von allen zufälligen Zuständen und Stimmungen des empirischen Subjects befreites « Bewusstsein »
sich beziehe, unserm « Bewusstsein überhaupt », dem Correlatum und präsenten Zeugen aller « objectiven » Erscheinungen
ausserordentlich nahe.

Indessen sofort treten auch die Unterschiede hervor:
Unsere Conception war vorläufig nichts weiter als ein
wissenschaftlich nothwendiger Hilfsbegriff[132], wie die absolute
Zeit und der absolute Raum und die « objective Welt ». Kants
Begriff geht auf die transcendente « Thätigkeit » eines hypothetischen metaphysisch-realen Etwas, eines Ich (oder Er
oder Es), das denkt; sein reines « Ich » ist ein « transcendentaler », übrigens sonst unbekannter Hintergrund aller empirisch erlebten Bewusstseinseinheit; unser reines Ich eine
Abstraction aus dem empirisch Gegebenen: eine Idealisirung,
Erweiterung und Generalisation desselben, die ihre Vorgänger, Verwandte und Gegenbilder hat.

Kants « ursprüngliche Apperzeption » hat ihr Wesen und
Prinzip im « Denken », in der « Spontaneität », welche macht,
« dass ich mich Intelligenz nenne » (a. a. O., § 25); sie ist der
« Grund der Möglichkeit der Kategorien » (Paralogismen, II,
319), «die Bedingung aller Einheit und doch selbst unbedingt».
Wie in diesem « denkenden Subject » äussere Anschauung
möglich sei, scheint ihm eine Frage, die keine Antwort finden
kann (a. a. O., S. 313); so sehr ist dieses « Subject » seinem
«Wesen » nach «denkend » und nicht sinnlich. Unser Bewusstsein überhaupt kann seinen Ursprung nicht ver-
läugnen: wie es aus dem sinnlich Unmittelbaren hervortrat, so ist und bleibt es als perzipirendes, übrigens
allgegenwärtiges Organ, besser: als idealer Schauplatz aller
objectiven Erscheinungen, als vorgestellter Träger der
Weltzeit und des Weltraumes gedacht.

Dass Kant sein reines Ich nicht als ein constantes Ingrediens aller Erscheinungen ansetzen konnte, versteht sich bei
der transcendentalen und intellectuellen Natur dieses Postens
von selbst; seine spontanen Acte sind in unsern Erfahrungs-
urtheilen über Erscheinungen zu spüren; es selbst bleibt ein
X, das jenseits aller Erscheinungen liegt.

26.

Um so mehr interessirt uns die Frage, ob Kant nicht
wenigstens das empirische Ich, das continuirliche Bewusstsein in ähnlicher Weise in Anspruch genommen habe,
wie wir es oben (§ 20, S. 77) mit theilweisem Anschluss an
Schopenhauer thaten, und wie wir es mit Unrecht schon in
gewissen Worten des dritten Beweises vermutheten. Hierüber
erhalten wir in den «Paralogismen» Belehrung.

Dieselben drehen sich bekanntlich um die Frage, ob der
Anspruch der rationalen Seelenlehre, aus der innern Wahrnehmung des Selbst, aus der «Apperzeption: Ich denke», auf
das Dasein einer einfachen, einheitlichen, numerisch identischen, immateriellen, psychischen Substanz einen Schluss
zu machen, wissenschaftlich berechtigt sei. Die Constanz und
Identität jener Apperzeption wird zugegeben, die Anwendbarkeit des Substanzbegriffs abgelehnt. Zugleich wird gegen den
aus jener «Apperzeption» gleichfalls emporgewachsenen,
«empirischen Idealismus», welcher die Existenz der «Seele»
für unmittelbar gewiss, die der Körper aber nur für
erschlossen und immerhin unsicher hielt, energische Ver-
wahrung eingelegt.

Sehen wir die Sache näher an!

Je wegwerfender Kant über den erkenntnisstheoretischen
Werth der seit Cartesius so hochgehaltenen innern Erfahrung
denkt, um so nöthiger ist es, die Zugeständnisse zu verzeich-
nen, die er der Identität, Unablösbarkeit und Fundamentalität
der cartesianischen Apperzeption: «Cogito» macht: Sie
«ist ein Bewusstsein, das alle Begriffe begleitet»; sie
macht «sogar alle transcendentalen Begriffe möglich, in
welchen es heisst: Ich denke die Substanz, die Ursache, etc.»;
sie ist «die Bedingung, unter der ich überhaupt denke»;
«das Ich ist in allen Gedanken, liegt allen als Substratum
zu Grunde»; dadurch werden alle «Gedanken an einander
gekettet». Das Ich «begleitet alle Vorstellungen zu
allerzeit in meinem Bewusstsein und zwar mit völliger
Identität». «Die Vorstellung Ich begleitet und ver-

knüpft alle Erscheinung». «Ich beziehe alle und jede
meiner successiven Bestimmungen auf das numerisch-
identische Selbst in aller Zeit..... Die Identität der
Person ist in meinem eigenen Bewusstsein unausbleiblich
anzutreffen..... Die Identität ist meinem Bewusstsein nothwendig verbunden». «Wir müssen nothwendig urtheilen,
dass wir in der ganzen Zeit, deren wir uns bewusst sind,
eben dieselben sind» (II, 278, 276, 279, 282, 291, 292;
vgl. auch Proll., § 25).

Man sollte danach erwarten, dass das Bewusstsein des Ich
von sich selbst so recht eigentlich als Substanz der Erscheinung bezeichnet würde. Man sollte es bei unserm Philosophen
um so mehr an erster Stelle erwarten, als er sich «schon im
Anfange» für den «transcendentalen Idealismus erklärt»
(II, 296) hat, nach dem «das Reale äusserer Erscheinungen
nur in der Wahrnehmung wirklich ist» (S. 300), nach dem die
«äusseren Dinge, die Materie in allen ihren Gestalten und
Veränderungen, nichts als blosse Erscheinungen, d. i. Vorstellungen in uns, Vorstellungen des denkenden Subjects» sind
(S. 312, 297, 307), nach dem es eine «erschlichene Vorstellung» ist, dass «Materie als solche nicht Erscheinung, d. i.
blosse Vorstellung des Gemüths.... sondern der Gegenstand
an sich selbst sei, so wie er ausser uns und unabhängig von
aller Sinnlichkeit existirt» (S. 312); als ob es begreiflich wäre,
wie die Eigenschaften eines solchen An sich sollten «in
meine Vorstellungskraft hinüber wandern können»
(Proll. § 9; III, 97). Es ist wahr, wird bemerkt (II, 307):
«äussere Gegenstände haben dieses Täuschende an sich,
dass, da sie Gegenstände im Raume vorstellen, sie sich
gleichsam von der Seele abzulösen und ausser ihr zu schweben scheinen»; indessen «sie gehören ebensowohl bloss zum
denkenden Subjecte, als alle übrigen Gedanken, da doch
selbst der Raum, darin sie angeschaut werden, nichts als eine
Vorstellung ist, deren Gegenbild ausser der Seele gar nicht
angetroffen werden kann».

Wenn dem so ist, so sollte nun doch eben, sobald die
Frage nach dem Beharrlichen im Wechsel aufsteigt, zunächst
an dasjenige Element der Erscheinung gedacht werden, welches die constante Repräsentation dieses denkenden Subjects,

dieser Seele, dieses unsers eigenen Selbst ist, wovon alle
sonstige Erscheinung schlechterdings abhängig gemacht
wird : «Denn weit gefehlt, dass ... einige Furcht übrig bliebe,
dass wenn man die Materie wegnähme, dadurch alles Denken
und selbst die Existenz denkender Wesen aufgehoben würde,
so wird vielmehr klar gezeigt, dass wenn ich das denkende
Subject wegnehme, die ganze Körperwelt wegfallen muss, als
die nichts ist, als die Erscheinung in der Sinnlichkeit unseres
Subjects und eine Art Vorstellungen desselben» (S. 306).

Angesichts solcher idealistichen Grundsätze [133] kommt es
daher als eine sehr mangelhafte Concession an die rechtmä-
ssigen Ansprüche der Erscheinung des «denkenden Subjects»
heraus, wenn Kant sie nur mit der Materie auf eine und dieselbe Stufe stellt. S. 303 : «In dem Zusammenhange der Erfahrung ist .... Materie, als Substanz in der Erscheinung,
dem äusseren Sinne, sowie das denkende Ich, gleichfalls
als Substanz in der Erscheinung, vor dem
inneren Sinne gegeben.»

Man sieht es zwar dem Abschnitt über die psychologischen
Paralogismen bald an, wogegen die Spitze dieser Gleichstellung von Materie und Ich gerichtet ist; sie soll jenen empirischen Idealismus treffen, der alle äusseren Wahrnehmungen zu
«einem blossen Spiel unsres inneren Sinnes» (S. 295) degra-
diren wollte; um so recht ins Fleisch dieser bedenklichen
Richtung zu stossen, nimmt Kant resolut «das Dasein der
Materie ebenso auf das Zeugniss unsres blossen Selbstbewusstseins, wie das Dasein seiner selbst als eines denkenden
Wesens», und will «in Absicht auf die Wirklichkeit äusserer
Gegenstände» es ebenso wenig nöthig haben zu schliessen,
als in Ansehung der Wirklichkeit «seiner Gedanken» :
«sie sind beide nichts als Vorstellungen, deren unmittelbare
Wahrnehmung (Bewusstsein) zugleich ein genugsamer Beweis
ihrer Wirklichkeit ist» (296 f.)

So erklärt sich die Gleichstellung. Indessen kann die pole-
mische Tendenz, und wäre sie an sich auch noch so billigens-
werth, nicht die Berechtigung der benutzten Waffen verbürgen. Ganz abgesehen davon, dass Kants «transcendentaler»
Idealismus selbst gelegentlich sich so unvorsichtig ausdrückt,
dass man ihn leicht mit dem befehdeten, den er auch den

« schwärmerischen » nennt (Proll., III, 52, 155), verwechseln kann — schon einige der oben citirten Stellen können als Belege dienen —; jedenfalls hat den Philosophen der Eifer gegen den Widerpart, so wie er ihn sich dachte, über Mass und Wahrheit fortgerissen.

Von neuem zeigt sich zunächst, dass er wahrgenommene und vorgestellte Inhalte nicht scharf genug von einander sondert. Natürlich ist alles « wirklich », was wahrgenommen wird und in irgend Jemandes Bewusstsein erscheint; es ist das unmittelbar Thatsächliche, das gegen alle Skepsis absolut Gefeite. Aber so wirklich sind auch die Träume, die Sinnestäuschungen und der Fieberwahn. Und handelt es sich nun um die Aussonderung, Composition und Vorstellung einer « objectiven » Welt, auch einer « objectiven » Materie : so sollte es nicht in Abrede gestellt werden, dass sie zwar auch auf dem Boden des unmittelbaren Selbstbewusstseins und seiner sinnlichen Wahrnehmungen, aber doch schon nicht jeder beliebigen, und dass sie nur mit Zuhilfenahme von Erinnerungen und Assoziationen, Schlüssen und Hypothesen zu erstehen vermag, dass sie nicht schlechtweg und « unmittelbar » gegeben ist. Und bedenkt man ausserdem, dass das Bewusstsein sich zeitweilig von allen äusseren Wahrnehmungen zurückziehen, in Gefühlen, Erinnerungen, Phantasien, Gedanken leben kann, so sollte die übergreifende Macht, der Vorrang, den für jedes Subject sein innerer Sinn, sein Selbstbewusstsein vor dem Bewusstsein äusserer Objecte, und würden sie auch unmittelbar wahrgenommen, besitzt, nicht so übersehen werden, dass in dem Inbegriff des « Wirklichen » das constante Ich mit dem constanten Bestandtheil des Räumlichmateriellen geradezu auf einen und denselben Fuss käme.

Um so mehr müssen wir uns wundern, dass Kant dazu vorschreitet, den Anspruch des « Ich » auf Substanzialität sogar weit unter den des Materiellen herabzudrücken. Wir begreifen wohl, was ihn dazu antrieb; wir begreifen seine wissenschaftliche Indignation über die nicht zu Ruhe kommenden Versuche der « vernünftelnden » Psychologie, von dem, was jenseits alles Erfahrbaren liegt, auf Grund blosser Begriffsanalysen und leiser Erschleichungen Aussagen zu thun, wie z. B. in Betreff der « immerwährenden Dauer der Seele bei

allen Veränderungen und selbst dem Tode des Menschen»
(II, 282). Aber wir begreifen kaum, wie er in der Hitze der
Polemik übersehen konnte, dass es ein Anderes ist, in metaphysischer Falschmünzerei aus dem logischen Gehalt des «Ich
denke» übersinnliches Capital zu schlagen[134], und ein Anderes, die empirische Thatsache des alle psychischen Processe
begleitenden Bewusstseins als ein nothwendiges Bestandstück
aller Erfahrung, als Substanz der Erscheinung festzuhalten.
Wir können uns diese Unbilligkeit kaum anders als durch die
Annahme erklären, dass das empirische Bewusstsein des
lebendigen Menschen, das schwer beschreibbare, aber in seiner
eigenthümlich charakterisirten Färbung wohlbekannte, unter
den Händen sich in die «Einheit in der Synthesis der Gedanken», in die transcendentale Einheit des Selbstbewusstseins,
die transcendentale Bedingung aller synthetischen Einheit
(vgl. § 35) verwandelte, so dass sich jenes Prädicate gefallen
lassen musste, die nur dem letzteren zukommen[135]. So geschah
es, dass er die Substanziirung des beharrlichen Ich, obwohl es
das constitutive Merkmal einer substantia phænomenon durchaus an sich hat, schliesslich die «Subreption des hypostasirten
Bewusstseins» nannte (Kr. d. r. V., II, 320).

Die geringschätzige Behandlung des in der Selbstwahrnehmung gegebenen «Ich» tritt näher darin hervor, dass es als
etwas möglichst Leeres und Nichtiges bezeichnet wird.
Es ist für Kant eine «blosse Apperzeption» (II, 276), ein
«blosser Gedanke» (292), «nur eine formale Bedingung
meiner Gedanken und ihres Zusammenhangs» (291), «eine
Vorstellung, mit der nicht die mindeste Anschauung
verbunden ist, die es von andern Gegenständen der Anschauung
unterschiede» (282), die nur darum so einfach ist, weil sie
sich mit dem Begriff «von einem blossen Etwas» deckt (286);
«dieses Ich ist so wenig Anschauung als Begriff von
irgend einem Gegenstande, sondern die blosse Form des
Bewusstseins (305), eine «für sich selbst an Inhalt gänzlich leere Vorstellung, von der man nicht einmal sagen
kann, dass sie ein Begriff sei» (278). Schliesslich wird ihm
desswegen sogar dasjenige zum Nachtheil ausgelegt, was sonst
immer als das reine (noch nicht sinnlich schematisirte) Attribut
der Substanz gilt[136], nämlich dass es nicht als Prädicat von

andern Dingen gebraucht werden könne» (Proll., § 46,
Anm.; III, 103).

Man könnte zunächst einwenden: So «für sich selbst an
Inhalt gänzlich leer», so nur «formale Bedingung», ist ja aber
auch der Raum, die Zeit; und doch wird von diesen Formen
nie so wegwerfend gesprochen; im Gegentheil, sie gelten als
nothwenige Constituentien alles Wirklichen; und doch bedürfen auch sie, um wirklich zu werden, an erster Stelle jenes
verächtlich behandelten Bewusstseins, das übrigens nach
Kant, wie wir vernahmen, das wirkliche Denken selbst der
transcendentalen Begriffe, wie Ursache und Substanz,
«möglich macht».

Aber man sieht hier sogleich, dass es eben die transcendentale Hypothese ist, die sich fälschend einmischt: «Durch
dieses Ich...., das Ding, welches denkt, wird nun nichts
weiter als ein transcendentales Subject der Gedanken vorgestellt $= X,....$ wovon wir, abgesondert, niemals den mindesten
Begriff haben können» (278); was völlig mit der in den Fortschritten der Metaphysik (I, 501) über das «logische Ich»
gethanen Aeusserung stimmt: dass von ihm «schlechterdings
nichts weiter zu erkennen möglich sei, was es für ein Wesen
und von welcher Naturbeschaffenheit es sei», u. s. w.
Wir werden das Letztere, falls an eine metaphysische Naturbeschaffenheit gedacht ist, zu leugnen vielleicht nicht die
Absicht haben (vgl. § 40); müssen aber erinnern, dass wenn
es sich um das blosse «Selbstbewusstsein» handelt, von einer
zwar sehr inhaltsarmen, wenn gleich sinnlich nicht völlig
leeren [137] Vorstellung, aber nicht von einem «transcendentalen
Subject» der Gedanken die Rede ist. Von jener Vorstellung,
der Begleitvorstellung nicht bloss aller Gedanken, sondern
auch aller Wahrnehmungen, Gefühle, u. s. w., wird unsererseits relative Constanz und Continuität behauptet, eine
Constanz und Dauer übrigens, die jedenfalls weiter reicht, als
die des wirklich wahrgenommenen Materiellen; sie reicht
auch über Momente und Zeitabschnitte fort, wo nichts Kör-
perliches «wahrgenommen» wird [138].

Aber auch diese relative Identität und Constanz möchte Kant
trotz der oben citirten anders lautenden Behauptungen wunderlicherweise gelegentlich in Zweifel ziehen: «In dem, was wir

Seele nennen, ist Alles in continuirlichem Flusse und nichts Bleibendes» (305). «Wenn gleich der Satz einiger alten Schulen: dass alles fliessend und nichts in der Welt beharrlich und bleibend sei, nicht stattfinden kann, sobald man Substanzen annimmt, so ist er doch nicht durch die Einheit des Selbstbewusstseins widerlegt.... Da wir an der Seele keine beharrliche Erscheinung antreffen als nur die Vorstellung Ich, so können wir niemals ausmachen, ob dieses Ich (ein blosser Gedanke) nicht eben sowohl fliesse, als die übrigen Gedanken»[139] (292).

Wunderlich! Es ist dieses Ich die einzige «beharrliche Erscheinung», die wir in dem stetig wechselnden Vorstellungslauf «antreffen»; wir können aber nicht ausmachen, ob sie nicht eben sowohl fliesse, als die übrigen Gedanken! Die beharrliche Erscheinung als solche wird doch aber wohl nicht fliessen; und was ihr transcendentales Subject thue — dies zu untersuchen haben wir, vorläufig auf die phänomenale Welt beschränkt, zunächst keine Veranlassung. Uebrigens muss das Fliessen jenes Subjects, eines der intelligiblen Welt, der die Zeit abgesprochen wird, angehörigen Gegenstandes, merkwürdig aussehen (vgl. § 12, S. 41).

Die Beharrlichkeit der Erscheinung, welche Kant von der Vorstellung Ich hat aussagen müssen, wird noch von einer andern Seite in ihrer erkenntniss-theoretischen Bedeutung zu alteriren versucht. «Wir selbst — heisst es, II, 292 — können aus unserm Bewusstsein darüber nicht urtheilen, ob wir als Seele beharrlich sind oder nicht.» Wir können nicht die «objective» Beharrlichkeit unsers Selbst behaupten; um dies zu können, müsste ich mich aus dem Gesichtspunkt eines Fremden, eines äussern Beobachters, «als Gegenstand seiner äusseren Anschauung» betrachten; erst dann würde ich «in der Zeit» erwogen, nämlich in der eigentlich objectiven Zeit, nicht in derjenigen, «die in meiner eigenen, sondern die in seiner Sinnlichkeit angetroffen wird»; während «in der Apperzeption die Zeit eigentlich nur in mir vorgestellt ist»;.... «die Identität, die mit meinem Bewusstsein nothwendig verbunden ist, ist darum nicht mit dem seinigen, d. i. mit der äusseren Anschauung meines Subjects, verbunden» (291 f.).

Machen nicht diese merkwürdig geschraubten Gedanken durchaus den Eindruck der Absicht, mit aller Gewalt eine These durchzusetzen? Es ist ja richtig, dass um «objectiv» zu urtheilen, ich mich von allen zufälligen Stimmungen und individuellen Umständen frei machen muss; dass ich objective Zeitbestimmungen, z. B. über die Dauer eines Wesens, nur an dem Faden der absoluten Zeit treffen kann. Aber wenn nicht jeder Einzelne für sich zu dieser Abstraction und theoretischen Selbstentäusserung befähigt wäre: der Recurs auf den fremden Beobachter, der mit «seiner Sinnlichkeit» in ganz ähnlichen Zufälligkeiten und Singularitäten befangen steckt, wie ich, würde das wahrhaft Objective auch nicht erbringen; jener Beobachter würde auch nicht wissen, wie viel Zeit, objectiv geurtheilt, verflossen ist. In Wahrheit aber bestimmen wir selbst, falls wir nicht, von metaphysischen Tausendkünstlern bearbeitet, zu träumen beginnen, die Dauer unserer Existenz gerade so, wie nur immer ein fremder Beobachter es vermöchte; trotz aller Identität des Bewusstseins vindiziren wir «uns» kein längeres Leben, als unsere Erinnerungen und sonstige Zeichen in Verbindung mit einschlägigen empirischen Regeln es uns erlauben; wir bestimmen seine Länge nach rückwärts und enthalten uns über die Zukunft des Urtheils. Wir bestimmen unsere Lebensdauer auf der Unterlage der absoluten Zeit, nicht für den Standpunkt eines fremden Beobachters, sondern aus dem Gesichtspunkt eines Bewusstseins überhaupt.

Kant sagt: Damit über das Maas der mir zukommenden Beharrlichkeit geurtheilt werden könne, muss ich «als Gegenstand der äussern Anschauung eines fremden Beobachters» betrachtet werden. Als ob ich das könnte! als ob nicht, wie er selbst weiss (II, 287), «unser denkendes Subject, da es als Gegenstand des inneren Sinnes von uns vorgestellt wird, insofern als es denkt, kein Gegenstand äusserer Sinne, d. i. keine Erscheinung im Raume sein könne.... Es können uns niemals unter äusseren Erscheinungen denkende Wesen als solche vorkommen;.... wir können ihre Gedanken, ihr Bewusstsein, ihre Begierden, u. s. w. nicht äusserlich anschauen; denn dieses gehört Alles für den inneren Sinn.»

Was soll uns also der «äussere Beobachter»?

27.

Obwohl Kant die Unvergänglichkeit der Materie nur als
einen Folgesatz aus dem Grundsatz des immerwährenden Daseins des eigentlichen Subjects an den Erscheinungen hin-
stellt (II, 159), was den Gedanken erwecken muss, dass «das
eigentliche Subject» noch etwas Anderes sei — wir konnten
uns freilich nicht vorstellen, was wohl, — so haben die letzten
Betrachtungen es doch über jeden Zweifel erhoben, dass mit
diesem Subject wirklich nichts Anderes gemeint ist, als eben
die Materie mit ihren wesentlichen Attributen der Ausdehnung und Undurchdringlichkeit (vgl. § 32).

Ihr Vorzug vor dem identischen Gegenstand des inneren
Sinnes, dem «denkenden Wesen» oder der «denkenden Substanz»[140], wird (II, 304 f.) auf folgende Weise entwickelt:
«Obgleich beides Erscheinungen sind, so hat doch die Erscheinung vor dem äussern Sinne etwas Stehendes oder
Bleibendes, welches ein den wandelbaren Bestimmungen
zum Grunde liegendes Substratum und mithin einen synthetischen Begriff, nämlich den vom Raume und einer Erscheinung in demselben, an die Hand gibt, anstatt dass die Zeit,
welche die einzige Form unserer innern Anschauung ist,
nichts Bleibendes hat[141], mithin nur den Wechsel der
Bestimmungen, nicht aber den bestimmbaren Gegenstand zu
erkennen gibt. Denn in dem, was wir Seele nennen, ist Alles
in continuirlichem Flusse und nichts Bleibendes, ausser etwa,
wenn man es durchaus will(!), das darum so einfache Ich,
weil diese Vorstellung keinen(!) Inhalt hat.... Dieses Ich
müsste eine Anschauung sein, welche.... a priori synthetische
Sätze lieferte, wenn es möglich sein sollte, eine reine Vernunft-
erkenntniss von der Natur eines denkenden Wesens überhaupt
zu Stande zu bringen. Allein dieses Ich ist so wenig Anschauung als Begriff von irgend einem Gegenstande.»

Der Hauptvorzug des Aeusseren, des Materiellen, vor dem
Innern, dem Psychischen, den diese Stelle behandelt, betrifft
Etwas, was uns hier nicht direkt angeht, obwohl es Kant zu
wiederholten Malen und sogar mit einem gewissen Behagen

erörtert (vgl. II, 653 f.; I, 521, 606; IV, 365; V, 310; vgl.
unten § 33). Es betrifft die Verwerthbarkeit des Einen und des
Andern für eine «rationale Wissenschaft». Nur nebenbei wird
unsere, durch die erste Analogie hervorgetriebene Frage
berührt: was in der Erscheinung als substanziell, als beharrlich angetroffen werde? und diese wird nicht zu Ungunsten
der von uns dargelegten Ansicht beantwortet. Muss doch
Kant, wenn auch gleichsam widerwillig — er sagt: «wenn
man es durchaus will» — dem Ich im continuirlichen Flusse
des psychischen Geschehens von Neuem Beharrlichkeit zugestehen. Ausserdem ist es auffällig, wie sehr ihm seine frühere
Lehre, dass die Zeit bleibe und nicht wechsle (§ 20), über
allem polemischen Eifer inzwischen entfallen ist. Schopenhauer würde sich über den Gegensatz, in welchen jetzt die
Zeit in dieser Hinsicht zu dem Substratum der materiellen
Veränderungen, dem Raum, gestellt wird, sowie über die
Sätze: die Zeit hat nichts Bleibendes; die Zeit fliesst beständ-
dig (II, 304, 778), nicht zu beschweren haben.

Obwohl der transcendentale Idealismus die «ausgedehnte
Substanz» nur für eine «Vorstellung des denkenden Subjects»
halten kann (II, 312; vgl. § 26, S. 110), so hat Kant doch eine
merkwürdige Prädilection für diese «Substanz». Wir müssen
dieser Zuneigung bis auf den Grund dringen; schliesslich
stossen wir vielleicht doch auf Etwas, was erkenntniss-theo-
retisch brauchbar und werthvoll ist.

II, 293 heisst es: «Was Materie für ein Ding an sich
selbst sei, ist uns zwar gänzlich unbekannt, gleichwohl kann
doch die Beharrlichkeit derselben als Erscheinung, dieweil
sie als etwas Aeusserliches vorgestellt wird, beobachtet
werden.» Es ist deutlich, wie sehr in diesen Bemerkungen
das «denkende Subject» als Hintergrund gedacht ist; «Ding
an sich selbst» heisst offenbar: abgesehen von einem denkenden Subject, dessen Vorstellung die Materie ist; «uns»
heisst: den lebendigen Subjecten; «Erscheinung» heisst:
vor dem äussern Sinn des denkenden Subjects, das «vorstellt»,
«beobachtet». Gleichwohl ist Kant nicht geneigt, diesem
Subject irgend einen Vorzug zu verstatten (wir werden es
sehen; es soll zu der abgebrochenen Stelle baldmöglichst
zurückgelenkt werden). Und doch wäre es ja — wenn wir

einmal mit Kant in metaphysische «Erklärungen» ausbiegen
wollen — sogar «möglich», dass die Materie, wie alle «Erscheinungen», nur das Evolutionsproduct des «denkenden Subjects»,
als einer leibnizischen «Monade», wäre. Kant seinerseits
meint freilich (II, 198), «dass man einräumen könne»,
dass unsere «äusseren Anschauungen» auch eine «im transcendentalen Verstande» äussere «Ursache» haben ; — aber
wenn Jemand nun nicht sieht, warum er das «einräumen»
soll, was Kant einräumen kann? wenn er gegen einen
etwaigen Concedenten kantischer Art zwei andere Worte
Worte Kants selbst richtete? Erstens (S. 313) : «Wer er auch
sei, so weiss er eben so wenig von der absoluten.... Ursache
äusserer und körperlicher Erscheinungen, wie ich oder
jemand anders»; diese «Ursache» könnte ja am Ende auch
Spinoza's Substanz sein, die Kant perhorrescirt. Zweitens
(S. 295) : «Der Schluss von einer gegebenen Wirkung auf
eine bestimmte Ursache ist jederzeit unsicher. Demnach
bleibt es in der Beziehung der Wahrnehmung auf ihre
Ursache jederzeit zweifelhaft, ob diese innerlich
oder äusserlich sei.» Gesetzt nun, man wagte demnach
den unsichern Schluss auf eine im transcendentalen Verstande
«äussere Ursache» gar nicht : so bliebe ja gleichwohl noch das Substanziale dessen, «dem Aeusseres und
Inneres» erscheint? zu dessen «Bestimmungen» Kant
selbst alle Erscheinungen macht (302). Es ist merkwürdig,
wie wenig das Alles Kants erkenntniss-theoretische Werth-
schätzung der Materie und des Ich zu beeinflussen vermag.
Wir lenken in die unterbrochene Stelle (II, 293) zurück :
«Da ich aber, wenn ich das blosse Ich bei dem Wechsel
aller Vorstellungen beobachten will, kein anderes Correlatum meiner Vergleichungen habe, als wiederum mich
selbst mit den allgemeinen Bedingungen meines
Bewusstseins, so kann ich keine andere als tautologische
Beantwortungen auf alle Fragen geben».....
Sollen unter diese Fragen Erkundigungen über die intelligible Natur jenes Ich fallen, so sind wir diejenigen nicht,
welche sich brauchen mit tautologischen Antworten abspeisen
zu lassen ; wir sind keine Wolfianer ; wir hoffen weder dem
Begriff des logischen Ich, noch der sinnlichen Identität des

Selbstbewusstseins sonderlich reichhaltige oder gar zweifels-
sichere Aufklärungen über dasjenige abzupressen, was hinter
dem Schleier der Isis an sich liegen mag; übrigens bleibt
ja auch die intelligible Natur der Materie «gänzlich unbekannt». Sonst aber sieht man wohl, dass auch diese Bemerkungen Kants nur von Neuem beweisen, wie constant
das Ich in der Erscheinung ist: es drängt sich auch in
diejenigen Unternehmungen ein, die auf seine eigene Beobachtung gerichtet sind; es bewährt auch hier seine «Beharr-
keit»; es ist und bleibt der omnipräsente Theilnehmer alles
dessen, was wahrgenommen, beobachtet oder vorgestellt
wird. Und wie hier in der psychologischen Selbstbeobachtung das individuelle Bewusstsein und Ich sich
geltend macht, so ist da, wo eine «rationelle Physik» über
die Bewegungen der Materie phoronomische Bestimmungen
trifft, auch fortwährend ein Bewusstsein, diesmal das «Bewusstsein überhaupt», dazu gedacht.

Abgesehen aber von der Unumgänglichkeit des Ich, des
individuellen für alle Wahrnehmungen, des abstracten, allgemeinmenschlichen, des Bewusstseins überhaupt für alle
Vorstellungen, kann es keine Frage sein, dass Kant mit seiner
Vorliebe für die äussern Anschauungen auf einer richtigen
Fährte war. Es ist unzweifelhaft, dass unser menschliches
Erklärungsbedürfniss in gewisser Hinsicht nur in ihnen einen
befriedigenden Anhalt und Ruhepunkt findet. Nur sie sind
allen uns homogenen Wesen zugänglich, sie sind durchsichtig
und fasslich und sie geben zu exacten Messungen und Berechnungen den Boden. Vgl. §§ 33 und 40.

28.

Während wir Kants Auseinandersetzungen über das Beharrlichkeitsaxiom und die in ihm mitspielenden Begriffe und
Grundsätze prüfend nachgingen, sahen wir uns verschiedent-
lich genöthigt, unsere eigenen Ansichten über die constanten
Factoren der Erscheinungswelt, so wie über die letzten
Wurzeln und allgemeinsten Charakterzüge dieser Welt heranzuziehen. Es scheint angemessen, ehe wir zur Erörterung der

zweiten Analogie fortschreiten, die wesentlichsten Stücke dieser Ansichten noch einmal zusammenzufassen, um sie gleich an den geeigneten Stellen durch Zwischenglieder und Ergänzungen in engere Verbindung zu setzen.

Wir unterschieden innerhalb unsers Bewusstseinslebens von vornherein das Gebiet der unmittelbaren, ursprünglichen («innern» und «äussern») Wahrnehmung und das der Vorstellung[142]. Dabei müssen alle äussern Wahrnehmungen von seiten der betheiligten psychischen Form, des Bewusstseins, des Wahrnehmens, zugleich mit als innere angesehen werden (vgl. S. 89. 105. 110). Auch jeder Act ferner, in welchem mit «Vorstellungen» (Vorstellungsinhalten) operirt wird, ist als solcher Gegenstand der innern Wahrnehmung, aus welcher weiter wieder Vorstellungen werden können und so fort. Wenn Kant sagt (II, 93; vgl. Anm. 108): «Als in einem Augenblick enthalten kann jede Vorstellung niemals etwas anderes als absolute Einheit sein», so geben wir das in Beziehung auf die Vorstellung als Actus zu; weswegen wir es in Beziehung auf den Inhalt des Vorstellens ablehnen müssen, ist § 21 auseinandergesetzt.

Zwischen Wahrnehmungen und Vorstellungen liegen die Erinnerungsbilder, matte Nachklänge verschiedengradiger Decrescenz des Inhalts wie des Bewusstseins, mit der begleitenden Nota, dass sie Wiederholungen und Copien lebendigerer, wärmerbeleuchteter, besser charakterisirter Vorbilder sind, die früher ursprünglich wahrgenommen wurden. Vorstellungen in unserm Sinne sind ohne diese assoziirte Erinnerung, frei schwebende Gebilde; oft auch aus praktischen oder theoretischen Rücksichten, deren der Bildner sich mehr oder weniger reflexionsmässig bewusst sein kann, spontan gemacht. Wahrnehmungen und Erinnerungen werden «gegeben»: man kann nur die Bedingungen «machen», unter denen sie eventuell «von selbst» kommen[143]. Das Hauptmittel, Vorstellungen zu machen, ist die Abstraction. Man abstrahirt von allem, was man für die vorliegenden Zwecke für zufällig und unwesentlich hält; das wechselt nach den Individuen und Fällen; der Lohgerber wird an der Eiche ein Anderes für wesentlich halten, als der Dendrolog oder Landschaftsmaler. Auf Grund der Abstraction entstehen,

offenbar unter glücklicher Benutzung und Combination der
« von selbst » sich bildenden verwaschenen Erinnerungscopien,
nicht bloss die freien, ich meine : von jener oben erwähnten
Nota gelösten, die Artvorstellungen von Dingen ; so weit geht
wohl auch das Thier; wenn es sich auch mehr als wir an
sinnlichen Repräsentationen (φαντάσματα, sagt Aristoteles) hin-
helfen muss: uns befreit das Wort, das uns nun freilich
auch oft genug durch Vieldeutigkeit und Incongruenz [144] ver-
wirrt. Die Abstraction isolirt auch, was im Bereiche des
wirklich Erlebten immer nur in Complication und Concrescenz
mit andern Elementen erscheint, z. B. die Gestalt von dem
gefärbten und materiellen Gegenstande, den Begriff des
Werthes im Allgemeinen von den einzelnen werthvollen
Dingen; das scheint das Thier schon nicht mehr zu können ;
manches der Art können freilich auch selbst Menschen
nicht[145]. Ferner kann im Gebiete der Vorstellung die Schranke
niedergerissen werden, welche allem unmittelbar Wahrnehmbaren anhaftet; das unmittelbar als begrenzt Gegebene
zerdehnt sich ins Unbegrenzte, Unendliche. Es können weiter
neue Combinationen abstracter und concreter Elemente stattfinden; so entstehen Gebilde wie Pegasus, Centaur, Chimäre
einerseits, Familie, Gemeinde, Staat andererseits. Die Phantasie (Kant sagt feierlicher : die «Vernunft»; vgl. § 33) schafft
endlich Ideale; schwerlich hat das Thier bewusste Ideale ;
aber auch die Ideale des Menschen sind nur relativ frei.
Wie weit wir überhaupt unsere Abstractionen und Idealisi-
rungen treiben mögen, wir drehen uns im Kreise des Menschlichen, immer in demjenigen, was das uns unmittelbar Gegebene, das ursprünglich Wirkliche implicite schon in sich
enthält. Wer den «Grund der Möglichkeit» der Wahrnehmungen in einem metaphysischen Subject findet, wird
auch die aus ihnen für praktische wie theoretische Bedürf-
nisse so zu sagen organisch emporwachsenden Vorstellungsgebilde, beispielsweise die nach vorwärts und rückwärts ins
Unendliche sich dehnende Zeit oder die ästhetischen und moralischen Ideen, als a priori im Geist liegend ansehen können.

Von Wahrnehmungen zu Vorstellungen überzuschreiten ist,
so viel ich sehe, etwa dreifache Veranlassung. Erstens behufs
der besseren Verknüpfung, Gruppirung und Uebersicht aller

unserer Wahrnehmungsinhalte. Zweitens im Interesse des
Verkehrs mit anderen uns homogenen Wesen. Drittens um
das thatsächlich Gegebene zu «erklären».

So sehr Jeder die zur Vorstellungsbildung nöthigen Abstractionen letztlich seinen besondern Zwecken gemäss vollzieht [146],
so gibt es doch auch gewisse allgemeinmenschliche Analysen,
Isolirungen und Neubildungen; schon desshalb, weil es durchweg zu diesen besondern Zwecken auch gehört mit Andern
seines·Gleichen in Communication zu bleiben. So reduciren
wir alle die nach den verschiedenen körperlichen Relationen
wechselnden wirklichen Wahrnehmungsinhalte auf die Vorstellung von demjenigen möglichen Object, welches vor einer
gewissen, aus irgend welchem Grunde bevorzugten Normal-
verfassung der zum Perzipiren nöthigen Organe sich darstellen würde. Diese Vorstellung dient nun als Abbreviatur und
Repräsentant aller der unzähligen Perzeptionen, welche die
wechselnde Lage des Subjects hervorrufen könnte; ·man
kennt leidlich die empirischen Regeln, nach denen man die
Evolution dieser Reihe zu denken hat. In der Vorstellung
«eines räumlich ausgedehnten Körpers, z. B. eines Tisches...
liegt.... einbegriffen die ganze Reihe von Bildern, welche
dieser Tisch mir gewähren würde, wenn ich ihn von verschiedenen Seiten und aus verschiedenen Entfernungen her
betrachten würde, ferner die ganze Reihe von Tasteindrücken,
welche ich erhalten würde, wenn ich meine Hände nach
einander an die verschiedenen Stellen seiner Oberfläche legen
würde. Eine solche Vorstellung.... begreift also eine unendliche Anzahl von einzelnen in der Zeit aufeinander folgenden
Anschauungen unter sich, die alle aus ihr abgeleitet werden
können, ebenso wie der Gattungsbegriff [147] «Tisch» wiederum alle einzelnen Tische in sich begreift.... Die Vorstellung eines einzelnen individuellen Tisches.... ist richtig und
genau, wenn ich aus ihr richtig und genau herleiten kann,
welche Empfindungen ich haben werde, wenn ich mein Auge
und meine Hand in diese oder jene bestimmte Stellung gegen
den Tisch bringen werde» (Helmholtz, Physiologische Optik,
S. 446) [148]. So unastronomisch die vulgäre nach unsern Gesichtswahrnehmungen gebildete Vorstellung von der Sonne
ist, sie ist in diesem Sinne auch «richtig und genau».

An diese blind und naturalistisch sich vollziehenden Vorgänge kann sich später die von exacten Bedürfnissen geleitete Reflexion und Methode schliessen. Wie sie darauf hält, dass unter «Tisch», um bei dem Helmholtzschen Beispiel zu bleiben, nicht Jeder in jedem Augenblick etwas mit seinen individuellen und schwankenden Bedürfnissen Wechselndes vorstelle und sprachlich damit bezeichne, sondern, dass an die Stelle der Vorstellung der von festen Prinzipien aus constituirte und innerhalb des jedesmaligen Gedankenkreises conservirte wissenschaftliche Begriff, und an die Stelle der zufällig gewachsenen Vocabel der constante und eindeutige Terminus trete, so wird sie auch suchen, die Normalperzeption, auf welche letztlich alle möglichen und wirklichen Wahrnehmungen reducirt werden sollen, für die gleichen Zwecke identisch und constant zu machen. So wird man beispielsweise für die Absicht, aus unseren Wahrnehmungen eine in sich widerspruchslose und für Alle identische Welt zu gewinnen, die Vorstellungen von den einzelnen Objecten, die man im Raume sieht und tastet, auf eine und dieselbe Perzeptionsform zu reduziren suchen. Die Einen charakterisiren diese Normalperzeption durch qualitative Bestimmungen; so Aristoteles durch das ἀκριβῶς oder ἐναργῶς αἰσθάνεσθαι, Descartes durch das clare et distincte percipere [149] (vgl. § 22, S. 89).

Exacter sind natürlich hier wie immer quantitative Angaben. So würde es schon besser sein, wenn man alle sinnlichen Wahrnehmungsobjecte auf diejenige optische Qualität und Grösse reduzirt dächte, die nach empirischen Regeln sich ergeben würde, wenn sie in den Tastbereich der Hand und in die Richtung des deutlichsten Sehens rückten (vgl. § 21, S. 82). Nicht als könnte unsere Phantasie jederzeit eine solche Vorstellung positiv ausführen; schon ihre Expansionskraft versagt für gewisse Intensitäten und Extensionen [150]; auch kann sie nicht um die Ecke sehen [151]; es genügt der Ansatz in Gedanken; es genügen begriffliche, durch Zahlen unterstützte Combinationen und Exaggerationen fast völlig unsinnlichen Charakters; es müssen oft Namen, Artbegriffe, ungefähre Grössen- und Entfernungsbestimmungen genügen (natürlich mit der allgemeinen Voraussetzung, dass da, wo dieses Object ist, kein anderes sei). Dass für die untersichtbaren Regionen vermittelst des Mikroskops und der Hypothese wieder andere Rauminhalte und Raumverhältnisse vorzustellen sind, versteht sich von selbst.

Aristoteles sagt : Ὅταν ἐνεργῶμεν ἀκριβῶς περὶ τὸ αἰσθητὸν οὐ λέγομεν ὅτι φαίνεται τοῦτο ἡμῖν ἄνθρωπς (de an., Γ 3, 428ᵃ, 12 ff.). Gewiss ! dann sagen wir : das i s t ein Mensch. Aber in diesem « ist », im Gegensatz zum « scheint », liegt natürlich gleichwohl zunächst nicht mehr als die Aussage über ein phänomenales Verhältniss, nicht mehr als die Congruenz des gegenwärtigen Phänomens mit der aus den latenten Besitzthümern der Seele (vgl. Plato's Theätet, 197ᵇ ff.) emporsteigenden und aus früheren Wahrnehmungen abstrahirten normativen Vorstellung, die eine constante Bezeichnnng erlangt hat. Aus dem Kreise der Erscheinung, des Perzipirbaren, treten wir mit diesem « ist » natürlich nicht hinaus. Was dasselbe zu besagen hat, sieht man am besten, wenn man dem Satz mit « scheint » die Form eines problematischen Urtheils gibt : dies kann ein Mensch s e i n ; es ist möglich, wahrscheinlich, dass dies ein Mensch i s t.

Die unmittelbaren Thatsachen, welche ausserhalb unseres Leibes wahrgenommen werden, sind, so weit unser Bewusstsein reicht, von den Vorgängen innerhalb der Haut radical gesondert. Die Schopenhauersche, von Andern zum Theil [152] acceptirte Hypothese, dass die ausserleiblichen Objecte durch spontane Construction oder Projection des Verstandes aus « s u b j e c t i v e n G e f ü h l e n » aus « Vorgängen unterhalb der Haut » erzeugt werden, kann innerhalb des Bewusstseins schlechterdings nichts zu ihrer Begründung und Beglaubigung anführen. Niemals wird aus Gefühlen Empfindung ; niemals wird etwas, was unterhalb der Haut empfunden wird, nachträglich jenseits derselben projizirt. Das, was innerhalb der Haut localisirt erscheint, ist von dem, was ausser ihr wahrgenommen wird, Gefühl ist von Wahrnehmung (Empfindung) von vornherein so spezifisch und unversöhnlich unterschieden [153]; wir brauchen ferner das (wenn auch noch so elementare) Gerüst des Leibes so sehr für alle objectiven Lagenbestimmungen (vgl. S. 57 ff.), dass wir nothwendigerweise annehmen müssen, parallel mit der Unterscheidung von subjectiven Gefühlen (des Wohl und Uebel, sowie der eigenen

That) und objectiven Empfindungen (des hell, blau, schwer, hart, u. s. w.), habe sich sofort für jeden Einzelnen auch die phänomenale (zuerst tastbare, dann auch sichtbare) räumliche Constitution und Abgrenzung des Leibes gegen den Nichtleib vollzogen [154]. .

Die unmittelbaren und ursprünglichen ausserleiblichen räumlichen Thatsachen haben vor denen des innern Sinnes, mit sammt den mehr oder weniger localisirten Leibesgefühlen (wie Hunger, Zahnweh, Unaufgelegtheit, Innervationsgefühl [155]), einen greifbaren Vorrang. Unsere Gedanken, Willensanstrengungen und Gefühle [156] fallen niemals unter fremde Wahrnehmung; sie haben keinen unmittelbaren Zeugen als uns selbst; nur nach immerhin unsicheren Analogieschlüssen (vgl. § 40) können Andere mit ihnen in der Vorstellung bekannt werden. Die ausserleiblichen räumlichen Dinge, Eigenschaften und Vorgänge können, wie von uns, von allen gleichorganisirten Wesen wirklich wahrgenommen werden; sie können von allen auf identische Normalvorstellungen reduzirt und so das allgemein zugängliche einheitliche Operationsfeld der gemeinschaftlichen Thätigkeit Aller werden.

Keine Skepsis der Welt kann die unmittelbare « Realität » der in jeder Gegenwart, in jedem Bewusstsein gegebenen Inhalte antasten [157]; so real sind aber auch die Fieberträume. Eine Wissenschaft kann nur entstehen, wenn man zu diesen ursprünglichsten Realitäten, die jeder Einzelne für sich besitzt, alle diejenigen Inhalte als zweifellose, fundamentale Thatsachen hinzufügt, welche nach empirisch und rationell begründeten Normen und Methoden als in unserm oder in irgend einem uns zugänglichen Bewusstsein zu irgend einer Zeit als wirklich vorhanden gewesen reproducirt und recognoscirt werden können. Es ist bekannt, wie viel zur dauernden Fixirung solcher der Vergangenheit angehörigen Thatsachen das «Stehende und Bleibende » der hierfür umfassend verwertheten, dem äusseren Sinne zugänglichen Zeichen leistet. Wie stünde es mit dem Reichthum der von uns benutzbaren Realitäten, wenn sie alle nur im Gedächtniss derjenigen haften bleiben könnten, die sie erlebt haben, und mit ihnen ins Grab sänken! oder wenn dieselben vorher nur mündlich hätten an Andere überliefert werden können!

Der Inbegriff solcher erster Thatsachen ist dasjenige, was wissenschaftliche Arbeit in letzter Instanz zu « erklären », das heisst in widerspruchslosen Zusammenhang zu setzen hat. Das werthvollste Instrument der « Erklärung » ist jene vorgestellte « o b j e c t i v e W e l t » (Kant nennt sie auch oft « die Natur »), welche von geistesgesunden Menschen, die unter einander über Zeiten und Räume fort in direktem oder indirektem Verkehr stehen, in wesentlicher Uebereinstimmung unter einander, aus gewissen Normalperzeptionen ihres Kreises, an der Hand wohl fundirter und stets bewährter Regeln in immer weiter forschreitender Detaillirung und immer extensiverer Vollständigkeit herauspräparirt wird. Die Prärogative dieser in ihrer Totalität bloss vorgestellten, aber in allen ihren Theilen mit dem, was unter gewissen (normativen) Umständen w a h r g e n o m m e n w e r d e n k ö n n t e [158], congruenten Welt vor den wirklich wahrgenommenen Urthatsachen, ward früher (§ 22, S. 95 f.; vgl. auch § 27, S. 117) auseinandergesetzt.

Wahrnehmung und Vorstellung sind nie ohne ein irgendwie durch Stimmungen und Gefühle charakterisirtes Bewusstsein eines lebendigen Wesens. Die « objective Welt » wird als Inhalt eines von aller individuellen Stimmung gereinigten Bewusstseins, eines allgemein menschlichen, eines Bewusstseins überhaupt gedacht. Wie die empirischen von Lust- und Unlustgefühlen mannigfach gefärbten Ichs die Zeugen aller Urthatsachen, aller ursprünglichen Wirklichkeiten sind, so ist das « reine Ich », das « Bewusstsein überhaupt », als der allgegenwärtige Schauplatz und Beobachter der objectiven Welt anzusehen; jenes und diese, beide sind Gebilde der Vorstellung. Vgl. § 25, S. 107 f.

Die wahrgenommene und erinnerte Zeit ist eine andere, als die vorgestellte (vgl. § 20); beide sind nothwendige Elemente der bezüglichen Welten, jene derjenigen des lebendigen Einzelbewusstseins, diese der des Bewusstseins überhaupt. Die wahrgenommene Zeit ist von beschränkter Ausdehnung, immer sinnlich tingirt, erst allmählich den wechselnden Rhythmen der in ihr gegen das identische Ich sich absetzenden Inhalte gegenüber als gleichmässig fliessend erfasst. Die vorgestellte Zeit ist von absolut gleichmässigem

Fluss; sie ist auch als leer denkbar: «man kann», sagt
Kant, «ganz wohl die Erscheinungen aus ihr wegnehmen».
Beide Arten der Zeit sind — in menschlichen Subjecten. In
ihnen coincidirt jedesmal das Jetzt der empfundenen und der
vorgestellten Zeit; von hier aus läuft die vorgestellte Zeit
a parte ante und a parte post ins Unendliche.

Man hat oft mit den Argumenten der Thesis in der bekannten kantischen kosmologischen Antinomie behauptet, dass
die Weltveränderungen mit sammt der Weltzeit einen
A n f a n g haben müssten; es ergäbe sich sonst der Wider-
sinn einer abgezählten Unzahl, einer vollendeten Unendlichkeit [159].

Man übersah, dass in der Wirklichkeit der Wahrnehmung
und Erinnerung des Einzelnen und des Menschengeschlechts
die Zeit immer nach Wunsch begrenzt ist; dass die unendliche
Zeit zunächst nur in der von unserm Erklärungstrieb be-
schwingten Imagination lebt; sie aber vermag man nicht
und braucht man nicht in Fesseln zu schlagen. Wenn kein
empirisches Datum hier Halt gebietet, so geht sie, ihrem
Dämon folgend, immer begleitet von einem idealen Ich, weiter
und weiter. Es gehört mit zu den merkwürdigen Eigenthümlichkeiten des unmittelbar Gegebenen, dass es zu einer
solchen Fahrt ins Unendliche, wie die Impulse, so auch die
Materialien enthält; man könnte in dieser Hinsicht den Inbegriff der wahrgenommenen Wirklichkeiten mit dem Worte
eines Gegners der unendlichen Vergangenheit ganz treffend
als den «Träger eines Ausflusses von Unendlichkeit» bezeichnen [160]. Schopenhauer bemerkt, wenn man alle metaphysischen Hintergedanken aus dem Spiel lässt, völlig den
Thatsachen gemäss über die Zeit: «Mit dem ersten Erkennen
steht die Zeit da, mit ihrer ganzen Unendlichkeit nach beiden
Seiten, und die Erscheinung, welche diese erste Gegenwart
füllt, muss zugleich erkannt werden als.... abhängig von einer
Reihe von Erscheinungen, die sich unendlich in die Vergangenheit erstreckt»; aber «auch die Vergangenheit.... ist
vom erkennenden Subject abhängig und ohne dasselbe
nichts».... «Alle jene Fragen über Anfang, Ende, Grenzen
und Entstehung der Welt.... beruhen auf einer falschen
Voraussetzung, welche das, was nur die Form der Erschei-

nung, d. h. der durch ein animalisches.... Bewusstsein
vermittelten Vorstellungen ist, dem Dinge an sich selbst
beilegt und demnach für die Ur- und Grundbeschaffenheit der
Welt ausgibt.» Gewiss! so lange man nicht in metaphysische Absichten ausbiegt, enthält die Zeit keine unauflösbaren
Paradoxien (vgl. § 40, Schluss). —

Die Form, in der das menschliche Bewusstsein die Mannigfaltigkeit der wechselnden Inhalte des äussern Sinnes wahrnimmt und die auf dieser Grundlage gebildeten Vorstellungen
placirt, ist der dreidimensionliche euklidische Raum (mit
dem constanten Krümmungsmaass $= 0$). Die räumlichen
Vorstellungen sind entweder frei imaginative, mathematische,
oder von Erklärungsmotiven ausgehende, durch das empirisch
Gegebene bestimmte, z. B. mechanische Gebilde, wie das Kräfteparallelogramm. Vgl. Anm. 127; und über den Kraftbegriff
§ 32.

Alle Raumbestimmungen bedürfen eines Coordinaten-
systems, auf das sie bezogen werden. Für unsere Wahrnehmungen und mathematischen Ansätze ist dasselbe jedesmal
in dem unmittelbar gegebenen Axengerüst unsers Leibes
parat; ohne diese empirische Basis wäre auch die sogenannte
apriorische reine Raumanschauung nicht zu verwirklichen.
Handelt es sich um die positive mechanische Analyse der
wirklichen Bewegungen in der «objectiven Welt», so wandern
wir mit einem aus unserm Leibe extrahirten idealischen Axen-
system, je nach Bedürfniss, von einem System relativruhender
Raumpunkte zum andern. Die Anforderung, es möchte ein
absolut ruhender Körper zu finden sein, ist ebensowenig
völlig zu befriedigen, wie das Bedürfniss nach einem absolut
exacten Zeitmaas. (Vgl. § 16, Anm. 80, § 19, S. 72.)

Auch die Raumgrössen und Raumgestalten treten uns in
unsern Wahrnehmungen, abgesehen von den objectiven qualitativen Inhalten, sogar als solche, mit einer gewissen Gefühls-
färbung complizirt entgegen. Es ist geradezu ein anderes
Gefühl, ein anderer, mit Lotze[161] zu reden, «ästhetischer
Eindruck», mit dem wir eine Mücke oder einen Elefanten,
mit dem wir eine Kugel oder eine geradlinige Kante, sei es
sehend, sei es tastend wahrnehmen. In dem Bewusstsein überhaupt wird von diesen Gefühlsbeisätzen abstrahirt; vor ihm

soll der unregelmässigste Steinklumpen und der grösste Son-
nenball mit demselben Gleichmuth vorgestellt werden, wie
die drehrundeste Billardkugel oder eine ägyptische Pyramide
oder das · winzigste, metamikroskopische Aetheratom (vgl.
§ 22, S. 90 f.). Es ist natürlich, dass je mehr in den Vorstellungen dieses Bewusstseins alle sinnlichen Farben erblas-
sen, das «Täuschende» der äussern Wahrnehmungen sich
steigern muss, «dass sie sich gleichsam von der Seele ablösen und ausser ihr zu schweben scheinen: da doch auch
der Raum nichts als eine Vorstellung ist, deren Gegenbild in
derselben Qualität ausser der Seele gar nicht angetroffen
werden kann» (vgl. oben § 26, S. 110). —

Unsere.Wahrnehmung setzt Körper, welche unsere Vorstellung der objectiven Welt um Multipla von Sirius-
fernen von unserm Leibe und von einander abrückt, an dasselbe bequem überschaubare ellipsoidische Gewölbe, das in
seinem Zenith nicht so weit von uns entfernt erscheint, als
der Schiffsmast, welcher am Horizont eben über das Niveau
des Meeres emporsteigt.

Unsere Wahrnehmungsfähigkeit hört bei gewissen Zeit-
und Raumgrössen auf; die kleinsten Zeit- und Raum-
einheiten, die wir durch Wahrnehmung von einander zu
sondern wissen, haben ein sehr beschränktes, wenn auch
mit den einzelnen Individuen, Empfindungsstellen und
psychischen Zuständen (z. B. den verschiedenen Graden
der Aufmerksamkeit) wechselndes Maas; es gibt wirklich
Berkeley's minima visibilia. Aber vor dem Bewusstsein überhaupt sind Raum und Zeit bis ins Unendliche theilbar;
800 Billionen Schwingungen eines Aetheratoms auf eine
Secunde zu legen, ist dem Bewusstsein überhaupt eben so
leicht, wie dem wahrnehmenden individuellen Bewusstsein
zwei aufeinanderfolgende Pulsschläge zu sondern. Vor ihm
sind auch tausend Jahre wie der Tag, der gestern vergangen
ist.

Beharrlich ist ausser Raum, Zeit und Ich in allen Tastwahrnehmungen (Wacher, Gesunder) und als assoziirte Vorstellung auch neben den meisten Gesichtswahrnehmungen,
sowie in allen objectiv gültigen Vorstellungen als Inhalt des
absoluten Raumes und als Subject der in ihm angetroffenen

und behufs der «Erklärung» vorgestellten Bewegungen, viertens die Materie, das allgemeinste Object des Bewusstseins überhaupt (vgl. § 27). Unzerstörbarkeit und Unveränderlichkeit in der Quantität gilt auch heute, mit Helmholtz zu reden, als ihre «wesentliche Grundeigenschaft» (Pop. wiss. Vorträge, II, 162); sobald in umfassender Weise constatirt war, dass Wärme aus der lebendigen Kraft vernichteter Bewegung neu erzeugt und Bewegung erzeugend vernichtet werde, galt sie nicht mehr als Materie, wofür sie unter den Philosophen z. B. noch Herbart hielt. So würde man Etwas wahrscheinlich nicht mehr für «Gold» halten, wenn es bei aller Congruenz mit den sonstigen Eigenschaften des Metalls sich als unschmelzbar erwiese.

Wird die Beharrlichkeit der Materie nun freilich auf diesen Fuss gebracht, so verschwindet das kantische Beharrlichkeitsproblem überhaupt; auf irgend ein neu Entstehendes und Veränderliches den Terminus Materie anzuwenden, würde sich einfach durch die — Wortbedeutung verbieten [162]. Kants Eigenthümlichkeit beruht darin, dass er zunächst hier wie sonst zwischen constitutiven und consecutiven Merkmalen unterschied (vgl. § 19, S. 70). Das Wesen der Materie constituirte sich ihm aus Ausdehnung und Undurchdringkeit; er fragte: wie kommt es, dass von solchem Wesen auch Unzerstörbarkeit und Unveränderlichkeit ausgesagt werden kann? welches ist der Grund dieses «so synthetischen Urtheils»? Da er zur Begründung das Princ. identitatis nicht zulänglich fand, da sich durch logische Manipulationen das consecutive Merkmal aus dem constitutiven nicht gewinnen liess, so verfiel er, um die Nothwendigkeit und Allgemeinheit des Urtheils zu retten, auf seine transcendentale Deduction.

Kein Naturforscher macht heute von derselben Gebrauch; obwohl das Axiom wie bei den Alten gilt, dass die Materie als solche keine Aenderung, keinen Zuwachs und Abgang erfahren könne; obwohl dieses Prädicat bereits so eng mit der Materie verwachsen ist, dass man, seinen ursprünglich synthetischen Charakter — Niemand wird ihn bestreiten — ganz ausser Acht lassend, es zu den «wesentlichen Grundeigenschaften» rechnet und mit in den Begriff der Materie aufnimmt: wie es immer zu geschehen pflegt, sobald ein

synthetisches Prädikat sich als unablösbar von dem Subject
erwiesen hat. — Aber wodurch hat sich denn diese Unablösbarkeit erwiesen?

Der Satz von der Unveränderlichkeit der Materie wird
heute so formulirt: Der Atomgehalt der Welt ist constant.
Und dazu wird sofort ein zweiter desselben axioma-
tischen Charakters gestellt : der Satz von der Erhaltung der
«Kraft». Schon diese Gesellschaft deutet an, welche erkenntniss-theoretischen Prinzipien hinter solcher Unveränderlich-
keitslehre liegen. Das Gesetz von der Erhaltung der «Kraft»
— auf die Analyse dieses Begriffs können wir uns hier
nicht einlassen ; «Kraft» gehört in die Sphäre der Causalität;
wir kommen schon darauf seiner Zeit (vgl. § 32 f.) — dieses
Gesetz von der Constanz der Kraft gilt, weil umfassende,
höchst verschieden geartete Beobachtungen und
Experimente bewiesen haben, dass, wo und unter welchen
Umständen auch immer eine gewisse mechanische Arbeits-
menge verloren geht, ein festes Aequivalent von Wärme oder
statt dieses chemische Kraft, dass umgekehrt, wenn Wärme
verloren geht, eine äquivalente Menge von chemischer oder
mechanischer Arbeitskraft gewonnen wird, dass überhaupt bei
allem Wechsel zwischen den verschiedenen Naturkräften, wo
Arbeitskraft des einen Modus verschwindet, dieselbe in einem
genau äquivalenten andern Modus neu zum Vorschein kommt,
und dass wir eine verloren gegangene Arbeitskraft nur
dadurch herstellen können, dass wir eine andere Arbeitskraft
dazu aufwenden. So besteht das Gesetz, dass die Summe
der wirkungsfähigen Kraftmengen im Naturganzen bei allen
Veränderungen ewig und unverändert dieselbe bleibt, für uns
nur durch methodisch gesammelte Erfahrungen.

Auf demselben Grunde ruht das Gesetz von der Beharrlichkeit des Atomgehalts; es gilt, weil es methodische Untersuchung, vornehmlich chemische, allüberall bewährt und nirgends einen ernsthaft bedenklichen Ausnahmefall zugeführt hat.

Auf demselben Grunde ruht für den Empirismus der kantische Satz, dass die Substanz der Materie bei allem Wechsel
der Accidenzien beharrt, auf demselben der «Folgesatz»: aus
nichts wird nichts. Sie sind allzumal aus der Erfahrung geschlossen. (Vgl. Baumann, a. a. O., S. 280.)

Kant sagt (Proll., III, 103) : Aus der Erfahrung kann dieser Grundsatz «nimmermehr» gezogen werden, «theils weil sie die Materien bei allen ihren Veränderungen und Auflösungen nicht so weit verfolgen kann, um den Stoff immer unvermindert anzutreffen», — was nebenbei gesagt ein zwar allgemeiner und apodiktischer, aber doch wohl aus der Erfahrung gezogener Satz ist, — «theils weil der Grundsatz Nothwendigkeit enthält, die jederzeit das Zeichen eines Prinzips a priori ist». Aber er enthält doch absolute Nothwendigkeit nur für den, der sie in ihn hineinlegt. Wenn Kant nicht sieht, wie er auf empiristischem Wege eine solche erbringen möchte, so würde für ihn ja immer noch der Ausweg bleiben, sie nicht zu behaupten; man würde sonst am Ende von Kant selbst sagen müssen, was er von den unglücklichen Schotten, den Gegnern Hume's, so treffend bemerkte; man würde sagen müssen : er habe den Punkt seiner Aufgabe verfehlt, weil er immer das als zugestanden annahm, was ein Empirist wie Hume eben bezweifelte : die sogenannte «Nothwendigkeit» solcher Grundsätze (vgl. unten § 29, Anfang). Auch würde ein Empirist meinen können, dass es ein unbegründetes Axiom sei, dass Thatsächlichkeit einerseits und absolute Allgemeinheit und Nothwendigkeit andererseits sich ausschliessen müssen, dass es keine allgemeinen Gesetze thatsächlich geben könne; er würde meinen, dass es ein anderes sei, die Nothwendigkeit nicht nachweisen zu können, und ein anderes, zu behaupten, dass sie in der Natur nicht liege. Er würde vielleicht meinen, dass die Natur durch den Jahrtausende langen Umgang der Menschen mit ihr — sie haben ja allerdings mehr als einen Scheffel Salz an ihrer Seite gegessen — ein gewisses Anrecht erworben habe, ihrer Uniformität und Stabilität und Gesetzmässigkeit zu vertrauen; dass jedenfalls der Verdacht und das Misstrauen, sie könne die empirisch, so weit Auge und Versuch reichen, constatirte Constanz der Weltstoffe und Weltenergien, so lange wir selbst sind, wie wir sind, fähig Erfahrungen zu verknüpfen, einmal nicht mehr bestätigen, dass ein solcher Verdacht, für jetzt durch keine Erfahrung veranlasst, dem sonstigen — sagen wir rationalen, menschenangemessenen — Charakter der Natur (vgl. Helmholtz, Pop.

wiss. Vorträge, II, 141) zuwiderlaufend, auf windige, leere Möglichkeiten gegründet und zu gar nichts Fruchtbarem verwerthbar sei. Vgl. Anm. 86.

Andererseits sahen wir, wie untriftig Kants transcendentale Beweise sind. Auch Schopenhauers Versuch, die Beharrlichkeit auf die Nothwendigkeit eines Substrats zu gründen, an dem der Wechsel sich abheben kann, reichte nicht über die Nothwendigkeit eines in allen Wahrnehmungen identischen Ich hinaus; und selbst diese Beharrlichkeit weist letztlich auf ein thatsächlich Gegebenes. Sie mag aus der Thatsache der Wahrnehmung und Erinnerung mit Nothwendigkeit folgen ; aber anders als auf logischem, analytischem Wege? am Faden des Satzes vom Widerspruch, aus dem Begriffe der Wahrnehmung? Und warum muss denn «Wahrnehmung» sein?

Kant fordert denjenigen, der sich seinem Beweise der ersten Analogie «nicht ergeben» wolle, zu dem Versuche auf, «aus dem Begriffe eines Subjects, das selbst nicht als Prädicat eines andern Dinges existirt, zu beweisen, dass sein Dasein durchaus beharrlich sei, und dass es weder an sich selbst, noch durch irgend eine Naturursache entstehen oder vergehen könne» (Proll., § 47, III, 104). Ganz abgesehen davon, dass Kant selbst seinen Beweis auf die hier proponirte Thesis nicht gerichtet hat — seine Thesis ist: «In allen Veränderungen ist etwas Beharrliches» (§ 17, S. 67), und er lehrt uns schliesslich als dieses Etwas die Materie kennen (§ 27, S. 117), — so haben wir natürlich keinen Trieb, uns der Herausforderung zu stellen. Wir nehmen vielmehr die Beharrlichkeit der Substanz, wie die Constanz der Summe aller lebendigen und Spannkräfte in der Welt vorläufig auf das Zeugniss der Erfahrung, so gut wie den dreidimensionlichen Raum : ohne damit den Versuch, diese Thatsächlichkeiten unserer Welt tiefer, wohl gar aus Einem Prinzip zu «begreifen», sie etwa so durchsichtig zu machen, wie den Satz dass $2 \times 2 = 4$ ist, irgendwie aussperren zu wollen (vgl. §§ 33, 39).

Alle unsere Erfahrungen bedürfen letztlich des Lebens, des Bewusstseins lebendiger Menschen und seiner allgemeinen Bedingungen. Zu diesen allgemeinen und constanten Bedingungen gehören thatsächlich ausser gewissen qualitativen

Inhalten — sie können nie fehlen und sind auch ihrem Charakter nach nich absolut zufällig; uns erscheint nicht alles
und jedes — das Ich, die Zeit, der Raum (letzterer mit einem
in einem sinnlichen Leibe gegebenen constanten Beziehungs-
anhalt für das rechts — links, vorn — hinten, oben — unten;
vgl. Anm. 77; 81), die, weil sie als Ingredienzien aller Erfahrung anzutreffen sind, von demjenigen werden als apriorisch
bezeichnet werden müssen, welcher zu dem in diesem Ausdruck liegenden Ueberschritt von dem thatsächlich constatirten
Allgemeinen zu der Voraussetzung eines metaphysischen
Subjects, in dem der «Grund der Möglichkeit» a priori liegt,
Temperament und Neigung besitzt oder wissenschaftlichen
Zwang verspürt (vgl. § 40). Sicher sind sie nothwendige
Bestandstücke unserer Erfahrung; wir kennen keine Erfahrung, in der sie fehlten; obwohl der Gedanke, dass «wir»
auch einmal in einem andern «Raume» Objecte anschauen
könnten, als in dem uns bekannten; dass «wir» keinen Leib
besässen und doch lebten, ich meine: Bewusstsein hätten[163];
dass wir noch andere Qualitäten zu empfinden vermöchten
als jetzt — vorläufig nicht so absolut widersinnig ist,
als dass «wir» Erfahrungen haben könnten, ohne noch wir
selbst zu sein (vgl. § 14).

Im 48. Paragraphen der Prolegomena hebt Kant mit gezie-
mendem Nachdruck hervor, dass die Beharrlichkeit der
«Seele des Menschen nur für die Dauer seines Lebens gelte».
Dabei wird wunderlicherweise auch diese Beharrlichkeit von
dem Philosophen als eine geschlossene behandelt (III, 104);
freilich auch (S. 105) hinzugefügt, «man» werde «den
Beweis» ihm «wohl schenken»; so dass man schliesslich
nicht weiss, ob nicht Schluss und Beweis auf eine Schel-
merei hinauslaufen. Kein Unbefangener wird ihm seinen Satz
bestreiten wollen. Gleichwohl ist es in diesem individuellen
Leben andererseits menschenmöglich, sein eigen Selbst in
der Vorstellung zum Selbst der Menschheit zu erweitern
und jenes «objective» Selbstbewusstsein zu entfalten, das
die Basis für alle allgemeingültigen Urtheile ist. Dieses aus
der innern Wahrnehmung herausgewickelte Weltbewusstsein
aber wird (in der Vorstellung) über Geburt und Tod hinaus
perpetuirt. Kant sagt einerseits (im Hinblick auf die erste

Analogie), dass dergleichen synthetische Sätze jederzeit nur in Beziehung auf «mögliche Erfahrung» bewiesen werden können (a. a. O., § 47), und andererseits (§ 48), dass die subjective Bedingung aller unserer möglichen Erfahrung das Leben sei. Wollte er nun nicht die Beharrlichkeit, von der die erste Analogie redet, auf das Einzelleben beschränken, so wurde auch für ihn der Ansatz eines allgemeinen «Bewusstseins» als der «objectiven» Bedingung aller «möglichen Erfahrung» nöthig.

Aber auch dieses aller subjectiven Stimmungs- und Zustandszufälligkeiten entkleidete allgemeine Idealbewusstsein, so sehr es in alle Dimensionen und Regionen des Raumes und nach beiden Seiten der Zeit hin sich ins Unermessbare zu erschwingen vermag : es ist thatsächlich vorhanden nur, so weit wir wissen, in menschlich organisirten Individuen, die in jedem Lebensmoment und in gewissen Leibesgefühlen die zeitlichen und räumlichen Ausgangspunkte besitzen, deren die nothwendigen Formen eines solchen Bewusstseins, die absolute Zeit und der absolute Raum, schlechterdings bedürfen, wenn in ihnen objective Bestimmungen getroffen werden sollen. Dass es dem forschenden Geiste gelang, sogar von Zeiten eine Vorstellung zu gewinnen, in der Leiber von der Organisation, die jetzt als steter Begleiter des primären Bewusstseins erscheint, nicht mit vorgestellt werden können, das ist freilich wieder an der Welt, in der wir stecken, wunderbar genug. Noch wunderbarer freilich wäre es, wenn die Objecte jener Vorstellungen, die durch fortgesetzte Reduction und Analyse, durch Abstraction und Generalisation aus gewissen gegebenen Bewusstseinsinhalten gewonnen sind und bis in die Phase der höchsten Unsinnlichkeit, Verblassung und Verfeinerung ein menschenähnliches Bewusstsein als Correlat nicht los werden, das Bewusstsein selbst mit sammt seinen Inhalten, die erklärenden Theorien mit eingeschlossen, zu erzeugen, völlig begreiflich und durchsichtig zu machen vermöchten (vgl. § 40). Und wieder noch wunderbarer dürfte es sein, wenn Jemand diese Grenze unsers «Naturerkennens» nur für zufällig halten wollte, um noch weiter der harmlosen Hoffnung leben zu können, dass jene «Erkenntniss» vielleicht schwierig, aber nicht unmöglich sei[164].

Dritter Theil.

Die zweite und dritte Analogie.

(§ 29-38.)

29.

Zu den allgemeinen, mit apodiktischer Nothwendigkeit auftretenden Gesetzen der Natur gehört nach Kant auch der von Hume bezweifelte Grundsatz, dass Alles, was geschieht, jederzeit durch eine Ursache nach beständigen Gesetzen vorherbestimmmt sei: **die zweite Analogie** (Proll., Einl., III, 6; § 5, S. 30 f.; § 15, S. 54). Sie enthält nach Kant «eine reine synthetische Erkenntniss a priori», die «mit unstreitiger Gewissheit wirklich und gegeben», die «unbestritten» ist; sie gehört zu den Sätzen, die «durch die allgemeine Einstimmung aus der Erfahrung und dennoch als von Erfahrung unabhängig durchgängig anerkannt werden»; wir brauchen in Beziehung auf einen solchen Grundsatz nicht zu fragen, «ob er möglich sei», sondern nur «wie er möglich sei» (a. a. O., § 4, III, 27; § 5, S. 28).

Sollte es Kant gelingen, auf die zweite Frage eine allseitig befriedigende Antwort zu ertheilen, so werden wir kein Aufheben davon machen, dass er den von Hume so heftig bestrittenen und verdächtigten Satz für «durchgängig anerkannt» und «unbestritten» ausgibt, dass er in Beziehung auf ihn «allgemeine Einstimmung aus der Erfahrung» behauptet — während es doch nach seiner Ansicht feststeht, dass man

Erfahrung gar «nicht so weit verfolgen kann», um solche allgemeine Einstimmung «anzutreffen» (a. a. O., § 48, S. 105, Anm.). Gelingt es ihm zu zeigen, wie eine solche Erkenntniss a priori möglich sei, so scheint es auch uns irrelevant — was an sich allerdings befremdlich ist — dass angesichts der empiristischen Bedenken, die Frage, ob solche Erkenntniss vorliege und ob sie möglich sei, für überflüssig gehalten wurde.

Von vornherein werden wir zu erwarten haben, dass Kant zwischen Wolf - Baumgarten einerseits und Hume andererseits einen neuen und sicheren Durchgang zu finden suchte.

Baumgarten bewies im § 20 seiner Metaphysik den Satz Nihil est sine ratione aus dem Satz des Widerspruchs [165]. Bei dem «synthetischen» Charakter des Gesetzes ist für Kant solcher Recurs unmöglich; es «muss auf anderen Prinzipien beruhen» (a. a. O., § 5, S. 28.)

Hume hat «unwidersprechlich» dargelegt, dass es ganz unmöglich sei, die Anknüpfung der Ursache und Wirkung «a priori und aus Begriffen zu denken» (a. a. O., S. 6); wie sollte auch «etwas so beschaffen sein» können, «dass wenn es gesetzt ist, dadurch auch etwas Anderes nothwendig gesetzt werden müsse»? Wenn Hume aber deswegen das Causalitätsgesetz für ein empirisch gewonnenes und empirisch bewährbares hielt, so war nach Kant diese Folgerung «übereilt und unrichtig»: der Satz beruht auch «auf andern Prinzipien», als Hume glaubte.

Hume übersah einen Aus- und Mittelweg, den sich freilich bisher auch überhaupt Niemand «nur hatte einfallen lassen» (S. 10), einen Ausweg, der «wider die Vermuthung» des schottischen Philosophen «den reinen Verstandesbegriffen» — der Begriff der Ursache soll ein solcher sein — ihren Ursprung a priori und den allgemeinen Naturgesetzen als Gesetzen des Verstandes ihre Gültigkeit rettet.... nicht so, dass sie sich von Erfahrung, sondern dass Erfahrung sich von ihnen ableitet, welche «ganz umgekehrte Art» der «Auflösung» des von Hume aufgestellten Problems derselbe «sich niemals einfallen liess» (a. a. O., § 31, S. 76): aus welcher glücklichen Lösung sonst «bald eine gänzliche Reform der Wissenschaft hätte entspringen müssen» (a. a. O., Einl., S. 7).

Wir sind danach auf ein grosses Kunststück gefasst. Wird es aber so glatt und einfach ablaufen, wie die copernicanische Erklärung der planetarischen Bewegungen, welche «ganz umgekehrte Art» allerdings eine «gänzliche Reform der Wissenschaft» herbeiführte? oder so einfach gar, wie das Kunststück des Colombus mit dem Ei, das sich auch niemand hatte einfallen lassen, das auch wider alle Vermuthung lief? Oder wird es der bei «Rettungen» nicht ungewöhnlichen Operation des von Kant selbst einmal angezogenen Künstlers ähnlich sehen, der aus Sand einen Strick drehen konnte? —

Zunächst: wie soll das Axiom gefasst werden? was hat es eigentlich, genau angesehen, zu besagen? welches ist sein voller Gehalt? wie weit reicht nach Kant seine Anwendbarkeit? Wir sehen uns für's Erste an die Untersuchung von Formeln und Ausdrücken gewiesen.

30.

Die Baumgartensche Formel begreift, wie die oben citirte Eberhardsche, die logische und die transcendentale Seite des Satzes vom Grunde. Es handelt sich bei Kant natürlich nur um die letztere. Der Satz hiess danach in der Streitschrift gegen Eberhard: Jedes Ding muss seinen Realgrund haben. Es ist leicht zu sehen, warum die im vorigen Paragraphen benutzte Formel der Prolegomena (Einl., S. 6), anstatt des Ausdrucks: «Jedes Ding», die Wendung wählt: «Alles, was geschieht»; was in der 1. Aufl. der Kritik d. r. V. (II, 162) noch von dem Zusatz: «anhebt zu sein», in der 2. Aufl. (a. a. O., S. 777) von dem andern: «eine jede Begebenheit» begleitet wird; also: «Alles was geschieht (anhebt zu sein, eine jede Begebenheit) setzt etwas (S. 777: eine Ursache) voraus, worauf es nach einer Regel folgt». Die neue Wendung soll offenbar den Missverstand abwehren, als ob auch der «Gegenstand selbst», die Substanz, einer Ursache bedürfe. Ursachen betreffen nur «das

Wandelbare» (173); oder wie es in der 2. Aufl. an einer
andern Stelle heisst : nur die «Veränderungen»:
«Alle Veränderungen geschehen nach dem
Gesetze der Verknüpfung der Ursache und
Wirkung» (S. 768). Unter Veränderung aber wird verstanden die «Verbindung contradictorisch einander entgegengesetzter Bestimmungen im Dasein eines und desselben
Dinges» (S. 778). Die Ursache kann nicht etwa ein Beharrliches sein; nie kann eine Veränderung als die erste aus
einem absoluten Ruhezustand hervorgehen [166]. Kant (II, 418 f.):
«Da.... der vorige Zustand, wenn er jederzeit gewesen
wäre, auch keine Wirkung, die allererst in der Zeit entspringt,
hervorgebracht hätte, so ist die Causalität der Ursache dessen,
was geschieht oder entsteht, auch entstanden.... Es ist
ein allgemeines Gesetz...., dass Alles, was geschieht, eine
Ursache, mithin die Causalität der Ursache, die selbst geschehen oder entstanden, wiederum eine Ursache haben
müsse». Da demnach jede Veränderung nur durch Ursachen
möglich ist und von Bedingungen abhängt, die selbst wieder
Ursachen und Bedingungen in der Zeit vor sich haben, so
kann man jede Veränderung und Begebenheit als «zufällig»
bezeichnen, denn was an einer anfangslosen Kette hängt, hat
keinen Anspruch auf «absolute Nothwendigkeit» (II, 202,
364ᵇ, 777 f.).

So ist in Kant schon ganz die Formel vorgebildet, die
Schopenhauer später mit Originalitätsanspruch aufgestellt
hat: «Jede Veränderung (Begebenheit) gibt unfehlbar Anweisung auf eine andere ihr vorhergegangene Veränderung [167], auf welche sie regelmässig, d. h. allemal, so oft die
erstere da ist, folgt, und welche in Beziehung auf sie Ursache,
in Beziehung auf eine dritte ihr selbst wieder nothwendig vorhergegangene Veränderung aber Wirkung heisst »[168]. Selbst
der so eigenartig scheinende Ausdruck Schopenhauers : «gibt
Anweisung» hat seine Wurzel in Kant; auch bei ihm (II, 169)
«gibt das Gegenwärtige, sofern es geworden, auf irgend
einen vorhergehenden Zustand Anweisung». Auch Schopenhauers Bezeichnung des Galileischen Trägheitsgesetzes
— «dass jeder Zustand, mithin sowohl die Ruhe eines Körpers als auch seine Bewegung.... unverändert.... fort-

dauern .... müsse, wenn nicht eine Ursache hinzutritt, welche sie verändert oder aufhebt» — als eines «Corollars» des Gesetzes der Causalität[169], stimmt mit Kants Vorstellungen überein. Ist es doch auch für ihn keine Zustandsänderung, «wenn ein Körper sich gleichförmig bewegt», sondern nur, «wenn seine Bewegung zu oder abnimmt» (II, 175, Anm.). Und in den metaphysischen Anfangsgründen der Naturwissenschaft (V, 407) wird der Satz, dass «ein jeder Körper in seinem Zustande der Ruhe oder Bewegung in derselben Richtung und mit derselben Geschwindigkeit beharrt, wenn er nicht durch eine äussere Ursache genöthigt wird, diesen Zustand zu verlassen», auf den Satz «der allgemeinen Metaphysik» gegründet, «dass alle Veränderung eine Ursache» habe[170]. —

Für denjenigen, welcher jemals den Versuch gemacht hat, den Causalbegriff seit des Aristoteles berühmter Viertheilung historisch abwärts etwa durch Melanchthons Zehntheilung der causa efficiens hindurch bis zu den ins Unübersehbare und Unsinnige sich verzettelnden Distinctionen des 17. Jahrhunderts (z. B. in der Logik des Alstedius) zu verfolgen, dem wird der einfachen Lehre gegenüber, dass das Causalitätsaxiom Zustandsänderungen eines Beharrlichen betreffe, nichts weiter als die gesetzmässige, unfehlbare Verknüpfung zwischen einem bestimmten Antecedens und einem bestimmten Consequens ausdrücke, so zu Muthe sein, als sähe er plötzlich anstatt ptolemäischer Epicyclen die Ellipsen vor sich, in welche der scheinbar so verzwickte Planetenlauf, von einem Sonnenobservatorium aus gesehen, sich auflöst.

Leider ist aber die Formulirung des Satzes vom Grunde das nicht, worauf hin Kant den Anspruch copernicanischen Verdienstes erhob. Diese Formulirung wäre ja auch dem Empiristen so möglich, wie ihm, dem Aprioristen. Wir finden sie wirklich sehr ähnlich bei J. St. Mill[171]. —

Wir haben uns zunächst umzuschauen, ob wir denn auch wirklich in den einfachen Ansätzen, die angegeben wurden, alles in der Hand haben, was wissenschaftlicherseits unter causaler Verknüpfung und Abhängigkeit der Dinge verstanden werden kann. Wir suchen aus Kant selbst das bisher Vorgetragene zu vervollständigen.

31.

In der Auflösung der kosmologischen Antinomien ist
(II, 422) von «Gründen» die Rede, «die nicht Erscheinungen sind». Wir handeln von den Analogien der Erfahrung;
wir sehen daher vorläufig von solchen Gründen ab, die jenseits der Erfahrung liegen, zumal Kant uns von ihnen auf
theoretischem Wege keinen Aufschluss zu geben vermag und
ausserdem bemerkt, dass «wenn wir nur in dem, was unter
den Erscheinungen die Ursache sein mag, der Natur-
regel folgen, wir darüber unbekümmert sein können, was in
dem transcendentalen Subject, welches uns empirisch
unbekannt ist, für ein Grund von diesen Erscheinungen und
deren Zusammenhang gedacht werde» (428).

Von einem solchen Standpunkt prinzipieller Selbstbeschei-
dung wird (II, 421) bemerkt, dass für ihn die «Natur die voll-
ständige und an sich hinreichend bestimmende Ursache
jeder Begebenheit und die Bedingung derselben jederzeit
nur in der Reihe der Erscheinungen enthalten sei, die sammt
ihrer Wirkung unter den Naturgesetzen nothwendig
sind». Die Stelle enthält einen Wechsel der Terminologie, wenn
auch keinen Wechsel der Grundansicht. Das unabänderliche
Antecedens einer Begebenheit, welches vorher als Ursache
bezeichnet war, wird jetzt Bedingung genannt; Ursache
aber heisst die Natur, oder (und das ist wohl eigentlich
hier auch unter Natur gemeint) das Naturgesetz. So sehr
man zugeben kann, dass auch diese Terminologie im Sprachgebrauch begründet ist, so wäre es doch um der Constanz
und Eindeutigkeit der wissenschaftlichen Bezeichnungsweise
willen gerathen, den Ausdruck Ursache für die Summe der zu
einer Wirkung nothwendigen Antecedentien beizubehalten,
das Naturgesetz aber, z. B. der Gravitation, den Grund der
Erscheinung, z. B. des Falls, zu nennen[172]; der einzelne Fall,
der hic et nunc stattfindet, wird dem allgemeinen Gesetze
subsumirt, ist «unter» ihm, wie Kant sagt, «nothwendig»,
indem, wie Fechner sagt (a. a. O., S. 121), das Gesetz insofern
«Gesetzeskraft» hat, als «was es aussagt, geleistet wird».

Auch der Ausdruck Bedingung kann eine zweckdienliche Verwerthung finden.

Das ganze Antecedens, welches zur Erzeugung einer bestimmten Wirkung erfordert wird, muss mindestens aus zwei Factoren bestehen[173]. Es bleibt empfehlenswerth, für das ganze Antecedens den Ausdruck Ursache zu reserviren, die einzelnen für eine Wirkung cooperirenden Momente aber Bedingungen zu nennen: Die Wirkung, das Consequens, ist durch die antecedirenden Bedingungen «bedingt», welche die wissenschaftliche Forschung aus dem Geflecht der zusammengerathenen Erscheinungen an der Hand der baconischen Anweisungen mit Hilfe der negativen Instanzen ausscheidet. Ohne sie kann die Wirkung nicht eintreten.

In der Praxis pflegt man in dem Inbegriff der für eine Wirkung unumgänglichen Bedingungen ziemlich willkürlich und launenhaft diese oder jene einzelne als Ursache zu bezeichnen. Manchmal wird sogar das Ausbleiben eines andere Bedingungen in ihrer Wirkung neutralisirenden Factors Ursache genannt (z. B. das Nichtschwimmen können die Ursache des Ertrinkens). Am gewöhnlichsten tritt diese Bevorzugung für diejenige Begebenheit ein, welche zu länger schon andauernden Zuständen als die der Zeit nach letzte Bedingung, als ächtes complementum possibilitatis, auf dessen Auftreten nun unmittelbar die Wirkung erfolgt, hinzu kommt (so nennt man den hinzugebrachten Funken die Ursache der Pulverexplosion). Auf der andern Seite wird man für das Leben einer Eiche eher die schon in der Eichel enthaltene reale Entwicklungsmöglichkeit[174] als «Ursache» ansehen, als den Erdboden, in den die Eichel gelegt ward, und die Luft und das Licht, unter denen sie aufwuchs; es ist gewöhnlich Luft, und Licht u. dgl. die «äusseren Bedingungen» oder schlechtweg die «Bedingungen» zu nennen. So nützlich und fruchtbar oft dergleichen Distinctionen und Abstractionen für sonstige Zwecke praktischer und theoretischer Art sein mögen: für die Wirkung selbst ist eine unumgängliche Bedingung gerade so werthvoll als die andere. In streng wissenschaftlichem Sprachgebrauch kann man daher immer nur die Totalität der Factoren, die für eine Wirkung unentbehrlich sind, ihre Ursache nenne. Und zwar kommen dabei auch die nothwendigen Negativitäten in Betracht. Der ontologische Satz, dass dieselben Bedingungen überall und jederzeit dieselben Folgen haben, ist nur dann gegen Widerspruch aus der Erfahrung gesichert, wenn zu den Bedingungen, welche die ganze Ursache constituiren, auch das Ausbleiben der im Naturlauf spielenden paralysirenden Agentien, der kantischen realen «negativen Grössen [175]», gerechnet wird. —

In der Erläuterung zur kosmologischen Idee einer Freiheit in Verbindung mit der allgemeinen Naturnothwendigkeit untersucht Kant die Bewegursachen einer boshaften Lüge, durch die ein Mensch eine gewisse Verwirrung in die Gesellschaft gebracht hat (II, 434). «Man geht, sagt er, den empirischen Charakter des Lügners bis zu den Quellen desselben durch, die man in der schlechten Erziehung, übler Gesellschaft, zum Theil auch in der Bösartigkeit eines für Beschämung unempfindlichen Naturells aufsucht, zum Theil auf den Leichtsinn und die Unbesonnenheit schiebt; wobei man denn die veranlassenden Gelegenheitsur-sachen» (nachher werden synonym damit die «auf ihn einfliessenden Umstände» genannt) «nicht aus der Acht lässt. In allem diesem verfährt man, wie überhaupt in Unter-suchung der Reihe bestimmender Ursachen zu einer gegebenen Naturwirkung.... Man glaubt die Handlung dadurch bestimmt».

Ich sehe von dem weiteren Verlauf dieser Stelle zunächst ab, da er zu Gründen führt, «die nicht Erscheinungen sind»; sondern prüfe sie darauf, ob sie mit ihren mancherlei causalen Wendungen für die Sphäre des Phänomenalen neue und erhebliche Momente ins Spiel bringt. Der Ausdruck Bewegursachen ist eine irrelevante Erinnerung an die Schulsprache. Das «durch» («durch die ein Mensch eine gewisse Verwirrung in die Gesellschaft gebracht hat») kann nichts weiter enthalten, als den Hinweis auf die gesetzge-mässe Folge, die Wirkung der Lüge. Weiter ist von dem empirischen Charakter und seinen Quellen die Rede; diese Quellen sind durchaus den Bedingungen äquivalent, an die wir die Entwickelung und das Leben der Eiche knüpften. Kant macht ferner zwischen dem empirischen Charakter und den «veranlassenden Gelegenheitsursachen»,

den «auf ihn einfliessenden Umständen» einen
Unterschied; es ist deutlich, dass diese Distinction, aitiologisch
angesehen, keinen höheren Werth hat, als jene Aussonde-
rungen, die wir oben besprachen. Die boshafte Lüge kann
letztlich nur auf den ganzen Complex der inneren und äusseren
Bedingungen gegründet werden, die zusammenkommen müssen, um sie perfect zu machen. Im Uebrigen: während die
geschädigte Gesellschaft in dem bösgearteten Willen des
Menschen sicher die eigentliche Ursache sehen wird, so mag
der Thäter selbst wohl, um sich rein zu waschen, den äusseren
Anreiz, ohne dessen Hinzutrit er ja in diesem Falle allerdings
nicht gelogen hätte, das complementum possibilitatis, als die
wahre Ursache in Anspruch nehmen. Eigentlich gesprochen,
sind beides nur Bedingungen, die in der Ursache enthalten
sind.

Weiter muss der Ausdruck Handlung auffallen. Er
stellt eine Complication der Kategorien Causalität und Substanz dar, welche die bisherigen Erörterungen nicht genügend
durchsichtig gemacht haben.

Kant betrachtet den Begriff der Handlung, wie den der
Kraft, auf den nach seiner Ansicht (II, 172) jener führt,
als «Folgebegriff» der «Verknüpfung der Ursache und
Wirkung» (Proll., Einl., III, 6); beide gehören zu denjenigen
Begriffen, die er Prädicabilien nennt. Dieselben werden
aus den Kategorien durch blosse Zergliederung und
Erläuterung oder Verknüpfung unter einander, sowie mit der
reinen Form der Erscheinung oder mit ihrer empirisch noch
nicht bestimmten Materie, abgeleitet; er überlässt sie einem
künftigen System der reinen Vernunft, für das er
die Willführigkeit von Mithelfern erwartet (Proll., § 39, III,
90-92; Kr. d. r. V., II, 13, 88 f., 173). Uebrigens enthalten,
bemerkt er, die ontologischen Lehrbücher der Wolfianer,
z. B. des «vortrefflichen Analysten» Baumgarten, das Betref-
fende «in reichem Maasse» (Kr. d. r. V., II, 33, Anm.; 80;
173. Proll., a. a. O., S. 92).

Kant hat das «System der reinen Vernunft» nicht geschrie
ben. Nach den mitgetheilten Fingerzeigen darf man aber
voraussetzen, dass auch die von ihm veröffentlichten Schriften,
mit Zuhilfnahme der Baumgartenschen Metaphysik seine

Meinung über die Prädicabilien, insbesondere über die beiden, welche uns näher angehen, festzustellen im Stande sind. Wir erinnern uns übrigens, welch schwere Gewichte bereits (§ 16, Anm. 80; § 28, Anm. 150) an das, was wir K r a f t und H a n d l u n g nennen, haben gehängt werden müssen.

32.

Im § 210 der Baumgartenschen Metaphysik heisst H a n d lung (actio) eine Zustandsänderung der S u b s t a n z , wovon der zureichende Grund i n d e r S u b s t a n z s e l b s t l i e g t , die «per v i m ipsius» erfolgt. Dem Handeln aber wird das L e i d e n gegenüber gesetzt; es bezeichnet eine mutatio status per v i m alienam.

Wenn Kant diese Lehre acceptirte, so sähen wir ihn damit in merkwürdige Consequenzen geleitet; sie führt sofort zu Gründen, die nicht Erscheinungen sind; denn offenbar involvirt sie die Voraussetzung m e h r e r e r m e t a p h y s i s c h e r S u b s t a n z e n , g e g e n s e i t i g e E i n w i r k u n g d e r s e l b e n a u f e i n a n d e r , Z u s t a n d s ä n d e r u n g e n derselben a n s i c h , die durch eigene und fremde K r a f t erfolgen, und in weiterem Gefolge natürlich auch die Form alles Geschehens, die Zeit, eine transcendente Zeit, eine Zeit an sich: kurz, eine Monadologie mit Influxus physicus complicirt, den baaren transcendenten Realismus; auf alle Fälle eine Ansicht, von der wir Kant, und uns bisher vorsichtig fernzuhalten suchten (vgl. § 21, S. 80, 82, 87 f.; § 22, S. 89; § 28, S. 126 ff.)

Was nun Kant anbetrifft, so kann es freilich gar nicht in Abrede gestellt werden, dass seine ganze Erkenntnisstheorie im letzten Grunde von dieser Baumgartenschen Metaphysik stark affizirt ist. Nach dieser Theorie ist unser «Gemüth», sind «wir» (als Noumena), so weit wir das «Vermögen» der «Sinnlichkeit» haben, leidend, rezeptiv[176]; und es ist «die beständige Behauptung der Kritik, dass G e g e n s t ä n d e a l s D i n g e a n s i c h den G r u n d enthalten, das V o r s t e l l u n g s v e r m ö g e n seiner Sinnlichkeit gemäss zu bestimmen» (gegen Eberhard, I, 436); andererseits greifen wir,

soweit wir Verstand besitzen, activ in das Erkennen ein, sind
mit «Spontaneität» begabt und thätig [177]. Aber diese wolfianisirenden Beimischungen haben auch schon Fr. H. Jacobi das
nur allzuwahre Wort eingegeben, dass ohne sie zwar in das
System nicht hinein zu kommen, m i t i h n e n a b e r «p l a t
t e r d i n g s» d a r i n n i c h t z u b l e i b e n s e i [178]. Versuchen wir bei solchem Sachverhalt unsererseits zunächst
weiter, ohne jene metaphysischen Hintergedanken, i n d e m
System, d. h. in der Region d e r e m p i r i s c h e n E r s c h e i-
n u n g e n, so lange als möglich zu b l e i b e n!

In den Erörterungen über die zweite Analogie findet Kant
(II, 173 f.), dass er das e m p i r i s c h e Kriterium einer Substanz, so ferne sie sich nicht durch die B e h a r r l i c h k e i t
d e r E r s c h e i n u n g, sondern besser und leichter durch
H a n d l u n g zu offenbaren scheine, nicht unberührt lassen
könne. Was ihn dabei interessirt, steckt in Folgendem. Er
fragt zunächst (mit offenbarer Spitze gegen den Schuldogma-
tismus) : «Wie will man aus der Handlung sogleich auf die
Beharrlichkeit des Handelnden s c h l i e s s e n, welches doch
ein so wesentliches..... Kennzeichen der Substanz (phænomenon) ist»? Andererseits ist es aber auch unmöglich, die
a l l g e m e i n g ü l t i g e Beharrlichkeit des handelnden Subjects mit dem Empirismus «d u r c h v e r g l i c h e n e W a h r-
n e h m u n g e n» festzustellen. Es ist wieder zwischen beiden
Klippen ein Mittelweg aufzusuchen. H a n d l u n g, heisst es
nun, b e d e u t e s c h o n d a s V e r h ä l t n i s s d e s S u b-
j e c t s d e r C a u s a l i t ä t z u r W i r k u n g. Weil nun
alle Wirkung in dem bestehe, was da g e s c h i e h t, mithin
im Wandelbaren...., so sei das l e t z t e S u b j e c t desselben das Beharrliche, als das Substratum alles Wechselnden,
d. i. die Substanz. «Dass das e r s t e S u b j e c t der Causalität alles Entstehens und Vergehens selbst nicht (i m F e l d e
d e r E r s c h e i n u n g e n) entstehen und vergehen könne,
ist ein sicherer Schluss, der auf empirische Nothwendigkeit
und Beharrlichkeit im Dasein, mithin auf den Begriff einer
S u b s t a n z a l s E r s c h e i n u n g hinausläuft».

Ich sehe davon ab, den von wolfianisirender Begriffs-
zerfaserung nicht wesentlich unterschiedenen B e w e i s für
die in allen «Handlungen» vorauszusetzende Beharrlichkeit

eines Substanziellen näher zu prüfen. Mich interessiren nur zwei Sätze, welche das Verhältniss kennzeichnen, in dem das Prädicabile Handlung zu den beiden Kategorien Substanz und Causalität gedacht ist: 1) «Handlung bedeutet.... das Verhältniss des Subjects der Causalität zur Wirkung»; 2) Das Beharrliche ist das (πρὸς ἡμᾶς) «letzte» und (φύσει) «erste» Subject aller Handlungen, «der Causalität alles Entstehens und Vergehens».

Wenn wir den ersten Satz recht verstehen, so scheint er den Terminus Handlung nicht auf den Kreis menschlichen Thuns zu beschränken. Jedes Subject, das bei einer Wirkung, einem Wechsel, einem Geschehen betheiligt ist, kann, so scheint es, in Beziehung auf diese seine Betheiligung als handelnd bezeichnet werden. Danach würde denn auch im Kreise des Empirischen und seiner gesetzmässigen Veränderungen der Baumgartensche Unterschied zwischen Thun und Leiden wegfallen; alles Leidende wäre auch immer handelnd; handeln heisst ja nun bloss: bei einem Geschehen als Subject betheiligt sein. Kant aber würde danach wieder einmal mit dem Empiristen J. St. Mill einen Strang ziehen, der in der bestimmtesten Weise jenen Unterschied zu den vielen Sachwidrigkeiten und Unwissenschaftlichkeiten der Vulgärsprache rechnet [179].

Der zweite Satz scheint mit seinem «letzten» oder «ersten» Subject das Schreckniss einer Art von Spinozismus hervortreten zu lassen. Denn es kann doch mit diesen Ausdrücken kaum etwas anderes gemeint sein, als dass — mag im praktischen Leben oder auch aus gewissen theoretischen Gesichtspunkten als der Thäter einer Handlung, z. B. einer boshaften Lüge, zunächst dieser oder jener Mensch betrachtet werden — in letzter Instanz Thäter und Subject aller Handlungen die Substanz, also in kantischem Sinne die Materie ist, als deren Modificationen dann und blosse Zustände, etwa wie bei Schopenhauer (III, 49; II, 543 f., 574), die sonst als Subjecte von Handlungen und Ereignissen bezeichneten Dinge angesehen werden müssten. Und wollten wir etwa Kants identische Materie in die heutige Vorstellung von dem constanten Atomgehalt umsetzen, so würde der eigentliche Thäter der Handlungen jedesmal die Summe von Atomen sein, welche bei einer Bege-

benheit in Cooperation treten. Jedes Ding und jedes Subject,
seine Zustandsänderungen und seine Thaten : sie wären nichts
als nach festen Gesetzen auftauchende und mit Hinterlassung
nothwendiger Folgen wieder verschwindende Resultanten
bestimmter Configurationen des ewigen Atomgehalts der
Welt.

Ein solcher «Spinozismus» würde nun allerdings in seiner
ganzen Schrecklichkeit und Unerbittlichkeit hervortreten,
wenn Kant nicht von einer blossen «substantia phænomen*» *on*
spräche. Wie die Dinge «an sich» gedacht werden sollen,
davon ist hier nicht die Rede. Nur tritt allerdings für die
m e t a p h y s i s c h e Würdigung dessen, was im eigentlichsten
Sinne Handlung heisst, für die Würdigung der bewussten
menschlichen Action schon jetzt das Bedürfniss hervor, einen
Gesichtspunkt zu gewinnen, von dem aus der handelnde
Mensch sich gegen die übrige Weltrealität mehr abhebt und
abgrenzt, als es eine spinozistische Substanz zulässt, von dem
aus andererseits die in dem Bewusstsein unmittelbar erlebte
E i n h e i t weniger .in eine Vielheit auseinanderfällt, wie es
bei einer Hingabe der bewussten That an Zustandsänderungen
realer Weltatome geschehen zu müssen scheint.

Dass K a n t seinerseits mit der Lehre von der Zusammensetzung des menschlichen wie jedes Körpers aus discreten
Theilen (vgl. V, 405) [180] nicht sofort die andere unlöslich verknüpft fand, dass der metaphysische Grund des Zusammengesetzten auch ein entsprechend Vielfaches sei, geht, was hier beiläufig erwähnt werden mag, am deutlichsten aus einem Passus
gegen Eberhard hervor (I, 429, Anm.) : «Wenn ich sage : das,
was der Möglichkeit des Zusammengesetzten zum Grunde
liegt.... ist das Noumen...., so sage ich damit nicht, es
liege dem Körper als Erscheinung ein Aggregat von so viel
einfachen Wesen.... zum Grunde; sondern ob das Uebersinnliche, was jener Erscheinung als Substrat unterliegt, als
Ding an sich auch zusammengesetzt oder einfach sei, davon
kann niemand im mindesten etwas wissen».... Und was
sein Verhältniss zu Spinoza's Pantheismus anbetrifft, so perhorrescirt er denselben dermassen und hält ihn zugleich für
so unrettbar und notorisch gerichtet, dass er gegnerische
Ansichten schon damit zu schlagen glaubt, dass er ihnen zeigt,

sie lehrten «so recht, wie es Spinoza haben wollte». Diese
Wendung nimmt er z. B. an einer Stelle der Streitschrift
gegen Eberhard, welche d a s V e r h ä l t n i s s d e r K r a f t
z u r S u b s t a n z erörtert (I, 448) und unten deswegen noch
benutzt werden muss. (Auch auf das «letzte Suject» kommen
wir zurück.)

Wie wenig gleichwohl Kant i n n e r h a l b d e s E m p i r i -
s c h e n den «handelnden» Menschen von den sonstigen Agentien zu trennen beabsichtigte, geht u. A. auch aus folgender
Stelle hervor, welche zugleich seine Ansicht über die ontologische Bedeutung der K r a f t klarzulegen im Stande ist. «Der
Mensch», heisst es (II, 428), «ist eine von den E r s c h e i -
n u n g e n d e r S i n n e n w e l t und insofern auch eine der
N a t u r u r s a c h e n , deren Causalität unter empirischen
Gesetzen stehen muss (s. o., S. 142). Als eine solche muss er
demnach auch einen e m p i r i s c h e n C h a r a k t e r haben,
s o w i e a l l e a n d e r n N a t u r d i n g e . Wir bemerken
denselben durch K r ä f t e und V e r m ö g e n , d i e e r i n
s e i n e n W i r k u n g e n ä u s s e r t».....

Der mit einem empirischen Charakter als einem Inbegriff
von Kräften und Vermögen begabte Mensch ist, sagt Kant,
ein «Naturding», wie alle andern Erscheinungen der Sinnenwelt; er ist, wie sie, eine «N a t u r u r s a c h e». So sehr diese
Bemerkung es sicher stellt, dass Kant wirklich alle natürlichen
Agentien als solche gleichwerthig fand, so sehr erregt sie
nach einer andern Seite Anstoss. Es ist bekannt, dass Schopenhauer, unter Beifügung des Verdachtes auf pia fraus, zum
Ueberdruss oft[181] diejenigen in seiner Weise tadelt, welche es
sich beikommen lassen, ein Ding, ein Object U r s a c h e zu
nennen; es geschehe, meint er, «gegen besseres Wissen und
Gewissen», indem man «nach dem dereinst aufzustellenden,
so theuern kosmologischen Beweise» ausschiele, dem Kant
nun einmal «die tödtliche Wunde beigebracht»; es sei jedenfalls «ganz falsch», z. B. anstatt des Auffallens der Sonnen-
strahlen auf den Brennspiegel, entweder den Brennspiegel
selbst oder die Sonne oder das Oxygen als die Ursache
der Entzündung in Anspruch zu nehmen. Wenn nun Kant
den Menschen, ein Naturding, Natur u r s a c h e nennt: sollen
wir annehmen, dass auch er, der selbst als Erleger des kos-

mologischen Beweises gerühmt wird, dass auch er einmal
nach dem «so theuern» ausgeschielt habe? Oder hat er eine
nicht bloss unverfängliche, sondern sogar völlig billigens-
werthe Terminologie und Lehre vorgetragen? eine Lehre
vielleicht, der sogar — Schopenhauer selber huldigt?

Der von letzterem bemängelte Sprachgebrauch findet sich
jedenfalls auch sonst bei Kant; und zwar an Stellen, wo von
kosmologischen Hintergedanken noch weniger zu wittern ist,
als bei der Natur u r s a c h e Mensch. So heisst es z. B. unter
der zweiten Analogie (II, 172) von dem Falle, wo Wasser, mit
einer Glasröhre geschöpft, aus dem Horizontalstande in einen
concaven übergeht, nicht, dass das Schöpfen, sondern dass
das Glas die Ursache von dem Steigen des Wassers
sei. Und die kantische Anschauungsweise ist eine ganz gewöhnliche; alle Welt spricht so, wie er. Nicht freilich wird
dabei das S u b s t a n z i e l l e, das relativ oder absolut Beharrliche selbst, was wir Ding nennen, als Ursache angesehen,
sondern die ihm i n h ä r i r e n d e K r a f t. Und so ist es auch
bei Kant. Wenn der Mensch z. B. lügt, so ist die Ursache, wie
bei andern Wirkungen, die er äussert, der Inbegriff von
«Kräften und Vermögen», sein «empirischer Charakter»,
der gerade so wirkt, wie die Adhäsionskraft zwischen Wasser
und Glas, wie die chemische Affinität zwischen dem Oxygen
und dem brennbaren Körper.

Trotz seiner Ereiferung für die ausschliessliche Bezeichnung
eines Z u s t a n d e s und einer V e r ä n d e r u n g als Causalität
denkt und spricht auch Schopenhauer so durchaus im vulgären Sinne, der zugleich der Sinn Kants ist, und dabei so
anklingend an des letzteren Wendungen, dass wir sogar annehmen müssen, er sei von Kant auch in diesem Punkte,
obwohl er ihm zu Tadel Veranlassung gibt, a b h ä n g i g; ja dass
wir seiner Darstellung uns als einer instructiven Paraphrase
der kantischen Meinung bedienen können. Die für unsern
Zweck brauchbarsten Stellen stehen: Vierf. Wurzel, a. a. O.,
S. 45. Welt als Wille, W., II, 147 f., 339. Wir gestatten uns,
in der Wiedergabe die Beziehungen auf Schopenhauersche
Mystik abzustreifen:

«Von der.... Kette der Ursachen und Wirkungen, welche
alle Veränderungen leitet.... bleiben.... zwei Wesen unbe-

rührt; einerseits.... die Materie, und andererseits die
ursprünglichen Naturkräfte; jene, weil sie der
Träger aller Veränderungen ist....; diese, weil sie das sind,
vermöge dessen die Veränderungen oder
Wirkungen überhaupt möglich sind, das,
was den Ursachen die Causalität, d. i. die
Fähigkeit zu wirken, allererst ertheilt....
Die Naturkräfte sind.... immer bereit sich zu äussern, sobald
nur am Leitfaden der Causalität die Gelegenheit dazu eintritt.... Dass der Bernstein jetzt die Flocke anzieht, ist die
Wirkung : ihre Ursache ist die vorhergegangene Reibung
und jetzige Annäherung des Bernsteins ; und die in diesem
Process thätige.... Naturkraft ist die Elektrizität....
In jedem Ding in der Natur ist etwas, davon kein Grund
angegeben werden kann.... keine Ursache weiter zu
suchen ist : es ist die spezifische Art seines Wirkens.... Zwar von jeder einzelnen Wirkung des
Dinges ist eine Ursache nachzuweisen, aus welcher
folgt, dass es gerade jetzt, gerade hier wirken musste :
aber davon, dass es überhaupt und gerade so wirkt, nie....
Was dem Menschen sein.... bei aller Erklärung
seiner Thaten.... vorausgesetzter Charakter ist : eben
das ist jedem unorganischen Körper seine wesentliche Qualität, die Art seines Wirkens. .... Wie jedes Ding in
der Natur seine Kräfte und Qualitäten hat, die auf
bestimmte Einwirkung bestimmt reagiren und seinen
Charakter ausmachen : so hat auch der Mensch seinen
Charakter, aus dem die Motive seine Handlungen
hervorrufen mit Nothwendigkeit. In dieser Handlungs-
weise offenbart sich sein empirischer Charakter[182] ».

Ich stehe, wie gesagt, nicht an, diese Darstellung als in
allem Wesentlichen kantisch zu bezeichnen: Das Verhältniss
der Prädicabilien Kraft und Handlung zu den Kategorien
Substanz und Causalität stellt sich danach folgendermassen.

In allem Wechsel und Wandel der «objectiven Welt»
(S. 127) ist absolut beharrlich der Atomgehalt, die « Materie »;
sie ist das «letzte Subject» aller Veränderungen. Die Veränderungen erfolgen am Leitfaden der Causalität. Aus bestimm-

ten Zuständen der Materie erfolgen unter bestimmten Bedingungen bestimmte Wirkungen. Diesen unabänderlichen Verlauf drücken empirische Naturgesetze aus. Dass dieses empirische Gesetz hic et nunc sich verwirkliche, das hängt davon ab, ob die wesentlichen, d. h. für die Constitution der Gesammtursache unentbehrlichen Factoren einmal durch den gesetzmässigen Weltlauf zusammengeführt werden; wann und sobald dies geschieht, so tritt nach dem Causalitäts-axiom die durch das empirische Gesetz verzeichnete Wirkung ein; der letzte Vorgang, das complementum possibilitatis realis, ist die Gelegenheitsursache für die Wirkung. In letzter Instanz ist das handelnde Subject aller Veränderungen die «Materie» (d. h. die jedesmal betheiligte Atom-summe). Die Atome aber, an sich unwahrnehmbar, bilden Aggregate und Composita, neue discrete Einheiten, die man trotz ihrer nur vorübergehenden Constanz aus praktischen Rücksichten unzählbar häufiger als Substanzen bezeichnet, als die sie constituirenden Urelemente. Wie ihre Synopsis, Distinction und Articulation der Leistungsfähigkeit unserer sinnlichen und geistigen Vermögen besser entspricht, so erregen sie auch als die vertrauten Mittel und Objecte unserer Lebensgestaltung und unsers menschlichen Verkehrs ein viel grösseres Interesse als jene unmerklichen absoluten Dauerhaftigkeiten. So lange sie sind, was sie sind (vgl. § 14), handeln sie übrigens constant wie jene; gemäss ihrem «empirischen Charakter», gemäss den in ihnen liegenden Eigenschaften, «Kräften, Vermögen». Diese Vermögen sind stets sich selbst gleich; aber sie äussern sich nicht immer. Ihre jedesmalige Aeusserung ist von gewissen Bedingungen, von den «Collocationen»[183] abhängig, welche der Weltlauf hervorruft und die jedesmal den weiteren Weltlauf bestimmen; sie äussern sich unter denselben Collocationen auf dieselbe Weise; sie werden um dieser Kräfte und Eigenschaften willen stets als Ursachen bezeichnet. —

Berkeley verlangte bekanntlich, dass der Ausdruck Kraft von bewusst- und geistlosen Naturdingen nicht gebraucht würde; er wollte ihn für wollende Wesen reservirt wissen; den Naturerscheinungen, meinte er, fehle es, da sie nur im Bewusstsein perzipirender Subjecte existirten, an der diesem

Begriff wesentlichen Selbständigkeit und Substanzialität; Kraft sei nur, wo Handlung sei; innerhalb der sichtbaren und tastbaren Objecte gebe es weder das Eine noch das Andere; hier gebe es nur gesetzmässige Verknüpfungen von Phänomenen. Es sei ein Missbrauch, z. B. von Attractions-kraft zu reden, möge sie sich nun in den Erscheinungen des irdischen Falls und der Ebbe und Fluth oder der Cohäsion und Krystallisation manifestiren sollen. Er verurtheilt aus demselben Grunde auch den Terminus Ursache. Was man im Bereiche der Erscheinung Ursache nenne, sei im Grunde nichts weiter als ein «Zeichen» für den denkenden und empirisch instruirten Beobachter, dass er gewisse Folgen zu erwarten habe[184].

So werthvoll es immer ist, wenn Berkeley unermüdlich einschärft, dass wir mit den Objecten unserer Wahrnehmung als solchen keine Realitäten an sich vor uns haben, abgelöst von einem perzipirenden Subject[185]: so kämpft er doch hier für denjenigen gegen blosse Worte, der gar nicht abgeneigt ist, im Kreise der Phänomene die Kraft für nichts anderes zu halten, als — um mit Fechner zu reden — für «einen Hilfsausdruck zur Darstellung der Gesetze» (Atomenlehre, 2. Aufl., S. 120 ff.). Abgesehen davon, dass es, ohne in Metaphysik überzutreten, auch von Berkeley's «will of a spirit» (a. a. O., Sect. 105) nicht möglich ist, Ursäch-lichkeit, Kraft und Handlung in anderm Sinne auszusagen, als in dem, welchen Berkeley in Beziehung auf Naturthat-sachen nöthig findet: wie schon David Hume zur Genüge erwiesen hat. Und tritt man im Interesse des «Subjects» aus dem stricten Phänomenalismus heraus, so steht prinzipiell nichts mehr im Wege, nicht bloss auch transcendente «Ob-jecte» überhaupt anzusetzen, sondern diesen auch die quali-tates occultæ (die geisterhafte actio in distans mit eingeschlos-sen) zuzusprechen, welche man mit den Ausdrücken Kraft und Handlung mehr andeutet als aufhellt.

Was nun Kant angeht: so ist er von der Trägheit, Leblo-sigkeit und Phänomenalität alles Materiellen, von der Uner-laubtheit, irgend ein «positives Streben» von ihm zu prädi-ziren, dermassen überzeugt, dass er das Gegentheil «den Tod aller Naturphilosophie» nennt (V, 408)[186]. Es kann daher

von seinem Standpunkt aus wirklich nur als ein Wechsel des
Ausdrucks bezeichnet werden, wenn z. B. im Falle der Capil-
larerscheinungen einmal das G e s e t z formirt wird, nach dem
das Wasser, in der Glasröhre emporsteigend, einen concaven
Meniscus von einer bestimmten Tiefe bildet, und das
andere Mal auf das constante Verhältniss der Adhäsions-
k r a f t zwischen den Wassertheilchen und dem Glase zur
Cohäsions k r a f t der Wassertheilchen unter einander Bezug
genommen wird. Er will mit den Ausdrücken Naturkraft und
Naturursache .durchaus nichts Metaphysisches, nichts im
«Innern» der Dinge bezeichnen, nichts, was über die
gesetzmässige Beziehung sinnlicher Thatsachen hinauslangte.
«Die inneren Bestimmungen einer substantia phænomenon
sind» ihm (II, 218) «nichts als V e r h ä l t n i s s e, lauter
R e l a t i o n e n»; und diese «V e r h ä l t n i s s e» bezeichnen
«die K r ä f t e», die in dem R a u m e «w i r k s a m
s i n d». «Die Materie.... hat», heisst es an einer anderen
Stelle, «keine andern Bestimmungen a l s d i e der äussern
V e r h ä l t n i s s e i m R a u m e»; und alle ihre Veränderung «ist auf ä u s s e r e Ursache gegründet» (Metaph.
Anfangsgründe der Naturw., V, 407). «Wir erkennen von der
körperlichen Natur nichts anders als den Raum (der....
bloss die Bedingung zu Oertern a u s s e r h a l b e i n a n d e r,
mithin zu blossen ä u s s e r e n V e r h ä l t n i s s e n ist), das
Ding im Raume, (das [187]) ausserdem, dass.... es selbst ausgedehnt ist, keine andere W i r k u n g als Bewegung....
folglich keine andere K r a f t oder l e i d e n d e E i g e n s c h a f t
a l s b e w e g e n d e, K r a f t u n d B e w e g l i c h k e i t (Veränderung ä u s s e r e r V e r h ä l t n i s s e) zu erkennen
gibt» (Bemerkungen zu Jacobs Prüfung der Mendelssohnschen
Morgenstunden, W., I, 396). Und unter unserer zweiten Analogie heisst es (II, 174 f.): «Wie.... Etwas verändert werden
könne.... davon haben wir a p r i o r i nicht den mindesten
Begriff. Hierzu wird die Kenntniss w i r k l i c h e r K r ä f t e
erfordert, welche nur e m p i r i s c h gegeben werden kann,
z. B. der bewegenden Kräfte, o d e r w e l c h e s e i n e r l e i
i s t: g e w i s s e r s u c c e s s i v e r Erscheinungen als
B e w e g u n g e n, welche solche Kräfte anzeigen»
(vgl. Anm. 182) [188].

Kant war Newtonianer. Bei dieser seiner Identifizirung der
«Kraft» mit der gesetzmässigen Wirkung, der bewegenden
Kräfte z. B. mit den Bewegungen, «welche solche Kräfte anzeigen»: würde er sich wohl über die Gravitationskraft in
anderm Sinne haben auslassen mögen, als Newton selbst in
der 8. Definition des 1. Buches und in der Bemerkung zur
3. Regula philosophandi im 3. Buche der Prinzipien [189]? oder
als Sam. Clarke in den vorsichtigen — man möchte beinahe
sagen positivistischen — Auseinandersetzungen über diese
«Kraft», in seinen Briefen an Leibnitz (Leibnitii Opp. philos.,
ed. Erdmann, 747 ff.)? Würde er nicht unterschrieben haben,
was dieser Newtonianer schliesslich erklärt (786[b]): Nous ne
prétendons pas exprimer la cause qui fait que les corps
tendent l'un vers l'autre, mais seulement.... le phénomène
même? die Erscheinung selbst, welche solche Kraft «anzeigt»
und mit ihr «einerlei ist»! Wenn er nicht ins Metaphysische
übertreten wollte, musste er es wohl.

Von einem solchen Standpunkt aus erhebt sich nun freilich
eine Schwierigkeit, die leicht zu begreifen und schwer zu
lösen ist. Wenn die bewegende Kraft auf das Bewegungsgesetz
reducirt wird, so wird damit der — auch von Newton statuirte
— Erkennungsunterschied für wirkliche Bewegung, gegenüber der bloss scheinbaren (vgl. Anm., 80, 150), aus den
Händen gegeben. Wir gerathen in einen Zirkel, der es nicht
einmal mehr ermöglicht, für Copernicus gegen Ptolemäus
Partei zu ergreifen.

Wir brauchen darum gleichwohl nicht sofort in Metaphysik
überzutreten. Es liegt vielmehr näher, um aus dem Gewirr
der gegenseitigen Lagenveränderungen die wirklichen
Bewegungen herauszusondern, vorerst noch den Versuch zu
machen, ob nicht der Begriff der Masse als aushelfender
Leitfaden zu benutzen sei. Sagt doch auch das Newtonsche
Gravitationsgesetz: Die kosmischen Körper ziehen sich an
im gleichen Verhältniss der Massen. Uebrigens lässt sich
ohne die Erörterung des Begriffs der Masse, der Materie,
auch die Bedeutung des Prädicabile Kraft und sein Verhältniss
zur Kategorie Substanz nicht erschöpfend darstellen [190].

Es ist bekannt, dass Kant in dem zweiten Hauptstück der
metaphysischen Anfangsgründe der. Natur-

wissenschaft («Dynamik» betitelt, V, 342 ff.) die Materie, insofern «sie einen Raum erfüllt», aus einer attractiven und einer repulsiven «Kraft» zu construiren versuchte. Auch in der Kritik der reinen Vernunft wird in dem Abschnitt: «Von der Amphibolie der Reflexionsbegriffe» (II, 218) in Beziehung auf die «Substanz im Raume» bemerkt, dass wir sie nur kennen «durch Kräfte, entweder andere dahin zu treiben (Anziehung) oder vom Eindringen in ihn abzuhalten (Zurückstossung und Undurchdringlichkeit); andere Eigenschaften kennen wir nicht, die den Begriff von der Substanz, die im Raum erscheint, und die wir Materie nennen, ausmachen».

Wie ist es nun? Werden wir nicht von Herodes zu Pilatus geschickt? Wir wollen wissen, welche Kräfte in den körperlichen Substanzen wirksam sind; um «Metaphysik» zu vermeiden, weist man uns an die Phänomene selbst, an die Bewegungen. Aber wir wissen nicht, welche der mannigfachen gegenseitigen Lagenänderungen, die wir beobachten, und wie viele von ihnen «wirkliche Bewegungen» darstellen und was sich nur zu bewegen scheint. Früher erfuhren wir, dass sich das durch die «vis impressa» bestimme. Aber die vis impressa ist nur ein anderer Ausdruck für die Regel der Bewegung. Wenn wir nun wenigstens jedesmal die Lage jedes Körpers im absoluten Raume bestimmen könnten! Aber dazu brauchen wir ein festes Axengerüst, einen ruhenden Centralkörper. Und einen solchen gibt es nicht. Und wenn es ihn gäbe: wie sollten wir bei der fortwährenden Verschiebung unsers eigenen Standpunkts gegen alles und jedes, das seinerseits selbst, und zum Theil in den complizirtesten Formen, zu einander die Lagen wechselt, ihn erkennen? Da scheint die «Masse» einen Rettungsanker zu gewähren: die Sonne ist nicht desshalb den Planeten gegenüber in Ruhe, weil sie alle in eigentlichem Sinne «anzieht», sondern weil sie die grössere «Masse», die grössere Quantität «Materie» hat. — Aber Materie «kennen wir nur durch Kräfte». Führt kein Weg aus diesem Labyrinth?

Wir müssen vorerst noch tiefer hinein.

Man erinnert sich, welchen heillosen Unfug die kantische «dynamische» Construction in der nachkantischen Naturphilosophie zur Folge gehabt hat. Die materielle Substanz

löste sich wirklich ganz in Kräfte auf, die nun nichts mehr
hatten, dem sie inhärirten; die Kategorie der Substanz ward
ein Schatten, ein Hirngespinst, ein Nichts. Und wenn jemand
sagte, «dass er sich kein Handeln ohne Substrat zu
denken vermöge», also auch wohl keine Bewegung ohne ein
Etwas, das bewegt wird oder sich bewegt, dem zeigte
Schelling [191], dass er «eben dadurch» gestehe, «dass jenes
vermeintliche Substrat.... ein blosses Product seiner Einbildungskraft, also (!).... nur sein eigenes Denken sei».... [192].
«So werde niemand z. B. sagen, die Undurchdringlichkeit
sei der Materie eingepflanzt, denn die Undurchdringlichkeit
sei die Materie selbst». Denselben Standpunkt nimmt heute
Ed. v. Hartmann ein. Er kann «mit der Kraft allein
auskommen»; er beruft sich auf die Naturwissenschaft; auch
hier werde «der Stoff mehr und mehr in Kräfte zerlegt»; «bei
jedem in irgend welcher Richtung angestellten Verhöre ver-
dufte er in Kräfte». (Uebrigens ist ihm die Kraft selbst
«wiederum nicht ein unbegreiflich Letztes, sondern
ein in die geistigen Urprinzipien Wille und Vorstellung Auflösbares», u. s. w., u. s. w.) [193].

Wir fragen unsererseits zunächst : Wollte Kant die materielle
Substanz auch in Kräfte «verduften» lassen?

Die Dynamik ist erst das zweite Hauptstück der metaphysischen Anfangsgründe; es setzt das erste, die «phoronomische Erklärung der Materie», voraus (V, 342). Während
das zweite das «Vermögen» der Materie, «einer Bewegung
innerhalb eines gewissen Raumes zu widerstehen», behandelt,
hat das erste dieselbe schon als «das Subject» der Bewegungen im Raume vorgeführt: «Materie», heisst es V, 320,
«ist das Bewegliche im Raume [194]».

So haften bei Kant natürlich auch die Kräfte, durch welche
er die Materie den Raum erfüllen und Undurchdringlichkeit
zur Erscheinung bringen lässt, an dem «Subject», von dem
der erste Abschnitt sprach. Er hatte schlechterdings keine
Neigung, die Substanz durch die Kraft überflüssig zu machen.
Es ist in der Kritik des Eberhardschen «Magazins», dass er
gegen die von dem Wolfianer aufgestellte Identification von
Kraft und Substanz «beiläufig» bemerkt, dass der Begriff von
Kraft «ganz etwas anders» sei, als der der Substanz. «Der

Satz: das Ding (die Substanz) ist eine Kraft, statt des ganz
natürlichen: die Substanz hat eine Kraft, ist ein allen onto-
logischen Begriffen widerstreitender und in seinen Folgen der
Metaphysik sehr nachtheiliger Satz. Denn dadurch geht der
Begriff der Substanz im Grunde verloren, nämlich der der
Inhärenz in einem Subjecte, statt dessen alsdann der der
Dependenz von einer Ursache gesetzt wird» (I, 448,
Anm.). —

Wenn nun aber die beiden Eigenschaften, welche früher
das Wesen des Körperlichen zu constituiren schienen: die
Ausdehnung und Undurchdringlichkeit (§ 27, S. 117), selbst
schon Folgeerscheinungen primitiver Kräfte sind, was ist
dann das «letzte Subject», von dem oben die Rede war, das
Subject, dem diese Kräfte inhäriren?

Nichts Anderes, als was Kant sagt: das Subject der Bewegung. Die Bewegung geschieht durch den absoluten Raum;
sie bedarf eines Subjectes, das sich bewegt (vgl. V, 405).

Wenn Kant dieses Subject in der Phoronomie (V, 320) «für
einen Punkt gelten» lässt, so wird man sich erinnern,
dass seit R. J. Boscovichs Philosophiæ naturalis theoria
(Wien, 175$) es Physiker genug gegeben hat, welche gleich-
falls als die letzten Elemente des Materiellen Punkte, «Kraftcentra» (vgl. die Worte Newtons, Anm. 189) ansetzten, ohne
darum den Unterschied zwischen Substanz und Kraft in Verwirrung bringen zu wollen. Auch braucht man desshalb nicht
sofort mit Descartes den Unterschied zwischen Raum (Ort)
und Materie zu verwischen; man kann dem materiellen
Punkte eine Massenintensität als Substrat seiner
Kräfte und Actionen vindiziren. In diesem Sinne heisst es
z. B. bei Fechner (a. a. O., S. 119): «Die Physik braucht
Centra für die Kraft, die nicht selbst als Kraft fassbar
sein können; und es ist ein Bedürfniss, diesen Unterschied von
Materie und Kraft, statt zu verwischen, auf eine klare
Bedeutung zurückzuführen.» Versteht man etwa z. B. mit
W. Weber (Brief an Fechner, a. a. O., S. 88 f.) und Wüllner
(Lehrbuch der Experimentalphysik, 1863, S. 56) unter Masse
das bei jedem Centrum «constante Verhältniss» zwischen
den «antreibenden Kräften» F, F', F'', u. s. w., und der
Beschleunigung G, G', G'', u. s. w., die sie ihm ertheilen

$$\left(\frac{F}{G} = \frac{F'}{G'} = \frac{F''}{G''} \text{ immer} = M \right),$$ so hat man solche «klare
Bedeutung»; — ohne freilich damit den Cirkel
der Wechselrelationen durchbrochen zu haben.
Denn was sind «antreibende Kräfte»?

Im Uebrigen hat ein Massenpunkt der charakterisirten Art
allerdings Substanzialität genug; er kann sich unter seines
Gleichen ganz der in ihm fixirten Massenintensität gemäss —
wenn sie sich auch nur relativ bezeichnen lässt [195] — durch
den absoluten Raum bewegen, ganz so wie die Erde oder der
ihre «Masse» jedesmal repräsentirende Schwerpunkt im
Sonnensystem; das «constante Verhältniss» bewegt sich mit
und an dem Punkte durch die Leere; es haftet an dem
Punkte, ist mit der «Materialität» des Punktes identisch.
Eine weitere Verdeutlichung solcher Materialität könnte nur
im Bereiche der Metaphysik erwartet werden.

Trotz der Constanz jenes Verhältnisses werden natürlich
die mannigfachsten modi der Geschwindigkeit und Richtung
nach den jedesmaligen Collokationen und Distanzverhält-
nissen der aufeinander einwirkenden Massencentra möglich
sein. Die Aeusserung der in ihnen fixirten «Kräfte» oder
«Vermögen» [196] ist eben abhängig von und ändert sich mit
(ist eine Funktion) der jedesmaligen relativen Lage der elementaren Substanzen zu einander; oder wie Fechner sich
ausdrückt: «Alle in der Materie waltenden Kräfte bedeuten
nur die Verwirklichung [197] des gesetzlichen Bezuges zwischen
aufeinanderfolgenden Zusammenstellungen, ändern daher
auch ihren Begriff, wie sich die Zusammenstellung ändert, in
der sie, wie man sagt, wirken» (a. a. O., S. 128; vgl. F. A.
Lange, a. a. O., II, 206).

Und was bedeutet hiernach die kantische Unveränderlichkeit der Quantität der Materie? Sie kann nur bedeuten —
scheint es —, dass die Summe jener durch die gesetzmässigen
Bewegungsformen, die im Verkehr der materiellen Substanzen der jedesmaligen Collokation entsprechend sich verwirklichen müssen, individuell charakterisirten discreten
Massencentra ewig dieselbe bleibt. Und so heisst es auch
bei Kant, V, 398 : «Die Quantität der Materie ist die Menge
des Beweglichen in einem bestimmten Raum.» S. 405:

«In jeder Materie ist das Bewegliche im Raum das letzte
Subject aller der Materie inhärirenden Accidenzen und die
Menge dieses Beweglichen ausserhalb einander die Quantität
der Substanz. Also ist die Grösse der Materie der Substanz
nach nichts anders, als die Menge der Substanzen, daraus sie
besteht.»

Und die Construction der Materie, so ferne sie einen Raum
erfüllt, würde zu besagen haben, dass diese Centra weder
absolute Repulsion noch Attraction gegen einander beweisen,
sondern jederzeit in bestimmt limitirten Abständen sich halten
und dadurch die Durchdringung des Raumes mit Materie
hervorbringen. Sie sind nicht selbst ausgedehnt, aber durch
ihre attractiven und repulsiven Beziehungen werden sie fun-
damenta extensionis für das aus ihnen Zusammengesetzte [198].

33.

Der Gedanke, zum Zweck der Vervollständigung der kantischen Lehren über das Prädicabile «Kraft», auch das
Gesetz von der Erhaltung der Kraft in nähere
Betrachtung zu ziehen, könnte leicht unnatürlich und ge-
zwungen scheinen; und er wäre es ohne Frage auch, wenn
dabei die Absicht bestünde, etwa hier, wie es für andere natur-
wissenschaftliche Lehrsätze mit Glück versucht worden ist [199],
eine frappirende Anticipation seitens Kants zu constatiren.
Kant hat in diesem Punkte den Gedanken J. R. Mayers [200]
nicht vorweggenommen. Aber einerseits hat schon die im
ersten Theil erörterte Beharrlichkeitslehre zu dem Hinblick
auf das Mayersche Aequivalenz- und Erhaltungsgesetz (§ 28,
S. 132) hingedrängt; andererseits: so wenig Kant dieses
Gesetz selbst, zumal in der uns bekannten Präcision, hat vortragen können, so sehr steht seine Philosophie, so weit sie
sich im empirisch Gegebenen hält, mit den fruchtbarsten
Corollarien desselben im Zusammenhang; und jedenfalls ist
die Erörterung des Verhältnisses, das zwischen der kantischen
und der durch diese modernsten Conceptionen begründeten
Naturauffassung besteht, für die Charakterisirung des kanti-

schen Denkens höchst instructiv und für die Ausbeutung desselben höchst ergiebig.

Den Grundsatz der Newtonschen Mechanik : Actioni contrariam semper et æqualem esse reactionem, von dem man am ehesten erwarten sollte, dass Kant ihn im Sinne der heutigen Aequivalenzlehren benutzt haben möchte, hat er freilich nicht in dieser Richtung behandelt; sondern er hat in höchst merkwürdiger Weise von ihm Gebrauch gemacht für den «neuen Lehrbegriff der Bewegung und Ruhe»[201], den er 1758 in einem besondern Aufsatz und nachher gedrängter in den metaphysischen Anfangsgründen (3. Hauptstück, 4. Lehrsatz, V, 409 ff.) erörtert hat. Ja, in diesem neuen Lehrbegriff läuft die Vorstellung von einer absolut aufgehobenen Bewegung, der aber das nach unsern Auffassungen nothwendig resultirende Wärmeäquivalent nicht zur Seite gestellt wird, sogar ziemlich auffällig gegen die Mayer-Helmholtzschen Erhaltungsprinzipien.

Aber während auf dieser Stelle Kant unsern Erwartungen nicht entspricht, findet er sich mit der einschneidendsten Consequenz der Krafterhaltungslehre, ich meine mit der im Anschluss an dieselbe erneuerten und gesteigerten Tendenz, alle Naturprocesse in mechanische Vorgänge aufzulösen, um so mehr in Uebereinstimmung.

«Wenn wir endlich mit dem Verständniss gewisser Naturprocesse fertig geworden sind», sagt Helmholtz, «so sind die Folgerungen aus demselben: dass gewisse materielle Massen im Raume existiren und sich bewegen, und mit gewissen Bewegungskräften auf einander wirken. — Alle Veränderung in der Welt ist Aenderung der räumlichen Vertheilung der elementaren Stoffe und kommt in letzter Instanz zu Stande durch Bewegung; und das Endziel der Naturwissenschaft ist, sich in Mechanik aufzulösen.» Zuvörderst ist das freilich nur noch ein Ideal; aber der im Laufe der letzten Jahrzehnte vollzogene Fortschritt «ist geradezu auf das bezeichnete Ziel gerichtet». Dass alle elementaren Kräfte nach dem gleichen Masse, nämlich dem der mechanischen Kräfte zu messen seien, «ist in der That schon als erwiesen zu betrachten. Das Gesetz, welches dies ausspricht, ist unter dem Namen des Gesetzes von der Erhaltung der Kraft bekannt» (Physiol. Optik, S. 454. Pop. wiss. Vortr., II, 192 f.).

Wir finden Kant nicht bloss mit dem klaren Bewusstsein davon angefüllt, dass die Naturerklärung auf dem Wege zu diesem Ideal sich befinde — sie befand sich auf demselben ja seit Galilei's Mechanik und der Erneuerung der demokritischen Atomenlehre durch Gassendi[202] — sondern er hat auch das volle Verständniss für die wissenschaftliche und so zu sagen anthropologische Nothwendigkeit dieses Weges und dieses Ideals.

Hier kommen in erster Linie alle die Stellen in Betracht, in denen der Philosoph die Vortheile, welche eine rationelle Physik vor einer rationalen Psychologie, überhaupt eine Wissenschaft des äusseren Sinnes vor der des inneren Sinnes hat, mit beredten Worten auseinandersetzt.

Ausser den Stellen, die schon in § 27 zur Erörterung standen, sei noch auf folgende hingewiesen: In der Körperlehre lässt sich «vieles a priori aus dem blossen Begriffe eines ausgedehnten und undurchdringlichen Wesens», den «Begriffen vom vollen und leeren Raum, von Bewegung und bewegenden Kräften», in der Seelenlehre, «aus dem Begriffe eines denkenden Wesens gar nichts a priori synthetisch» erkennen (II, 304; I, 522). «Eine reine Philosophie der Natur mag zwar auch ohne Mathematik möglich sein, aber eine reine Naturlehre über bestimmte Naturdinge (Körperlehre und Seelenlehre) ist nur vermittelst der Mathematik möglich.... Ich behaupte dass in jeder besonderen Naturlehre nur so viel eigentliche Wissenschaft angetroffen werden könne, als darin Mathematik anzutreffen ist»[203]. Sie schafft apodiktische Gewissheit und in ihren Constructionen eine den Begriffen correspondirende Anschauung (V, 309). «Auf die Phänomene des inneren Sinnes ist Mathematik nicht anwendbar, man müsste denn allein das Gesetz der Stetigkeit in dem Abflusse der inneren Veränderungen desselben in Anschlag bringen wollen, welches aber eine Erweiterung der Erkenntniss sein würde, die sich zu der, welche die Mathematik der Körperlehre verschafft, ungefähr so verhalten würde, wie die Lehre von den Eigenschaften der geraden Linie zur ganzen Geometrie.... Das Mannigfaltige der inneren Beobachtung lässt sich nur durch blosse Gedankentheilung von einander absondern,

nicht aber a b g e s o n d e r t a u f b e h a l t e n und b e l i e b i g
w i e d e r v e r k n ü p f e n, noch weniger aber e i n a n d e r e s
d e n k e n d e s S u b j e c t sich u n s e r e n V e r s u c h e n
d e r A b s i c h t a n g e m e s s e n u n t e r w e r f e n » (310).
«Alles läuft hier nur auf empirische Erkenntniss, d. i. solche,
die wir im Leben, mithin i n d e r V e r b i n d u n g d e r
S e e l e m i t d e m K ö r p e r erwerben können, hinaus»
(I, 522).

So sehr zugestanden werden kann, dass diese Stellen in
der Discreditirung einer abgesonderten Seelenlehre etwas zu
weit gehen [204], so werden sie einerseits immer werthvoll bleiben, um gewisse psychologisirende Schwärmer im Zaume zu
halten, sowohl die, welche eine m a t h e m a t i s c h e Psychologie [205], als auch die, welche das Seelische ganz abgetrennt
von dem Körperlichen meinen wissenschaftlich bearbeiten zu
können [206]. Und andererseits zeigen sie eben, was uns hier
angeht, Kants Verständniss für die wissenschaftlichen Vortheile der äusseren (räumlichen, materiellen) Phänomene vor
den inneren (bloss zeitlichen, seelischen). Er begriff durchaus
die in dem Charakter des Gegebenen liegende Nothwendigkeit,
unsere Erklärungsversuche an äussere Anschauungen anzuknüpfen. Und was dabei noch ganz besonders werthvoll ist:
er begriff sie und betonte sie nach Gebühr, ohne nun sogleich
diese äusseren Anschauungen für mehr zu halten, als was sie
an sich und zunächst sind: Erscheinungen, Erscheinungen,
wie die Gefühle und Vorstellungen. Nur diesen Vorzug vindizirte er der Erscheinung des äusseren Sinnes vor der des
inneren, dass sie sich a b g e l ö s t v o n d e r R ü c k s i c h t
a u f j e n e n, jene aber nicht ohne Rücksicht auf diesen
wissenschaftlich behandeln lässt; dass sie s t a b i l e r ist [207];
dass sie sich n a c h B e l i e b e n w i e d e r e r z e u g e n lässt;
dass die für eine Wirkung u n w e s e n t l i c h e n Factoren
wirklich a b g e s o n d e r t w e r d e n können; dass das Object
der gleichartigen Wahrnehmung und C o n t r o l e aller, mit
denen wir in Denkgemeinschaft stehen, unterworfen werden
kann; und schliesslich, dass M a t h e m a t i k auf sie a n -
w e n d b a r ist und damit eine Exactheit und Evidenz zu
schaffen möglich wird, die eben unserm Erklärungsbedürfniss
die grösste Befriedigung gewährt.

Und wer möchte von diesen Vorzügen etwas abstreichen
wollen? Wer sieht nicht, dass wir um ihretwillen mit einer
Art von Verstandesfatalismus auf die mechanischen «Erklärungen» gerathen mussten! Kein Wunder, dass so lange
die Welt steht, niemand darauf verfallen ist, das Gegebene
etwa aus Gefühlen zu erklären; mit spontanen Thätigkeiten
hat man es allerdings in sonderbarem Missgriff bald nach
Kant versucht. Man hat die Gefühle und Stimmungen nicht
zu Grunde gelegt, obwohl alles unmittelbar Gegebene
jederzeit mit irgend einem irgendwie gearteten Gefühlsbei-
satz, unter irgend einer Bewusstseinsfärbung auftritt, während
wir von den äusseren Wahrnehmungen uns ablösen können ;
sondern man hat sich immer an das im Raume Darstellbare,
an das Handgreifliche, das Anschauliche, das festen Mass-
einheiten Unterwerfbare[208] und von allen Fühlenden gleich
sehr Wahrnehmbare und Controlirbare gehalten. Natürlich !
Lässt sich doch selbst die Anwesenheit oder Betheiligung eines Bewusstseins oder Gefühls für Andere nur
an sinnlichen, materiellen, so zu sagen physiognomischen
Zeichen nachweisen. Und während das Psychische : das Bewusstsein mit seinen Gefühlen, Willensimpulsen, Vorstellungs-
und Gedankenketten an sich nicht fähig ist, weder sich selbst,
noch seine Wahrnehmungsinhalte zu «erklären», entsteht
ihm selbst sogar durch Anknüpfung an die «objective Welt»
in so weit eine befriedigende Erklärung, als es sich nunmehr
wenigstens in eine gesetzmässig verknüpfte Erfahrung ein-
zuspannen vermag[209].

Helmholtz notirt (Pop. wiss. Vortr., II, 193): «In der
Chemie wird schon eifrig an der Ausbildung bestimmter
Vorstellungen über die Form der Bewegungen und Lagerungen der Molekeln gearbeitet». Kant begriff durchaus, was der
Chemie seiner Zeit fehlte, um dem von ihm wohl erkannten
menschlich höchsten wissenschaftlichen Ideal zu entsprechen :
«So lange.... noch für die chemischen Wirkungen der Materien auf einander kein Begriff aufgefunden wird, der sich
construiren lässt[210], d. i. kein Gesetz der Annäherung oder Entfernung der Theile angeben
lässt, nach welchem.... ihre Bewegungen sammt ihren
Folgen sich im Raume a priori anschaulich machen

und darstellen lassen...., so kann Chemie.... niemals.... eigentliche Wissenschaft werden, weil die Prinzipien derselben.... die Grundsätze chemischer Erscheinungen ihrer Möglichkeit nach nicht im Mindesten begreiflich machen» (V, 309 f.). Dass Kant der Ansicht war, seine ideale «Forderung» mathematischer Evidenz (er hätte noch die Möglichkeit exacter Messung hinzufügen können) «werde schwerlich jemals erfüllt werden», wird man entschuldbar finden ; dass seine Forderung dem von Helmholtz bezeichneten «Endziele» entspricht, ist von selbst deutlich[211].

Wie weit bei Kant das Bewusstsein davon ging, dass es eine in der Natur unserer Intelligenz begründete Nothwendigkeit sei, alle Erklärung in letzter Instanz mechanisch zu machen, dürfte am besten durch folgende Stelle sich verdeutlichen lassen, mit welcher wir wieder in die unmittelbare Gedankenumgebung unserer zweiten Analogie zurückgelangen, und die nun erst ihr volles Licht empfängt. Sie ist der «Allgemeinen Anmerkung zum System der Grundsätze» (Kr. d. r. V., 2. Aufl., II, 778) entnommen und lautet : «Um die Möglichkeit der Dinge zufolge der Kategorien zu verstehen.... bedürfen wir nicht bloss Anschauungen, sondern sogar immer äussere Anschauungen.... Um Veränderung als die dem Begriffe der Causalität correspondirende Anschauung darzustellen, müssen wir Bewegung als Veränderung im Raume zum Beispiele nehmen, ja sogar dadurch allein können wir uns Veränderungen, deren Möglichkeit kein reiner Verstand begreifen kann, anschaulich machen.... Wie es.... möglich ist, dass aus einem gegebenen Zustande ein ihm entgegengesetzter desselben Dinges folge, kann.... keine Vernunft sich ohne Anschauung verständlich machen; und diese Anschauung ist die der Bewegung eines Punktes im Raume, dessen Dasein in verschiedenen Oertern.... zuerst uns allein Veränderung anschaulich macht....» Und diese Bemerkung findet er (S. 779) auch wichtig, um uns die «Schranken der Möglichkeit» einer «Selbsterkenntniss aus dem blossen innern Bewusstsein und der Bestimmung unserer Natur ohne Bei-

hülfe äusserer empirischer Anschauungen
anzuzeigen».

Er hatte eben keine Scheu, für die Erklärung aller Erscheinungen das mechanische Prinzip, unter Benutzung anschaulicher mathematischer Vorstellungen, bis in die äussersten Consequenzen zu treiben.

Welches wären wohl nach unsern heutigen Anschauungen die äussersten Consequenzen? Ich will zwei hervorheben.

Erstens: dass auch in lebenden Wesen weder der mechanische Kraftfond noch der Vorrath von Materie eigentlich hervorgebracht wird, sondern nur bestimmten Formverwandlungen nach dem Gesetz der Aequivalenz unterworfen ist; dass wir auch hier nichts anderes vor uns haben, als ein überaus schwieriges mechanisches Problem; dass eine Pflanze und ein Vogel, welche Samenkörner und Eier erzeugen, die einen ganzen organischen Zellenbau einschliessen, allerdings sehr viel komplizirtere Fabriken sind als eine Schwefelsäuerfabrik, welche formlose Schwefelsäure aus Schwefel und Sauerstoff fabricirt, — aber doch eben auch nur Fabriken.

Zweitens: dass auch die menschlichen Handlungen nach ihren materiellen, physiognomischen Zeichen — und bei Fremden nehmen wir, wie schon bemerkt ward, nichts Anderes von ihnen wahr — durch das unerbittliche Gesetz von der Erhaltung der Kraft beherrscht werden, etwa so, wie es F. A. Lange, in der Geschichte des Materialismus (2. Aufl., II, 370 ff., 440 f., vgl. auch S. 518) an dem drastischen Beispiel eines durch eine Fallissementsnachricht zu energischer, vielverzweigter Handlung aufgestachelten Kaufmanns auseinandergelegt und gegen harmlose Einwände und Missverständnisse determinirt hat[212]. Er hätte mit der oben § 31, S. 144, nach Kant herangezogenen «boshaften Lüge», unter Ausschluss des Bewusstseins des Lügners und in blosser Berücksichtigung aller sinnlich wahrnehmbaren Processe, eine ganz ähnliche Analyse vornehmen können.

Man kann nicht erwarten, dass in der wissenschaftlichen Behandlung des organischen Lebens Kants · Uebereinstimmung mit den mechanischen Prinzipien sich bis auf das Gesetz von der Erhaltung der Kraft und die Malthus-Darwinistischen Vorstellungen von der Naturökonomie ausgedehnt habe:

abgesehen davon, ist sie nach einer Seite hin vollständig. Obwohl er für die reflectirende Beurtheilung der Lebewesen das teleologische Prinzip als Regulativ, als unumgängliche heuristische Maxime empfiehlt; obwohl er die Hoffnung auf einen «Newton», der auch nur die Erzeugung eines Grashalms — er würde heute natürlich sagen: auch nur einer vital, spontan [213] fungirenden Zelle oder Urcytode — nach bloss mechanischen Naturgesetzen «begreiflich machen würde», für ungereimt erklärt [214]; obwohl er insbesondere auch die Generatio æquivoca als «ungereimt» bezeichnet (Kr. d. Urtheilskr., § 74, W., IV, 287 ff.; § 76, S. 301; § 79, S. 313, Anm.), so ist doch auch hier nach ihm «Theorie der Natur» nur so weit denkbar, als mechanische Erklärung der Phänomene durch ihre «wirkenden Ursachen» stattfindet (a. a. O., § 78, S. 310); so haben wir doch nach ihm die an sich ganz unbeschränkte Befugniss und den Beruf, alle Producte und Ereignisse der Natur, selbst die zweckmässigsten, so weit mechanisch zu erklären, als es immer in unserm Vermögen steht, dessen Schranken wir innerhalb dieser Untersuchungsart gar nicht angeben können (a. a. O., § 77, S. 309; § 79, S. 311). Aus diesem Grunde ist er auch für das System der Epigenesis, welches doch wenigstens die Fortpflanzung der natürlichen Causalität überlässt (§ 80, S. 319). Und über die Entstehung der Arten wirft er zwar jene Hypothese hin, die er selbst ein «gewagtes Abenteuer der Vernunft» nennt, wonach im Anfang der «Mutterschooss der Erde gleichsam als ein grosses Thier» lebendige Geschöpfe hervorgebracht haben soll. Aber alles Weitere überweist er nach dem Vorgange des Lucrez (und Empedokles) der natürlichen Fortpflanzung und «stufenartigen» Entwickelung [215] (§ 79, S. 312 ff.). Und der Hylozoism wäre ihm der Tod aller eigentlichen Naturwissenschaft (V, 408). —

In Beziehung auf die menschlichen Handlungen führt ihn freilich die Thatsache, dass man trotz aller Bekanntschaft mit den natürlichen Quellen und gesetzmässigen Ursachen derselben, und «ob man gleich die Handlung dadurch bestimmt zu sein glaubt, nichts desto weniger den Thäter tadelt», weil man voraussetzt, er hätte ohne Rücksicht auf die verflossene Reihe empirischer Bedingungen eine Reihe von Folgen «ganz von selbst» anheben können (II, 435), zu der Lehre von der intelligiblen und transcendentalen Freiheit.

Da wir unsererseits indessen für jetzt von der zweiten Analogie zu handeln haben, als mit welcher wir uns im Gebiete der «Erfahrung» befinden, und überhaupt vorläufig noch nicht ins Metaphysische hinüberzublicken beabsichtigen; da überdies die Argumente, welche Kant für seine Conception beibringt, höchst unkräftig und untriftig sind und sich in die Dunkelheiten eines nahezu unverständlichen, jedenfalls widerspruchsvollen Mysticismus verlieren[216]; da sie auch von Neuem nur die oben (§ 22, S. 93) gerügte spiritualistische, die Natur, «die gute Mutter», wie Göthe sagt, misshandelnde Abneigung gegen das, was er Sinnlichkeit heisst, an der Stirn tragen[217], jene Abneigung, die schon in Schiller einen vortrefflichen Richter gefunden hat; da sie ferner von dem Autor selbst mit der äussersten Zaghaftigkeit und Reserve vorgetragen werden, so dass der ganze Ansatz schliesslich bloss wie eine unsern Erfahrungsbegriffen nicht gerade widerstreitende Annahme und Vorstellung, wovon jedoch nicht einmal die «Möglichkeit» erwiesen werden kann, herauskommt[218]: so interessirt uns an dem sehr intricaten und schlüpfrigen, dialektisch verkniffenen und gekünstelten Abschnitt allein die Frage, ob Kant dieser seiner «Freiheit» zu Liebe, etwa wie Helmholtz[219], von dem Gesetze der causalen Verkettung der phänomenalen Begebenheiten eine Ausnahme zu statuiren gedachte.

Obwohl nicht zu leugnen ist, dass manche Stellen stark danach aussehen, indem sie zwischen den intelligiblen und empirischen «Bedingungen» (S. 428) deutlich einen Antagonismus annehmen, der mit Besiegung der letzteren innerhalb der Erscheinung enden kann[220], so macht doch Kant theoretischerseits nie rechten Ernst mit der Sache, sondern lenkt immer wieder in die Lehre von der absoluten Herrschaft des Causalgesetzes im Bereiche der Erscheinung zurück; und seine Ausdrücke lassen hier an Klarheit und Bestimmtheit nichts zu wünschen übrig.

Zwar nimmt er die Position Lange's nicht ein, dass er etwa Alles, was wir von Handlungen Anderer w a h r n e h m e n können, ganz ohne Rücksicht auf das gleichzeitig im Hintergrund, ich meine im «inneren Sinn» des Fremden, spielende Gefühls- und Vorstellungsleben, also genau so wie Descartes die Lebensäusserungen und Bewegungen der Thiere, in Betracht zöge und in Rechnung stellte; aber auch ohne diese, von der Absicht, das Gesetz von der Erhaltung der Kraft consequent durchzuführen, abhängige und geleitete Anschauungsweise kommt Kant zu demselben Resultat, dass alle sogenannten Handlungen, so lange man im Bereich des empirisch, sei es im äusseren, sei es im inneren Sinn, Gegebenen bleibt, wie die übrigen Naturprocesse streng causaliter erklärt werden müssen und dass sie an sich auch dazu angethan sind; es wird innerhalb der Erscheinungen nirgends eine Ausnahme, nirgends eine Lücke der Causalkette und ihrer Nothwendigkeit statuirt.

«Das g a n z e Feld der Erfahrung, s o w e i t e s s i c h e r s t r e c k e n m a g», ist ein «I n b e g r i f f b l o s s e r N a t u r» (II, 419). «Wir b e d ü r f e n des Satzes der Causalität der Erscheinungen unter einander, um von Naturbegebenheiten Naturbedingungen, d. i. Ursachen in der Erscheinung, zu suchen und angeben zu können. Wenn dieses.... d u r c h k e i n e A u s n a h m e g e s c h w ä c h t w i r d, so hat der Verstand, der bei seinem empirischen Gebrauche in a l l e n Ereignissen nichts als Natur sieht und d a z u a u c h b e r e c h - t i g t i s t, Alles, was er fordern kann, und die physischen Erklärungen gehen ihren ungehinderten Gang fort» (S. 427). «D e r i n t e l l i g i b l e G r u n d f i c h t g a r n i c h t d i e e m p i r i s c h e n F r a g e n a n, sondern betrifft etwa bloss das Denken im reinen Verstande; und obgleich die Wirkungen dieses Denkens und Handelns des reines Verstandes in den Erscheinungen angetroffen werden, s o m ü s s e n d i e s e d o c h n i c h t s d e s t o m i n d e r a u s i h r e r U r s a c h e i n d e r E r s c h e i n u n g n a c h N a t u r g e s e t z e n v o l l - k o m m e n e r k l ä r t w e r d e n k ö n n e n, i n d e m m a n.... d e n i n t e l l i g i b e l n C h a r a k t e r.... g ä n z l i c h a l s u n b e k a n n t v o r b e i g e h t» (S. 428). Würden uns von einem Menschen, meint Kant (Kr. d. pr. V., VIII, 230), alle in seiner Denkart begründeten Triebfedern [221] und alle äussern Veranlassungen bekannt, so würden wir sein Verhalten «mit Gewissheit, so wie eine Mond- oder Sonnenfinsterniss ausrechnen können» [222]. Denn «alle Handlungen des Menschen in der Erscheinung sind aus seinem empirischen Charakter und den mitwirkenden andern Ursachen nach der Ordnung der Natur bestimmt.... In Ansehung dieses empirischen Charakters gibt es also keine Freiheit und nach diesem können wir doch allein den Menschen betrachten, wenn wir lediglich beobachten und, wie es in der Anthropologie geschieht, von seinen Handlungen die bewegenden Ursachen physiologisch erforschen wollen» (Kr. d. r. V., II, 431).

34.

Kant hat die Nothwendigkeit und causale Abhängigkeit nicht bloss über die Zeit ausgespannt; auch im Raume sind nach ihm in jedem Moment die Zustände der Substanzen causaliter verknüpft, gegenseitig von einander abhängig durch Wechselwirkung. Diese Wechselwirkung ist der Gegenstand **der dritten Analogie.**

Es ist bekannt, welche Mühe sich Schopenhauer gegeben hat, um die kantische «Wechselwirkung» als eine in sich widersprechende, leere, falsche und nichtige Conception zu erweisen; er räth in seiner drastischen Ausdrucksweise dem Leser schliesslich, diesen Terminus — der übrigens spezifisch deutsch sei, was für Schopenhauer nicht gerade eine Empfehlung ist —, wo er ihm auch entgegentrete, «als eine Art Allarmkanone» zu betrachten, «welche anzeige, dass man ins Bodenlose gerathen sei» (II, 544-549; Vierf. Wurzel, I, 42, 92).

Nun kann man ihm zwar durchaus beistimmen, wie wir auch oben (§ 9) thaten, wenn er Kants Ableitung der Wechselwirkung aus dem disjunctiven Urtheil eine «Gewaltthätigkeit» nennt; auch ist es zutreffend, wenn er gegen die kantische Bemerkung (II, 179), «dass das Licht, welches zwischen unserm Auge und den Weltkörpern spielt, eine mittelbare

Gemeinschaft zwischen uns und diesen bewirke und dadurch das Zugleichsein der letzteren beweise», die empirisch begründete Einwendung macht,
dass «der Anblick eines Fixsterns keineswegs beweise, dass
er jetzt mit dem Beschauer zugleich sei» (vgl. § 16, S. 61 f.);
auch kann man zugeben, dass in den meisten Fällen, wo von
Wechselwirkung die Rede ist, nur die gewöhnliche, die Successionen beherrschende Causalität vorliege, bloss dass die
Glieder der Causalität «abwechselnd gleichnamig» sind, wie
wenn A. v. Humboldt sagt, dass Mangel an Regen und
Pflanzenlosigkeit der Wüste in Wechselwirkung stehen : wo
die Pflanzenlosigkeit der Zeit A den Mangel an Regen der
Zeit B und dieser wieder die Sterilität der Zeit C zur Folge
hat.

Indessen, erstens sind doch nun einmal Fälle dieses Charakters so ausserordentlich häufig und besonderer Erwägung
und Beachtung werth [223], dass sie eine terminologische Signa-
tur verdienen; und da kann man nicht sagen, dass der Ausdruck Wechselwirkung schlecht gewählt wäre; die gleichna-
migen Zustände, welche alterniren, bedingen sich denn doch
eben wirklich gegenseitig; auch wird der Ausdruck denjenigen, welcher überhaupt bedenkt, was er spricht, nicht
sofort ins «Bodenlose» stürzen. Und zweitens : mag selbst
der Ausdruck so ungehörig sein als möglich; es bleibt doch
immerhin denkbar, dass Kant unter ihm etwas Gesundes
verstanden hat; Schopenhauer lässt sich nur auf Kants
Wort, nicht auf Kants Gedanken ein.

Die dritte Analogie lautete in der ersten Auflage der
Kritik (II, 178) : Alle **Substanzen**, soferne sie zugleich sind, stehen in durchgängiger Gemeinschaft (d. i. Wechselwirkung unter einander); die zweite Auflage änderte den Satz mit «soferne»
in folgende Fassung um : «soferne sie **im Raume**
als zugleich **wahrgenommen werden können**».
Offenbar beabsichtigte Kant, damit die Analogie auf das
Gebiet des äusseren Sinnes, näher auf das, was wir § 28
(vgl. namentlich S. 127) als die objective Welt
bezeichnet haben, zu beschränken [224]. Zugleich mochte
er mit «wahrgenommen werden können» in Erinnerung

bringen wollen, dass es sich — natürlich — nur um phänomenale Substanzen handle.

Was wollte nun Kant mit dieser Analogie? Die «Gemeinschaft», in welcher die wahrnehmbaren Gegenstände im
Raume gedacht werden sollen, ist eine «dynamische»
(S. 179); keiner derselben soll «isolirt» sein (178, 183, Anm.);
jeder ist mit allen «bis zu den entlegensten» (180) «unmittelbar oder mittelbar», sie sind alle «continuirlich» zu einer
«Kette verknüpft» (180); keiner kann sich dem Ring des
Systems entwinden, sich absolut selbständig geriren; er
wirkt, was er wirkt, nur unter Assistenz des ganzen Alls;
und das All bedarf seiner. Jede Substanz enthält die Causalität gewisser Bestimmungen der andern und in Ansehung
ihrer Bestimmungen zugleich die Wirkungen von der Causalität der andern in sich (179). Als Beispiel für die «bis zu
den entlegensten» Regionen sich erstreckende Gemeinschaft
aller Weltagentien wird das Licht herangezogen, «welches
zwischen unserm Auge und den Weltkörpern spielt». Wir
sagten schon, dass dies Beispiel ungeschickt ist; völlig
untadelig wäre der Hinweis auf die durch das Gravitationsgesetz geschaffene, continuirliche, gegenseitige Abhängigkeit der kosmischen Substanzen und ihrer «Bewegungsweisen» gewesen[225]. Dieses Gesetz schafft wirklich, was
Kant will, ein «Verhältniss der Substanzen, in welchem die
eine Bestimmungen enthält, wovon der Grund in der andern
enthalten ist», eine durchgängige Correlativität aller Bestimmungen der Substanzen (2. Aufl., II, 771).

Kant sah richtig, dass die Consequenz seines Grundsatzes
«die Einheit des Weltganzen» sei (S. 183). «Durch dieses
Commercium machen die Erscheinungen, so ferne sie ausser
einander und doch in Verknüpfung stehen, ein Zusammengesetztes, ein Ganzes aus» (S. 180).

Diese kantische Idee der systematischen Einheit aller Bestandtheile der «objectiven Welt» ist so wenig leer und
nichtig, dass sie im Gegentheil seitdem nur die vollkommensten empirischen Bestätigungen erfahren hat. Ja, es ist ein
Weltsystem, zu dem die Dinge im Raume sich zusam-
menschliessen. Die fernsten Sterne, die entlegensten Nebel-
flecke enthalten dieselben Stoffe, wie unsere nächste Umge-

bung. Und «dieselben Materien, die.... nur eben noch den unorganischen Kräften gehorchten, fallen der Wirkung der organischen anheim, so wie sie in eine organische Zusammenstellung eintreten ; dasselbe materielle Theilchen kann nach und nach die allerverschiedensten Kräfte erfahren und äussern»[226]. Alle Naturkräfte sind in einander convertibel. Alle Processe in der Natur lassen sich im letzten Grunde vorstellen als Bewegungen discreter Massenpunkte, von denen jeder die Bewegungsweise aller andern direkt oder indirekt continuirlich beeinflusst. Alles ist von Allem abhängig. Wir spannen unsererseits auch das Bewusstseinsleben in diese universale Abhängigkeit ein[224]. «Damit eine einfache Tastempfindung zu Stande komme, ist im Grunde nicht nur die Hand und ein Stein nöthig, ist der ganze Weltzusammenhang nöthig, ohne den Hand und Stein nicht existiren könnten»[227]. Wo und wie auch immer Dinge zusammengerathen : überall beweisen sie an der Art, wie sie sich zu bestimmen wissen, an dem, was aus ihren Beziehungen erfolgt, dass sie alle Mitglieder ein und derselben Familie sind ; sie constituiren zusammen ein Universum. —

Je inhaltsvoller und grossartiger sich hiernach Kants «Wechselwirkung» der empirischen Weltsubstanzen darstellt, um so sinnleerer wird Schopenhauers polternder Eifer gegen diese Conception. Aber er ist erklärlich. In die Ueberzeugung von der ausschliesslichen Geltung seines Causalitätsbegriffs (vgl. § 30) eingesponnen, übrigens vielleicht auch durch Kants sorglose Ausdrucksweise irre geleitet, berücksichtigte er die Doppeldeutigkeit des Ausdrucks «wirken» nicht. Von dem Consequens freilich sagen zu wollen, dass es in demselben Sinne, wie das Antecedens, auf dasselbe rückwirke, das wäre allerdings ein Widerspruch ; es würde voraussetzen, «dass das Nachfolgende zugleich das Vorhergehende gewesen» (Schopenhauer, Vierf. Wurzel, I, 42). Es ist aber kein Widerspruch, dass die Substanzen ihrem empirischen Charakter gemäss sich gegenseitig ihre Wirkungsweise modifiziren, und nicht bloss in alternirenden Zeitabschnitten einmal diese die jener, einmal jene die dieser, sondern, wie Kant sagt, continuirlich. Eine solche Ver-

kettung discreter Substanzen zeigen z. B. die Glieder, die
Systeme, die einzelnen Zellen, welche einen O r g a n i s m u s
constituiren : Blutlauf und Nervenfunction bedingen sich
unablässig gegenseitig. Eine solche Verkettung zeigt jedes
kosmische System. Hätte sich Schopenhauer getraut, die
continuirlich sich gegenseitig determinirenden Bewegungen
von auch nur drei kosmischen Körpern durch das Mittel von
der «abwechselnden Gleichnamigkeit» auf gewöhnliche Suc-
cessionscausalität zurückzuführen? Und was ist die Welt mit
ihren unzählbaren Sonnen, von denen jede aus unzählbaren
Atomen besteht, die alle sich gegenseitig fortwährend ihre
Raumlagen bestimmen : was ist sie gegen ein System von
drei Körpern ! Wer möchte dieses Netz in alternirende gleich-
namige Particularsuccessionen zerlegen ?

35.

Die staunenswerthe Thatsache, dass aus dem sinnlich
Wahrnehmbaren vermittelst des Verstandes und der Imagination eine Welt sich herauspräpariren lässt, die, so weit sie
auch verfolgt werden mag, in der angegebenen Weise ausnahmslos das Causalitätsgesetz bewährt und alle räumlichen
Dinge in durchgängiger gegenseitiger Abhängigkeit und
lückenloser Einheit sehen lässt, sucht Kant als eine «N o t h -
wendigkeit» zu erweisen. Sein Beweis läuft, wie schon im
Allgemeinen erinnert ward, darauf hinaus, dass diese Gesetze
desshalb als Thatsachen in aller «Erfahrung» angetroffen
werden, weil sie allein Erfahrung möglich machen.

Gelang es uns in Beziehung auf die zweite und dritte Analogie bisher (§ 29-34) Kants Prinzipien mit fast allen subtilsten und geklärtesten Vorstellungen der Gegenwart in Einklang, mindestens in engsten Zusammenhang zu setzen, so
gerathen wir nun mit seinem «Beweise», so tiefsinnig er
auch ist und so sehr er, wie alles Kantische, das grosse Räthsel
des empirischen Seins der Aufmerksamkeit und Theilnahme
näher zu rücken vermag, ins Problematische und Verwegene,
ja man möchte fast sagen ins Convulsivische und Abstruse.
Und doch sieht Kant in ihm den Höhepunkt seiner Wissen-

schaftslehre, die eigentliche Vollendung seines erkenntniss-
theoretischen Copernicanismus. Der Copernicanismus des
Standpunkts lässt sich nicht abstreiten, die Klarheit und
Wahrheit desselben aber wohl.

Ich betrachte zunächst die allgemeinen Züge des
Beweises. Sie sind in der Beantwortung der Frage enthalten,
mit der sich besonders die §§ 18-20 und § 23 der Prolegomena
beschäftigen: Wie wird aus Wahrnehmungen Erfahrung? Einiges davon wurde schon oben (§ 22) vorgeführt;
die eigentliche Spitze des Gedankenlaufs konnte aber nur
gerade erst angedeutet werden.

Der «Grund» alles unsers Wissens liegt für Kant wie für
Jedermann in der unmittelbaren Wahrnehmung. Aus diesem
Grunde erwachsen zunächst «blosse Wahrnehmungsurtheile»;
sie bedürfen nur «der logischen Verknüpfung der Wahrnehmung in einem denkenden Subject»; «ich vergleiche bloss
die Wahrnehmungen und verbinde sie in einem Bewusstsein
meines Zustandes». Solche Urtheile haben nur subjective
Gültigkeit. «Ich verlange gar nicht, dass ich es jederzeit oder
jeder andere es ebenso wie ich finden soll; sie drücken nur
eine Beziehung zweier Empfindungen auf dasselbe
Subject, nämlich mich selbst, und auch nur in meinem
diesmaligen Zustande der Wahrnehmung
aus; sie sind ohne Beziehung auf den Gegenstand»,
enthalten «keine Nothwendigkeit», mag ich und
mögen Andere das in ihnen Ausgesagte «auch noch so oft
wahrgenommen haben».

«Hintennach geben wir ihnen eine neue Beziehung,
nämlich auf ein Object, und wollen, dass es auch für uns
jederzeit und ebenso für jedermann gültig sein solle;
es entstehen «objectiv gültige», es entstehen «Erfahrungsurtheile», mit dem Characteristicum «nothwendiger Allgemeingültigkeit»; «die Gültigkeit
derselben schränkt sich nicht auf das Subject oder seinem
dermaligen Zustand ein». Sie drücken «eine Beschaffenheit
des Gegenstandes» aus; «denn es wäre kein Grund,
warum Anderer Urtheile nothwendig mit dem meinigen
übereinstimmen müssten, wenn es nicht die Einheit des
Gegenstandes wäre, auf den sie sich alle beziehen....

Ob wir gleich das Object an sich nicht kennen. ... so
erkennen wir doch durch dieses Urtheil das Object....
durch die allgemeingültige und nothwendige
Verknüpfung der gegebenen Wahrnehmungen....
Erfahrungsurtheile entlehnen ihre objective Gültigkeit nicht
von der unmittelbaren Erkenntniss des Gegenstandes (denn diese ist unmöglich), sondern bloss
von der Bedingung der Allgemeingültigkeit». Ich verbinde
dabei die Wahrnehmungen nicht bloss in einem Bewusstsein
meines Zustandes, sondern «in einem Bewusstsein
überhaupt» (vgl. oben § 22).

Wie geschieht das? — Ja, wie geschieht es?

«Zergliedert man alle seine synthetischen Urtheile,
soferne sie objectiv gelten, so findet man, dass sie niemals
aus blossen Anschauungen bestehen, die bloss, wie man
gemeiniglich dafür hält, durch Vergleichung in
ein Urtheil verknüpft werden, sondern dass sie unmöglich sein
würden, wäre nicht über die von der Anschauung
abgezogenen Begriffe noch ein reiner Verstandesbegriff hinzugekommen, unter den den
jene Begriffe subsumirt und so allererst in
einem objectiv gültigen Urtheil verknüpft
werden» (§ 20, III, 62; ganz ähnlich § 18, S. 57; vgl. auch
§ 21, Schluss, S. 63; § 23, Schluss, S. 66 f.). «Die Erfahrungsurtheile erfordern jederzeit über die Vorstellungen der
sinnlichen Anschauung noch besondere im Verstande
ursprünglich erzeugte Begriffe, welche es eben
machen, dass das Erfahrungsurtheil objectiv gültig ist»
(a. a. O., § 18, S. 58). «Die gegebene Anschauung muss
unter einen Begriff subsumirt werden, der die Form des
Urtheilens überhaupt in Ansehung der Anschauung
bestimmt, das empirische Bewusstsein der letzteren in einem
Bewusstsein überhaupt verknüpft und dadurch den
empirischen Urtheilen Allgemeingültigkeit verschafft; dergleichen Begriff ist ein reiner Verstandesbegriff a priori,
welcher nichts thut, als bloss einer Anschauung die Art
überhaupt zu bestimmen, wie sie zu Urtheilen dienen
kann» (§ 20, S. 61). «Die logischen Momente aller
Urtheile sind so viel mögliche Arten, Vorstellungen in

einem Bewusstsein zu vereinigen; dienen aber eben dieselben als Begriffe, so sind sie Begriffe von der noth - wendigen Vereinigung derselben in einem Bewusst - sein, mithin Prinzipien objectiv gültiger Urtheile» (§ 23, S. 66). «Die Allgemeingültigkeit beruht nie - mals auf den empirischen, ja überhaupt sinn - lichen Bedingungen, sondern auf einem reinen Verstandesbegriffe». — «Wenn durch den Verstandesbegriff die Verknüpfung der Vorstellungen, die unserer Sinnlichkeit von dem Object gegeben sind, als allge - meingültig bestimmt wird, so wird der Gegenstand durch dieses Verhältniss bestimmt und das Urtheil ist objectiv» (§ 19, S. 59). In diesem Sinne ist objectiv gültige Erfahrung das «Product der Sinne und des Verstandes» (§ 20, S. 60).

Beispiele: «Wenn ich sage: die Luft ist elastisch[228], so ist dieses Urtheil zunächst nur ein Wahrnehmungs - urtheil; ich beziehe zwei Empfindungen in meinen Sinnen aufeinander. Will ich, es soll Erfahrungsurtheil heis - sen, so verlange ich, dass diese Verknüpfung unter einer Bedingung stehe, welche sie allgemeingültig macht» (§ 19, S. 60). Diese Bedingung wird durch die Subsumtion der Wahrnehmung unter einen reinen Verstandesbegriff erfüllt. Ein solcher Begriff ist der der Ursache, «der von aller möglichen Wahrnehmung gänzlich unter - schieden ist», und nur dazu dient, diejenige Anschauung, die unter ihn subsumirt, unter ihm enthalten ist, «in An - sehung des Urtheilens überhaupt», hier des hypothetischen, zu bestimmen: «nämlich dass der Begriff der Luft in Ansehung der Ausspannung in dem Verhältniss des Antecedens zum Consequens in einem hypothetischen Urtheile[229] diene.... Dadurch wird nun nicht diese Ausdehnung als bloss zu meiner Wahrnehmung der Luft in meinem Zustande oder in mehreren meiner Zustände oder in dem Zustande der Wahr - nehmung Anderer gehörig, sondern als dazu noth - wendig gehörig vorgestellt» (§ 19, S. 60; § 20, S. 61 f.).

«Um ein leichter einzusehendes Beispiel zu haben, nehme man folgendes. Wenn die Sonne den Stein bescheint, so wird er warm. Dieses Urtheil ist ein blosses Wahrnehmungsurtheil und enthält keine Nothwendigkeit.... Sage ich aber: d i e S o n n e e r w ä r m t d e n S t e i n (vgl. oben § 32, S. 150 f.), so kommt über die Wahrnehmung noch der Verstandesbegriff der Ursache hinzu, der mit dem Begriff des Sonnenscheins den der Wärme [230] nothwendig verknüpft und das synthetische Urtheil wird nothwendig allgemeingültig, folglich objectiv und aus einer Wahrnehmung in Erfahrung verwandelt» (§ 20, Anm., S. 62). Dabei ist unter «Erfahrung» nicht gemeint, was gewöhnlich und auch bei Kant sonst oft, nicht eine vielfach wiederholte Wahrnehmung, «z. B. dass a u f d i e B e l e u c h t u n g des Steins durch die Sonne j e d e r z e i t Wärme f o l g e» — s o l c h e Erfahrungssätze sind «a l l e - m a l z u f ä l l i g» —; «dass diese Erwärmung n o t h w e n d i g a u s der Beleuchtung der Sonne e r f o l g e, ... das lerne ich nicht durch Erfahrung» (in s o l c h e m, dem gewöhnlichen Sinne), «sondern umgekehrt, Erfahrung» (im Gegensatz zu blossen wiederholten Wahrnehmungen) «wird allererst durch diesen Zusatz des Verstandesbegriffs (der Ursache) zur Wahrnehmung e r z e u g t» (§ 23, Anm., S. 67).

«Nach Gesetzen der A s s o z i a t i o n.... würde ich nur sagen können : wenn ich einen Körper trage, so f ü h l e i c h einen Druck der Schwere; aber nicht: er, der Körper i s t schwer; welches so viel sagen will, als diese beiden Vorstellungen sind i m O b j e c t, d. i. o h n e U n t e r s c h i e d d e s Z u s t a n d e s d e s S u b j e c t s verbunden und nicht bloss in der Wahrnehmung (so oft sie auch wiederholt sein mag) beisammen» (Kr. d. r. V., 2. Aufl., II, 740). — Wir sahen (§ 22), dass der Sitz dieses Objects in das «B e w u s s t s e i n ü b e r h a u p t» verlegt wird. Dieses Bewusstsein überhaupt, dem wir auch vorhin wieder begegneten, das wir dem «empirischen Bewusstsein der Anschauung» gegenübergestellt fanden (Proll., § 20, III, 61), enthüllt seine eigenthümlich kantische Geartung am deutlichsten in der «transcendentalen Deduction der reinen Verstandesbegriffe» (Kr. d. r. V., 2. Aufl., § 15 ff., II, 730 ff.; wozu vgl. aus der 1. Auflage vorzüglich II, 104). Ich will das Wesentlichste zusammenstellen.

Unser «Verstand» hat nach Kant die Eigenthümlichkeit,

dass durch seine «reine Apperzeption in der Vorstellung : Ich bin, noch gar nichts Mannigfaltiges gegeben ist» (a. a. O., § 17, S. 737). «Das Mannigfaltige für die Anschauung muss noch vor der Synthesis des Verstandes und unabhängig von ihr gegeben sein.... [231]; denn wollte ich mir einen Verstand denken, der selbst anschaute...., durch dessen Vorstellung die Gegenstände selbst zugleich gegeben oder hervorgebracht würden», so hätten die Kategorien keine Bedeutung. «Sie sind nur Regeln für einen Verstand, dessen ganzes Vermögen im Denken besteht, d. i. in der Handlung», das «anderweitig[231]» gegebene Mannigfaltige «zur Einheit der Apperzeption zu bringen», der nur die gegebene Anschauung «verbindet und ordnet» (§ 21, II, 741 f.). «Derjenige Verstand, durch dessen Selbstbewusstsein zugleich das Mannigfaltige der Anschauung gegeben würde.... würde einen besondern Actus der Synthesis des Mannigfaltigen zu der Einheit des Bewusstseins nicht bedürfen, deren der menschliche Verstand, der bloss denkt, nicht anschaut, bedarf» (§ 17, S. 737). «Alle Vereinigung der Vorstellungen erfordert Einheit des Bewusstseins in der Synthesis derselben. Folglich ist die Einheit des Bewusstseins dasjenige, was allein die Beziehung der Vorstellungen auf einen Gegenstand, mithin ihre objective Gültigkeit.... ausmacht» (S. 736). «Die transcendentale Einheit der Apperzeption ist diejenige, durch welche alles in einer Anschauung gegebene Mannigfaltige in einen Begriff vom Object vereinigt wird. Sie heisst darum objectiv und muss von der subjectiven Einheit des Bewusstseins unterschieden werden, die eine Bestimmung des innern Sinnes ist, dadurch jenes Mannigfaltige der Anschauung zu einer solchen Verbindung empirisch gegeben wird» (§ 18, S. 737). «Das: Ich denke, muss alle meine Vorstellungen begleiten können[232]; denn sonst würde etwas in mir vorgestellt werden, was gar nicht gedacht werden könnte, welches ebenso viel heisst, als : die Vorstellung würde entweder unmöglich oder wenigstens für mich nichts sein» (§ 16, S. 732). «Alle möglichen Erscheinungen gehören als Vorstellungen zu dem ganzen möglichen Selbstbewusstsein. Von diesem aber als einer transcendentalen Vorstellung ist die numerische Identität unzertrennlich und a priori gewiss, weil nichts in das Erkenntniss kommen kann, ohne vermittelst dieser ursprünglichen Apperzeption.... Alle Erscheinungen stehen in einer durchgängigen Verknüpfung nach nothwendigen Gesetzen und mithin in einer transcendentalen Affinität, woraus die empirische die blosse Folge ist. Dass die Natur sich nach unserm subjectiven Grunde der Apperzeption richten, ja gar davon in Anschung ihrer Gesetzmässigkeit abhängen soll, lautet wohl sehr widersinnig und befremdlich. Bedenkt man aber, dass diese Natur an sich nichts als ein Inbegriff der Erscheinungen.... bloss eine Menge von Vorstellungen des Gemüths sei, so wird man sich nicht wundern, sie bloss in dem Radicalvermögen aller unserer Erkenntniss, nämlich der transcendentalen Apperzeption in derjenigen Einheit zu sehen, um deren willen allein sie Object aller möglichen Erfahrung, d. i. Natur heissen kann; und dass wir auch eben darum diese Einheit a priori, mithin auch als nothwendig erkennen können, welches wir wohl müssten unterweges lassen, wäre sie unabängig von den ersten Quellen unsers Denkens an sich gegeben»[233] (1. Aufl., II, 108). «Die reine Form der Anschauung in der Zeit bloss als Anschauung überhaupt, die ein gegebenes Mannigfaltiges enthält, steht unter der ursprünglichen Einheit des Selbstbewusstseins, lediglich durch die nothwendige Beziehung des Mannigfaltigen der Anschauung zum Einen: Ich denke; also durch die reine Synthesis des Verstandes, welche a priori der empirischen zum Grunde liegt. Jene Einheit ist allein objectiv gültig» (§ 18, S. 738). «Durch die ursprüngliche synthetische Einheit der Apperzeption[234] ist die Einheit der Anschauung allein möglich. Diejenige Handlung des Verstandes, durch die das Mannigfaltige gegebener Vorstellungen.... unter eine Apperzeption überhaupt gebracht wird, ist die logische Funktion der Urtheile....

Nun sind aber die Kategorien nichts anders, als eben diese
Funktionen zu urtheilen.... Also steht das Mannigfaltige in
einer gegebenen Anschauung nothwendig unter Kategorien»
(§ 20, S. 749). «Gesetze existiren ebenso wenig in den
Erscheinungen, sondern nur r e l a t i v auf das S u b j e c t,
dem die Erscheinungen inhäriren, s o f e r n e e s V e r s t a n d
h a t, als Erscheinungen nicht a n s i c h existiren, sondern
nur relativ a u f d a s s e l b e W e s e n, so ferne es Sinne hat»
(§ 26. S. 755).

36.

Man sieht, wie es mit dieser E r k e n n t n i s s t h e o r i e
steht : sie ist durchweg mit einer höchst kühnen und originellen M e t a p h y s i k gesättigt. Je länger man sich mit ihr
beschäftigt, um so mehr meint man ihre psychologischen
Motive nachempfinden zu können, um so weniger will sie der
kritischen Besinnung stand halten.

Man glaubt es wohl zu verstehen, was einen Denker von
Kants Ernst und Gründlichkeit in eine transcendentale Hypothese des dargestellten Charakters hineinzutreiben vermochte.
Man glaubt es in dem Maasse immer mehr, als man sich selbst
in die vorbereitenden Erwägungen und Scrupel Kants nach-
denkend zu vertiefen weiss. Je grossartiger und erstaunlicher
unsere Wirklichkeit und unsere Arbeit an ihr sich darstellt,
um so weniger scheint sie der Gleichgültigkeit und Selbst-
verständlichkeit geopfert werden zu dürfen, um so mehr
scheint sie der sublimsten und subtilsten Erklärungsrecurse
werth und bedürftig zu sein.

Da fügt sich Alles, was von uns «gesunden», mit fünf
Sinnen begabten Menschen im Wachen wahrgenommen wird,
obwohl es nach Zufall und Willkür zusammengeräth, wenn
wir aufmerksam und besonnen dem Tastsinn und dem allgemeinen Zeugniss der Menschen folgen, allmählig widerspruchslos und übersichtlich gruppirt, lückenlos und gesetzmässig zu einander. Der ganze Prozess des Geschehens, der
vor unserm äussern Sinne unablässig dahinrauscht, vollzieht
sich von Moment zu Moment, heute wie gestern, hüben und
drüben immer auf dieselbe gleichmässige und ausnahmslose

Weise. Und das Alles gleitet so mühelos dahin! so ohne Lärm und Krach, so leicht und des Erfolges sicher! Man möchte wirklich glauben, eine gewaltige Macht hielte in erhabener Stille ihre ordnende Hand darüber. Und nun ist das Alles doch, was da vor unsern Augen sich breitet, was wir berühren und woran unsere willkürliche Bewegung sich bricht, alles, was in diesem unaufhörlichen, von ewigen Gesetzen durchwirkten Wechsel an uns vorüberzieht: es ist alles — nur «Erscheinung», Inhalt unsers Bewusstseins, Inhalt unserer wirklichen und, wie wir aus Analogien schliessen, möglichen Wahrnehmung, unserer Vorstellung. Wie? wenn «wir» zwar so allmächtig nicht wären, um all die bunte Fülle von Empfindungsqualitäten, welche unsere Sinne uns in reichem Wechsel darbieten, so lange wir Bewusstsein haben, zu produziren? Wie? wenn wir dazu zwar der «Affection» von aussen bedürften und in dieser Hinsicht nur Rezeptivität besässen? anderntheils aber die absolute Macht hätten, das, was in uns als wahrhaft wirklich und gegenständlich erscheinen soll, dem apriorischen Gesetz unserer eigensten (denkenden) Natur so conform zu machen, dass es ohne Ausnahme seinen Stempel tragen müsste? Warum soll das Wirkliche, da es für uns doch immer nur als Erscheinung vor uns wirklich wird, sich uns nicht fügen müssen? Warum soll das Wesen, das letztlich doch die ganze Welt in sich bergen muss, nicht so viel Macht haben, um jegliches, was in ihm Wohnung sucht und sich dem unabänderlichen Hausgesetz nicht fügen will, als nicht «objectiv», als der «objectiven Einheit des Selbstbewusstseins» nicht gemäss, von der Schwelle zurückzuweisen?

Gewiss! wenn wir aus Scheu vor der ars nesciendi den Boden des wirklich Gegebenen erst einmal verlassen haben; wenn wir erst aus unserm «armen» Ich, ich meine jener mit allem wirklich Erlebten constant verknüpften Begleiterscheinung, die wir Bewusstsein nennen, und die wir um ihrer Luftigkeit und Winzigkeit willen oft genug ganz übersehen finden, wenn wir aus ihm, vor dem Alles erscheint, erst einmal ein metaphysisches Subject gemacht haben, das von andern metaphysischen Dingen Affectionen erleidet; wenn wir alles, was erscheint, zum Besitzthum und Inhalt

desselben gemacht haben, den es mit jenseitigen Kräften und
Vermögen zum Theil rezipirt, zum Theil producirt, und auf
alle Fälle in magischer actio in distans umspinnt und um-
spannt: so wird nichts im Wege stehen, von ihm so erhaben
wie möglich zu träumen. Aber wir schwimmen auch im
absolut Unbekannten. Und unser erster Schritt in dieses
Meer war, kantisch geredet [235], ein Paralogismus; er war
auf alle Fälle eine metaphysische Hypothese, die
doch immerhin Einiges (und nicht Unbedeutendes) von der
«Naturbeschaffenheit» des denkenden Subjects in
freier Dichtung zu wissen sich erkühnt [236].

Kants Metaphysik ist, soweit sie hierher gehört,
folgende: Das Ich mag sonst eine Naturbeschaffenheit
haben, welche es will, z. B. vergänglich sein oder unver-
gänglich, einfach oder zusammengesetzt, identisch oder fliess-
send — es ist davon «schlechterdings nichts weiter zu
erkennen möglich» (I, 501; II, 317; vgl. oben § 26) —
jedenfalls ist es einerseits mit dem «Vermögen» ausgerüstet,
Anschauungen zu empfangen; es hat die nöthigen «Formen»
dazu: Raum und Zeit; ihm kann nur eine Welt bekannt
werden, soweit sie ihm in diesen Formen erscheint; und
andererseits ist es «ein selbstthätiges Wesen»
(II, 751, Anm.); «Spontaneität» des Denkens constituirt seine
eigentlichste Natur; «diese Spontaneität macht, dass ich mich
Intelligenz nenne» (ebenda). Diese beiden «Stämme der
menschlichen Erkenntniss, nämlich Sinnlichkeit und Verstand,
entspringen vielleicht aus einer gemeinschaftlichen, aber
unbekannten Wurzel» (II, 28). «Raum und Zeit gelten....
nicht weiter als für Gegenstände der Sinne. Ueber diese
Grenzen hinaus stellen sie gar nichts vor.... Die reinen
Verstandesbegriffe sind von dieser Einschränkung frei und
erstrecken sich auf Gegenstände der Anschauung überhaupt,
sie mag der unsern ähnlich sein oder nicht..... Diese weitere
Ausdehnung der Begriffe über unsere sinnliche Anschauung
hinaus hilft uns aber zu nichts. Denn es sind alsdann leere
Begriffe von Objecten...., blosse Gedankenformen ohne
objective Realität.... Unsere sinnliche und empirische Anschauung kann ihnen allein Sinn und Bedeutung verschaffen»
(II, 744). Unsere «Intelligenz» ist für sich unfruchtbar; sie

geräth in Thätigkeit nur, vollzieht ihre Denkactus nur, wenn sie von aussen Stoff erhält (vgl. II, 55 f., 305, 720). Nicht in jeglicher Form sagt er ihr zu. Er muss von ihr das Siegel empfangen. Jede andere Vorstellung, sollte sie selbst «möglich» sein, ist für sie nichts. «Das: Ich denke, muss alle meine Vorstellungen begleiten können». Sie müssen der «synthetischen Einheit der Apperzeption» gemäss sein. Alles muss sich den transcendentalen Schematen unterstellen, die durch das Eingehen der logischen Urtheilsmomente in die ursprüngliche Anschauungsform der Zeit entstehen. Solche Schemata sind Beharrlichkeit eines Grundstocks des phänomenalen Seins, causale Verknüpfung seiner successiven Zustände, Wechselwirkung des Simultanen. In ihnen stecken die Kategorien, durch welche auf diese Weise das Mannigfaltige der empirischen Anschauung zu einem «Bewusstsein überhaupt» gebracht wird (II, 740); durch welche Anschauungen, Wahrnehmungen, Vorstellungen zu «Objecten» für mich werden; «nicht in so ferne sie (als Vorstellungen) Objecte sind, sondern nur ein Object bezeichnen» (162). Kein Wunder, wenn die Natur jene wunderbare, allbewältigende Einheit und Gesetzmässigkeit zeigt! ist doch Natur nur der Inbegriff aller Erscheinungen, die in dem reinen Selbstbewusstsein, der ursprünglichen Einheit der Apperzeption als «Objecte» zusammen bestehen können.

So versteht es sich, dass einerseits die Frage, wie die nothwendige Gesetzmässigkeit in Verknüpfung der Erscheinungen, die «natura formaliter spectata», möglich sei, von Kant als «der höchste Punkt» bezeichnet wird, «den transcendentale Philosophie nur immer berühren mag» (Proll., § 37, III, 82 f.; vgl. Kr. d. r. V., 2. Aufl., § 26, II, 756), und andererseits auch die synthetische Einheit der Apperzeption «der höchste Punkt» heisst, «an dem man.... die Transcendentalphilosophie heften muss» (Kr. d. r. V., § 16, Anm., II, 733). Die Natureinheit «ist nur möglich vermittelst der Beschaffenheit unseres Verstandes, nach welcher alle Vorstellungen der Sinnlichkeit auf ein Bewusstsein nothwendig bezogen werden und wodurch allererst .... Erfahrung, welche von der Einsicht der Objecte an sich selbst ganz zu unterscheiden ist, möglich ist.... Die Möglichkeit der Erfahrung überhaupt ist also zugleich das allgemeine Gesetz der Natur und die Grundsätze der ersteren sind selbst die Gesetze der letzteren» (Proll., a. a. O., S. 83). «Die oberste Gesetzgebung der Natur muss in uns selbst, d. i. in unserm Verstande, liegen; wir müssen die allgemeinen Gesetze derselben nicht von der Natur vermittelst der Erfahrung, sondern (wir müssen) umgekehrt die Natur ihrer allgemeinen Gesetzmässigkeit nach bloss aus den in unserer Sinnlichkeit und dem Verstande liegenden Bedingungen der Möglichkeit der Erfahrung suchen» (S. 84). Bei der Allmacht des Verstandes über die Verknüpfungsformen unserer empirischen Welt ist es kein Wunder, dass es in derselben Analogien mit logischen Verhältnissen, **«Analogien der Erfahrung»** gibt. «Zusammen sagen sie: alle Erscheinungen liegen in einer Natur und müssen darin liegen, weil ohne diese Einheit a priori keine Einheit der Erfahrung.... möglich wäre»[237].

Das ist nun alles zwar in hohem Grade dazu angethan, die blöde Naivetät über den eigenthümlichen Charakter des empirischen Seins nachdenklich zu machen. Denn all diesen Ansätzen liegt der Gedanke zu Grunde, an den die Meisten so schwer herantreten, dass das empirisch Reale ·nur Erscheinung vor unserm Bewusstsein ist und dass, falls wir zu diesem Bewusstsein mit seinen objectiven Correlaten ein metaphysisches Wesen als Hintergrund denken wollen, dasselbe jedenfalls so ausgerüstet sein muss, dass es nicht bloss alle Inhalte und Gestalten in sich zu fassen, sondern auch alle Arbeiten der Vergleichung und Verknüpfung des Wahrgenommenen bis zur Ausbildung einer objectiven Welteinheit fertig zu stellen vermag; und dass diese Welteinheit nicht herauskäme, wenn sie nicht in diesem Subject ihren centralen Beziehungspunkt fände.

Aber andererseits tritt auch die individuelle Willkür der von Kant beliebten Metaphysik heraus. Warum sollen wir, wenn es einmal unternommen werden darf, über die Grenzpfähle des positiv Gegebenen hinauszuschreiten (vgl. Kant I, 329), warum sollen «wir» zwar Formen darbieten und aufprägen, Materialien aber nur «empfangen»

können? Warum kann unser Verstand nicht auch die Inhalte
der sinnlichen Welt produciren? (vgl. S. 119). Und wenn es
etwa sicher sein sollte, dass «ich» nicht producire, was ich
nicht mit Bewusstsein producire — was, wo vom metaphysischen «Ich» die Rede ist, schwerlich zu erweisen sein dürfte
— warum können nicht die rezipirten Wahrnehmungsmate-
rialien selbst implicite so beschaffen sein, dass, um jene
höchste Ordnung der Natur auszuprägen, es unsererseits
nicht sowohl «spontaner» Acte, als vielmehr der aufmerksamen
und verständigen Beobachtung und Auslegung des Gegebenen
bedürfte? Warum kann, was wir so herausbringen, warum
können die Verknüpfungsformen und Relationen der Erschei-
nungselemente nicht Nachbilder und Gegenbilder einer
transcendenten Ordnung von wenn auch sonst noch so unzu-
gänglichen und unbekannten Realen sein? Warum kann nicht
die Gesetzmässigkeit der objectiven Erscheinungen auf einem
gesetzmässigen Verhältnisse beruhen, in dem «wir» zu den
Dingen ausser uns stehen? Ist es doch nach Kant selbst nicht
möglich, die «Unabhängigkeit des denkenden Selbst» und
«seiner Existenz von dem etwanigen transcendentalen Substratum äusserer Erscheinungen» auch nur «einzusehen»!
(II, 306). Wie? wenn das von dem Nichtich abhängige Ich nur
dann und so lange das Spiel des bewussten Lebens mit sammt
den Vorstellungen einer objectiven Welt zu gewinnen vermöchte, als es in eine eigenthümliche, gesetzmässig bestimmte
Collokation zu den andern Weltsubstanzen rückt und in derselben verbleibt [238]?

Ein weiteres Bedenken hängt mit der § 16, S. 60 angeregten
Frage zusammen, ob denn, da die Transcendentalphilosophie
unsere «objective Welt» schliesslich aus «gegebenen», von
aussen rezipirten Materialien entstehen lässt, für die zu er-
zeugende Harmonie und Gesetzmässigkeit das fremde, auf
«uns» influirende Agens immer die geeigneten Stoffe liefern
werde? und worauf hin wir das annehmen sollen? Daran reiht
sich, meine ich, der weitere Scrupel: Aus gegebenen, zunächst
bloss «subjectiven», immer «successiven» (§ 21, S. 80 und
Anm. 108 u. 110) Apprehensionen macht der Verstand die «objective Welt», d. h. nach Kant die Welt, welche der «objectiven
Einheit des Selbstbewusstseins» gemäss ist: er macht sie

nach Kant durch eine Art geistiger Fixirung und Articulation. Es will uns bedünken, als müsste dadurch ein Bewusstseinszustand entstehen, wie wir ihn empirisch nicht antreffen; ein Zustand, in welchem über die zum Stehen gekommene, Verstandesgesetzen unterworfene «objective Welt», ein wirres, luftiges Gewölk von bloss subjectiven und noch successiven Erscheinungen wie die Dampfatmosphäre über den festen Sonnenkern fortwährend hinweghuschte. Nun sind aber auch die willkürlichsten und logisch chaotischesten Phantasmen gesetzmässig erklärbare Begebenheiten; es steigt in keinem Bewusstsein jemals etwas auf, wovon wir nicht ebenso wie von jedem Inhalt der sogenannten «objectiven Welt» a priori überzeugt wären, dass es dem Causalitätsaxiom gemäss mit irgend einer gesetzmässigen Summe von Bedingungen nothwendig verknüpft ist. Und die successiven Apprehensionen insbesondere sind, wenn wir die jedesmalige Stellung unsers Leibes, die Stellung der einzelnen perzipirenden Elemente in ihm mit in Anschlag bringen, so gesetzmässig ausdeutbar, wie nur immer die Simultaneitäten der «objectiven Welt», die wir danach voraussetzen und durch Reductionen gewinnen, unter sich. Vor lauter Fürsorge, die Gesetzmässigkeit der o b j e c t i v e n Welt zu retten und gegen alle Skepsis für immer zu stabiliren, hat Kant die Gesetzmässigkeit, die, wie wir voraussetzen, auch den s u b j e c t i v e n, den psychischen Erscheinungen inne wohnt, mehr als billig und nützlich war, ausser Acht gelassen (vgl. jedoch S. 170 f.).

Kant sagt: Durch Wahrnehmung, Erinnerung und Umfrage bei Andern, durch «Erfahrung», lässt sich zwar das comparativ allgemeine Urtheil gewinnen: Jedesmal, wo ich und mir homogene Wesen einen von der Sonne beleuchteten Stein gesehen haben, folgte (war die Folge), dass der Stein warm wurde. Dass aber diese Erwärmung n o t h w e n d i g a u s der Beleuchtung durch die Sonne e r f o l g e, das lerne ich nicht aus der Erfahrung. Sage ich in diesem Sinne: die Sonne erwärmt den Stein, so kommt über die Wahrnehmung noch d e r V e r s t a n d e s b e g r i f f d e r U r s a c h e hinzu, der mit dem Begriff des Sonnenscheins den der Wärme n o t h - w e n d i g verknüpft. Erfahrung wird allererst durch diesen Zusatz e r z e u g t (Proll., §§ 20 und 23; III, 62, Anm., und 67, Anm.).

Hume würde vielleicht fragen, was diese V e r s t a n d e s - e r z e u g u n g und V e r s t a n d e s d i c h t u n g [239] von Allgemeinheit und Nothwendigkeit wohl solle? welches ihre Berechtigung sei? ob sie für mehr als e i n e n V e r s u c h gelten könne, e i n G e s e t z z u b e z e i c h n e n, von dem man dann schliesslich doch eben erst erproben müsse, ob und in wie weit es Erfahrung bestätige; und die ergebe im vorliegenden Falle nur die sogenannte «comparative» Allgemeinheit.

Und J. St. Mill würde etwa hinzufügen: es sei Sache einer T h e o r i e d e r I n d u c t i o n, welche aber nur auf dem Boden der bereits intimsten Bekanntschaft mit dem eigenthümlichen Charakter der empirischen Realität und mit den durch die bisherigen wissenschaftlichen Erfolge [240] bewährtesten Mitteln der Erklärung möglich sei, übrigens u. a. eine Untersuchung über die reale Gültigkeit der Artbegriffe und die logische Unterordnung und Verflechtung der empirischen Gesetzmässigkeiten voraussetze: Sache solcher Theorie sei es, anzugeben, wann Beobachtungen und Experimente zur Aufstellung einer die Erscheinungen beherrschenden Regel zureichen, wann nicht? unter welchen Bedingungen von dem Urtheil über alle bekannten Fälle auf ein unbedingt gültiges übergegangen werden darf? warum in manchen Fällen eine einzige Instanz zu einer vollständigen Induction zureicht [241], während in andern Fällen Myriaden übereinstimmender Instanzen ohne eine einzige bekannte oder vermuthete Ausnahme so sehr wenig dazu beitragen, das Bewusstsein von durchgängiger und absolut sicherer Allgemeinheit zu begründen (Logik, III, 3, 3). Was übrigens den Satz: «die Erwärmung e r f o l g t aus der Beleuchtung», wohl anders stütze, als das Bewusstsein des Zusammenhanges der beobachteten Thatsachen mit gewissen Naturgesetzen und Vorstellungen, die über Licht- und Wärmeverbreitung bereits zum Stehen gekommen wären? Würde ein damit nicht Vertrauter einen solchen Satz durch reine Verstandesbegriffe erzeugen, so würde er keine höhere Dignität besitzen, als Urtheile wie: der Fetisch ist schuld am Brande des Hauses; der Donnerstag ist ein Unglückstag.

37.

In der Kritik der reinen Vernunft werden von der zweiten
und dritten Analogie besondere Beweise gegeben. Der übrig-
gens an ermüdenden Wiederholungen und scholastischen
Umständlichkeiten leidende B e w e i s f ü r d i e z w e i t e
A n a l o g i e läuft im Wesentlichen so :

Ausgegangen wird von Neuem von der hinlänglich uns
bekannten Voraussetzung, dass, da die Apprehension des
Mannigfaltigen jederzeit successiv sei, wir in unsern apprehendirten Vorstellungen selbst — und mit diesen haben wir
es doch allein zu thun — keinen Anhalt besitzen, um das
objective Verhältniss der einander folgenden Erscheinungen
zu bestimmen. Das synthetische Vermögen der Einbildungskraft, die den innern Sinn in Ansehung des Zeitverhältnisses
bestimmt, hat, da die Zeit an sich selbst nicht wahrgenommen
werden kann, freien Spielraum zwei Zustände beliebig zu
verbinden, so dass entweder der eine oder der andere in der
Zeit vorausgehe ; «wir würden auf solche Weise nur ein Spiel
der Vorstellungen haben, das sich auf kein Object be-
zöge[212]» .... «Damit die Erscheinungen nun als b e s t i m m t
e r k a n n t werden, muss das Verhältniss zwischen den beiden
Zuständen so g e d a c h t werden, dass dadurch als n o t h -
w e n d i g bestimmt wird, welcher derselben vorher, welcher
nachher und nicht umgekehrt müsse gesetzt werden. D e r
B e g r i f f aber, der eine Nothwendigkeit der synthetischen
Einheit bei sich führt, k a n n n u r e i n r e i n e r V e r s t a n -
d e s b e g r i f f s e i n , d e r n i c h t i n d e r W a h r n e h -
m u n g l i e g t ·und das ist hier der Begriff des Verhältnisses
der Ursache und Wirkung, wovon die erstere die letztere in
der Zeit als die Folge.... bestimmt.... Also ist nur dadurch,
dass wir die Folge der Erscheinungen, mithin alle Veränderung dem Gesetze der Causalität unterwerfen, selbst Erfahrung[213] möglich ; mithin sind sie selbst als Gegenstände der
Erfahrung nur nach eben dem Gesetze möglich» (II, 162 f.,
769, 165 f., 168, 170).

Man sieht unter welchen Voraussetzungen man sich diesem
transcendentalen Beweise ergeben muss. Es sind folgende.

Erstens: Dass alle Apprehensionen successiv sind; wir haben diese Ansicht unter § 21 zurückgewiesen. Zweitens: Dass in den Wahrnehmungen selbst keine Andeutung über diejenige zeitliche Ordnung liegt, welche wir als die objective bezeichnen; auch dies mussten wir (§ 19 und 21) leugnen; Schopenhauer hat völlig recht (Satz vom Grunde, § 23, W., I, 90): Die Folge der Begebenheiten in der Zeit kann empirisch erkannt werden, so gut wie das Nebeneinander der Dinge im Raume (vgl. oben § 16). Drittens: Dass die Nothwendigkeit, welche den empirischen Zeitbestimmungen anhängt, durchweg eine transcendentallogische sei. Sie ist für die unmittelbarsten und primitivsten, die eigentlich grundlegenden Zeitbestimmungen eine so zu sagen psychische, unserer Willkür, unserm Belieben gegenüberliegende; Kant fasst sie selbst (II, 164; vgl. oben § 21, S. 85 ff.) zunächst so, biegt sie aber alsbald, die Homonymie benutzend, in die andere über. Und wo wir auf Grund jener unmittelbar wahrgenommenen Zeitunterschiede nachher vermittelst der Reflexion objective Zeitbestimmungen über Dauer und Folge treffen, da geschieht es nach der von Kant selbst vortrefflich formulirten Regel (II, 301): «Was mit einer Wahrnehmung nach empirischen Gesetzen ·zusammenhängt, ist wirklich»[244]; welche Regel aber gerade zur Voraussetzung hat, erstens, dass «eine Wahrnehmung» die Grundlage aller Wirklichkeitsbestimmungen enthält[245], und zweitens, dass aus dem Wahrnehmbaren thatsächlich «empirische Gesetze» eruirbar sind, nach denen es dem Bedürfniss des Verstandes gemäss letztlich möglich ist, einen in sich einstimmigen Zusammenhang von Erscheinungen als «Wirklichkeit» herzustellen.

Dieser so vorausgesetzten Thatsache steht hier Kants vierte Annahme gegenüber: Dass nämlich objective Zeitordnung in ein an sich absolut indifferentes (oder gar chaotisches?) Material hineingedacht werde (vgl. S. 177 ff.). Wir finden diese platonisirende Unterscheidung zwischen absolut Passivem und souverän Activem durch nichts begründet; die Auffassung des Objectiven aber gar als des der transcendentalen Logik des Subjects Gemässen im höchsten Grade willkürlich. Erfahrung ist allerdings in gewissem Sinne, wie Kant sagt, ein «Product der Sinne und des Verstandes»; aber nicht im kantischen Sinne. Dasjenige ist für uns «Erfahrung», objectiv, was an dem Leitfaden der beiden ontologischen Verstandesprinzipien, des vom Widerspruch und des vom Grunde, aus dem durch die Sinne Gegebenen als allgemein perzipirbar herauspräparirt wird. Dass das Gegebene solches Product möglich macht, halten wir für einen merkwürdigen Zug an diesem Gegebenen ; die gewöhnliche Erklärung dieses Zuges recurrirt bekanntlich auf eine correspondente Ordnung im transcendenten Object ; wir behaupten, dass Kants Recurs auf die Spontaneität unsers Verstandes eine zwar total andere — aber für jetzt durchaus nicht probablere — Hypothese zur Erklärung der erstaunlichen Thatsache enthält.

Fünftens setzt der obige Beweis voraus, dass es reine Verstandesbegriffe gibt, die nicht in der Wahrnehmung liegen, sondern spontan vom Verstande erzeugt werden. Wir sind nicht gesonnen zu leugnen, dass zwischen den sinnlichen Wahrnehmungen und den aus ihnen abstrahirten Begriffen, wie Luft, Mensch einerseits, und den an solchen Materialien arbeitenden, ja schon bei der «Formung»[246] jener Begriffe mit wirksamen Denkfunctionen, so wie den in diesen Functionen liegenden begrifflichen «Momenten», wie Identität, Aehnlichkeit, Negation, Gegensatz, Bedingung, Möglichkeit, u. s. w.[247], andererseits ein bedeutsamer Unterschied sei, auch dass mancherlei (mathematische und ontologische, sowie ästhetische und moralische) Ideale von uns concipirt werden, wie eine absolut gerade Linie, eine constante Geschwindigkeit, Unbedingtheit, Totalität, Unendlichkeit, ein Bewusstsein überhaupt, ein Ding an sich, u. s. w., die in dem Wahrnehmbaren sich so nicht vorfinden ; aber wir würden in Verlegenheit gerathen, was wir auf die elastische Frage antworten sollten : ob sie in der Wahrnehmung «liegen»? In dem Sinne liegen sie doch gewiss darin. dass Wahrnehmung zu ihnen wie die Veranlassung so die Anwendbarkeit bietet.

Sechstens setzt Kant voraus, dass ein solcher reiner Verstandesbegriff der des Verhältnisses von Ursache und Wirkung sei. Wir haben uns in § 32-34 mit der Eruirung des Inhalts dieser Kategorie so weit beschäftigt, dass wir glauben entscheiden zu können, was von ihrer «Spontaneität» und «Reinheit» zu halten sei.

Ursache liess einmal der Inbegriff von Phänomenen, auf
die eine andere Erscheinung in der Natur unabänderlich eintritt. Wir meinen, dass das Gegebene so geartet ist, um nicht
bloss die Verwerthung eines solchen Begriffs zu verstatten ;
sondern er scheint in ihm zu wurzeln. Zunächst : Was ist er
überhaupt, wenn man ihn der Complication mit empirischen
Zuständen, mit Veränderungen, Successionen entkleidet? Es
bleibt ja allerdings, wie schon § 8, S. 27 f. bemerkt ward,
noch etwas übrig, nämlich der Begriff der Dependenz ; und
derselbe ist auch ausserhalb des Zeitschemas exhibirbar : gibt
es doch grammatische, logische, mathematische, ethische [218]
Abhängigkeiten ; Abhängigkeiten auch zwischen simultanen
Dingen und Vorgängen : wie oft ist das Wachsen und Ab-
nehmen einer Veränderung die F u n c t i o n einer gleichzeitigen andern ! Aber was übrig bleibt ist darum eben
dasjenige Abhängigkeitsverhältniss nicht mehr, welches
eigentlich durch die Correlation Ursache und Wirkung
bezeichnet wird.

Kant selbst bemerkt (II, 202) : «Vom Begriff der Ursache
würde ich (wenn ich die Zeit weglasse, in der etwas anderes
nach einer Regel folgt) in der r e i n e n K a t e g o r i e nichts
weiter finden, als dass es so etwas' sei, woraus sich auf das
Dasein eines andern schliessen lässt; und es würde dadurch
Ursache und Wirkung gar nicht von einander geschieden
werden können.» S. 172 : « Die Z e i t f o l g e ist das e i n z i g e
e m p i r i s c h e K r i t e r i u m der Wirkung in Beziehung auf
die Causalität der Ursache, die vorhergeht.»

Schopenhauer findet (Satz vom Grunde, W., I, 91) in dieser
Behauptung Kants, dass das empirische Kriterium für den
Unterschied von Ursache und Wirkung bloss die Succession
sei, wenn man sie mit der andern (in dem Beweis für die
Analogie verwertheten), «dass Objectivität der Succession allein
e r k a n n t werde aus der Nothwendigkeit der Folge von
Wirkung auf Ursache», zusammenhalte, «den offenbarsten
Cirkel». So weit möchte ich nicht gehen. Kants Gedanke ist
so eigenthümlich künstlich und geschraubt , dass noch
mancherlei Transactionen möglich sind, welche den Cirkel
vermeiden. Z. B. würde es leicht sein zu zeigen, dass nur in
der landläufigen Bedeutung von «Erkennen» der Cirkel

herauskommt, dass er aber nicht herauskommt, wenn man sich des transcendental-idealistischen Sinnes erinnert, den Kant oft genug entwickelt hat[249].

Aber zu einem andern Bedenken gibt jenes «einzige empirische Kriterium» wirklich Veranlassung. Ist wirklich das empirische Kriterium der Wirkung in Beziehung auf die Ursache ganz allein die Zeitfolge, so kann nur allzu-leicht, es muss sogar natürlicherweise der Verdacht rege werden, ob nicht eine gewisse Zeitfolge, wie Hume dachte, ob nicht das «Post hoc» für uns auch der ganze Gehalt des Causalitätsverhältnisses sei.

Die Wahrheit ist, dass in dem Verhältniss der Wirkung zur Ursache, wie wir es denken, eine doppelte Abhängig-keit liegt. Dieselbe ist am besten in Finalurtheilen auszu-prägen. Damit etwas als Wirkung in die Erscheinung trete, muss erstens es ein positives, empirisches Getetz sein, dass gerade, wenn diese Umstände vorhanden sind, sie nothwendig diese Folge bedingen (dieses Gesetz ist der Realgrund des Ereignisses, vgl. § 31, S. 142). Und zweitens muss der empirische Weltlauf hic et nunc diese bestimmte Collocation von Umständen (Bedingungen) zusam-mentreiben, welche Ursache heisst. Jede Begebenheit ist wie eine reale Conclusio zu zwei realen Prämissen zu betrach-ten[250]; Major: Das Naturgesetz; $A + B = C$[251]. Minor: Factische Verwirklichung der von dem Gesetz geforderten Bedingungen; hic et nunc concurrunt A et B. Conclusio: Die naturgesetzliche Wirkung C[252]. Wollte man also auch den Begriff der empirisch-realen Abhängigkeit, als Analogon der logischen der Folge vom Grunde, für einen «reinen Verstandesbegriff» gelten lassen, so wäre derselbe jedenfalls, kantisch zu reden, völlig leer, er wäre nichts als ein leerer Anspruch, eine leere Hoffnung, wenn nicht unsere empirische Wirklichkeit thatsächlich Gesetzen unterstünde von der Formel: $A + B = C$, Gesetzen, welche Kant und seine Schüler nur für comparativ allgemein wollen gelten lassen.

Schopenhauer tadelt (Satz vom Grunde, a. a. O., S. 90) Hume, dass er alles «Erfolgen» für blosses Folgen erklärte, und vindizirt das Begreifen des Erfolgens dem «reinen Verstande»; auch Kant bezeichnete, wie wir sahen (Proll., § 23, III, 67), das «Erfolgen» als etwas, was ich nicht aus der Erfahrung lerne, als einen begrifflichen Zusatz des Verstandes zum wahrgenommenen Folgen. Es ist nothwendig, auch dieses Erfolgen noch ein wenig auf seine Verstandesreinheit zu prüfen.

So viel ich sehe, kann im Bereiche der Causalität in doppelter Weise von einem «Erfolgen» die Rede sein; einmal analog dem Falle, in dem man sagt, dass ein Ereigniss (z. B. der Tod des Cajus) einem empirisch gültigen Gesetze gemäss erfolge (z. B. dem Gesetze, dass alle Menschen sterben müssen); und zweitens, im Sinne mathematischer Evidenz und Nothwendigkeit, die auch für Spinoza das stehende Symbol des «necessario sequi» war.

Was das Erste anbetrifft, so «erfolgt» in diesem Sinne des Erfolgens die Wirkung ja allerdings jedesmal; sie erfolgt jederzeit gemäss einem nach den Prinzipien der Induction gewonnenen, und wenn noch nicht gewonnenen, so jedenfalls immer vorausgesetzten empirischen Gesetz, welches das vorliegende Ereigniss als Consequens (C) mit einem festen Antecedens (A + B) verknüpft; welches Gesetz wir desshalb schon oben als den Realgrund[253] der Wirkung bezeichneten. Der Fall des der Unterlage beraubten Steins erfolgt ganz so, wie es die Galileischen Fallgesetze bestimmen; er gehorcht ihnen gleichsam; das ist die in dem «Erfolgen» liegende Nothwendigkeit (vgl. S. 141). Da aber nun das «Erfolgen» hiernach nur so weit statt haben kann, als es solche empirische Gesetze[254] für Zeitfolgen gibt, so ist damit auch der vermeintlich «reine» Verstandesbegriff völlig an ein empirisches Characteristicum des Wirklichen gefesselt, und an eine Allgemeinheit, die Kant nun eben gerade unzureichend fand, um die Nothwendigkeit zu gewährleisten, deren nach seiner Ansicht die Wissenschaft Hume gegenüber bedurfte.

Was das Zweite angeht, so hielt Hume gerade darum das im Fall der physischen Causalität angesetzte «Erfolgen» für erschlichen, weil er jeden Vorgang der Art undurchsichtig fand, weit von der Evidenz entfernt, mit der es uns z. B. einleuchtet, dass in einem Raume, für den das Euklideische Parallelenaxiom gilt, die Winkelsumme des ebenen Dreiecks gleich zwei Rechten sei ; er konnte die Veränderungen nicht als eine logisch-mathematische Consecution des Begriffs der zur Ursache unumgänglichen Constellation von physischen Bedingungen begreifen. Nun ist ja freilich die mechanische Naturerklärung bemüht, die als spröde Thatsächlichkeiten (generellen oder universalen Charakters) auftretenden empirisch gesetzmässigen Folgeverbindungen mit Hilfe anschaulicher Vorstellungen zu verflüssigen und begreiflicher zu machen [255] ; und man wird vielleicht einst, wenn das bunte Gewebe der qualitativen (z. B. chemischen) Veränderungen völlig in mechanische Vorgänge auseinander gefädelt sein wird, von einem befriedigenden Verständniss der Wirkungen, von einem «Erfolgen» derselben sprechen können ; man wird dann z. B. begreifen, was Hume u. A. stutzig machte : w a r u m zwei glattgeschliffene Marmorplatten in vertikaler Richtung schwer, durch seitliche Verschiebung leicht getrennt werden können ; w a r u m der Magnet das Eisen anzieht ; w a r u m dieselbe Sonnenwärme das Wachs schmilzt und den Thon härtet ; oder w a r u m bei gewöhnlichem Luftdruck reines Wasser bis 4° C. abwärts dichter, von da ab aber umgekehrt spezifisch leichter wird und dann bei 0° gefriert. Aber auch dann wird das Verständniss, wie wir glauben, an gewisse Voraussetzungen gebunden sein, wie den dreidimensionlichen (Euklideischen) Raum, die Undurchdringlichkeit der Massenelemente und ihr Verhalten nach dem Galileischen Trägheitsaxiom und dem Newtonschen Gravitationsgesetz. die man als nicht weiterer Analyse und Intellektuirung fähige oder bedürftige [256] Thatsachen einfach hinnimmt. Und ferner : Diese von später Zukunft vielleicht zu erwartende idealische Umsetzung aller an sich unverständlichen Folge in ein anschauliches, unmittelbar evidentes «Erfolgen» ist auf keine Weise mit Kants Position vergleichbar, nach welcher schon jetzt jedesmal der «Zusatz des Verstandesbegriffes (der Ursache) zur Wahrnehmung» aus dem beobachteten Folgen ein «Erfolgen» machen soll [257].

38.

So wenig ich die Absicht habe, Kants vortreffliche Charakteristik der phänomenalen Welteinheit, wie sie mit der
dritten Analogie und dem dazu gehörigen transcendentalen Beweise gegeben wird, irgend anzutasten — wie sollte
ich auch, da auf Schritt und Tritt (und ein jeder Tritt schlägt
tausende und aber tausende von Verbindungen) unablässig
sich zeigt, wie organisch, systematisch alles von allem abhängig ist! — für so unzulässig und fast abenteuerlich halte
ich diesen seinen Beweis selbst. Eigentlich geredet übrigens,
sind es wieder mehrere Beweise. Der Philosoph, vielleicht
von der Tragkraft seiner Argumente selbst nicht hinlänglich
befriedigt, spinnt, wenn ein Beweis zu Ende ist, sofort eine
neue demonstrative Gedankenreihe an ; es macht den Eindruck,
als solle die These unter allen Umständen durchgesetzt werden.

Dabei ist nicht zu verkennen, dass ihn fortwährend ein zum
Theil hochberechtigtes, zum Theil individuell begreifliches,
verzeihliches, und wenn man auf den Gefühlseindruck, den
es macht, Rücksicht nimmt, sogar erhabenes Streben be-
herrschte, nämlich einerseits nichts zu verabsäumen, um den
Glauben zu zerstören, als ob wir in unsern Objecten ohne
Scheidewand von Angesicht zu Angesicht mit Dingen an sich
verkehrten, und andererseits allen objectiven und synthetischen Urtheilen fundamentalen und apodiktischen Charakters
eine gegen alle Gewalt und Zufall gesicherte Grundlage zu
verschaffen. Und da war es nun eben sein eigenthümlicher
wissenschaftlicher — Geschmack (so zu sagen), die höchste
Gewissheit in dem zu sehen, was er als den letzten Quellpunkt
des eigenen Wesens, der eigenen «Intelligenz» glaubte ansetzen zu sollen. Einem Andern hätte es vielleicht ein unheim-
liches Gefühl bereitet, gleichsam alle Verantwortung für
Beharrlichkeit, Gesetzmässigkeit und Einheit der Welt in den
Tiefen des eigenen Subjects zu wissen ; er hätte gemeint, es
müsse doch im Grunde des allumfassenden Seins ein verläss-
licherer Bürge für jene grossartigen Merkzeichen der empirischen Realität zu finden sein [258] ; er hätte das Bedürfniss

gefühlt, sein kurzlebiges Ich lieber selbst an irgend eine Säule
des Seins zu lehnen, als Alles, Alles auf seine eigenen Schul-
tern zu lasten. Kant war d i e s e Sicherheit aller Einheit und
Nothwendigkeit gerade recht.

E r s t e r B e w e i s (2. Aufl., II, 770 f.).

Zu Grunde liegt wieder das Axiom, dass alle Mannigfaltigkeit successiv apprehendirt wird (vgl. S. 80, mit Anm. 108).
W i s s e n wir nun, dass gleichwohl gewisse Dinge zugleich
sind, so wissen wir auch, dass wir mit unserer Wahrnehmung
wechselsweise an ihnen auf und ab steigen können. V o r
solcher Wissenschaft hat « die Synthesis der Einbildungskraft
in der Apprehension» nur das Datum wechselsweiser Wahrnehmung und Nichtwahrnehmung des Einen und dann des
Andern ; sie kann aber nicht angeben, «dass d i e O b j e c t e
z u g l e i c h s e i e n, d. i. wenn das eine ist, das andere in
derselben Zeit» — obwohl nicht wahrgenommen — «a u c h
s e i» und dass dies die nothwendige Bedingung wechselseitiger Folge der Wahrnehmungen sei.

Uns helfen über dies Problem wieder e m p i r i s c h e R e -
g e l n fort, welche übrigens auf viel weiteres ausreichen, als
auf das, was hier erfordert wird ; sie dienen überhaupt dazu,
demjenigen, was nicht mehr wahrgenommen wird, während
einer bestimmten Zeit das e m p i r i s c h e S e i n, d. i. die
fortdauernde Möglichkeit wahrgenommen zu werden, das
Wahrgenommenwerdenkönnen (vgl. § 28, S. 127), zu sichern.
Dabei hilft uns u. A. etwas, was Kant als völlig unfruchtbar
fallen lässt, das Hin- und Herwandern der Sinne: Das Auge
verlegte das Blickfeld ; es sah das Frühere nicht mehr. Da —
w a g t e m a n e s meinetwegen einmal darauf, das Nicht-
wahrgenommene als ein Solches anzusetzen, was weiter hätte
wahrgenommen werden können (wenn das Subject die an unmittelbaren und mittelbaren Empfindungen merkbare Position
seines Leibes beibehalten hätte); und man fand sich bei der
diesem Ansatz günstigen Natur des Gegebenen auf dem Wege
zur Ausbildung einer o b j e c t i v e n, d. h. in sich und mit
der Aussage Anderer einstimmigen und gesetzmässigen Welt
(vgl. § 22, S. 95 f.) gefördert. Uebrigens wird ein besonderes
Wagniss gar nicht nöthig gewesen sein, da es der ursprünglichen Naivetät eher wie eine selbstverständliche Erwartung

erschienen sein wird, dass die «Dinge», deren Nachbild im
Gedächtniss weiter existirte, nachdem die Wahrnehmung sich
von ihnen gewandt, ohne besondere Veranlassung ihr
«Dasein» nicht einbüssen würden. So wurden an der Hand
einer naturwüchsigen Hypothese gewisse Bestandtheile des
Seins fest; Andere traten dazu und am Ende ward aus hin
und her schweifenden wirklichen Wahrnehmungen, eine
zugleichseiende Welt von Objecten möglicher Wahrnehmung.
Vgl. S. 86 f. und Anm. 119.

Bei Kant greift in diesen Process wieder ein spontanes
Gebilde des reinen Verstandes ein. «Ein Verstandesbegriff von der wechselseitigen Folge der
Bestimmungen der aussereinander zugleich
existirenden Dinge wird erfordert, um zu sagen, dass
die wechselseitige Folge der Wahrnehmungen im Objecte
gegründet sei und das Zugleichsein dadurch als objectiv
vorzustellen.» Könnten aber nicht, werden wir unsererseits
wieder fragen dürfen, gesetzt selbst jene «wechselseitige
Folge» u. s. w. wäre ein ursprünglich im Verstande erzeugter
und nicht ein auf den Leib der bekannten Erfahrung erst
nachträglich zurecht geschnittener Begriff: könnten nicht an
sich betrachtet die Wahrnehmungen diesem Ansatz des reinen
Verstandes widerstreben, etwa eine Ordnung der Dinge aufdrängen, in welcher es einmal sich durchführen liesse, das
wechselsweis Wahrgenommene als objectiv (d. h. in sich
widerspruchslos und mit den Berichten Anderer in Einstimmung) zugleich seiend anzusetzen, das andere Mal aber nicht,
weil z. B. aus andern Gründen der Platz, den das als noch
weiter «seiend» vorauszusetzende einnehmen sollte, schon
durch bevorrechtigtere Phänomene eingenommen wäre? —

Im weiteren Verlauf des Beweises wird der Verstandesbegriff von der wechselseitigen Folge, — der schon vorher
freilich trotz aller Weitschweifigkeit seiner Bezeichnung
ziemlich unbestimmt blieb, aber immerhin doch dies nur zu
sagen schien: dass der Verstand die wechselseitige Folge der
«Bestimmungen» (letztere konnten nach dem Zusammenhang
etwa von Daseinsbestimmungen durch Wahrnehmung verstanden werden) auf zugleich existirende Dinge
deute — dieser Begriff wird nachher mit Gewaltsamkeit

dynamisch gewandt[259] und in das wechselsweise «Verhältniss des Einflusses» und weiter in das Verhältniss der Gemeinschaft oder Wechselwirkung umgedeutelt :
«Also kann das Zugleichsein der Substanzen im Raume nicht
anders in der Erfahrung erkannt werden, als unter Voraussetzung einer Wechselwirkung derselben unter einander ;
diese ist also auch die Bedingung der Möglichkeit der Dinge
selbst als Gegenstände der Erfahrung».

Zweiter Beweis (II, 178 f.).

«Nehmet an : in einer Mannigfaltigkeit von Substanzen als
Erscheinungen wäre jede derselben völlig isolirt. . . . sie wären
durch einen völlig leeren» (d. h. nach Kant, von Kräften, d. i.
gesetzmässigen Relationen, metaphorisch geredet, nicht
durchströmten[260]) «Raum[261] getrennt, so würde die Wahrnehmung, die von der einen zur andern in der Zeit fortgeht,
zwar dieser ihr Dasein vermittelst einer folgenden Wahrnehmung bestimmen, aber nicht unterscheiden können, ob die Erscheinung objectiv auf die erstere
folge oder mit jener vielmehr zugleich sei.» Sie bedürfen
ausser der blossen Daseinsbestimmung noch einer Bestimmung
der Zeitstelle ihres Daseins. «Nun bestimmt nur dasjenige
dem andern seine Stelle in der Zeit, was die Ursache
von ihm oder seinen Bestimmungen ist.» Also bedingen
sich die Substanzen gegenseitig ihre Bestimmungen.
«Nun ist aber alles dasjenige in Ansehung der Gegenstände
der Erfahrung nothwendig, ohne welches die Erfahrung von
diesen Gegenständen selbst unmöglich sein würde. Also ist
es allen Substanzen in der Erscheinung, so ferne sie zugleich
sind, nothwendig, in durchgängiger Gemeinschaft der Wechselwirkung unter einander zu stehen.»

Es erscheint diesen, ich möchte beinahe sagen titanischen
Beweisversuchen gegenüber fast wie eine Frivolität, wenn
man immer wieder nur die schlichte Einwendung macht, die
so zu sagen auf der «flachen Hand» liegt, dass das Zugleichsein in einem gewissen Umfang schon unmittelbar, beispielsweise durch die aufgelegte Hand, auch zugleich wahrgenommen
wird (vgl. S. 81 f.), und dass durch diese Eigenthümlichkeit
unserer Perzeption und durch blosses Behalten und Vergleichen dessen, was sich wider unser Wollen und Belieben

fortwährend aufdrängt, die objective Welt ohne gewaltsame Eingriffe eines allmächtigen individuellen Verstandes g l e i c h-s a m v o n s e l b s t sich feststellt.

D r i t t e r B e w e i s (II, 180).

«Ohne Gemeinschaft ist jede Wahrnehmung (der Erscheinung im Raume) von der andern abgebrochen und die Kette empirischer Vorstellungen, d. i. Erfahrung, würde bei einem neuen Objecte ganz von vorne anfangen, ohne dass die vorige damit im geringsten Zusammenhange oder im Zeitverhältnisse stehen könnte.»

Wir unsererseits würden sagen: das würde alles statt haben unter einer ganz andern Bedingung, nämlich wenn der perzipirende Mensch die wundersamen [262] Fähigkeiten nicht hätte, von denen Kant selbst in der 1. Aufl. der Kr. d. r. V. (II, 93 ff.), unter dem Titel dreier Synthesen, eine in allem Wesentlichen verständnissvolle Charakteristik entwirft: 1) der Apprehension in der Anschauung, 2) der Reproduction in der Einbildung, 3) der Recognition im Begriffe; sie sind vor Allem nöthig, damit die Kette empirischer Vorstellungen nicht zerreisse. Würde ich «die nacheinander vorgestellten Einheiten immer wieder aus den Gedanken verlieren und sie nicht reproduciren, indem ich zu der folgenden fortgehe, so würde niemals eine ganze Vorstellung entspringen können» (S. 95 f.).

Und dem metaphysischen Subject, an das dabei wieder gedacht ist und dem diesmal erklärungshalber durchaus nothwendige «Vermögen» beigelegt werden, müsste natürlich weiter eine solche Stellung zu den metaphysischen Dingen ausser ihm gegeben werden, dass es die dynamische Verbindung mit ihnen, in der es sich bei einer Wahrnehmung befunden hat, nachher nicht völlig verliert, sondern immer wieder erneuern kann; was denn freilich eher auf eine «Gemeinschaft» der metaphysischen als der phänomenalen Substanzen führen würde; von letzterer aber allein redet, wie wir wissen, Kant in unseren Beweisen. Und endlich müssen diese Objecte selbst, wie sie sich in der Wahrnehmung dem Subject darstellen, noch eine Eigenthümlichkeit besitzen, eine Eigenthümlichkeit, gerade so wie sie die Wirklichkeit an ihnen zeigt und wie wir sie einmal wieder aus Kant selbst ablesen können. «Würde der Zinnober bald roth, bald schwarz, bald leicht, bald schwer sein, ein Mensch bald in diese, bald in jene thierische Gestalt verändert werden, am längsten Tage bald das Land mit Früchten, bald mit Eis und Schnee bedeckt sein, so könnte meine empirische Einbildungskraft nicht einmal Gelegenheit bekommen, bei der Vorstellung der rothen Farbe den schweren Zinnober in die Gedanken zu bekommen; .... herrschte hierin nicht eine gewisse Regel, der die Erscheinungen schon von selbst unterworfen sind, so könnte keine empirische Synthesis der Reproduction stattfinden» (S. 94 f.).

Vierter Beweis (ebenda).

«In unserm Gemüthe müssen alle Erscheinungen, als in einer möglichen Erfahrung enthalten, in einer (localen) Gemeinschaft der Apperzeption stehen, und so ferne die Gegenstände als zugleich existirend verknüpft vorgestellt werden sollen, so müssen sie ihre Stelle in einer Zeit wechselseitig bestimmen und dadurch ein Ganzes ausmachen;» kurz: subjective Erfahrung ist nur möglich, wenn jedes Phänomen seinen bestimmten Ort und seine bestimmte Zeitstelle hat, wenn sie alle zusammen «ein Ganzes ausmachen».

«Soll diese subjective Gemeinschaft» (in Raum und Zeit) «auf einem objectiven Grunde beruhen, oder auf Erscheinungen, als Substanzen bezogen werden, so muss die Wahrnehmung der einen, als Grund, die Wahrnehmung der andern und so umgekehrt möglich machen, damit die Succession, die jederzeit in den Wahrnehmungen als Apprehensionen ist, nicht den Objecten beigelegt werde, sondern diese als zugleich existirend vorgestellt werden können. Dieses ist aber ein wechselseitiger Einfluss, d. i. eine reale Gemeinschaft der Substanzen, ohne welche also das empirische Verhältniss des Zugleichseins nicht in der Erfahrung stattfinden könnte.»

Die Meinung ist natürlich wieder nicht, dass die Objecte an sich, weil sie selbst sowohl in realer Gemeinschaft als auch in räumlicher und zeitlicher Ordnung sich befinden, durch ihren dynamischen Einfluss auf das Subject an sich demselben die nöthigen Fingerzeige über ihre eigene Ordnung zu geben

wissen. Alle objective zeitliche Ordnung beruht hier wie sonst
auf denjenigen «Regeln» a priori, durch welche das Wahr-
nehmungsmaterial der ursprünglichen Einheit der Apperzeption, dem Verstande, der «Möglichkeit der Erfahrung»
gemäss wird. Es bleibt bei der «allen Bemerkungen, die man
jederzeit über den Gang unseres Verstandesgebrauchs gemacht
hat» (II, 166), zuwider laufenden originellen metaphysischen,
oder kantisch zu reden, transcendentalen Hypothese, dass
«der Verstand seine Gesetze (a priori) nicht aus der Natur
schöpft, sondern sie dieser vorschreibt»; dass «die oberste
Gesetzgebung der Natur in uns selbst, d. i. in unserm
Verstande liegt» (Proll., § 37, III, 84 f.).

Der neue Beweis hat uns diese Hypothese nicht zugäng-
licher gemacht als die früheren: zumal da wir auch hier
unserm «Verstande» gegenüber fortwährend ein metaphysisches Nichtich denken sollen, das unserm Verstande fremd
und unergründlich bleibt, seinen Anschauungsformen aber
Materialien «gibt».

Schluss.

(§ 39 und 40.)

39.

Es war in den sechziger Jahren des vorigen Jahrhunderts, als Hume's Erinnerungen unsern Philosophen von der Unhaltbarkeit jener dogmatistischen Lehren überzeugten, welche die ganze Erkenntniss an das eine Princ. id. et contrad. aufzuhängen unternahmen (S. 49)[263]. Zunächst segelte er nun in Hume's Fahrwasser. Plötzlich bog er ab. Er hatte bemerkt, dass er, um die Charybdis der wolfischen «Beweise» für das Dasein Gottes und die Unsterblichkeit der Seele zu vermeiden, einer Art von Scylla zuzusteuern im Begriff war.

Was war ihm aber denn an Hume's Prinzipien und Tendenzen so schreckhaft, dass er unter allen Umständen an ihnen vorbeizukommen suchte — und sollte er auch seinem Denken und den Thatsachen so widernatürliche Convulsionen auferlegen, als wir in seinen sogenannten Beweisen für die Analogien der Erfahrung kennen gelernt haben?

Man hat[264] an die Stelle in der Einleitung zu den Prolegomenen erinnert, wo Kant tadelnd bemerkt, dass «der scharfsinnige Mann» (Hume), in der nützlichen Absicht die übertriebenen Ansprüche der speculativen Vernunft zu mässigen und die daraus resultirenden endlosen, fanatischen und doch so grundlosen Streitigkeiten gänzlich aufzuheben, « darüber den positiven Schaden aus den Augen verlor, der daraus entspringt, wenn der Vernunft d i e w i c h t i g s t e n A u s - s i c h t e n genommen werden, nach denen allein sie d e m W i l l e n d a s h ö c h s t e Z i e l a l l e r s e i n e r B e s t r e - b u n g e n a u s s t e c k e n k a n n » (II, 7). « Ueberdrüssig also des Dogmatismus », setzt eine spätere Stelle (§ 4, S. 26) hinzu, des Dogmatismus, « der uns nichts lehrt, u n d z u - g l e i c h d e s S k e p t i z i s m u s, der uns **gar** überall nichts verspricht, ... aufgefordert durch die Wichtigkeit der Er- kenntniss, d e r e n w i r b e d ü r f e n », sei er (Kant) an die einzig noch übrige « k r i t i s c h e F r a g e » herangetreten : « I s t ü b e r a l l M e t a p h y s i k m ö g l i c h ». Der Zusam- menhang lehrt, dass er sie, wie auch immer, versuchen wollte, mit Ja zu beantworten ; dass sein Wunsch war, Meta- physik zu r e t t e n.

Und es lässt sich nicht in Abrede stellen, dass er auch sonst oft so redet, als sei M e t a p h y s i k, das « Lieblingskind unserer Vernunft », in das er « das Schicksal hat, verliebt zu sein », als sei « R e f o r m » d e r M e t a p h y s i k sein letzter Gedanke und das einzige Ziel [265] seiner kritischen Unternehmung ; zumal da « Mathematik , Naturwissenschaft [266], Gesetze, Künste, selbst Moral etc. », seine Seele nicht gänzlich auszu- füllen vermögen und seine « Erkenntnisskraft ein weit höheres Bedürfniss fühlt, als bloss E r s c h e i n u n g e n nach synthe- tischer Einheit zu buchstabiren, um sie als E r f a h r u n g lesen zu können ». Kein Zweifel auch, dass er seine Vernunft- kritik wirklich auf den F r e i h e i t s b e g r i f f und von da aus weiter auf die andern wichtigen moralisch-metaphysischen « Aussichten » mit Vorbedacht zubereitet hat, durch die der Wille ein höchstes « Ziel aller seiner Bestrebungen » erhalten konnte ; kein Zweifel, dass ihm Hume's Dialoge über die na- türliche Religion viel zu schaffen machten ; kein Zweifel, dass er nicht ohne apologetische Tendenz das Reich des Seins an sich absolut verdunkelte und entleerte (II, 673), dass er « das Wissen » von ihm aufhob, « u m z u m G l a u b e n P l a t z z u b e k o m m e n » (S. 679).

Und doch und trotz alledem war es sicher etwas mehr als
«ein ganz vorzügliches und seltenes Streben nach Gründlichkeit», wie Herbart[267] glaubt; es war mehr als die Absicht,
«zu den praktisch-wichtigen Resultaten zu gelangen», was
ihm ein fast zwanzigjähriges Nachdenken über die Prinzipien
der theoretischen Wissenschaften auferlegte und ihm endlich
die transcendentale Aesthetik und Logik in die Feder dictirte.

Die Prolegomena sind darüber so aufrichtig wie zutreffend.
Hume's Skeptizismus schien ihm nicht bloss — was er bil-
ligte — die polizeilose metaphysische Dialektik der Wolfianer,
sondern auch zwei Dinge zu bedrohen, die für ihn t h e o r e -
t i s c h fester standen als wolfische Metaphysik, «nämlich
r e i n e M a t h e m a t i k und r e i n e N a t u r w i s s e n -
s c h a f t». Sie enthalten für ihn «wirklich», was Hume
für unmöglich hielt : «s y n t h e t i s c h e E r k e n n t n i s s
a p r i o r i» (Proll., § 4, S. 27).

Durch Verknüpfung mit ihnen liess sich nun freilich auch
Metaphysik in «gute Gesellschaft» (a. a. O., S. 24) bringen ;
und insofern dienten die auf jene Wissenschaften gerichteten
e r k e n n t n i s s - t h e o r e t i s c h e n Untersuchungen schliesslich nebenbei auch der geliebten Herzenssache. Aber der
Philosoph nimmt doch an ihnen ganz für sich ein selbstän-
diges, den höchsten Anforderungen Stand haltendes, rein
theoretisches Interesse. Sie standen ihm da «als ein Koloss
zum Beweise der Realität durch alleinige reine Vernunft
erweiterter Erkenntniss», trotzend «den Angriffen des kühn-
sten Zweiflers» (Fortschritte der Metaphysik, I, 566 f.).

Auch mochte ihm zweitens die empiristische Wissenschaftslehre, wonach aus zufälligen Wahrnehmungen, durch blosse
Vergleichungen, Zerlegungen und Assoziationen, so zu sagen
von selbst, die Vorstellung einer einheitlichen, gesetzmässigen
Welt sich zurechtschiebt, ebenso oberflächlich, gottesläster-
lich und absurd erscheinen, wie dem Theisten die epikureische
Metaphysik, nach welcher der «Zufall» die Atome zu einem
wohlgeordneten Weltsystem und zu zweckmässig ausge-
statteten Organismen zusammenschüttelt[268].

Wäre er nun freilich unbefangener gewesen als es die
gespannte Centralisation aller Aufmerksamkeit auf den einen
Punkt, an dem die sichere Durchfahrt zwischen Hume und

Baumgarten gelingen möchte, zuliess, so würde er vielleicht
gegen die Angst vor einem erkenntniss-theoretischen Epicu-
reismus in dem Gedanken Trost und Schutz gefunden haben,
durch den er einst seine eigene lucrezisch-newtonsche Welt-
verfassung vor theologisirender Verdächtigung verwahrt hatte
(VI, 51 f.)[269]. Wie leicht liess er sich doch in eine Fassung
bringen, die dem vorliegenden Fall völlig gemäss war! Es
konnte etwa gesagt werden: Es ist doch Logik und Vernunft,
es ist Einheit und Zusammenhang in den von den Empfindungen dargebotenen Rohstoffen, weil auch die zerstücktesten
und zufälligsten Wahrnehmungen nichts anderes als eine
Welt der Widerspruchslosigkeit, Regelmässigkeit, Ordnung
und Nothwendigkeit hervorzubringen pflegen. Er hätte sich
nicht darauf gesteift, diese Vernunft ausschliesslich in einem
«spontanen» Vermögen eines «Subjects» zu suchen und
dieses Subject als den souveränen Ordner aller empirischen
Wirklichkeit ausgegeben; zumal die Aufgabe doch die Weisheit der Weisesten übersteigen musste, genau zu bestimmen,
wie viel von den Phänomenen des äusseren und inneren
Sinnes, welche auf dem immer identischen Bewusstseins-
schauplatz sich tummeln, metaphysischen Einflüssen von
aussen, wie viel der eigenen Naturbeschaffenheit, wie viel
der metaphysischen Cooperation mit den übrigen Weltmo-
naden, wie viel der «Rezeptivität», wie viel der «Spontaneität» verdankt werde. Bei grösserer Unbefangenheit hätte
er vielleicht entdeckt, dass es ein durch nichts berechtigtes
Vorurtheil sei, den auf uns einwirkenden Potenzen die Ver-
bürgung von Allgemeingültigkeit und Nothwendigkeit
schlechterdings abzusprechen, dem eigenen «Verstande» aber
bereitwillig zu übertragen[270].

Und was den ersten Punkt angeht, so hätte es ihm aufgehen müssen, dass wenigstens in Betreff der sogenannten
reinen Naturwissenschaft und ihrer vermeintlich apriorischen
Grundsätze die vorausgesetzte Wirklichkeit und wissenschaftliche Berechtigung gerade das war, was Hume eben bezweifelte.

Wir halten ja unsererseits an jenen Grundsätzen, unsern
Analogien, auch fest. Aber wir können es nicht auf Grund
der kantischen Transcendentalphilosophie. Der Satz vom

Grunde z. B. ist für uns desshalb von höchster Gewissheit
und des höchsten Vertrauens werth, weil er — kantisch
geredet — so recht eine «Erkenntniss» ist, «d e r e n w i r
b e d ü r f e n»; ich meine: weil es aller wissenschaftlichen
Forschung unentbehrlich und unerlässlich ist, vorauszusetzen,
dass, wo, wann und wie auch immer dieselben Bedingungen
zusammenkommen, diese Bedingungen mögen selbst sein,
welche sie wollen, überall und jederzeit dieselbe Wirkung zu
erwarten sei; weil eine Welt, in der «Wunder» geschehen,
alle methodische Arbeit, alles Forschen und Experimentiren
illusorisch machen würde; weil für den Satz «der vereinigte
Eindruck aller Erfahrungen Bürgschaft[271]» leistet; weil er
bis jetzt keine ernstliche oder gar jede Hoffnung auf Be-
gleichung abschneidende Ausnahme erlitten hat[272]. Wir
warten vorläufig mit Gelassenheit ab, ob eine solche sich einstellen wird; glauben übrigens dann nicht mehr in der Lage
zu sein, über Apriorismus und Empirismus Ueberlegungen
anstellen zu können. Indessen so leer und unfruchtbar uns die
gegen diesen Punkt gerichtete Skepsis zu sein scheint: ein
Mittel, sie a b s o l u t zu beschwören, sehen wir nicht. Auch
Kant ist diese Beschwörung nicht gelungen; die «synthetischen Erkenntnisse der reinen Naturwissenschaft» sind nicht
«apodiktisch gewiss durch blosse Vernunft»; die «Beweise»
für dieselben haben sich als nichtig erwiesen[273]. —

Wir wollen, um über den Werth und Gehalt der Wissenschaftslehre Kants zum Abschluss zu kommen, noch einmal
die bedeutsamsten und eigenartigsten Gedanken derselben im
Zusammenhang überblicken. Gelegentlich wird es dabei
nöthig sein, auch auf diesen oder jenen andern Aprioristen
einen Blick zu werfen.

Um die «r e i n e M a t h e m a t i k» zu fundamentiren,
behauptet Kant die «A p r i o r i t ä t» des Raumes. Wäre damit
nur die S u b j e c t i v i t ä t, P h ä n o m e n a l i t ä t und e m p i -
r i s c h e U n i v e r s a l i t ä t des Raumes gemeint, nichts
weiter als dass er erstens ein stetes Bestandstück unserer
objectiven Welt wie das Substratum unserer geometrischen
Imaginationen ist, und zweitens dass er immer nur als Correlatum eines uns hierin homogenen Bewusstseins constatirt
werden kann, so wäre natürlicherweise gegen eine solche

Behauptung schlechterdings nichts zu erinnern ; sie spräche weiter nichts als eine Thatsache aus, die weder zu beanstanden noch zu erschüttern ist; wir «finden» es alle so. Indessen schon die kantische Fassung wenigstens der Phänomenalität greift über eine solche Thatsächlichkeit hinaus; wie es mit der Universalität steht, muss uns nachher beschäftigen. Phänomenal und subjectiv ist der Raum für ihn insofern, als er die ursprüngliche Anschauungsform des «denkenden Subjects» (an sich) ist, die Form, in der sein «äusserer Sinn» allein «Materialien» zum Denken rezipiren kann. Diese Lehre spricht nicht mehr bloss eine erfahrbare Thatsache aus ; sie ist offenbar eine der «Erklärung» zu Liebe gebildete metaphysische[271] Hypothese, die, so einfach, unmittelbar ansprechend und genial sie ist — ich meinerseits halte sie wenigstens dafür — doch eben immer nur den Rang einer Hypothese hat, einer Hypothese, die nicht einmal gegen die Zweifel wegen der transcendentalen Existenz eines solchen «denkenden Subjects» (Kant selbst berührt dergleichen in den Paralogismen) hinreichend geschützt werden kann. Jedenfalls ist Schopenhauers Ausdruck, dass die Lehre Kants «weniger eine Erklärung, als eben nur der deutliche Ausdruck der Thatsache selbst sei» (W., II, 518), übertrieben und unverständig.

Kant behauptet weiter den zugleich apodiktischen und synthetischen Charakter der mathematischen Axiome und Lehrsätze. Die erstere Eigenschaft haben sie gewiss ; von jeher galten sie als ein Muster in dieser Hinsicht. Sie sprechen auf dem Grunde des uns allen bekannten Raumes und der von «denkenden» Wesen effectuirbaren Aufreihung und Synthesis von Einheiten allerdings mit apodiktischer Gewissheit und zweifelloser Evidenz. Aber über ihren synthetischen Charakter kann man berechtigte Zweifel haben. Soll als Kriterium des analytischen Urtheils festgehalten werden, was Kant selbst fortwährend einschärft, dass das Prädicat an dem Faden des Identitätsprinzips aus dem Begriff des Subjects müsse hervorgeholt werden können, so kann freilich noch mancherlei Streit darüber entstehen, was im Begriff des Subjects schon liegt und was nicht, zumal wenn man noch die Erkenntnissphase der urtheilenden Individuen mit in Rechnung bringt; und danach wird die Bezeichnung analytisch und synthetisch immer das Schwankende und Schillernde behalten, das ihr z. B. Schleiermacher nachsagte. Wir wollen also unsererseits nur so viel behaupten, dass, wenn in dem Begriff der Zahl ihre Genesis mitgedacht wird, wie sie entsteht durch Setzung und Verbindung von Eins zu Eins — was doch wohl nur natürlich ist —, jede Zerlegung in zwei oder mehrere Posten oder Factoren, dass überhaupt jede Gleichung zwischen Zahlen und Zahlengruppen[275] nur noch des Identitätsprinzips bedarf, um als gültig anerkannt zu werden; es reicht z. B. völlig hin, um zu sehen, dass 12 (wenn man sich darunter denkt: $11 + 1$, und unter $11 : 10 + 1$ u. s. f.) $= 7 + 5$ ist; für den, der zählen kann, sind die arithmetischen Formeln analytische — und darum von apodiktischem Werth. Aber auch die geometrischen Sätze stehen meines Erachtens nicht anders; sie bedürfen ausser dem Raume, über dessen immanente Relationen sie reden, nur des in ihm construirten «Begriffs» und des Identitätsprinzips, um zu gelten; für denjenigen, welcher in den Begriff die im Raume vollzogene, imaginative Construction mit hineinlegt, sind sie analytisch; aus dem so concipirten und constituirten Begriff werden die weiteren Prädicate, die consecutiven Merkmale, allerdings einfach emporgezogen. Es folgt allerdings — was Kant leugnet —, um eines seiner typischen Beispiele zu nehmen, das Maass der Wegelänge aus dem «Begriff» der geraden Linie, sobald dieselbe nämlich als ein Gebilde in unserm Raume wirklich vorgestellt wird. Kant, der vor Allem immer nur bemüht war, das wolfianisirende Kunststück von sich fern zu halten, aus «reinen» Begriffen synthetische Urtheile zu gewinnen, hatte mit seiner Philosophie der Mathematik insoweit recht, als er für die mathematischen Urtheile immer noch die Anschauung, die Construction[276] erforderlich fand. Gleichwohl war es eine zwar der Zeitumgebung wohl angepasste und von Seiten polemischer Tendenz begreifliche, an sich aber nicht natürliche, ja durchaus gewaltsame Auffassung, die geometrischen Begriffe überhaupt «rein»: von dem Raume, in dem sie ihre Wurzel haben, losgelöst zu denken. Werden sie in der ganzen Fülle der sinnlichen An-

schauung, auf die sie ein Recht haben[277], vorgestellt, so
folgen allerdings alle vermeintlich «synthetischen» Prädicate mit analytischer Nothwendigkeit an der Hand blosser
Identitäten aus dem Begriff; z. B., um an eine stereotype
Wendung Spinoza's zu erinnern, die Winkelsumme aus dem
Begriff des Dreiecks[278]. Es ist der eigenthümliche Charakter
unsers dreidimensionlichen Raumes, dass alle «Begriffe»,
die in ihm construirt werden, durch die Complication, so zu
sagen, die sie mit ihm eingehen, eine Fülle von möglichen
Prädicaten erhalten, die nunmehr eben nur aus ihnen hervorgeholt zu werden brauchen ; sie sind, kann man sagen, wenn
auch nicht πρὸς ἡμᾶς, so doch φύσει schon in ihnen enthalten[279] ; sie liegen in ihnen a priori ; blosse Analysis bringt
sie ans Licht des Bewusstseins. Dies ist es gerade, was den
geometrischen Ableitungen die «unmittelbare Evidenz»[280]
verleiht, die allem menschlichen Einsichtsstreben als Ideal
und Sehnsuchtsziel vorschwebt. Kant selbst ist an den Stellen, wo er den Vorzug behandelt, den der Raum vor der Zeit
mit ihrer einen sterilen Quasidimension besitzt, voll von
Lobpreisung dieser eigenthümlichen Fruchtbarkeit des
Raumes[281].

Aber mag immerhin, was aus dem fruchtbaren Schooss des
Raumes geschöpft wird, a priori gewiss und auf dem Boden
des Raumes nothwendig sein (weil es Alles schon virtuell in
seinem «Begriffe» liegt) : er selbst, dieser Raum, mit seinen
drei Dimensionen und mit dieser seiner Ergiebigkeit für
apriorische Erkenntnisse, ist in einem gewissen Sinne —
nicht a priori, weil nicht absolut nothwendig.

Selbst gesetzt, es wäre sicher, was Kants geniale Hypothese
aufstellt, dass er eine «meinem Subject anhangende Bedingung der Anschauung» ist : falls man nicht sofort noch
weitere Hypothesen (oder Postulate) über die Permanenz und
Immutabilität der jetzt thatsächlich meinem Subjecte
anhangenden Bedingungen hinzufügen will (was angesichts
der § 14 besprochenen Antipathie von Kant füglich nicht
vorausgesetzt werden darf): wodurch ist die Unverlierbarkeit
und Unabänderlichkeit dieser Anschauungsform gewährleistet? Wird diese Bedingung dem denkenden Subject immer
anhangen? Wer möchte sich getrauen, auf diese Frage so

gewiss und fest mit Ja zu antworten, wie auf die : ob 2×2 immer $= 4$ sein werde? ob, falls wir unsere Raumanschauung behalten, der pythagoreische Lehrsatz uns immer evident sein werde?

In der Schrift über den einzig möglichen Beweisgrund u. s. w. (I, 170) war Kant freilich seinerseits «gewiss, dass der Raum nicht mehr als drei Abmessungen haben könne». Von unserm «Raum» sind wir es natürlich auch; aber in diesem Sinne halten wir es auch für leicht, das μὴ ἐνδέχεσθαι ἄλλως ἔχειν zu behaupten : der Satz ist analytisch; es gehört einfach zu den constitutiven Merkmalen, was als nicht anders möglich, was als nothwendig behauptet wird. Dabei bleibt es immerhin offen, in Anwendung einer an sich nicht unerlaubten und in der Geschichte der Wissenschaft vielfach geübten Generalisation und Neuprägung[282], unter «Raum» ganz allgemein die «Form» für jede nebeneinanderseiende Mannigfaltigkeit zu verstehen; und in diesem Sinne werden sofort auch andere Räume denkbar ; et spes est, ut fit in empiricis, spatium aliquod detegendi aliis affectionibus primitivis præditum — was Kant freilich in der Inauguraldissertation (§ 15 D) ablehnt. Nur würden wir allerdings schwerlich in der Lage sein, den Uebergang von dreidimensionlicher äusserer Anschauungsform zu mehrdimensionlicher ohne Einbusse unseres «Wesens» zu überstehen. Und nebelhaft sind solche «Möglichkeiten» überhaupt. Aber sie können dazu immerhin doch dienen, dem Glauben an die «Apriorität» des Raumes im Sinne einer absoluten Nothwendigkeit Terrain streitig zu machen. Im Uebrigen steht im Bereiche anschaulicher Realität für uns vorläufig die prinzipielle Unterscheidung noch unerschüttert, die einst J. H. Lambert Kant vortrug: die Unterscheidung dessen, was «Genericum ist, von dem, was es nicht ist....; Raum und Dauer ist kein solches Genericum, es ist nämlich nur Ein Raum und Eine Dauer» (Kant, W., I, 348). Wir warten ruhig auf die Thatsachen, welche uns veranlassen könnten (etwa z. B. jenseits der Correlation von Subject und Object?) einen andern «Raum» anzusetzen, als den Einen, Einzigen, den wir jetzt anschauen. Und wir halten sogar die an sich erlaubte Erweiterung des

Umfangs eines alten Terminus in unserm Falle, da sie
anschauliche Wirklichkeit mit unanschaulichen, wenn auch
rechnungsergiebigen, abstracten Denkmöglichkeiten mischt,
für gewaltsam, ja für gefährlich.

F. A. Lange vergleicht in der Geschichte des Materialismus
(2. Aufl., II, 20 f.) die Apriorität des Raumes mit constanten
Beschaffenheiten des Auges oder des von uns gebrauchten
Fernrohrs[283]; sie müssen sich nothwendigerweise
in alle Wahrnehmungen mischen. Gewiss lässt dieser Vergleich den Punkt, welcher die kantische Hypothese probabel
macht, recht wirksam hervortreten; aber auch so kommt
nicht mehr als eine Allgemeinheit von einem gewissen
Umfang heraus. Natürlich werden Eigenschaften des Auges
und der Gläser, deren wir uns bedienen, so lange sie bleiben,
wie sie sind, und nicht etwa durch Brillen und sonstige
Correkturen paralysirt werden, sich in alle Wahrnehmungen
mischen. Aber wer steht dafür, dass das Auge den Fehler
nicht verliert oder gar erblindet? und wer dafür, dass andere
Subjecte eben solche Augen haben und eben solche Fernröhre
gebrauchen?

Gelingt es nicht, die Thatsache der empirisch genugsam constatirten Unablösbarkeit aller sinnlichen Wahrnehmungen, vorzüglich der Gesichts- und Tastwahrnehmungen
von räumlichem Beisatz noch auf eine ganz andere Art zu
verflüssigen, zu erklären, ich möchte sagen, zu intellektuiren,
als es durch die kantische Verknüpfung mit dem «denkenden
Subject» geschehen ist, so bleibt gegenüber der Erklärung
im Wesentlichen derselbe Scrupel wie in Beziehung auf die
Thatsache selbst. Man fragt hier : Wird der Raum immer ein
dreidimensionlicher euklideischer Charakteristik sein? Man
fragt dort : Wird unsere «Intelligenz» immer im dreidimensionlichen Raume Anschauungen rezipiren? Ist derselbe die
einzig mögliche Form, in der äussere Wahrnehmungen
einem Bewusstsein erscheinen können? Schauen alle Wesen
in ihm an?

Wir würden auf dergleichen spielerische und völlig ins
Leere starrende Möglichkeiten und Scrupel, die uns vorläufig
gar nichts anzufechten brauchen, kein sonderliches Gewicht
legen, wenn nicht die kantische Begründung der mathema-

tischen Apodicticität dazu herausforderte, und wenn wir nicht von Kant selbst solch öde Denkbarkeiten angeregt fänden. Ja, seine diesbezüglichen Bemerkungen ergreifen auch d i e Z e i t.

Proll., § 13, III, 49 wird der Gedanke leise angeschlagen, «meine S i n n e möchten a n d e r s eingerichtet sein»[284]. Kr. d. r. V., II, 37 wird erklärt: «Wir können von den Anschauungen a n d e r e r d e n k e n d e n W e s e n gar nicht urtheilen, ob sie an die nämlichen Bedingungen gebunden seien, welche u n s e r e Anschauungen einschränken und f ü r u n s allgemeingültig sind.» Ob zwar nach S. 49 unsere eigenthümliche Art, Gegenstände wahrzunehmen, «j e d e m M e n s c h e n zukommen muss»[285], so ist sie doch nicht für «j e d e s W e s e n n o t h w e n d i g». Diese unsere Anschauungsformen sind eben für Kant starre, undurchsichtige Thatsächlichkeiten; darum können wir auch denken, dass sie a n d e r s sein möchten. Ja, nach Kant hat s e l b s t u n s e r D e n k e n keine höhere Nothwendigkeit; auch unser V e r - s t a n d könnte anders sein; auch er ist, wie er ist, weil er einmal so ist[286]. «Wie diese e i g e n t h ü m l i c h e E i g e n - s c h a f t unserer Sinnlichkeit selbst oder d i e u n s e r e s V e r s t a n d e s.... m ö g l i c h s e i, lässt sich nicht weiter auflösen» (Proll., § 37, III, 83). Er findet es «befremdlich, dass die Bedingung, unter d e r i c h überhaupt denke und die mithin b l o s s e i n e B e s c h a f f e n h e i t m e i n e s S u b j e c t s ist, zugleich für A l l e s, w a s d e n k t, gültig sein solle und dass wir auf einen e m p i r i s c h s c h e i n e n - d e n Satz ein a p o d i k t i s c h e s und a l l g e m e i n e s Urtheil zu gründen uns anmassen können, nämlich dass A l l e s, w a s d e n k t, so beschaffen sei, als der Ausspruch des Selbstbewusstseins es von mir aussagt» (Kr. d. r. V., II, 279). «Von der E i g e n t h ü m l i c h k e i t u n s e r e s Ver- s t a n d e s, nur vermittelst der Kategorien und nur gerade durch diese Art und Zahl derselben, E i n h e i t d e r A p p e r - z e p t i o n a p r i o r i z u S t a n d e z u b r i n g e n» — dies heisst bekanntlich für Kant «denken» — «lässt sich eben so wenig ferner ein Grund angeben, als warum wir gerade diese und keine andere Functionen zu urtheilen haben, oder warum Zeit und Raum die einzigen Formen unserer möglichen Anschauung sind» (S. 742). «Niemand kann, sagt Kant (Kr. d. r. V., 1. Aufl., W., II, 313 f.), irgend einen gültigen dogmatischen Einwurf dagegen machen», dass «wir» vor und nach diesem Leben die an sich ganz unbekannten transcendentalen Gegenstände «auf ganz andere Art», «nicht in der Qualität der Körper», erkennen[287].

So werden auch die apriorischen Formen, und zwar bei ihrem Erfinder selbst, zu Thatsachen von nur b i s h e r und i n e i n e m g e w i s s e n K r e i s e durchweg gültiger, weil nur so weit bewährter Allgemeinheit; und die reale Möglichkeit, dass sie irgendwo und irgend einmal durch andere ersetzt werden, ist nicht absolut ausgeschlossen. —

Gegen eine Erkenntnisslehre, welche etwa sagte : « Die Erfahrung böte u n a b l ä s s i g B e i s p i e l e einer solchen Regelmässigkeit der Erscheinungen dar, die genugsam Anlass geben, den B e g r i f f d e r U r s a c h e » (als des Inbegriffs der vor einer Wirkung nothwendig vorangehenden Momente) « davon abzusondern und dadurch zugleich die objective Gültigkeit eines solchen Begriffs zu bewähren», wendet Kant ein (Kr. d. r. V., II, 87 f.): sie bemerke nicht, «dass auf diese Weise der Begriff der Ursache gar n i c h t entspringen k a n n ; sondern dass er entweder völlig a priori im Verstande müsse gegründet sein oder als ein blosses Hirngespinnst gänzlich aufgegeben werden müsse»; denn er involvire Nothwendigkeit und Allgemeinheit, welche «Dignität man gar nicht empirisch ausdrücken» könne. «Die strenge Allgemeinheit » sei «gar keine Eigenschaft empirischer Regeln, die durch Induction keine andere als comparative Allgemeinheit.... bekommen können».

Die zurückgewiesene Erkenntnisslehre würde zunächst entgegnen können, dass sie recht wohl bemerke, wie angesichts zahlloser abstracter Möglichkeiten von a b s o l u t e r N o t h w e n d i g k e i t eines wenn auch noch so einstimmig durch Erfahrung bewährten ontologischen Gesetzes nicht die Rede sein könne ; auch wisse sie von der Thatsache, dass die Phänomenalwelt allerorten und jederzeit Gesetzmässigkeit der Zeitfolgen zeige, freilich keinen weiteren beweisbaren Grund anzugeben. Aber sie sehe auch nicht, dass der kantische Apriorismus mit seiner Herleitung des Causalbegriffs aus dem

«Verstande», sowie derselbe beim Aufbau der objectiven Welt
per hypothesin wirksam gedacht werde, wesentlich weiter
komme, da der Autor das Dasein und die Natur dieses Verstandes selbst weder als a b s o l u t n o t h w e n d i g hinzu-
stellen wage, noch weiter zu begründen wisse. Und bedenke
man ausserdem, dass es sich überhaupt nicht sowohl um den
«reinen» Verstandesbegriff der Ursache, als vielmehr um
seine Schematisirung in der Zeit handle, so falle damit die
beabsichtigte «Nothwendigkeit» gar all den Unsicherheiten
und Allerweltsmöglichkeiten zum Raube, welche der Philosoph neben und ausser den gegenwärtigen Formen der Sinnlichkeit eröffnet habe.

Zweitens würde die empiristische Erkenntnisslehre gegen
die prinzipielle Sonderung des Causalitätsaxioms und der
andern «Analogien» mitsammt ihren Corollarien [288] von den
übrigen empirischen Gesetzen Protest erheben müssen : so
umfassend und fast allgemein auch die Beistimmung ist, die
gerade dieser Punkt seitens der hervorragendsten Schüler
Kants gefunden hat. «Wir können uns», sagt z. B. Schopenhauer (Vierf. Wurzel, W., I, 90) zwar «denken, dass das
Gesetz der Gravitation einmal aufhörte zu wirken, nicht aber
dass dieses ohne eine Ursache geschähe». Darum soll denn
das Gravitationsgesetz bloss empirisch, «ohne Garantie für
seine Allgemeinheit», von «nur approximativer, folglich
precärer, nie unbedingter Gewissheit» sein (a. a. O.,
S. 44) [289]. «Die Astronomen ermangeln nicht, die gelegentlich
gefundenen Anzeichen und Bestätigungen hievon hervorzuheben, hiedurch an den Tag legend, dass sie es als b l o s s
e m p i r i s c h betrachten.»

Der Empirismus kann dieser Sonderung nicht zustimmen.
Um an die letzte Bemerkung anzuknüpfen, so müssen wir,
wüstem Wunderglauben gegenüber, leider oft genug auch
«nicht ermangeln», die Bestätigungen des Causalitätsaxioms
hervorzuheben. Und dass auch seine Nichtgültigkeit d e n k -
b a r ist, beweist a u s s e r dem Wunderglauben z. B. die
bekannte Paradoxie J. St. Mills [290]. Und wer sich «denken»
kann, dass das Gravitationsgesetz in Folge empirischer
Ursachen — also bei seiner dynamischen Ubiquität durch
seine eigene Mitwirkung — aufhören könne zu herrschen, der

kann sich auch «denken», dass der an Ursachen hinglei-
tende Weltlauf schliesslich gesetzmässig in ein absolut sinn-
und gesetzloses Chaos münden mag.

Vorläufig steht das Gravitationsgesetz, obwohl es keinen
transcendentalen Grund hat, so fest als das Causalitätsgesetz; womit natürlich · nicht geleugnet wird, dass das
letztere umfassender sei als das erstere. Aber mag auch das
Gravitationsgesetz nur von beschränkterem Herrschaftsgebiet
sein: wo einmal die Phänomene mit den an seiner Hand
entworfenen Berechnungen nicht stimmen wollten, hat man
sie bisher eben so wenig für Instanzen gegen dasselbe zu
halten nöthig gehabt, als sonstige Räthselhaftigkeiten der
Erfahrung haben das Causalitätsgesetz erschüttern können.
Man nahm hier wie dort unbekannte, störende, hindernde
Agentien an; und entdeckte sie unter Umständen auf Grund
des von vornherein gewissen Gesetzes. So entdeckte auf
Grund des Gravitationsgesetzes W. Herschel den Uranus,
Leverrier den Neptun; so bestimmten Peters und Auwers die
Richtung des für sie noch unsichtbaren Besselschen «Beglei-
ters des Sirius». Angesichts solcher Erfolge sieht sich auch
ein Kantianer genöthigt [291], sich und uns zu «gratuliren»,
dass wir mit der Gravitationslehre «im Besitz einer Theorie»
sind, «welche Planeten a priori entdeckt». Im Uebrigen:
welchen Sinn hat die vorausgesetzte Nothwendigkeit des
Causalverhältnisses selbst noch, wenn die empirischen
Spezialgesetze, nach denen · wir in den einzelnen Fällen die
Erscheinungsfolgen causaliter verknüpft denken, alle nur —
precär sind? Welchen hätte sie, wenn beispielsweise nicht
unter verschiedenem, sondern unter gleichem Luftdruck der
Gefrier- und Siedepunkt destillirten Wassers wechselte?
wenn er absolut gesetzlos wechselte? Was heisst noch: «Jede
Veränderung muss ihre gesetzmässige Ursache haben»,
wenn jedes empirische Gesetz, an das man behufs materialer
Erfüllung des «Gesetzmässigen» denken könnte, keine volle
Sicherheit und Allgemeinheit besitzt? Nein: es gibt empirische, durch Induction auffindbare Regeln von wirklicher
Allgemeinheit; und das Causalitätsgesetz ist von keiner
wesentlich andern «Dignität»; und es verliert selbst allen
Sinn, wenn es nicht wirkliche, concrete Spezialgesetze von
absoluter Herrschaft unter sich hat. —

Nach einer geläufigen Wendung Kants hängt die Nothwendigkeit derjenigen Verstandesgesetze, welche zugleich die
höchsten Naturgesetze sind, daran, dass sie allein « Erfahrung » (ihrer Form nach) möglich machen; sie m ü s s e n
sein, damit Erfahrung sei ; « Sinnenwelt ist entweder gar
kein Gegenstand der Erfahrung oder eine Natur »[292]. Indessen
ganz abgesehen davon, dass aus der Nothwendigkeit dessen,
was Kant unter «Natur» (formaliter spectata)[293] versteht,
für die « Möglichkeit der Erfahrung » gewiss noch nicht
folgen würde, was er weiter schliesst, dass der höchste Quellpunkt dieser Welt unbedingt gesetzmässiger Einheit in der
Spontaneität unsers « denkenden Subjects » wurzele, so hat
auch diese durch die « Möglichkeit der Erfahrung » confir-
mirte Nothwendigkeit selbst keinen Werth, der über die
Thatsache vorhandener « Erfahrung » und vorhandener
« Natur » — ich meine : so weit sie sich in der Erfahrung
bisher als gesetzmässig geeint dargestellt hat — irgendwie
hinausreichte ; sie vermag « Erfahrung » und « Natur » nicht
weiter zu verbürgen, als so weit sie eben angetroffen werden.
Denn warum muss « Erfahrung » möglich sein[294]?

Nach Analogie des kantischen Arguments aus der Möglichkeit der Erfahrung scheint der ganz leicht wiegende Gedanke
concipirt zu sein, der sich gelegentlich in der kantischen
Schule hören lässt : Allgemeinste, absolut nothwendige Verknüpfungsgesetze der Erscheinungen, sagt man, m ü s s e n
sein. Denn liesse ein absoluter Zufall den zeitlichen Strom
der Begebenheiten in ganz singulären, unverknüpfbaren und
unvergleichbaren Zustandsfolgen regellos hintereinander
stürzen, so könnten wir nicht — l e b e n[295] ; weil wir nur
leben können auf Grund von Prämeditation ; und diese erfordert Vorhandensein und Erkennbarkeit von Gesetzen, und
zwar — wie man hinzufügt, und wie es auch in der Consequenz des Gedankens liegt (wenn man nicht etwa statt dessen
ein unermesslich geräumigeres und treueres Gedächtniss als
das unserige a p r i o r i n o t h w e n d i g finden will) — von
solchen Gesetzen, die wir zu behalten, die wir zu übersehen
vermögen. Abgesehen davon, dass auf diese Weise das Causalitätsgesetz wieder gegen Kants Willen (vgl. oben § 7) m t
dem « Gesetze der Specification » auf eine Linie kommt und

dass nicht abzusehen ist, warum wir durchaus leben müssen: so ist zum «Leben» an und für sich Prämeditation überhaupt auch gar nicht nöthig; jedenfalls leben die Pflanzen ohne Prämeditation. Und denkbar bleibt der Fall, dass ihr Leben auf eine für uns gar nicht in Gesetze fassbare Weise, dass es aus transcendenter Unergründlichkeit empor gefördert und conservirt würde. Und denkbar bleibt es, dass auch sinnlich perzipirende, dass animalische Wesen auf unbegreifliche Weise am Leben erhalten würden und dass während der Zeit bunte und incohärente Zauberspiele der Anschauung zu schalem Staunen und kindischer Lust an ihnen vorübergingen. Gewiss! sollen und müssen wir leben, so wie wir jetzt sind, sollen wir uns selbst erhalten, so ist es auch nothwendig, dass wir Gefahren vorauszusehen, zu berechnen und zu vermeiden wissen. Aber auch dafür genügt es, dass übersehbare und behaltbare empirische Gesetze da sind, und dass wir sie auf Grund blinder Routine oder methodischer Induction herauszuspüren vermögen. Es ist dafür aber nicht nothwendig, dass wir im Stande sind, das Hume'sche Misstrauen, ob wir nicht doch einmal mit unserm Glauben an die Uniformität des Weltlaufs werden getäuscht werden, absolut niederzuschlagen. Jedoch in den Wind schlagen können wir es [296].

Kant bemerkt, dass der Empirismus schliesslich über ein «so oft man beobachtet hat, fand man» nicht hinauskomme. Wenn man von der Unterstützung, die gewisse allgemeine Fundamentalsätze noch weiter durch die Fruchtbarkeit und Weite ihrer Anwendung, durch die vielseitige Uebereinstimmung und Verkettung mit andern Wahrheiten von gleichem Stempel, sowie durch ihre Unentbehrlichkeit für alle Verstandesarbeit am Thatsächlichen erhalten, abstrahirt, so ist die Bemerkung ja richtig. Aber Kant bedarf ganz gleichwerthiger Satzformen, um die seiner Ansicht nach dem transcendentalen «Subject» anhangenden apriorischen Bedingungen der Anschauung und des Denkens aus der Wahrnehmung und Erfahrung herauszuschälen. Vgl. z. B. Proll., § 20, III, 62: «Zergliedert man alle seine synthetischen Urtheile... so findet man»... Kr. d. r. V., II, 168: «Wenn wir untersuchen, was denn die Be-

ziehung auf einen Gegenstand unserer Vorstellungen für eine
neue Beschaffenheit gebe... so finden wir»... II, 71:
«Wenn wir von allem Inhalte eines Urtheils überhaupt
abstrahiren und nur auf die blosse Verstandesform
darin acht geben, so finden wir[297]»... Die Beispiele
der Art sind höchst zahlreich. Das Auffinden universaler
Constituentien des Wirklichen erfolgt eben immer auf dieselbe
Weise: mögen dieselben nun, wie der transcendente Realismus sagt, «ausser uns», oder wie der transcendentale Idealismus sagt, «in uns» gegründet sein. —

Dass der Raum das Substratum aller sinnlichen Wahrnehmungen ist, behauptet der Empirist wie Kant; dass alle
«objectiven» Erscheinungen von Verknüpfungsgesetzen
beherrscht werden, behauptet der Empirist wie Kant; ja, der
Empirist setzt es sogar von allem voraus, was irgendwie in
irgend einem Bewusstsein, und wäre es auch noch so krank-
haft verzerrt, erscheinen mag; er nimmt von den subjectiven
Erscheinungen es ebenso gut an, dass sie causaliter bedingt
sind, wie von den objectiven. Beide haben diese Allgemein-
heiten im Gegebenen gefunden. Kant unterscheidet sich von
dem Empiristen nur dadurch, dass er dieselben aus dem von
ihm verachteten Stande blosser Approximativität und Compa-
rativität durch seine transcendentale Hypothese glaubt zu
absoluten erheben zu können.

Ob aber das die Hypothese leisten kann? ob überhaupt
eine Hypothese mehr Festigkeit und Gewissheit zu verbürgen
vermag, als die Thatsachen besitzen, welche sie erklären
will? zumal wenn der, welcher eine solche Hypothese vertritt,
wie Kant, den Zweifel nicht zu verscheuchen vermag, ob nicht
dem «denkenden Subject» einmal eine andere Weise —
wenigstens anzuschauen und in Folge dessen die Kategorien
zu schematisiren — zu Theil werden könnte; wenn er den
inhaltsreichen und folgenschweren Satz der Baumgartenschen
Ontologie: «Essentiæ rerum sunt immutabiles» (vgl. § 14) nicht
unterschreiben kann oder ihn als einen «armen, identischen»
in die Logik verweist!

Sonst wäre es ja freilich in hohem Grade ansprechend und
befriedigend, mehr noch als «uns selbst», als unser
«denkendes Subject»: es wäre am befriedigendsten,

den metaphysischen Hintergrund der Erscheinungen überhaupt seinem «unabänderlichen
Wesen» nach so geartet denken zu dürfen, dass er in Folge
ursprünglicher innerer Constitutions- und Entwickelungs-
gesetze keine andern Anschauungen hervorzutreiben vermöchte als in Raum und Zeit, keine andern Erscheinungs-
inhalte in diesen Formen einem Bewusstsein darzustellen
vermöchte, als solche, welche dazu präformirt sind, sich
verstandesgemäss nach den Prinzipien des Widerspruchs
und des zureichenden Grundes zurecht legen zu lassen.

Dann wäre das kantische Apriori wirklich zu a b s o l u t e r·
N o t h w e n d i g k e i t erhoben. — —

Den Begriff des «a b s o l u t N o t h w e n d i g e n» nennt
Schopenhauer (II, 552) eine «undenkbare Fiction». Er ist so
wenig «undenkbar», dass er in Wahrheit das höchste Ideal
unsers auf Erkennen gerichteten Denkens bezeichnet. Und er
ist auch nicht unrealisirbar; wir wissen auf alle Fälle sehr
wohl, was wir meinen. Wir vindiziren zunächst den Gesetzen
der Logik a b s o l u t e N o t h w e n d i g k e i t; wir vindiziren
sie auch der ontologischen Ausprägung des diese Gesetze
beherrschenden Princ. identitatis (vgl. § 11 ff.); es ist für
all unser Erkennen und Forschen unumgänglich v o r a u s -
z u s e t z e n, dass das Sein den Widerspruch nicht ertragen
könne. Mag es Sonderlinge [298] geben, welche es nicht «nothwendig» finden, dass das Princ. id. et contrad. eine ontologische Anwendung erhalte: wir andern würden jedenfalls
keinen Forschungs- und Erklärungsdrang mehr verspüren,
wir würden völlig zufrieden gestellt sein, wenn sich alles,
was wir erfahren, glatt und reinlich nach diesem ontologisch
transformirten Princip zurechtlegte; so sehr ist es für uns
die unerschütterliche, tiefste und letzte Basis der absoluten
Nothwendigkeit (vgl. S. 36 f.).

Wir wundern uns daher angesichts dieser Dignität des
Prinzips und jenes Ideals unsers Erkenntnisstriebes auch gar
nicht, dass an den verschiedensten Stellen der Versuch
auftritt, die sonstigen Säulen des Seins auf dieses festeste
aller Fundamente zu stellen, ich meine: die Cardinal-
schemata und Cardinalgesetze, die Ur- und Grundbeschaf-
fenheiten der erfahrbaren Realität aus diesem Prinzip zu

«deduziren». So versuchten die Wolfianer Al. Baumgarten
und J. A. Eberhard, das Princ. rat. sufficientis aus dem Iden-
titätssatze herzuleiten (vgl. Anm. 165); so stiessen wir
S. 101 (Anm. 128) auf einen Philosophen, der dasselbe mit
dem Substanzaxiom unternahm[299]; so leitete jüngst
Dr. Schmitz-Dumont Zeit und Raum «in ihren denknothwendigen Bestimmungen aus dem Satze des Widerspruchs»
ab[300]. Allerdings! wenn wir aus allen positiven Charakteren
des Seins denknothwendige Bestimmungen machen könnten,
so wäre unser Verstand absolut befriedigt; er hätte in allem
sein eigenes Wesen gefunden.

Wir würden uns unter diesem Gesichtspunkt selbst über
die hegelsche Realdialektik weder zu wundern noch aufzu-
halten vermögen, wenn dieses Unternehmen nicht gerade
wieder die heraklitische Ueberwindung und Vergewaltigung
des Princ. id. et contrad. zum Prinzip erhoben hätte[301].
Denn wahr ist es: könnten wir alle Realität in logisch-
nothwendige Prozesse auflösen und aus ihnen gleichsam
nachschaffen, so wäre — alles aufgeklärt. Aber gerade für
derartige Rationalisirungstendenzen können wir am wenigsten
des Identitätsprinzips entrathen. Wir können mit Aristoteles
wirkliches «Denken» nur so weit statuiren, als die Vor-
stellungsverknüpfungen unter seiner Regulative laufen. Die
Scholastiker und Wolfianer hatten völlig recht, wenn sie ihre
Ontologie auf diesem soliden Grunde beliessen; nur dass sie
diesen Grund, weil er fest ist, auch für fruchtbar hielten, war
ihre Beschränktheit[302].

Das absolut Nothwendige, wie es unser Verstand sucht, ist
ausserhalb der logischen Formen ohne Mangel und Lücke im
Bereiche des A r i t h m e t i s c h e n ausgeprägt. Es ist eine
absolut nothwendige Wahrheit, dass $2 \times 2 = 4$ ist (vgl.
S. 17, 119); «es lässt sich weder denkend noch dichtend
absehen, was es für Engel und Gott anders sein sollte»[303].

Unter Voraussetzung der absoluten Nothwendigkeit unsers
Raumes sind uns absolut nothwendig, «ewig» auch die
g e o m e t r i s c h e n Wahrheiten. Sie lassen sich auf Grund
der räumlichen Anschauung und Construction aus unmittelbar
evidenten Axiomen an der Hand blosser Identitäten mit
absolut zwingender Nothwendigkeit entwickeln. —

Von diesem Punkte aus wird auch der Typus von Welt-
erklärungsversuchen verständlich, den wir im Anschluss an
die vollkommenste und abgeklärteste Leistung in dieser Richtung mit dem Namen S p i n o z i s m u s bezeichnen können.
Er stammt aus dem nur allzunatürlichen Drange, alle Welt-
schemata, Weltzustände und Weltveränderungen wie die
n o t h w e n d i g e n Consecutionen eines Weltgrundes zu
fassen, dessen D a s e i n ebenso in sich nothwendig (unbedingt, absolut) gedacht werden müsse, wie im Bereiche des
Denkens das Princ. id. et contrad. absolute Nothwendigkeit
hat, und aus dessen reichhaltigem «Begriff» (essentia) alles
sonstige Sein seiner Form wie seinem Inhalt nach («more
geometrico») so nothwendig erflösse, wie etwa aus der
anschaulichen Constitution des rechtwinkligen Dreiecks der
pythagoreische Lehrsatz [304].

Gelegentlich wirkt die mathematische Nothwendigkeit sogar
so berauschend, dass man selbst die Logik auf sie zu gründen
unternimmt, gegen welche Form des «Spinozismus» sich denn
allerdings die Logik ernstlich verwahren muss. So arm und
steril sie ist: in gewissem Sinne ist sie doch von nun an bis
in Ewigkeit scientia scientiarum [305].

Auch die Wendung, welche uns zu dem Begriff der absoluten Nothwendigkeit hinführte — die übrigens weniger kritische Verurtheilung als vielmehr schonende Umbildung behufs
möglichster Erhaltung des kantischen Apriori zum Zweck
hatte (vgl. S. 5) — trägt insofern ein spinozistisches Gepräge,
als sie (wenn auch nur per hypothesin) einen Weltgrund
ansetzt, in dessen Natur es nun einmal angelegt wäre, «Erscheinungen» nur in Raum und Zeit und verknüpfbar durch
Gesetze zum Bewusstsein emporzutreiben ; so dass, würde
man die constitutiven Merkmale jenes absolut nothwendigen
Seins kennen und sie zu begreifen vermögen, damit das
Apriori als subjectiv nothwendige und objectiv allgemein-
giltige Auffassungs- und Denkweise absolut festen Bestand
erhielte. —

Es ist nicht zu verkennen, dass auch Kants wissenschaftlicher Sinn, dass wenigstens seine «Vernunft» von dem
absolut Nothwendigen (im Verständniss und Dasein) mächtig
angezogen ward. Es «sinkt» uns, heisst es einmal (II, 456)

fast feierlich, «der Boden, wenn er nicht auf dem unbeweg-
lichen Felsen des absolut Nothwendigen ruht». Es ist kein
Zufall, dass er die an sich denkbare unendliche Mannigfaltigkeit der Naturwesen und empirischen Naturgesetze durch
sein Prinzip der formalen Zweckmässigkeit zu binden und zu
einen suchte[306]. Es ist nicht von ungefähr, dass er das Gravitationsgesetz aus den Raumverhältnissen a priori zu deduziren
unternahm, dass er das Trägheitsaxiom auf den Causalsatz
gründete. Es ist nicht von ungefähr, dass er der bloss compa-
rativen Allgemeinheit so abhold war. Es ist kein Zufall, dass
er in der Metaphysik einerseits jede empirische Begründung
des Uebersinnlichen ablehnte, andererseits es auch nicht auf
«schale Wahrscheinlichkeiten» und mehr oder weniger plau-
sible Hypothesen, auf «Philodoxie» anlegen mochte, und dass
er, da theoretisch ihm hier das Ja wie das Nein gleich willkürlich, ja schwärmerisch schien, schliesslich eine neue, die
p r a k t i s c h e N o t h w e n d i g k e i t zur Grundlegung benutzte, um den Sturz des Gebäudes der speculativen Vernunft'
in den «A b g r u n d d e s S k e p t i c i s m» zu verhüten[307].

Diese Tendenz beherrscht auch die Ansetzung und Deduction der «Analogien der Erfahrung», z. B., worauf es bei
dem Drange nach Nothwendigkeit vor Allem ankam, des
Satzes vom Grunde.

Kant ist nicht der Ansicht derer, die ihn für ebenso
in sich gewiss und absolut nothwendig erachten, wie das
Princ. id. et contrad. (vgl. Anm. 50); er hält ihn auch nicht
für «evident» und «augenscheinlich», wie die mathematischen Axiome (vgl. S. 16 f.); auch nahm er Anstand, ihn
nach Weise wolfischer Scholastik durch Begriffsanalysen zu
rationalisiren und dadurch seine absolute Nothwendigkeit zu
erbringen (vgl. S. 138); «die Möglichkeit, wie durch ein
gewisses Dasein das Dasein eines andern gesetzt werde,
b e g r e i f e n w i r a u f k e i n e W e i s e» (II, 357ª). Aber
die Nothwendigkeit des Satzes sollte und musste erhalten
werden. Causalität bedeutet ja selbst Nothwendigkeit. So
k a n n der Begriff und der ihn enthaltende Satz aus E r f a h -
r u n g unmöglich entspringen; soll er also nicht «als ein
blosses Hirngespinnst gänzlich aufgegeben werden» — Kant
ist entschlossen, es dazu unter allen Umständen nicht kom-

men zu lassen; denn dergleichen «synthetische Grundsätze
der reinen Naturwissenschaft» sind «gewiss» und «wirklich»
(III, 27) — : so muss er auf eine ganz neue, auf eine copernicanische Art, wenn nicht rationalisirt, so doch überhaupt
verfestigt und so zu sagen vernothwendigt werden. Können
Sätze der Art «direkt aus den Begriffen allein» nicht erkannt
werden, so muss man sie durch eine «transcendentale Deduction» begründen; haben sie keine «absolute» Nothwendigkeit, keine logische und keine mathematische, so doch eine
Nothwendigkeit für die «Möglichkeit der Erfahrung». Die spinozistisch gefärbte, welche wir zuletzt
berührten, kam Kant nicht in den Sinn.

Uns hat die kantische Deduction vorzüglich aus zwei
Gründen nicht befriedigen können. Erstens weil sie die Sup-
position macht, als könne die stricte Nothwendigkeit der
formalen und allgemeinen Naturgesetzlichkeit behauptet
werden, während jedes besondere und materiale Gesetz, das
solche Naturgesetzlichkeit erst verwirklicht, als ein nur
empirisches und bloss comparativ allgemeines der Nothwendigkeit entkleidet wird. Wir setzen die Nothwendigkeit beider
Arten von Gesetzen voraus und wir halten das Causalitätsgesetz
selbst für sinnleer, wenn es nicht streng gesetzliche Zusammen-
hänge im Einzelnen gibt. Beide Arten von Gesetzen ruhen für
uns gleich sehr auf empirischem Erkenntnissgrunde; beider
Nothwendigkeit halten wir für weder weiter demonstrirbar
noch deduzirbar, und insofern dem Hume'schen Zweifel (den
wir aber auch, weil er nur von abstracten Möglichkeiten redet,
als windig bezeichnen müssen) in letzter Instanz allerdings
preisgegeben. Und zweitens befriedigt die kantische Deduction nicht, weil die «Erfahrung», zu deren «Möglichkeit»
die reinen Naturgesetze die conditio sine qua non darstellen
sollen, von Kant selbst nicht für etwas absolut Nothwendiges,
sondern in letzter Instanz für etwas «Zufälliges» gehalten
wird[308].

Wollten wir nun unsererseits in der angedeuteten, sagen
wir also «spinozistischen» Weise, um die in das Apriori
gelegte Nothwendigkeit zu retten, das Causalgesetz an die
innere Constitution eines absoluten Weltgrundes (als seine
ratio essendi) anknüpfen, so wäre solche Nothwendigkeit

allerdings als eine objectiv absolute gedacht; von Seiten subjectiver Gewissheit und Einsicht aber hätte sie nur den Werth einer möglichen Voraussetzung, einer aus unsern Vernunftbedürfnissen stammenden Hypothese; übrigens wäre sie gar nicht näher zu beschreiben und verständlich zu machen, weder logisch noch mathematisch; nur nach Analogie der logischen und mathematischen Nothwendigkeit wäre sie denkbar; und wir könnten nicht umhin, den materialen Besonderungen und Ausführungen des Causalgesetzes, den empirischen Naturgesetzen, dieselbe Gunst, dieselbe absolute Verfestigung durch Verkettung mit dem Wesen eines absoluten Weltgrundes offen zu halten, die wir hypothetischerweise dem Causalitätsgesetz selbst vindizirten.

Dass solche «Nothwendigkeit» im Denken sich nicht adäquat ausführen lässt, würde übrigens, abgesehen davon, dass diese Nothlage nicht überwunden werden kann, für denjenigen kein wesentliches Bedenken sein, welcher sich bewusst ist, wie weit dieser Mangel reicht. Auch wenn wir von Causalität reden, denken wir eine innere «Nothwendigkeit» zwischen Antecedens und Consequens hinzu, die wir nicht näher zu determiniren wissen [309]. Selbst Kant sieht sich von seinem nichtempiristischen Standpunkt aus zu dem Geständniss genöthigt, dass wir uns « bei der Causalität nach Naturgesetzen damit begnügen müssen, a priori zu erkennen, dass eine solche vorausgesetzt werden müsse » (II, 357[a]). Und das Absolute selbst setzen wir voraus, ohne dass es uns irgendwie gelänge, es in Begriffe zu fassen [310]. —

Indessen dergleichen Anknüpfungen an ein absolutes Dasein gehören der metaphysischen Betrachtungsweise an. Wir wollen Vorstellungen dieser Art vor der Hand nicht weiter verfolgen, sondern sparen sie für den nächsten Paragraphen auf.

Hier soll vielmehr nur noch das Wesentlichste von dem zusammengefasst werden, was geeignet ist deutlich zu machen, wie weit wir ohne metaphysische Anlehnungen, im Bereiche der bloss empirischen Realität selbst, davon entfernt sind, die absolute Nothwendigkeit anzutreffen, nach welcher unser Verstand dürstet.

Alles, was in der Erscheinungswelt geschieht, ist, wie wir
v o r a u s s e t z e n m ü s s e n, nothwendig; denn Alles hängt
gesetzmässig, nothwendig von seiner Ursache ab. — Aber
die Ursache selbst muss wiederum als Wirkung betrachtet
werden (vgl. S. 140); sie hängt als solche auch von einer
«Ursache» ab, und diese wieder von einer andern, u. s. f.
in infinitum; wir kommen mit dieser Nothwendigkeit nicht
auf den Grund; es sinkt der Boden unter unsern Füssen.
So ist — trotz Schopenhauers erregter Abwehr (II, 551 ff.)
— Alles, was geschieht, zwar relativ nothwendig, aber in
letzter Instanz a b s o l u t z u f ä l l i g.

Und die G e s e t z e selbst, welche in dem Causalzusam-
menhang Antecedens und Consequens verknüpfen und die
Wechselwirkungen regeln, sie sind, vorläufig wenigstens,
auch nicht bis auf den Grund zu durchleuchten; sie behalten
auf alle Fälle etwas starr Positives, bloss Thatsächliches, das
uns leicht auch a n d e r s sein zu können scheint. Zwar sind
schon viele empirische Gesetze dadurch rationalisirt, dass
man sie einerseits in einfachere aufgelöst, andererseits auf
allgemeinere reducirt hat [311]; man «erklärt» z. B. zusammengesetzte Bewegungen durch das Kräfteparallelogramm, die
Keplerschen Gesetze durch die Newtonsche Gravitationslehre.
Man kann sagen, dass solche Erklärungen, wie sie den Trieb
des menschlichen Geistes nach innerer Vernunftnothwen-
digkeit beweisen, auch auf dem Wege zur Befriedigung desselben liegen. Aber am Ziel desselben liegen sie nicht. Denn
warum m ü s s e n einmal in Bewegung gesetzte Massen,
wenn sie von aussen ungestört bleiben, sich g e r a d l i n i g
und mit c o n s t a n t e r G e s c h w i n d i g k e i t weiter bewegen? warum zehrt d i e Z e i t ihre Bewegung nicht auf?
warum müssen die Körper sich in umgekehrtem Verhältniss
des Quadrats ihrer Entfernung anziehen? warum zehrt d e r
R a u m die Attraction auf? Ich habe schon oben der auch auf
diese einfachsten Gesetze gerichteten Rationalisirungsver-
suche gedacht; ich habe nicht verhehlt, wie weit ich mit ihrer
Tendenz sympathisire; aber ich sehe nicht, dass sie ans Ziel
gelangen. Selbst gesetzt, das Trägheitsaxiom liesse sich auf
den Causalsatz gründen: so bleibt der Causalsatz selbst als
ein starrer Rest übrig. Warum muss alles causaliter verknüpft

sein? und wie soll man sich die Nothwendigkeit solcher Verknüpfung denken? Selbst gesetzt, das Gravitationsgesetz könnte, wie Halley und Kant wollen, aus der Natur des Raumes deduzirt werden, so setzt doch diese Deduction selbst erstens voraus, dass die Massenelemente sich gegenseitig anziehen [312] und dass die Anziehungskraft sich im Weltraume von jedem Theile der Materie unmittelbar ins Unendliche erstreckt (Kant, V, 370); statuirt diese Voraussetzung aber etwas so Rationales, durch sich selbst Evidentes, wie dass $2 \times 2 = 4$ ist? und sie setzt zweitens unsern euklideischen Raum voraus; ist derselbe aber nicht vielleicht doch bloss ein Spezialfall eines Gattungsbegriffs Raum?

Von Newton wissen wir [313], dass er die Gesetze der freien Bewegung g a n z a l l g e m e i n deduzirt hat; die Verwirklichung derselben in der Erfahrungswelt galt ihm nur als ein e i n z e l n e s z u f ä l l i g e s Beispiel derselben. Gesetzt also selbst, wir hätten Grund, nicht bloss das Causalitätsaxiom, sondern auch das Newtonsche Gravitationsgesetz noch für ein absolut nothwendiges, weil völlig rationales, zu halten, so wären wir für die «Verwirklichung» desselben in unserer Welt doch wieder an positive Thatsachen gewiesen, die auch anders sein könnten. Bei anderer Massenvertheilung würden dieselben Newtonschen Gravitationsgesetze z. B. ganz andere Planetensysteme und Planetenbahnen ergeben als die uns bekannten. Ist also das erste Keplersche Gesetz, auf die Newtonsche Theorie zurückgeführt, absolut nothwendig? bleibt es nicht vielmehr in letzter Instanz absolut zufällig?

«Wenn wir endlich», so citirten wir schon einmal (S. 162) aus Helmholtz [314], «mit dem V e r s t ä n d n i s s gewisser Naturprocesse n a c h d e m C a u s a l g e s e t z e fertig geworden sind, so sind die Folgerungen aus demselben: dass g e w i s s e materielle Massen im Raume existiren und sich bewegen und mit g e w i s s e n Bewegungskräften auf einander wirken.» «Gewisse Massen» mit «gewissen Bewegungskräften»! Aber wer bringt uns zum «Verständniss», wer erweist uns die absolute Nothwendigkeit d i e s e r Bewegungskräfte, d i e s e r Massen, die im Raume w i r k l i c h sind?

Wir hoffen, oder stellen es uns wenigstens als ein Ideal
vor, dermaleinst aus den unveränderlichen Eigenschaften der
Elementaragentien an der Hand des Causalgesetzes begreifen
zu können, warum jegliches an jeglicher Stelle und zu
jeglicher Zeit geschieht : aber die Eigenschaften der Elemente
selbst, und warum sie gerade in dieser quantitativen und
localen Vertheilung angetroffen werden [315], verstehen wir bis
auf den Grund nicht. Die · Nothwendigkeit gerade dieses
quantitativen Verhältnisses von Wasserstoff,
Sauerstoff, Gold und alles dessen, was sonst als wirkliches
«Element» angenommen werden muss, verstehen wir an der
Hand der Logik, Mathematik und selbst des Causalgesetzes
auf keine Weise. Und was die räumliche Vertheilung
angeht, so ist zwar in jedem Moment, wie wir voraussetzen,
ein causales Verständniss derselben «möglich»; jede Collocation, die hic et nunc auftritt, halten wir für die naturgesetzliche Folge einer früheren; aber diese frühere selbst ist
nicht «absolut nothwendig», sie ist wieder von einer früheren
bedingt, u. s. f. bis ins Unendliche. So hängt jeder gegenwärtige Zustand der Elemente an einer anfangslosen Kette,
schwebt im Leeren, — kurz: er ist in letzter Instanz absolut
zufällig.

40.

Wenn ich schliesslich den mehrfach zur Seite gestellten
und aufgeschobenen Versuch wage, die Metaphysik
zu berühren, so scheint vorweg das Geständniss am
Platze, dass es wissenschaftlich denkbar ist, ohne alle
Metaphysik auszukommen. Es ist sofort möglich, wenn man
die äussersten Consequenzen des Standpunktes nicht scheut,
den Aug. Comte Positivismus genannt hat. Man
geräth übrigens damit auf eine Bahn, die uns nicht mehr
unbekannt ist; wir mussten sie behufs genauerer Präcisirung
der kantischen Wissenschaftslehre mehrfach betreten [316].
In streng positivistischem Sinne suchten wir z. B. diejenigen
methaphysischen Anwandlungen von Kant abzuwehren,
welche durch die Begriffe Kraft und Handlung angeregt

werden[317]. Man muss aber allerdings noch weiter gehen, um
alle Metaphysik von sich ferne zu halten. Und Kant wollte
entschieden so weit nicht gehen[318]. Es ist auch von vornherein gar nicht abzusehen, weshalb man jede wenn auch noch
so natürlich und menschlich aufsteigende Frage[319] nach dem
Grund und Wesen der erlebten und erlebbaren (singulären,
generellen und universalen) Thatsachen prinzipiell fliehen
soll, bloss weil es «möglich» ist, ohne sie auszukommen;
zumal was «möglich» ist, auch sehr schwierig und
künstlich sein kann.

Im vorigen Jahrhundert erschien der Solipsismus oder
theoretische Egoismus als eine nicht widerlegbare,
aber paradoxe und langweilige Weltansicht: jene Vorstellung,
nach welcher nur der jedesmalige Vertreter dieser «Philosophie» wirklich existirt und alles Andere und alle Andern nur
Phänomene sind, die er, um mit ihnen nicht fortwährend in
Conflict zu gerathen, so connivent ist, im praktischen Verkehr
als reale Dinge und Personen gelten zu lassen. Der consequente Positivismus, ebenso von Hume[320] abhängig, wie
der Solipsismus von Berkeley[321], muss noch bizarrer und
noch unwiderlegsamer herauskommen. Er kennt kein metaphysisches Ich, wie Descartes und Berkeley es ansetzten.
Die empirischen Thatsachen der inneren Wahrnehmung,
welche gewöhnlich zu solchem Ansatz führen, haben nach
ihm keinen wesentlichen Vorrang vor dem Inbegriff alles
dessen, was der Solipsist die Phänomene nennt. Die unmittelbar erlebte Bewusstseinsidentität z. B. hat ihm keine
Prärogative der Selbständigkeit. Sie kann dem consequenten
Positivisten nichts weiter sein, als ein durchgehender Theil-
inhalt der in der Lebezeit aufeinanderfolgenden und wechselnd
das Bewusstsein füllenden Vorstellungsbündel[322]. Die Abson-
derung dieses Theilinhalts ist ihm nur eine Abstraction[323],
aristotelisch geredet ἀφαίρεσις, nicht χωρισμός; das Ich ist
realiter immer nur Correlat zu Bewusstseinsinhalten; das
isolirte Ich ist nur eine Vorstellung. Er kennt nichts
weiter als Wahrnehmungen und Erinnerungen
an Wahrnehmungen einerseits, und Vorstellungen und
Gedanken andererseits. Nur was wahrgenommen wird, ist
ihm jedesmal wirklich: die Vorstellungen lässt er

in letzter Instanz nur als mehr oder weniger sinnvolle und brauchbare Phantasieschöpfungen gelten.

Er kennt keine gegenwärtige Wirklichkeit als die Totalität dessen, was eben jetzt erlebt wird; keine vergangene als die erlebt ist und nun in der Erinnerung auftretend als erlebte mit Grund recognoscirt wird. Ist die Aufmerksamkeit jetzt auf Gesichtswahrnehmungen concentrirt, so lässt er für wirklich nur gelten, was nun gerade im Blickfeld erscheint — er ist natürlich nicht gewillt, das Wort «erscheinen» zu dem kantischen Schlusse auf ein Ding an sich [318] auszubeuten — mit Ausschluss natürlich schon aller assoziirten Tast- und Bewegungsvorstellungen ; dergleichen, weil es nicht wahrgenommen wird, ist ihm nicht eigentlich wirklich, sondern nur Andeutung und Antizipation dessen, was eventuell wirklich werden kann. Dass das, was unter Umständen wahrgenommen werden könnte, nun schon da ist; dass z. B. an die Grenzen des jedesmaligen Blickfeldes sich etwas nun schon Wirkliches anschliesst, wird er nicht behaupten; er wird es nur für hochwahrscheinlich halten, dass, wenn gewisse Bewegungsimpulse ins Spiel treten und noch unmittelbar dieselben Folgen haben, wie früher — plötzliche Lähmung könnte freilich z. B. den «Willen» zu bewegen vereiteln —, dass dann dergleichen wahrgenommen werden wird, von dem Andere — ich meine, was er sich per analogiam unter den «Andern» denkt; es sind natürlich im Wesentlichen nur Vorstellungen — sagen, dass es schon vorher sei. Er wird das zukünftige Eintreffen gewisser Erwartungsvorstellungen für fast gewiss halten ; aber so wenig er — hierin ganz wie Hume — es absolut verbürgen mag, dass morgen die Sonne wieder aufgehen, dass die Billardkugel sich wieder nach den Gesetzen des elastischen Stosses bewegen oder überhaupt dass das Causalitätsaxiom fortfahren werde sich als ein Ariadnefaden zu bewähren : ebensowenig wird es ihm absolut gewiss erscheinen, dass die Wendung seines Kopfes — ich gebrauche diese Wort- und Vorstellungsabbreviatur für das, was bei ihm, wenn streng positivistisch, viel weitschweifiger herauskommen müsste; er hält ja natürlich von seinem «Kopfe» nur jedesmal so viel für wirklich, als er wahrnimmt — immer wieder diejenigen Thatsachen vorführen werde, die er nach den bisher bewährten empirischen Regeln oder gewohnheitsmässig glaubt erwarten zu dürfen.

Die «objective Welt» ist ihm natürlich nichts als ein Inbegriff von b l o s s e n «Vorstellungen»; sie enthält ihm keinen Hinweis auf ein correspondentes Ansichsein; er wird sogar erklären, nicht begreifen zu können was es h e i s s e n solle: etwas s e i, e x i s t i r e a n s i c h; er vermöge wirkliche Existenz nur als Bewusstseinsthatsache zuzulassen. So wenig er glaubt, dass das Bewusstsein oder der Raum oder die Zeit selbständig als solche für sich existiren, ebensowenig wird er dies von den «Objecten» zugeben. Das Eine wie das Andere sind ihm nur Abstractionen aus complexen Wahrnehmungen, den concreten, wahrhaftigen und einzigen Wirklichkeiten (vgl. S. 121 ff.).

Gleichwohl wird er zur Bereicherung und Vervollständigung des Inhalts jener objectiven Welt, die für ein höchst nützliches, fruchtbares, aufklärendes (vgl. S. 95 ff., S. 127) und darum allen Interesses würdiges Vorstellungsgebilde zu halten auch er gar nicht ablehnt, mancherlei erdenken, was er niemals wahrnehmen kann. Er wird beispielsweise in Beziehung auf den Erdkörper, den er aus Fragmenten, die er wahrnahm, zunächst abrundet, sich klar zu machen suchen, was, nach den bisher bewährten empirischen Regeln zu schliessen, «erscheinen würde, wenn er in seine grösste Tiefe dränge». Ja, er fragt sich vielleicht sogar: «Wie würden die Körper erscheinen, wenn ich meine Augen[324], die ich schon mit dem Mikroskop bis zu gewissen Grenzen verfeinern und verschärfen kann, bis ins Unbestimmte verfeinern und verschärfen k ö n n t e»[325].

Wenn Andere auf Grund von, wie sie glauben, zwingenden Analogieschlüssen hinter den dem eigenen Leibe[326] ähnlichen Objecten wirklich existente Bewusstseine ansetzen, so wird er an dergleichen auch denken, weil Vorstellungen der Art ihm für seine Erklärungsbedürfnisse ergiebig erscheinen; aber er wird vom Standpunkt des strengen Positivismus es als unerlaubt bezeichnen müssen, jene ihm homogenen Ichs, die er hinter gewissen Physiognomien und Reden vorstellt, für mehr als freie, lediglich in der Vorstellung selbst existente Gebilde zu halten.

Und ist er Physiolog, so wird er sich das Entstehen seiner
Gesichtswahrnehmungen zurechtlegen, indem er in jeder
Einheit der vorgestellten Zeit (vgl. S. 78 ff.) Billionen von
rhythmischen Aethervibrationen an die Zäpfchen und Stäb-
chen der Netzhaut gelangen und durch sie die elektromoto-
rische Kraft des Sehnerven verändern lässt; indem er das
für seine Mitmenschen vermittelst des Augenspiegels sichtbare Netzhautbildchen mit dem, was er selbst jedesmal
wahrnimmt, in ein geometrisches Verhältniss setzt; indem er
die Grösse und Entfernung des wirklich Wahrgenommenen
von der Accommodation der Linse sowie von der Convergenz
der Sehachsen abhängig denkt, vielleicht auch sogar durch
das Gehirn das Netzhautbildchen «projiciren» lässt. Aber
ein solcher Ausdruck dient ihm nur «ad usum Delphini» [327];
und er wird auch sonst seine positivistischen Cautelen
machen; er wird schliesslich Alles: Aether, Retina, Nervus
opticus, Gehirn, Netzhautbild, das Sehen der Andern, die
Andern selbst, die Linse, auch die Accommodation der
Linse und die Convergenz der Augenachsen (soweit er darunter mehr versteht als die «wirklichen» Muskelgefühle von dergleichen), — er wird Alles nur für «Vorstellungen» ausgeben
und jeden Ausdruck, der wie von Realitäten redet, nur als
bequeme Abbreviatur gelten lassen.

Alle physischen Gesetze werden sich ihm in letzter
Instanz zu mathematischen Relationen zwischen
Vorstellungen und wirklichen oder bloss «möglichen» Wahrnehmungen vergeistigen; an der mathematischen Physik
und an Fechnerscher Psychophysik wird er eine hohe Freude
empfinden. Zuletzt hängt ihm alles Wahrnehmbare mit
dem nach Analogie des Sicht- und Tastbaren vorgestellten
Nichttastbaren und «Nichtsichtbaren durch einen unzer-
reissbaren mathematischen Faden zusammen» [328]. Er
verspürt keinen Drang die mathematische Relation in eine
dynamische umzuwandeln. Es ist gewiss kein Zufall,
dass der Begründer des Positivismus von der Mathematik
herkam. Eine seiner historischen Wurzeln liegt in Newtons
mathematischen Prinzipien der Naturphilosophie. Es
ist nicht von ungefähr, dass Kants Kriticismus verwandte
Züge zeigt.

Wie einem solchen Standpunkt durch Widerlegung beizu-
kommen sei, ist nicht recht abzuschen[329]. Und so unbequem und
allen gewöhnlichen Auffassungen und ursprünglichen Erkennt-
nisshoffnungen widersprechend er ist : den Werth hat er auf
alle Fälle, dass er zweierlei recht augenfällig macht : erstens,
dass die Skepsis der Hume'schen Art viel weiter reicht als ihr
Autor selbst dachte und vielleicht wünschte, und zweitens —
das Correlat dazu —, wie mitten in dem Alltäglichen und
scheinbar Selbstverständlichen fortwährend H y p o t h e s e n
spielen von ebenso in letzter Instanz unerweislichem, jedenfalls nicht absolut sicherem, aber auch ebenso glaubwürdigem
und subjectiv gewissem Charakter, wie die Voraussetzung,
dass der empirische Weltlauf fortfahren werde, gesetzmässig
zu sein.

Wir Andern nämlich setzen an die Stelle der bloss fictiven
Hilfsconctructionen und Hilfsvorstellungen Annahmen, wenn
auch eben nur h y p o t h e t i s c h e Annahmen von Etwas,
was i s t ; was ist, auch wenn es nicht von uns wahrgenommen und erlebt wird.

Und von d i e s e m Standpunkt nun eben macht sich der
Ueberschritt in m e t a p h y s i s c h e C o n s t r u c t i o n e n
höchst natürlich und gleichsam von selbst.

M e t a p h y s i k wird man es nun freilich noch nicht
nennen wollen, wenn wir die Menschen nicht ansehen wie
Descartes die Thiere ; wenn wir hinter Lauten, die wir hören,
und hinter Mienen und Gesten, die wir sehen, per analogiam
andere Bewusstseine, dem unsrigen verwandt, ansetzen ; aber
eine H y p o t h e s e ist doch auch dies schon ; eine Hypothese,
die sich niemals im Sinne des rigorosen Positivisten, die sich
niemals als Thatsache im eigentlichsten Sinne verifiziren
lässt[330] ; die sich allerdings aber insofern von jeder metaphysischen Hypothese radical unterscheidet, als sie noch
nicht die Zumuthung stellt, über die uns vertraute Correlation
von Subject und Object hinauszugreifen — sie vervielfältigt
dieselbe nur —; als sie noch kein «Ding an sich» ins Spiel
bringt.

Aber Metaphysik ist es sofort, volle und ganze Metaphysik,
wenn wir in den Objecten unsers Wahrnehmens, und des
dieselben completirenden Vorstellens, in den Rosen unsers
Gartens, den Büchern unserer Bibliothek, den Sternen am
Himmel, Hindeutungen auf ein Sein annehmen, welches ist,
auch wenn niemand wahrnimmt und niemand vorstellt; auf
ein Sein von der Absolutheit, wie es der Positivist sowohl
unbegreiflich als auch unzulässig findet. Und Metaphysik ist
es, wenn wir aus den Thatsachen, welche die — von Schlaf
und Ohnmacht freilich je zuweilen unterbrochene, aber eine
gewisse Zeit doch auch andauernde — empirische Einheit und
Continuität unsers Bewusstseins ausmachen, ein substan-
zielles Ich, ein Subject herausdichten, das im Wechselverkehr
mit andern Substanzen diejenigen Formen entfaltet und diejenigen Inhalte ergreift, deren wir auf dem Schauplatz unsers
Bewusstseins während unsers wachen Lebens gewahr
werden. — —

Wo nun aber auch immer der metaphysische Trieb mit
seinen unpositivistischen Vorstellungen ansetzen möge: für
gesund und berechtigt können wir ihn nur erachten, wenn
er ausschliesslich sich durch die von dem thatsächlich Wirklichen — die erschliessbaren Bewusstseinsinhalte der anderen
Subjecte mit eingeschlossen [331] — aufgegebenen echten
Räthsel sollicitiren lässt und wenn er in seinem Streben,
zur Lösung derselben etwas beizutragen, stets unter die Zucht
des wissenschaftlich arbeitenden Verstandes sich stellt.
Ferner: so begreiflich man es finden wird, dass bei der geistigen Ausgestaltung eines jenseits aller möglichen Wahrnehmung liegenden Gebiets, und hielte sich dieselbe, vom
Verstande gezäumt, auch noch so reservirt und vorsichtig,
die Phantasie mit in Anspruch genommen wird, so
muss man es auch begreifen, dass gerade darum in letzter
Instanz auf alle Fälle nur Nachbilder, Analogien und
Combinationen der Elemente des Wirklichen selbst herauskommen können; denn wir haben keine absolut productive
Imagination [332].

Diese Forderungen, Einsichten und Erwartungen nun —
wir können leider nicht sagen, dass wir sie in der kantischen
Philosophie befolgt, festgehalten und erfüllt fänden. Zunächst

stehen seine metaphysischen Reflexionen durchaus nicht ausschliesslich unter dem Impuls und Zwang wirklich aufgegebener, echter Probleme, obwohl solche mitspielen [333]. Ganz abgesehen davon, dass er von der Sehnsucht nicht loskommt, für gewisse, in der traditionellen kirchlichen Dogmatik wurzelnde, sollen wir sagen metaphysische oder chiliastische, jedenfalls mehr historisch überkommene, als natürlich gewordene Hoffnungen — die zunächst der wissenschaftlichen Kritik bedurft hätten — Platz zu schaffen : so schwärmt er auch in ganz vage und willkürliche, abstracte und leere Möglichkeitsträume aus, die mit einer w i s s e n s c h a f t l i c h e n E r k l ä r u n g des Wirklichen platterdings nichts zu schaffen haben.

Und während wir Andern, gesetzt selbst die transcendente Welt, die wir voraussetzen, w ä r e von total anderm Charakter als unsere Erfahrungswelt, gleichwohl zunächst nothgedrungen es unablässig v e r s u c h e n, die in der Wirklichkeit gegebenen Formen und Inhalte zur Ausbildung des Jenseits zu verwerthen, hat Kant von vornherein die schon von Schopenhauer gerügte, in seinem früheren Wolfianismus, wo nicht gar in blosser Etymologie gegründete Ueberzeugung, dass es schon in dem B e g r i ff der «metaphysischen Erkenntniss» liege, dass ihre Quellen «nicht empirisch sein können», dass die «Prinzipien derselben niemals aus der Erfahrung», weder der äusseren noch der inneren, genommen sein dürfen (Proll., § 1). Wir unsererseits sehen nicht, woher, wenn diese Quellen verstopft sind, noch überhaupt Quellen erfliessen sollen.

Im Uebrigen ist so viel richtig, dass sobald die wissenschaftliche Behandlung der Phänomene transcendent zu werden beginnt, Entitäten auf den Schauplatz treten, die die streng physicalische Erklärungsart sich verbitten muss ; sofort wimmelt es von solchen Begriffen. Insbesondere kommen sogleich die § 32 abgewehrten Baumgartenschen Begriffe wieder zum Vorschein. Ueberall muss von Thätigkeit, Ursache und Kraft in dem von Berkeley gerügten Sinne die Rede sein ; der Unterschied von Thun und Leiden [334], von Action und Reaction ist gar nicht zu umgehen.

Gewiss sind Conceptionen solcher Art für die Naturerklärung von mehr als zweifelhaftem Werth [335]; und man kann

es z. B. der wissenschaftlichen Chemie nicht verdenken, wenn
sie sich der Affinitätskräfte, falls darunter mehr gemeint ist, als
das Gesetz und Maass jener ins Groteske gehenden Geschwindigkeiten der Atome, die zur Erfüllung der Formel $\frac{1}{2}$ mv^2 von
dem mechanischen Aequivalent gefordert werden[336], wie
eines Nachhalls alchymistischer Denkart so sehr als
möglich zu erwehren sucht[337] und «eifrig an der Ausbildung
bestimmter Vorstellungen über die Form der Bewegungen
und Lagerungen der Molekeln» arbeitet, welche die «qualitates occultæ», wenn nicht zu überwinden[338], so doch einzuengen
vermögend sind. Vor der Hand sind sie gleichwohl hier wie
anderswo noch unentbehrlich, und wäre es auch nur mehr
um eine Lücke unserer Erkenntniss zu bezeichnen als zu
füllen. Und selbst die zu Ende gebrachte mathematisch-
mechanische Erklärungsart thäte, kantisch zu reden, «der
Vernunft» nicht völlig «Genüge»[339]. —

Die nächste, natürlichste und dringendste theoretische Veranlassung zu metaphysischen Ausflügen liegt offenbar in dem
Bedürfniss, alle Thatsachen, die in uns oder an irgend
welchem andern Bewusstsein unsers Erfahrungs- und Com-
municationsbereichs, sei es im Wachen, sei es im Traume, sei
es im gesunden, sei es im Wahnzustand, unmittelbar oder
mittelbar constatirt werden können, aus nicht bloss vorgestellten, sondern wirklich productionsfähigen Ursachen, aus
wirklichen «Kräften» und eigentlichen «Agentien»
genetisch zu erklären. Das Problem ist, da es sich
nicht sowohl um den gesetzmässigen, mathematisch bestimmbaren Zusammenhang zwischen wahrgenommenen Thatsachen und blossen Vorstellungen, sondern um die reale
Genesis und die eigentlich und wirklich «effizienten»
Ursachen des Wahrgenommenen selbst handelt, von vornherein transcendent; es ist nicht physisch oder psychologisch
oder psychophysisch, sondern von vornherein metaphysisch[340]. Kant hat völlig recht: Wenn wir in Beziehung auf
die Erscheinungen im Raume — wir könnten hinzufügen
auch in der Zeit, überhaupt im Bewusstsein — nach «dem
ersten Grunde ihrer Möglichkeit als Erscheinungen» fragen, «so wird der Begriff eines transcendentalen[341] Gegenstandes nothwendig» (II, 513).

Das hypothetische Schema, nach dem von jeher die Menschen ihr Dasein, ihr Bewusstseinsleben sich mehr oder weniger deutlich — metaphysisch — zurecht gelegt haben, ist etwa dieses : Es wird zu allererst vorausgesetzt als transcendenter substanzieller Untergrund des Bewusstseins ein wirkliches Subject, ein wie auch immer sonst geartetes [342] Ich an sich. Ihm stellt man ein Objectives an sich gegenüber. Beide zusammen bilden eine Welt an sich. Geistiges Leben beginnt, indem das Nichtich mit Reizen auf das vitale Subject einwirkt; und das Subject reagirt auf diese Einwirkung, die es erleidet, seinen spezifischen Anlagen gemäss, mit Empfindungen, mit Wahrnehmungen, die es nachher in weiterer Thätigkeit «per vim ipsius» denkend zu einer vorausgesetzten objectiven Welt zurechtlegt, in welcher es, wie es annimmt, mit spontanen Entschlüssen selbstthätig Veränderungen wirkt, die ihrerseits wieder durch Reize, die es von ihnen erleidet, auf dem Schauplatz des Bewusstseins correspondente Wahrnehmungen hervorrufen. Ueberall wird dabei das Causalitätsgesetz ebenso als absolut gültig vorausgesetzt, wie mit Ausschluss einiger Sonderlinge (vgl. S. 221) von uns allen die ontologische Fassung des Identitätssatzes.

Sehr schlicht, aber völlig klar und bestimmt trifft man diese Erkenntnisstheorie und Metaphysik von Locke entwickelt, der darum auch heute noch wohlverdiente Anerkennung findet [343]. Johannes Müllers spezifische Sinnesenergien liegen ganz auf diesem Wege [344]. —

Natürlich strebte die Menschheit danach, die Welt an sich, in die von jeher jeder nicht von vornherein positivistisch resignirte Verstand das metaphysische Ich, mit metaphysischen Vermögen ausgerüstet, einordnete, in allen Theilen so widerspruchslos und gesetzmässig verknüpft zu denken, wie sich je länger je mehr die Welt der phänomenalen Objecte zurechtstellte (vgl. § 36), zumal diese im Stadium ursprünglicher Naivetät so sehr für ein im Ganzen adäquates Ektypon der Welt an sich gehalten ward, dass sie sich meist in Ermangelung anderer Data einfach für jene unterschob. Es fiel niemand ein, für die jenseitige Welt alle

abstracten Möglichkeiten oder gar wirkliche Denkunmöglich-
keiten (vgl. § 12 f.) offen zu halten. Man bildete vielmehr die
metaphysische Hypothese ganz dem natürlichen Denkmotiv
gemäss, das sie hervorgetrieben hatte.

Auch Kant recurrirt fortwährend auf die «Vermögen» des
«denkenden Subjects»; auch er stellt ihm ein Object an sich
gegenüber. Die eigentliche «Naturbeschaffenheit» beider aber
erklärt er für durchaus unerkennbar. «Wer er auch sei, so
weiss er eben so wenig von der absoluten und inneren
Ursache äusserer und körperlicher Erscheinungen, wie
ich oder Jemand anders» (Kr. d. r. V., II, 314). Z. B.:
«Ob das Uebersinnliche, was» der körperlichen «Erscheinung als Substrat unterliegt, als Ding an sich, auch zusammengesetzt oder einfach sei, davon kann Niemand im mindesten etwas wissen; und es ist eine ganz missverstandene
Vorstellung der Lehre von Gegenständen der Sinne als
blossen Erscheinungen, denen man etwas Nichtsinnliches
unterlegen muss, wenn man sich einbildet.... hierdurch
werde gemeint, das übersinnliche Substrat der Materie
werde ebenso nach seinen Monaden getheilt, wie ich die
Materie selbst theile» (Kr. Eberhards, I, 429 f., Anm.) «Das
transcendentale Object, welches den äusseren Erscheinungen,
ingleichen das, was der innern Anschauung zum Grunde
liegt, ist.... ein uns unbekannter Grund der Erscheinungen»
(Kr. d. r. V., II, 303).

So sehr es fühlbar wird, dass diese docta ignorantia nicht
ohne Tendenz ist — es soll darum hinter den Phänomenen
nichts «erkannt» werden können, damit die religiösen Hoffnungen und Wünsche völlig reine und freie Bahn haben und
sich in ihren Ausflügen durch nichts Positives präcludirt
finden — so muss doch andererseits soviel zugestanden
werden: nicht bloss, dass ein gegen Zweifel völlig gesicherter,
direkter Nachweis, sondern auch dass eine abschliessend
zulängliche Darstellung dessen, was hypothetischer
Weise hinter oder unter der Correlation zwischen den sinnlichen Objecten und unserm Bewusstsein angenommen werden
soll, sich in der That nicht geben lässt. Keine Hypothese
vermag in wirklich erschöpfender und absolut befriedigender
Weise zu «erklären», wie das, was das unmittelbar Ge-

wisseste ist, nämlich unsere inneren und äusseren Erlebnisse
— Gefühle, Willensentschlüsse und wissenschaftliche Theorien, Sinnestäuschungen, Träume und phantastische Erscheinungen mit eingeschlossen — aus dem «inneren» Wesen
eines oder vieler Realen im Commercium mit den andern
haben hervortreten können.

Gewöhnlich pflegen wir, um das wahrhaft Objective ausser
«uns» zu gewinnen, zunächst von dem alle Perzeptionen
begleitenden Bewusstsein zu abstrahiren. Aber wir
können doch füglich nicht voraussetzen, dass dieser Abzug
des Ichbeisatzes von allen Wirklichkeiten so. unwesentlich
sei, dass die Objecte an sich so sein möchten, wie sie uns
erscheinen. Wir können aber wohl durch weitere Abstraction noch fortwährend sinnlichen Inhalt von ihnen abstreifen;
hinzufügen jedoch können wir schlechterdings nichts Concretes und Erhebliches, was den Abgang zu ersetzen im
Stande wäre. Sollen nun gleichwohl die solchergestalt entkleideten und entleerten «Objecte» als die wahrhaft realen Dinge
gedacht werden, welche im Wechselspiel mechanisch determinirter räumlicher Relationen einmal diese, einmal jene
Wirkung hervorbringen, so müssen wir, wenn wir überhaupt
auf das gelangen wollen, von dem unser Erklärungsbedürfniss
ausging, zuletzt wenigstens einem oder mehreren von ihnen
die qualitas occulta, das metaphysische Vermögen leihen,
gegen «Reizungen», die bei Gelegenheit gewisser Collocationen von aussen kommen, mit Bewusstseinserschei-
nungen, mit Wahrnehmungen, Gefühlen, Willenserregungen
zu «reagiren». Und soll dieser Erfolg nicht absolut plötzlich
und unvermittelt auftreten, findet man es wohlgethan, ihn
organisch vorzubereiten, so wird man schon vorher «innere»
Wirkungen anzusetzen genöthigt, von denen nun freilich
jegliche Andeutung und Vorstellung fehlt, und die man aus
nackter Noth etwa als unbewusste Analoga unserer Bewusst-
seinserfahrungen fassen mag.

Kurz, letztlich speist man sich mit «Erklärungen» ab,
welche, strenger erwogen, nichts weiter sagen, als dass im
metaphysisch Realen von alle dem irgendwie die
Möglichkeit liegt, dessen Wirklichkeit wir unmittelbar
erleben[345]. Wir speisen uns mit einem leeren Worte ab.

Denn auch die « Action » und « Reaction » des metaphysischen
Subjects ist schliesslich nicht mehr als ein Wort. Es besagt
im letzten Grunde nichts, als dass (unter den und den Collo-
cationsbedingungen) aus dunklem Schacht eben etwas hervor-
trete, zu dessen Aufklärung wir einsetzten, das wir nicht
erreichten und das wir nun immerhin uns noch einigermassen
glauben begreiflich zu machen, wenn wir es mit dem Uner-
klärlichen, das als Thatsache uns innerlichst vertraut ist, in
Analogie bringen.

Und gleichwohl: Est quadam prodire tenus. Es lässt sich,
wenn wir in Anbetracht unserer Lage nicht darauf ausgehen
oder erwarten, das Räthsel des Seienden ohne Rest zu lösen,
durch metaphysische Hypothesen unserm Erklärungsbedürfniss immerhin einige Befriedigung verschaffen.

Schon der Materialismus leistet in dieser
Hinsicht sehr Werthvolles. Er ist sogar nach einer
Seite hin die abschliessende Ausbildung dessen, wozu unser
Drang nach einer Vorstellung des an sich Seienden durch die
Data, die wir vorfinden und mit denen wir allein wirthschaften
können, gleichsam prädestinirt ist. Man muss nicht glauben,
dass man immer noch mit unklaren Sehnsüchteleien und Anti-
pathien zur Seite springen und der wissenschaftlichen Nothwendigkeit, die in dieser Metaphysik liegt, sich in freiem
Belieben entziehen kann. Der Materialismus verdirbt es nur
dadurch, dass er in naiver Ueberstürzung und verwegener
Ueberhebung Wendungen gebraucht und sich anstellt, als
könnte er wirklich eines Tages Alles aufgeklärt
haben[346]: was zarteren und nachdenklicheren Gemüthern
mit Recht als eine unheimliche Aussicht und überdies wie
eine ekle Prahlerei und Lästerung erscheinen muss. Er
verdirbt es, indem er ergänzende Hypothesen über « innere »
Vorgänge, die den mechanischen Verschiebungen der Atome
parallel laufen, bei Gelegenheit derselben ausgelöst werden
und sich gleichsam über sie hinlagern, als unnöthig von der
Hand weist; oder wenn er der unbedachten Rede sich bedient,
Gedanken und Gefühle seien Molecularschwingungen, anstatt
etwa zu sagen, sie beruhten auf « inneren », psychischen Prozessen, Prozessen sui generis, die sich nur äusserlich, so zu
sagen physiognomisch, in jenen Schwingungen darstellen;

oder wenn er vor lauter Bewunderung für die Ewigkeit und Dauerhaftigkeit seiner Atome die höheren organischen Einheiten, die sich aus ihnen constituiren, geringschätzig behandelt. Und ganz thöricht und beschränkt geberdet er sich, wenn er sich einbildet und behauptet, überhaupt keine «Metaphysik» zu sein.

Indessen: alle diese Sätze bedürfen einer eingehenderen, tiefer ausholenden Erörterung.

Wir merken und fassen es ja wohl, wenn wir im Stande reiferer Selbstbesinnung darüber nachdenken, dass alles, was wir wahrnehmen, auch was wir sehen und tasten, als solches nur Object, Gehalt, Correlat unserer Bewusstseinszustände und des für sie fixirten Trägers, dass es nur «Erscheinung» ist (vgl. S. 105, 110). Dass wir in irgend einem Abschnitt unsers Lebens ursprünglich diese Ansicht hatten, dass erst die Berührungs- und Druckempfindungen uns eines andern belehrten, wie psychogenetische Schriftsteller des vorigen und dieses Jahrhunderts es voraussetzen [347], ist nicht anzunehmen. So weit wir uns zurückerinnern: immer fassten wir den radicalen Unterschied zwischen Gefühl (oder Stimmung) und Empfindung, zwischen psychischem Vorgang, Befinden oder Zustand und Wahrnehmungsinhalt so, dass wir jene zwar (die Gefühle, Stimmungen, Vorgänge und Zustände) als Modificationen des eigenen Subjects dachten, diese aber (die Empfindungsinhalte) nicht etwa bloss als H i n d e u t u n g auf ein uns fremdes Object an sich, sondern in resoluter, für alle praktischen Aufgaben übrigens durchaus unschädlicher Uebereilung und Naivetät geradezu als die den Wahrnehmungszustand v e r u r s a c h e n d e n an sich seienden Objecte selbst. Es schien uns nicht, als könne unsere Anwesenheit ihnen wesentlich Etwas geben, unsere Abwesenheit ihnen Etwas entziehen; treten sie doch auf ohne unser Zuthun, oft genug gegen unsern Wunsch, mit einer fremden, zwingenden Nothwendigkeit (vgl. S. 83 f.); «der Glanz der Sterne, den der Wachende sah, wird, so hofft er, auch über dem Schlafenden fortglänzen». Man setzt um sich

und ausser sich eine von ihrem eigenen Glanze beleuchtete
Welt voraus. «Töne und Düfte durchkreuzen den unermess-
lichen Raum, der in den eigenen Farben der Dinge spielt»[348].
Die von allen Seiten sich aufdrängende Uebereinstimmung
unserer äusseren Wahrnehmungen mit denen anderer Menschen trägt weiter dazu bei, die Objecte im Raum von unserm
Bewusstsein zu emanzipiren, das schon bei ihrer ersten
Auffassung — zumal bei sinnlichen, kindlichen Menschen —
nur ganz leise und kaum merkbar mitspielte. Und so geschieht
es, wie Kant sagt (II, 313): «In allen Aufgaben, die im Felde
der Erfahrung vorkommen mögen, behandeln wir jene
Erscheinungen als Gegenstände an sich selbst, ohne uns um
den ersten Grund ihrer Möglichkeit zu bekümmern». 310:
«Es wird niemals gefragt, ob denn diese objective Realität
der Erscheinungen so ganz richtig sei»[349]. So wundersam
und fast unheimlich die Hartnäckigkeit solchen Leichtsinns
ist, so gewöhnlich ist sie doch und im Grunde wohl erklärlich.
Die meisten Menschen sind viel zu sehr mit andern Sorgen
und Gefühlen occupirt, um Zeit und Kraft zu finden, über
die Prinzipien der Erkenntniss zu reflectiren ; und viele sind
ausserdem auch zu stumpf und weichlich, als dass sie sich in
allen Dingen von den Naivetäten der Kindheit losmachen
könnten oder auch nur möchten[350]. —

Der erste Grund, nicht a l l e objectiven Empfindungen mit
wirklichen Objecten zu identifiziren, lag sicher in der Erfahrung, dass die einzelnen Wahrnehmungen mit einander in
Widerspruch gerathen, dass beispielsweise spiegelnde Flächen
Objecte dahin warfen, wo keine getastet werden konnten. Wir
gingen dabei von der ontologischen Hypothese aus, dass
es «widersprechend» sei, zu denken, dass zwei Dinge denselben Ort einnehmen; das realiter, substanziell Verschiedene,
so setzten wir voraus, müsse sich im Raume excludiren[351];
und diese Voraussetzung erwies sich als höchst brauchbar.
Als durchgreifendstes Mittel, aus räumlichen Wahrnehmungen eine in diesem Sinne allseitig einstimmige Welt herzustellen, lernte man e m p i r i s c h die Druck- und Wider-
standsempfindungen kennen. Auf Grund der Zeugnisse des
Tastsinnes sonderte sich Schein und Einbildung von Wirklichkeit[352].

Neben der Scheidung zwischen Subject und Object, blossem Phänomen und objectivem Nachbild des wahrhaft Wirklichen, lief, so weit wir uns erinnern, immer eine andere her; es ist schwer zu sagen, ob wir sie mehr in uns oder mehr in den Dingen, ich meine : in dem, was wir dafür hielten, gegründet fanden ; jedenfalls ist sie kein « reines» und «spontanes» Verstandeserzeugniss. Es ist die Unterscheidung zwischen Wechselndem und dem während des Wechsels Beharrlichen, womit weiter die ontologische Unterscheidung zwischen Substanz und Accidenz, die logische zwischen Subject und Prädicat zusammenhängt.

Es bildete sich auf der subjectiven wie objectiven Seite eine Art von Kern, um den und an den sich die wechselnden Bestimmungen anlegten ; der Kern ist die «Substanz», die wechselnden Bestimmungen sind die «Accidenzen»[353].

Die objective Seite zeigte an einer Fülle von Fällen wie sehr die zugleich sichtbare und tastbare Qualität der räumlichen Ausdehnung und die tastbare der Resistenz und Undurchdringlichkeit vor den übrigen durch Allgegenwart und Dauerhaftigkeit sich auszeichneten ; und wenn das Gesehene mit dem Getasteten in Collision gerieth, geschah die Bestimmung des Wirklichen nach der Aussage des Sinnes, der nicht blos über die Ausdehnung, sondern auch von der Resistenz Bericht gab. Es ist natürlich, dass die Handgreiflichkeit (Materialität), als an welche die Objectivität und Substanzialität zugleich sich hängten, alle andern Qualitäten an Erkenntnisswerth zu überragen begann[354].

Nicht dass darum auch der Tastsinn, auf dessen Bericht die Vorstellung der Materialität zunächst ruht, den entsprechenden Vorrang erlangt hätte. Den höchsten Preis verdiente und besass von jeher der Gesichtssinn. Seit Plato[355] haben Psychologen und Erkenntnisstheoretiker nicht aufgehört, ihn um der unvergleichlichen Reichhaltigkeit und Klarheit, Reinheit und Feinheit seiner Mittheilungen willen zu rühmen ; auch Helmholtzens Discreditirungsversuche haben seinen Werth nicht ernstlich zu beeinträchtigen vermocht. Dem Sehenden erscheint ein Gegenstand erst dann bekannt, wenn er weiss, wie er aussieht ; alle Belehrung und Einsicht strebt nach Anschauungen, nach Anschaulichkeit ; an allen Ecken

bezeugt der Wortschatz der Sprache das Uebergewicht, welches
das Sehen für alle unsere theoretischen wie praktischen
Interessen hat [356]; die wachende wie die träumende Phantasie
der meisten Menschen lebt und webt in Combinationen aus
den durch den Gesichtssinn zugeführten Daten. Das Gesichts-
bild ist so sehr die hauptsächlichste Unterlage aller Bestimmungen über die objective Welt [357], dass wir auch die Materialität in festester Assoziation mit ihm verknüpft vorzustellen
pflegen; wir glauben sie gleichsam auch zu sehen; diese
weitere Bereicherung des so schon unschätzbaren Vermögens
erhöht noch den erkenntnisstheoretischen Rang, den das
Sehen, die Anschauung von sich selber hat. —

Allmählich traten der direkten Tastbarkeit diejenigen wirklichen und vorgestellten Erscheinungsformen der objectiven
Welt — sie galt noch durchaus als eine farbige, klingende,
duftende — gleichwerthig zur Seite, welche jenseits des Tast-
bereichs der Hand auf etwas der handgreiflichen Wider-
standsfähigkeit Analoges hindeuteten. Die gewöhnliche
Gleichstellung der beim Sehen per associationem bloss vorgestellten Materialität mit wirklich getasteter erleichterte offenbar solche Analogien. All dergleichen den Raum Erfüllendes
und Anderes in seiner Bewegung durch den Raum Hemm-
mendes, von bestimmten Raumstellen Excludirendes fiel
unter den gemeinsamen Begriff Materie. Sie ist das, was
in den Urtheilen über objective Realität ausschliesslich als
(ausgesprochenes oder bloss mitgedachtes) Ingrediens des
Subjects vorkommen kann. Ihr primärstes constitutives
Merkmal ist geradezu das der objectiven Existenz, der Existenz im Raume; objective Realität, räumliche Wirklichkeit
und Materialität sind Wechselbegriffe; Raumerfüllung und
Undurchdringlichkeit können schon als Prädicate der Materie
gedacht werden [358].

Von den Bestimmungen dieser Materie, wie sie an den
räumlich existirenden Einzeldingen vorkommen, werden
die (absolut oder relativ) constanten Eigenschaften (der
Grösse, Gestalt, Rauheit, Glätte, des Aggregatszustandes,
in dem gewöhnlich das Ding erscheint, u. s. w.) im Urtheil
ebenso oft zu Prädicaten verwerthet, wie sie andererseits die
integrirenden Bestandtheile der Subjectsvorstellung bilden

können. Sie stehen insofern in der Mitte zwischen dem, was nur als logisches Subject gedacht werden kann, und den Accidenzen, den mehr oder weniger auffällig wechselnden Zuständen (oder Thätigkeiten). Letztere, vorwiegend durch Verba bezeichnet[359], haben die natürliche Bestimmung, als Prädicate zu dienen. Jedoch werden die in den Dingen erklärungshalber für sie angesetzten G r ü n d e i h r e r M ö g l i c h - k e i t als p e r m a n e n t e V e r m ö g e n (K r ä f t e), ganz wie wahrnehmbare Eigenschaften, als qualificative und constituirende Theilinhalte von Urtheilssubjecten verwerthet, wie sie andererseits als prädicative Bestimmungen auftreten. «L e t z t e s S u b j e c t» können sie nie sein : der Magnet «h a t die Kraft» das Eisen anzuziehen[360].

Auf der subjectiven Seite ward das Ich der Träger, das Substrat von — psychischen — Eigenschaften, Zuständen und Thätigkeiten.

Bei dem unablässigen Fluss der inneren Bestimmungen[361] konnten hier als «E i g e n s c h a f t e n» (und insofern auch als gelegentlich mitconstituirende Theilinhalte des logischen Subjectbegriffs) nur die vorausgesetzten «V e r m ö g e n» zu den wechselnden Zuständen und Vorgängen in Anspruch genommen werden. N u r S u b j e c t ist — das Ich selbst; die Vermögen, wahrzunehmen, zu fühlen, zu denken, zu träumen, zu streben, u. s. w. werden schon von ihm ausgesagt.

Dieses Ich ist, wenn wir auf seinen empirischen Ursprung sehen und nach dem concreten Inhalt fragen, den es bezeichnet, offenbar derjenige Bestandtheil unsers Bewusstseinslebens, welcher durch alle unsere wechselnden Erfahrungen als das immer Gleiche sich hindurchzieht, das unmittelbare «G e f ü h l e i n e s D a s e i n s», wie wir aus Kant auflesen[362]. Es ist zunächst Gefühl des empirischen Daseins; aber zu der originären Realität, zu dem in allem unmittelbar Erlebten permanenten Daseinsgefühl wird in s p o n t a n e m D i c h t e n u n d S c h a f f e n ein m e t a p h y s i s c h e s D a s e i n, ein t r a n s c e n d e n t e s I c h correspondent h i n z u g e d a c h t; anfänglich übrigens schwerlich mit Bewusstsein als ein Zweites, begrifflich total Anderes von dem empirischen Dasein geschieden, sondern in wundersamer Naivetät völlig mit ihm confundirt; nach Analogie mit jenem, und in der von ihm geliehenen Färbung muss es ja freilich immer gedacht werden; denn auch unsere schöpferische Phantasie ist eben nicht absolut.

Es ist sogar das unmittelbare Daseins- oder Ichgefühl offenbar das Prototypon aller substantivischen und substanziellen Ansätze [363]. Mögen sie concret oder abstract sein: alle sind nach dem Vorbild und unter dem Nachgefühl dieser mit dem Bewusstseinsleben unmittelbar gegebenen, unauflöslichen, urthatsächlichen Subsistenz gedacht [364].

Was das Wichtigste ist: auch alle objective concrete Substanz ist schon nach Analogie jenes ursprünglichen Gefühls vorgestellt; sie ist das «Nichtich», welches als das dem transcendenten Ich gegenüberstehende Correlat — nicht unmittelbar gefühlt und wahrgenommen, sondern in urwüchsigem metaphysischem Erklärungsdrange denkend vorausgesetzt wurde [365]. Beide: das transcendente Ich, wie das transcendente Nichtich, entstehen als in unserm Bewusstseinsleben und den in ihm vorgefundenen unterschiedlichen Thatsachen wurzelnde und für dessen regulären Verlauf unentbehrliche Vorstellungen gleichwerthig und gleichzeitig neben einander [306].

Auf subjectivem Gebiete zerlegten sich die «Thätigkeiten» (Vorgänge) weiter in «Actionen» und «Passionen». Jene, empirisch erfassbaren Wünschen und Absichten entsprechend, ohne merkbare Necessitation auftretend, schienen aus «freien», «spontanen» Entschliessungen des metaphysischen Ichs zu erfliessen; «per vim ipsius» (vgl. § 32, S. 146) spannte und concentrirte das Subject seine Aufmerksamkeit, dirigirte es seinen Gedankenlauf, löste es in der körperlichen Maschine Bewegungen aus.

Von Körpern nahm man an, und fand es durch Thatsachen nicht widerlegt, dass sie in dem jedesmaligen Zustande verharren, wenn nicht eine äussere Veranlassung denselben stört und ändert; zu Zuständen, welche von selbst fortdauern, rechnete man in wissenschaftlichen Kreisen seit Galilei die gleichförmige Bewegung (vgl. S. 141).

In materiellen Veränderungen sah man, übrigens unter stets begünstigendem Anreiz dessen, was man beobachtete und erfuhr, fatalistische Nothwendigkeit, den Zwang der εἱμαρμένη ; man fasste die Körper als an sich passiv und träge, ohne innere Theilnahme, blindlings und unfrei dem Weltlauf und den in ihnen selbst angelegten ewigen Nothwendigkeiten hingegeben.

Auch den eigenen Leib fand man in dieser mechanischen, von den jedesmaligen Collocationen abhängigen Dienstbarkeit. Doch konnte er auch durch «spontane» Acte, eigentliche «Actionen» des Ich — so glaubte man es unmittelbar zu fühlen [367] — anders bewegt werden, als die weltgesetzliche Nothwendigkeit und Naturordnung zu fordern schien. Doch sollte auch das Subject in gewissen, allerdings sehr fliessenden Grenzen durch fremde Gewalten und durch seinen angeborenen Dämon und durch seine angebildeten Gewohnheiten, wie die Dinge durch die Naturkräfte, resp. Naturgesetze, prädeterminirt sein.

Mehrere Motive kamen zusammen, um der Ortsveränderung, der B e w e g u n g, eine hohe Bedeutung für «E r k l ä - r u n g» des objectiv (im Raume) Wirklichen zu verschaffen.

Erstens : Der Begriff der Veränderung, als eine «Verbindung contradictorisch einander entgegengesetzter Bestimmungen im Dasein eines und desselben Dinges» (Kant, II, 778 f.), hatte etwas Räthselhaftes, Unbegreifliches [368] ; der Begriff der Bewegung verflüssigte das an sich Unbegreifliche ; Kant sagt: «Das Dasein eines Dinges an verschiedenen Orten als eine Folge entgegengesetzter Bestimmungen macht zuerst uns allein Veränderung a n s c h a u l i c h.» Vgl. S. 166.

Die Bewegung brachte aber ausserdem, dass sie ein anschauliches und darum am ehesten begreiflich scheinendes Beispiel von Veränderungen darbot, in gewissem Grade zweitens auch V e r s t ä n d n i s s. Nämlich so : Als sich angesichts der v i e l e n Eigenschaften, die man zu Anfang als wesentliche Constituentien des Dinges betrachtet hatte, der Zweifel erhob, wie sie a l s v i e l e wohl befähigt und berechtigt wären, das Wesen des Dinges, das doch nur E i n s [369] sein könne, adäquat auszuprägen, verfiel man auf die Aushilfe, die mehreren Eigenschaften nur als Folgen, Wirkungen der Relationen eines vorauszusetzenden Μονόποιον zu ver-

schiedenen andern Substanzen ausser ihm zu fassen
(vgl. S. 40). Diese Vorstellungsweise war auch vortrefflich
geeignet, den W e c h s e l der Eigenschaften zu erklären. Die
qualitative Veränderung verlor ihre Unfasslichkeit, wenn man,
wie die p e r m a n e n t e n vielen Eigenschaften als abhängig
von c o n s t a n t e n äusseren Bedingungen und Umständen,
so die a u f e i n a n d e r f o l g e n d e n Zustände als Wirkungen
w e c h s e l n d e r Relationen zu andern Dingen dachte, als
blosse von dem Commercium mit andern und wieder andern
wechselnd abhängige a c c i d e n t i e l l e A e u s s e r u n g e n
e i n e s u n v e r ä n d e r l i c h e n u n d e i n h e i t l i c h e n
«W e s e n s» [370]. Und diese Auffassungsweise erwies sich bald
genug — auf der objectiven Seite wenigstens [371] — als eine
ebenso der Sache entsprechende, wie sie die verständlichere
schien.

Das einzige Mittel nun, die wechselnde Relation der
Substanzen zu einander fassbar und vorstellig zu machen,
i s t w i e d e r d i e B e w e g u n g. Sie führt die verschiedenen
Collokationen herbei, welche die Urwesen ihren unveränderlichen qualitates, ihrer Constitution, ihrem Charakter, ihren
Vermögen und Kräften gemäss sich zu benehmen veranlassen [372]. Es ist von selbst deutlich, dass zu den in den
wechselnden Relationen spielenden Substanzen die «Subjecte» der Bewegung, die «Stoffe» vorzüglich tauglich sein
mussten, von denen oben (S. 158 ff., 245 f.) die Rede war. —

Zeigte sich im weiteren Verlauf der Reflexionen über das
Wirkliche zwischen den qualitativen Veränderungen einerseits und den Collokationswechseln (Bewegungen) der Weltagentien andererseits ein gesetzmässiger Zusammenhang, so
durfte offenbar die Art der Bewegung als Symbol, aristotelisch
geredet, als σημεῖον ἄλυτον, als τεκμήριον des qualitativen
Vorgangs gelten; man durfte jene mit diesem verknüpfen,
wie den Ton der Rede oder wie die Blicke, Mienen und
Gesten mit den Erregungen der Seele. Schrieb man also
später, von ruhigerer und reiferer Besinnung belehrt, die
qualitativen Veränderungen, wie wir sie wahrnehmen, erst
auf Rechnung der in perzipirenden Wesen ausgelösten
Wirkungen, so war zwar die Möglichkeit und der Versuch,
den chemischen, elektrischen u. s. w. Prozessen, die wir

beobachten, i n n e r e Vorgänge an sich unterzulegen und
dieselben etwa nach Analogie unsererer Bewusstseinserleb-
nisse zu denken, natürlich prinzipiell nicht völlig abzu-
schneiden; aber d a n e b e n blieb dann, und für den, welchem
zu solchen unfruchtbaren Hypothesen der Geschmack fehlte,
blieb a l l e i n als Object der Erkenntniss und als Vehikel der
Erklärung die mechanische Bewegung zurück, welche die
innere Veränderung auslöst, deren Wirkung in unser Bewusstsein fällt; man behielt für das Unerkennbare, Dunkle,
wenigstens d a s p h y s i o g n o m i s c h e Z e i c h e n, e i n
S y m b o l in der Hand; ein Symbol übrigens, das exacte
Behandlung zuliess, reichhaltige Ergebnisse lieferte und a l l e
Vorgänge unter demselben Gesichtspunkt zu betrachten
gestattete (vgl. S. 117 f., 163 ff.).

———

Zu Anfang galten alle von dem Naturlauf oder durch
menschliche Kunst für unsere Perzeption[373] zu vergleichs-
weiser innerer Consistenz und gegenseitiger Abgrenzung
zusammengeschlossenen Einheiten[374] als für sich seiende,
discrete Dinge, selbständige Substanzen. Es ist natürlich,
dass in dem Maasse, als diese Einheiten sich auflösten oder
Wandlungen erfuhren, deren Ursache nicht ausser ihnen
zu finden war oder von spontanen Handlungen eines von
«innen» mit Freiheit wirkenden «Subjects» (Ichs) abhängig
schien, nur als zufällige Aggregationen wirklicher und echter
Substanzen aufgefasst werden konnten; man setzte die
Zustandswandlungen solcher Dinge auf Rechnung der immanenten Beziehungen zwischen den sie constituirenden echten
Substanzen. Man suchte die letzteren in demjenigen, was sich
auch bei der Auflösung dieser — leibnizisch zu reden[375] —
«semisubstantiæ» constant erhielte und zugleich die qualitativen, von aussen unabhängigen Wandlungen derselben zu
«erklären» im Stande wäre. Nach dem bisherigen Gange
und Prinzip der Forschung musste man diese «Erklärung»
in den wechselnden localen Relationen der Elemente jener
Composita, in einem in den Grenzen derselben arbeitenden,
wenn auch vielleicht der Wahrnehmung für immer entzogenen
M e c h a n i s m u s suchen. Es ist klar, dass je mehr diese

Erklärung glückte, die anfangs sehr verbreitete Annahme, als ob ein spontanes Agens im Innern der Dinge spiele, immer mehr an Terrain verlieren musste. —

Es ist ein in der Geschichte des Denkens seltener Fall, dass Jemand erklärt [376], zu den Veränderungen überhaupt kein Subject der Veränderung nöthig zu haben. Gewöhnlich tritt, sowie die Erfahrung gemacht ist, dass das vermeintlich Constante, dasjenige, was vorher als die das Wesen einer ontologischen Substanz (und eines logischen Subjects) constituirende Eigenschaft, als ihr Attribut galt, auch dem Wechsel und Vergehen unterworfen sei, sofort die Erwartung auf, dass also ein Anderes das wahrhaft Constante sein werde, und der Drang, es zu suchen. So musste man an die Stelle der semisubstantiæ erster, zweiter u. s. w. Ordnung endlich nicht weiter zerlegbare, unveränderliche, a b s o l u t c o n s t a n t e, w i r k l i c h e Substanzen setzen. Es war glücklich, dass die Natur der Dinge solchen Abschluss zuzulassen schien. Die materiellen Einzelsubstanzen wurden kleiner und immer kleiner; zuletzt metamikroskopische Atome. Der Abschluss konnte auf alle Fälle nur im Indivisiblen liegen: das erforderte der Begriff eines solchen Abschlusses.

Dabei kann es immerhin fraglich bleiben, ob die Atome unsers empirischen Gebrauchs schon die letzterreichbaren, die vollkommen befriedigenden sind; ob sie auf die Dauer dem wissenschaftlichen Bedürfniss nach absoluter Constanz genügen werden. «Es scheint, dass, wie die Massen von grösserer unsern Sinnen wahrnehmbarer Ausdehnung aus Molekeln, die Molekeln oder Massentheilchen erster Ordnung aus Atomen oder Massentheilchen zweiter Ordnung sich zusammensetzen, so auch die Atome wiederum aus Vereinigungen von Massentheilchen einer dritten höheren Ordnung bestehen» [377]. Sobald unser Trieb nach Constanz, Einstimmung und Gesetzmässigkeit dessen, was wir als das wahrhaft Reale und Wesenhafte ansprechen sollen, eine weitere Zerlegung nöthig erachtet [378], alsbald wird sie auftreten. Hindernisse können nicht stattfinden; wir bewegen uns in Hypothesen, im Bereiche des von keinem unbewaffneten oder bewaffneten Auge je Erreichbaren; und der absolute

Raum ist so geartet, dass er keiner uns weiter nöthig scheinenden Theilung Widerstand leistet [379].

Es gibt ängstliche und zarte Individuen, welche von der
Lehre, dass alles Geschehen in letzter Instanz auf dem gesetzmässigen Takt einer Maschine beruhe, deren agirende
Elementartheile von absoluter Dauerhaftigkeit seien, darum
nichts wissen mögen, weil sie glauben und bangen, dass aller
Zauber und Schmelz des menschlichen Daseins, wenn auf
solchem leb- und glanzlosen Grunde auferbaut, damit auch
jämmerlich zernichtet sei. Die Wesen, welche sie sehen und
deren Reden und Physiognomien sie sinnvoll deuten, mit
denen sie denkend und strebend cooperiren, mit sammt ihrer
einheitlichen Person selbst, deren sie auf das Unmittelbarste
inne werden; Alles will ihnen unter dem Aspect der mechanischen Naturwissenschaft nur wie eine schimmernde und
darum desto eklere Täuschung erscheinen. Wäre es so, wie
die mathematische Physik sagt, so würden sie gleichsam
neidisch sein auf die unwahrnehmbaren Weltsubstanzen,
deren Wechselspiel auch in ihnen webt und das eigentliche
und wahre Geschehen darzustellen scheint; sie würden ihnen
ihre unauflösbare Constanz beneiden. Können sie selbst an
Ewigkeit ihnen nicht gleich sein, so kommt ihnen ihr eigenes
Dasein schal und werthlos vor. Es gibt Materialisten genug,
welche sie in dieser Weise, die Dinge — sub specie aeterni
zu betrachten, recht schadenfroh zu bestärken suchen.

Mich will bedünken, dass ruhiger und schärfer erwogen,
was eigentlich vorausgesetzt wird, an dieser Stelle (vgl. S. 241)
eine wirkliche und begründete Veranlassung zu Neid und
Melancholie nicht vorliegt.

Gesetzt, es wären alle menschlich erfahrbaren Begebnisse
und Erträgnisse des Weltprocesses im letzten Grunde auf die
unablässige Bewegung ewiger Elemente reduzirt: so bleibt
daneben und darüber dasjenige, was auf diese Weise reduzirt
ward, immerhin auch etwas; es bleibt zunächst als Thatsache, was es vorher war; menschlicher Bewusstseinsinhalt,
z. B. bleibt ebenso unmittelbar empfunden und gefühlvoll
durchlebt wie vorher. Und ferner: Nichts kann uns Menschen

hindern, den wenn auch noch so transitorischen Substanzen, den secundären, tertiären u. s. w. Einheiten, die in den wahrnehmbaren Aggregationen jener Elementaragentien empirisch gegeben sind, z. B. dem Wasser, seiner Geschichte [380] und seinen unzähligen Gestaltungen und Wirkungsweisen (wie es sich in Brunnen und Meeren, in Regen und Hagel, in Ebbe und Fluth u. s. w. dem Menschen dienstbar und gefährlich erweist), den grossen Zusammenballungen, die wir Weltkörper nennen, vor Allem z. B. der Erde, andererseits wieder den unendlich mannigfaltigen Kohlenstoffverbindungen, den Proteinstoffen z. B., allen oder ausgewählten Pflanzen und Thieren, und gar dem Menschen und seinen Culturthaten, eine lebendigere und tiefer gehende Theilnahme zu widmen — als dem, was wir nicht sehen, den hypothetischen Atomen [381]. Und wenn das «gigantische Schicksal» oder die vergeltende Nemesis Menschenglück und Menschengrösse zertrümmert, oder wenn die harmlose Thorheit komische Grimassen schneidet: es erfasst uns der höchst complexe Vorgang auf alle Fälle unmittelbar, einheitlich und unweigerlich, sei es mit Wehe oder Heiterkeit; es siegt die Form der Zusammensetzung über die leblosen Elemente, gleichsam der Sinn der Rede über die Buchstaben.

Und ein Weiteres: schwerlich wird es uns jemals gelingen, das Benehmen der Aggregate und Organismen ohne spezifische Beobachtung und Experimentalforschung an ihnen selbst aus den blossen Elementen, welche sie constituiren, begreiflich zu machen. Es wird schwerlich gelingen, die Eigenschaften und Anwendungsmöglichkeiten auch nur der secundären Einheiten, z. B. der Schwefelsäure, aus der Kenntniss der Eigenschaften des Sauerstoffs und Schwefels zu ergründen und anschaulich herzuleiten: geschweige denn die Wirkungsweise der complizirteren Einheiten, etwa der einzelnen Pflanzen- und Thierspezies oder gar die Geschichte der europäischen Menschheit. Mag es zugehen, wie es wolle: liegt allem, was geschieht, wirklich zuletzt das mechanische Bewegungsspiel gewisser, durch Wechselwirkung gegenseitig determinirter Urelemente zum Grunde — wir können nicht dagegen auf, wenn wissenschaftliche Forschung es so findet —: so bringt dasselbe jedenfalls, und in gewissem Um-

kreis, wie es scheint, sogar in fortschreitender Entwickelung,
als etwas durchaus A n d e r e s und N e u e s , Verbindungen,
Seinsformen, Typen von so eigenartiger Beschaffenheit zum
Vorschein, dass ihr Charakter weder aus jener Bewegung
noch aus den sonstigen (physischen und chemischen) Eigenschaften des Elementaren s o verständlich zu machen ist, wie
durch das Studium an ihnen selbst; dass immer von Neuem
die alte Frage ihr Recht fordert: liegt das «Wesen» des
Dinges in der Materie oder in der Form? zumal wenn, wie in
den Organismen, die «Form» das Constante ist in unauf-
hörlichem Wechsel der Stoffe, und diese Constanz unmittelbar sich kund gibt in der Einheit des individuellen
Bewusstseins[382].

Es ist aber darum andererseits noch gar nicht nothwendig,
etwa mit Schopenhauer zu behaupten, dass in diesen neuen
Typen, «den Erscheinungen des Chemismus, der Elektrizität,
Krystallisation» u. s. w., die mechanischen Gesetze nun nicht
mehr gelten, von den neuen Seinsformen mit neuen Grund-
gesetzen, d i e m i t i h n e n in g e r a d e m W i d e r s p r u c h
s t e h e n, abgelöst, überwunden, ausser Kraft gesetzt seien[383].
Auch wir sehen in den Krystallen und Organismen, in den
magnetischen und psychischen Erscheinungen, höhere Ent-
wickelungsformen, halten es aber, f a l l s w i r n i c h t g e -
s o n n e n s i n d, d a s G e s e t z v o n d e r E r h a l t u n g d e r
K r a f t (vgl. § 33) z u d u r c h b r e c h e n[384] — und solches
Gelüst könnte höchstens erst bei der Lehre von der F r e i h e i t
(S p o n t a n e i t ä t) d e r m e n s c h l i c h e n H a n d l u n g e n
ernstlich in Frage kommen[385] — für unmöglich, durch diese
neuen Schemata und Typen die Gesetzmässigkeit der Welt-
mechanik, welche sie ins Leben und gleichsam auf einen
höheren Schauplatz beruft, stören oder gar suspendiren zu
lassen[386].

Bei welcher Position aber umgekehrt auch dies wieder
nicht zu befahren ist, dass etwa spezifische Geographie,
Botanik und Sozialpolitik einmal durch die Reduction aller
Begebnisse auf mechanische Prozesse überflüssig gemacht
werden möchten.

Und so sehr wir die still unermüdliche und absolut sichere
Function jener unzerstörlichen Räder des grossen Webstuhls

der Zeit, jenes Perpetuum mobile, das wir Universum nennen, staunend im Geiste bewundern [387] : w e r t h v o l l e r als die Maschine ist uns eben denn doch das von ihr fertig gestellte Gewebe, mit dem wir unser Leben auskleiden; auch wenn wir vorläufig weit davon entfernt sind, alle seine Fäden auseinanderlegen und einzeln verfolgen zu können. So gewiss, verglichen mit dem unverbrüchlich gesetzmässigen Verhalten der Elementaragentien, gewisse (und zahlreiche) Wirkungsarten der complexen Einheiten und je höher hinauf in zunehmendem Maasse von schwer berechenbarer Variabilität sind [388] : so können wir gleichwohl nicht aufhören, gerade für die höchsten und wenn auch noch so veränderlichen Einheiten uns an erster Stelle zu interessiren ; sie sind einmal Fleisch von unserm Fleisch ; und wir bedürfen ihrer an erster Stelle, um unsere Culturideale zu verwirklichen [389]. Es interessiren uns in diesem Kreise schon die einzelnen F a c t a , die e i n - z e l n e n t h a t s ä c h l i c h e n B e z i e h u n g e n , auch wenn sie vorläufig nicht völlig zu «begreifen» und in stricte Gesetze einzufangen sind, so sehr, dass wir oft die mühseligsten Reisen und kritisch-historischen Forschungen nicht scheuen, um sie zu eruiren; dass wir unaufhörlich eine Auswahl solcher Thatsächlichkeiten durch die Mittel der Schrift zu fixiren, ja ihren Typus in mancherlei Kunstgestaltungen zu vervielfältigen suchen.

· Und die höheren Einheiten und ihre Wirkungsweisen verdienen auch den Verdacht und die Anschuldigung gar nicht, als entzögen sie sich völlig und ausnahmslos der gesetzmässigen Zusammenfassung und vorausschauenden Berechnung. Unorganische Molekularverbindungen verhalten sich, z. B. was spezifische Wärme und spezifisches Gewicht, Löslichkeit, Elektrizität u. s. w. anbetrifft, genau so gesetzmässig wie die Urelemente ; die Oxyde der Alkalimetalle hatten nie durch unregelmässiges Verhalten den Argwohn erweckt, dass sie weiter reduzirbar seien, ehe Davy sie durch die voltaische Säule auseinanderlegte; ein «zusammengesetztes Radical» (wie Ammonium oder Cyan) tritt völlig an die Stelle eines einfachen Metalls oder Salzbilders. Und auch im Kreise der Lebewesen und ihrer sozialen Verbindungen, so weit es gelingt, wirkliche Einheiten auszusondern, nach Abstreifung der zufäl-

ligen Züge ihr « Wesen », ihren « Charakter » zu constatiren
und an diesem « Wesen » die speziellen, generellen, universalen
Uebereinstimmungen mit andern Einheiten zu erkennen —
und niemand wird leugnen, dass gewisse Grundeigenschaften
von Individuen wie von Vergesellschaftungen in theils
engeren, theils weiteren Kreisen gemeinsam s i n d u n d
w e i t e r e F o l g e r u n g e n v e r s t a t t e n —: ebenso weit
vermögen wir hier so gut wie bei den chemischen Elementen
ein gesetzmässiges Benehmen aufzuweisen. Wir wissen von
einigen mit Bestimmtheit, von andern mit einem hohen Grade
von Wahrscheinlichkeit im voraus, dass sie unter denselben
äusseren Bedingungen dieselbe Entwickelung und dieselbe
Leistungsfähigkeit zeigen werden und wie und wie weit unter
Variation der Bedingungen eine Veränderung des Verhaltens
sich einstellen wird [390]. Schon die oft erstaunlichen Proben
glücklicher, gelungener Behandlung und Lenkung von
Menschen, von Einzelnen wie von Massen, im öffentlichen
wie im Privatleben, müssen es auch dem blödesten Verstande
deutlich machen, wie viel von berechenbarer und regiersamer
Gesetzmässigkeit auch in der Sphäre liegt, welche das
Aeusserste wechselnder Willkür und absoluter Souveränetät
zu enthalten scheint.

An sich wäre ein Ich denkbar, das über allen Objecten der
Wahrnehmung in theoretischer Indifferenz schwebte, oder
das, wenn es Lust und Schmerz, Wohl oder Uebel zu fühlen
vermöchte, an allen Stellen des Anschauungsraumes diese
Gefühle haben und localisiren könnte, das ferner etwaige
Willensentschlüsse an jedem Orte zu verwirklichen die unge-
hinderte Macht hätte. Als ein solches Ich fand sich das
unsrige in der Sphäre des Gegebenen nicht. Von vielen Seiten
drängte sich ihm die Prärogative des Objects auf, das wir
seinen Leib nennen. Nur vermittelst seiner Hilfe, nur vermittelst seiner Augen, nur vermittelst seiner Hände erfuhr es
überhaupt von Objecten, nur vermittelst seiner Glieder
konnte es Bewegungen vollziehen. Zwar sah es und tastete
es auch ihn ; aber beim Tasten trat so etwas wie eine Ver-
doppelung der sonst gewöhnlichen Empfindung ein ; es war

ihm, als ob hinter der über die Hautoberfläche hinstrei-
chenden Hand und Zunge zurück geantwortet würde : Ich
bin es selbst! Schmerz-, Lust- und Innervationsgefühle
finden sich nur innerhalb der Haut, nicht an und in den
Wahrnehmungsobjecten. Alle räumlichen Ordnungen, mit
ihrem rechts und links u. s. w., haben ihren centralen
Beziehungspunkt in diesem Leibe[391].

Kein Wunder, dass der sinnlich geartete Naturmensch im
ruhigen Gange seines Lebens, wo das constante Element des
psychischen Lebens mit matter Färbung hinter dem bunten
Reichthum der sinnlich wahrgenommenen Objecte zurück
trat, ja fast völlig verschwand, in seinen Gedanken über den
Wechselverkehr mit den Dingen sich schlechthin durch den
Leib vertreten liess, ihn zum « Ich » und « Subject » machte.
Es war schon die erste Stufe der Selbstbesinnung, wenn er
gewisse, der Wahrnehmung und Bewegung dienende Glieder
als die Organe des fühlenden, denkenden und wollenden Ich
seinem eigentlichen Wesen besonders gegenüberstellte. Aber
in seiner sinnlichen Weise weit davon entfernt, nunmehr das
Ich als ein mit den Objecten durch den Körper verkehrendes,
spirituales, « immaterielles » Wesen zu halten, schob er nur
die leibliche Repräsentation des Subjects seiner Actionen
weiter nach innen. Er sonderte vielleicht von « sich » die vege-
tativen Partien des Leibes, weiter die Wahrnehmungs- und
Bewegungsorgane ; und von diesen Accessorien umgeben,
tief innerhalb der Haut, dachte er, zunächst in wenig exact
umschriebener Ausdehnung und Localisirung freilich, sich
selbst.

Alle sinnlichen Dinge und Vorgänge, wie sie im An-
schauungsraume erscheinen, als an sich reale Substanzen,
Zustände und Prozesse anzusetzen, musste der fortschreitenden Reflexion allmählich doch zu naiv und grundlos
vorkommen. Man fing an, Einiges davon auf den mitwirkenden Beitrag des Subjects und der zwischen ihm und dem
wirklichen Object spielenden Medien zu übernehmen ; dieser
Bestandtheil galt nun ebenso als b l o s s e « Erscheinung »,
wie früher die perspectivischen Verjüngungen und Ver-

17

ziehungen, die Doppel- und Spiegelbilder ; er galt als etwas, was nicht wäre, wenn kein uns homogenes Wesen zugegen wäre. Nachdem sich früher durch fortwährende Belehrung des Tastsinns und stete Anwendung perspectivischer und sonstiger optischer Regeln eine Welt der Sichtbarkeit und Tastbarkeit zurecht geschoben hatte, in welcher jedes seine wohl abgegrenzte, streng exclusive Raumstelle fand — das, was w i r oben (vgl. S. 87-97; 123 ff.) die Welt des «Bewusstseins überhaupt» nannten, was aber dem gewöhnlichen Urtheil die Welt an sich selbst zu sein schien — : so wurden nun von dieser sauber und widerspruchsfrei angeordneten Dingwelt gewisse Qualitäten, Zustände und Veränderungen als blosse Erscheinungen abgestreift, als Beiträge des von jenen Dingen durch mancherlei Vermittelungen angeregten und zur Reaction gereizten Subjects betrachtet, indem der Gesichtspunkt der Relativität, der für die vielen wechselnden Zustände der räumlichen Objecte sich schon früher fruchtbar erwiesen hatte, auch hier Platz griff[392].

So verschwanden die Gerüche und Geschmäcke, die Klänge und Farben als «secundäre Qualitäten» aus der Welt; sie galten jetzt nur als ein schönes, reizendes Gewand, welches unser perzipirendes Subject der an sich ton- und glanzlosen Welt der eigentlichen Dinge überzieht, als eine bunte, «mannigfaltige Zeichenschrift», durch welche die Natur uns den praktischen Verkehr mit den transcendenten Objecten erleichtert[393]. Diese selbst verschrumpften und verblassten zu «qualitätslosen» Materien[394], zu «letzten Subjecten» der Bewegung. Man dachte nicht daran, sie ganz aufzugeben, diese «Stoffe», sie etwa als blosse Figmente unserer erklärungsdurstigen Intelligenz anzusetzen. Man fuhr fort, Metaphysik zu treiben.

Nur Eins hatte sich geändert. Es konnte jetzt keine Schwierigkeit mehr bereiten, was gewiss zu Anfang dem sinnlichen Menschen als die grösste Ungeheuerlichkeit erschienen wäre, nämlich den Gedanken zu fassen, dass die gesammte äussere Wahrnehmung, so wie sie da ist, u n m i t - t e l b a r n u r Phänomene biete; auch in denjenigen Bestandtheilen nur Phänomene, von denen man noch voraussetzte, dass sie ganz der absoluten Realwirklichkeit «e n t s p r ä -

c h c n » [395]. Aber diese Einsicht konnte andererseits die uralte
Hypothese, d a s s eine solche transcendente Wirklichkeit
vorhanden sei, eben auch nicht vernichten. Man blieb dabei,
alles empirisch Reale durch Cooperation eines subjectiven
und eines objectiven Factors zu Stande kommen zu lassen.

Man dachte um so weniger daran, diese Auffassungsweise
preiszugeben, als man inzwischen fortgefahren hatte, das
Wunder der qualitativen Veränderungen vermittelst des Begriffs der Bewegung weiter zu verflüssigen (vgl. S. 248).
Nachdem das Tönen der Körper durch das Medium von
Wellen desjenigen Stoffes, der wegen seiner Unhandgreiflich-
keit dem naiven Menschen immer als das Symbol des völlig
Wesenlosen gegolten ·hatte, veranschaulicht und die Ton-
höhen in Schwingungszahlen umgesetzt waren, stand nichts
mehr im Wege, auch das Licht, die Farben, die strahlende
Wärme durch Schwingungen eines untastbaren, für die unmittelbare Perzeption irresistenten, eines so subtilen Mediums
zu erklären, als man es zur Einfügung in das System der
bisher bewährten Vorstellungen eben brauchte. Der absolute
Raum und die absolute Zeit fuhren fort, nicht widerspenstig zu
sein (vgl. S. 130). —

Je mehr von der reiferen und besonneneren Reflexion die
direkt gegebene, die Phänomenalwelt, um in die Welt der
eigentlichen Realität umgesetzt zu werden, Bestimmungen
und Qualitäten von sich abstreifte, um so mehr musste dem
transcendenten Subjecte, das alle diese Bestimmungen und
Qualitäten denn doch eben in seinem Bewusstsein vorfindet,
die Fähigkeit zugetraut werden, auf Reize hin nicht bloss die
correspondenten Nachbilder des Wirklichen zu schaffen,
sondern auch mit vollem sinnlichen Colorit zu überkleiden.
Es ist klar, dass solche Ansicht das Ich, in dem Maasse als
sie seine Bedeutung erhöhte, zu einem Gegenstande eingehen-
derer theoretischer Theilnahme machen musste.

Schon die früheren Betrachtungen hatten es aus der Peri-
pherie des Leibes nach innen gedrängt; das Herz machte
dem Cerebrospinalsystem Platz. Alles wies endlich auf den
Kopf, auf das Gehirn im Kopf [396], auf die Frontalwindungen
der Grosshirnrinde. Hierhin wiesen die letzten Ausläufer
der sensiblen und die Anfänge der motorischen Nerven;

hierhin die Beobachtungen der Irrenärzte und die Experimente der Vivisectoren ; hierhin das psychische Beziehungscentrum aller räumlichen Relationen.

War man nun so weit, so blieben noch verschiedene Möglichkeiten, das Commercium zwischen Subject und Object, das zu ergründen von Anfang an das metaphysische Bedürfniss trieb, sich näher vorstellig zu machen. Man musste auf alle Fälle zuletzt ins Unfassbare gerathen ; dennoch sind nicht alle Vorstellungen gleich werthvoll.

Es war natürlich, dass die totale Diversität des Ich mit sammt seinen wesentlichen Eigenschaften und Functionen von dem räumlich Ausgedehnten und jeder Leibesorganisation in dem Maasse immer kräftiger hervortrat, als die räumlichen (die physischen wie die physiologischen) [397] Prozesse immer mehr als lediglich mechanisch gedacht und der « A c - t i o n » des Ich die umfassenden, gewaltigen und energischen Umschmelzungen der von dem metaphysisch Realen ausgehenden Einflüsse zugemuthet wurden, welche die uns unmittelbar bekannte, die Phänomenalwelt, vor unserm Bewusstsein [398] auferbauen. Es mussten dazu die ausreichenden «Vermögen» in ihm angesetzt werden. Es war ganz natürlich, dass man in weiten Kreisen die ursprüngliche naive Gleichsetzung von Ich und Leib, wie sie z. B. den homerischen Helden eigen ist, nunmehr prinzipiell aufgab, aufgab auch für den engeren Leib, der sich inmittelst zur Wohnung des Ich zusammengezogen hatte.

Man bildete etwa folgende Vorstellung aus : Auf n i c h t w e i - t e r e r k l ä r b a r e Weise sind immaterielle Seelen, übersinnliche Wesen so mit der Welt der oscillirenden Moleküle und Atome verknüpft, dass an bestimmt organisirten Stellen dasjenige, was bis zuletzt eine w i e a u c h i m m e r geartete (und vielleicht sehr complizirte) Bewegung der körperlichen Elemente ist, in den von jener Bewegung — w i e a u c h i m m e r — gereizten psychischen Wesen in Folge n i c h t w e i t e r e r k l ä r - b a r e r innerer Organisation derselben als Empfindungsqualität auftritt ; und zwar, dem Charakter der jedesmal anstossenden Reizbewegungen entsprechend, einmal als Ton, das andere mal als Duft, hier als Farbe, dort als Tasteigenschaft. Auf qualitative «Localzeichen» hin schafft dieses psychische Wesen aus sich, ganz neu und spontan alle räumlichen Determinationen und Relationen, die es als perspectivische und verjüngte Relief-Darstellung der wahrhaft objectiven Raumverhältnisse nach Bedürfnissen der praktischen Bequemlichkeit hintereinander aufschichtet. Und an dieses völlig phänomenale Gebilde knüpft es weiter alle seine Gefühle und Willen'serregungen an; es ist ihm der vollgiltige Repräsentant der realen Welt der Objecte, die es bei tieferer und ernsterer Selbstbesinnung mit Hilfe des Mikroskops, schwieriger Denkanalysen und fortwährend an der inneren Einstimmigkeit und der äusseren Erklärungsergiebigkeit geprüfter und abgewogener Hypothesen vor die Phantasie sich rückt als eine grossartige Maschinerie, in der unauflösliche, discrete, «materielle» Elemente in stetig auf- und abwogender Bewegung nach den festen Gesetzen ihrer Massenverhältnisse und jedesmaligen Entfernungen in allseitiger Abhängigkeit sich gegenseitig ihre Raumlagen und weiteren Bewegungen bestimmen.

Es ist klar, dass die Leerheit und Aermlichkeit der sinnlichen Repräsentation des Ich (vgl. S. 109 ff.) den ungehindertsten, freiesten Spielraum gestattet, um dem metaphysischen Substrat all die wundersamen, unbewussten und bewussten Nach- und Neuschöpfungen mit sammt den dazu nöthigen «Vermögen» zuzuschreiben, die man zur Completirung des unmittelbar vorgefundenen, sinnlich gefärbten Weltbildes nöthig hat, und die man, nachdem alles Nichtich auf qualitätslosen Stoff und gesetzmässige Bewegungen reduzirt ist, allein an dieser Stelle noch anbringen kann. Es ist aber nicht zu erwarten, dass diese ungehemmte Freiheit in der Belastung des metaphysischen Ich und das dadurch auf der subjectiven Seite entstehende, ich möchte sagen — unharmonische, unschöne Uebergewicht allgemeinen Beifall finde. Zumal es im höchsten Grade bedenklich scheinen muss, ein immaterielles Wesen mit den Processen der objectiven Welt in einen Connex zu setzen, der den Vortheil der mechanischen Vorstellungen mit ihren festen Gesetzen und exacten Aequivalenzen illusorisch zu machen droht.

Was nutzen alle sauberen Nachweise für das Gesetz von der Erhaltung der Kraft, wenn an gewissen Stellen fortwährend lebendige Kraft ins Immaterielle verfliesst? Ist es nicht als ob sie damit in einen Schlund gestürzt würde, der weder Garantie bietet, noch Vorhersage darüber gestattet, ob er sie und in wie weit conservirt und unvermehrt und unvermindert er sie wieder zurückgeben werde?

. Reflexionen und Bedenken der Art führen auf eine z w e i t e Vorstellungsweise. Man hält die ursprüngliche Identification von Leib und Ich ebenso fest wie die ursprüngliche Voraussetzung, dass unsere Wahrnehmungen von realen Dingen berichten. Aber man bringt auch hier die inzwischen nöthig gewordenen Correcturen und Restrictionen an. Man setzt den eigentlichen Ichleib vermittelst seiner Organe der Wahrnehmung, Bewegung und Ernährung mit der übrigen Welt in strengen Causalnexus, indem man den psychischen Processen mechanische Processe im Leibe p a r a l l e l laufen lässt, die nun völlig den Aequivalenzforderungen der exacten Wissenschaft gemäss gedacht werden können (vgl. S. 167).

In Beziehung auf die parallel laufenden Vorgänge muss man dann weiter fragen, . wie man sich ihre Beziehung denken will: ob jenseits der Doppelseitigkeit in metaphysischer Wirklichkeit ein einheitlicher anderer Vorgang anzusetzen ist? oder ob einer der beiden Parallelprocesse selbst das eigentlich Reale ausmacht? und der andere etwa nur eine V o r - s t e l l u n g von dem eigentlich Realen unter einem gewissen Gesichtspunkt?

Ist man sehr naiv, so sagt man : Nichts weiter geht vor, als jene metamikroskopischen Bewegungen der letzten materiellen Elemente, auf die unsere Hypothesen nach Analogie der kosmischen Körper und ihrer gegenseitig sich determinirenden Bewegungen gerathen. Und wer noch nach etwas Anderem sich umsieht, ist dem «vornehmen Polen oder Russen» Fechners ähnlich, der, nachdem er den ganzen Gang einer Dampfmaschine und die Thätigkeiten der Arbeiter an ihr v o r A u g e n [399] gehabt·hatte, sich «nach den Pferden unten» erkundigte. Die Atome und ihre verschiedenen relativen Lagenwechsel sind das Reale und das unmittelbar uns bekannte Bewusstsein mit seinen Inhalten und Formen, das sind nur — die «Phänomene». Bei solcher Naivetät würde Schopenhauer sicherlich eine «Anwandlung des unauslöschlichen Lachens der Olympier spüren»[400]; es wäre auch wahrlich berechtigt; denn «Phänomene» für wen[401]? —

Oder man sagt:. Die mechanischen Bewegungen sind nur die äussere, nach Analogie des Sichtbaren vorgestellte, übrigens durch Rechnungsbequemheit ausgezeichnete P h y - s i o g n o m i e innerer Vorgänge[402], deren volle Efflorescenz zuletzt uns unmittelbar in den Thatsachen unsers Bewusstseins, in unsern Gefühlen, Strebungen, Gedanken u. s. w. bekannt wird[403], die u n t e r dieser Höhe aber sich in unnahbare Dunkelheit verlieren; die übrigens, falls wir sie uns nicht b l o s s an Physiognomien und Symbolen, sondern, so zu sagen, adäquater vorstellig machen wollen, in den animalischen Systemen wenigstens, immer noch am besten nach Analogie der grossen Cardinalerregungen innerhalb unsers Bewusstseins gefasst und darum etwa als h y p o p s y c h i - s c h e[404] bezeichnet werden können. Hier wie dort würde man z. B. realisirbare und nicht realisirbare Zwecktendenzen statuiren können; sie zeigen sich hier in Wünschen, Hoffnungen, Idealen, Willensentschlüssen, ihnen entsprechen dort Instincte, unbewusste Neigungen, Triebe und sonstige Willenssurrogate. —

Ich muss diese Weltansicht noch ein wenig weiter ausführen.

Sie wird etwa jene materiellen Elemente, welche unsere Phantasie im absoluten Raume unablässig nach. festen Gesetzen, zu vielverschlungenen Systemen gegliedert, sich hin und wieder schieben sieht, jene discreten Kraftcentra, welche zusammen das Eine allgenugsame Universum darstellen, in dem Alles von Allem in mancherlei·Stufen und Nuancen abhängig ist, auf dem Hintergrund der allgemeinen inneren Weltregsamkeit mit individuellen, ursprünglichen, centralen Eigenschaften und «hypopsychischen» Erregungsmöglichkeiten ausgerüstet denken, deren Verwirklichung, (resp. auch Entwickelung) eben so gut wie die von uns nach mechanischen Prinzipien vorzustellende Bewegungsweise durch die jedesmalige «Collokation» im Gesammtsystem gesetzmässig bestimmt ist. Wozu ein jedes innerlich erregt wird, das hängt nicht von ihm allein ab, sondern von den nahen und entfernten übrigen Elementen, mit denen es von Ewigkeit zu Ewigkeit in verschieden determinirten Stufen der Abhängigkeit verkettet ist. Und «wenn sie in dieselbe Verbindung, beziehlich Isolirung, und in dieselbe Aggregation zurückgeführt werden, zeigen sie immer wieder dieselben Eigenschaften»[405], dieselben inneren Zustände und dieselben transienten Einwirkungen.

Innerhalb des allumfassenden Weltsystems (des Absoluten, der causa sui)[406] muss die Möglichkeit gegeben sein, dass unter gewissen Collokationsumständen sich zeitweilig r e l a - t i v s e l b s t ä n d i g e, systematische Einheiten — nach der äussern Physiognomie beurtheilt — zu vergleichsweise iden- tischen, immanenten Bewegungsformen zusammenfinden, während deren Dauer die inneren Erreglichkeiten der in ihnen wirksamen Einzelelemente auf dem Untergrund des inneren Weltlebens zu einer für die Region unter unserm Bewusstsein nicht näher charakterisirbaren E i n h e i t, zu einer I n d i v i d u a l i t ä t h ö h e r e r A r t zusammenklingen. Es muss in der Natur der alle Substanzen zusammenhalten- den Welteinheit liegen, unter gesetzmässigen Umständen jene höchst wundersamen Gruppen erster, zweiter, dritter Ord- nung [407] zu bilden, welche sich wie kleine Weltsysteme geberden — auch so a l l s e i t i g a b h ä n g i g sich zeigen, wie diese[408] ; — welche ausserdem nicht bloss in fortwäh- rendem Wechsel neue und immer wieder neue Elementarsub- stanzen, resp. schon zusammengesetzte Individuen niederer Art in ihr — symbolisch geredet — kunstvoll verschlungenes Bewegungsspiel hineinziehen und von demselben wieder abstossen, sondern auch ihre Constitutionsform (und ihren Mechanismus) in Gestalt neuer Individuen derselben Art zu propagiren vermögen ; ja welche, wie von «Ideen»[409] und Zwecktendenzen geleitet, Entwickelungen durchmachen, die zu immer höheren und vollkommeneren inneren Erregungs- formen (und parallel zu immer kunstreicher complizirten Bewegungsweisen) emporrücken.

Nicht als sollten oder müssten solche Zwecktendenzen die
Nothwendigkeit des Causalzusammenhanges durchbrechen[410].
Erstens reifen nicht alle Blüthenträume, weder in der Natur[411]
noch im Menschenleben. Und was die Zweckverwirk-
lichung anbetrifft, so ist schon von Andern oft genug
deutlich gemacht worden, dass und in wiefern die stricteste
Naturgesetzlichkeit mit derselben durchaus zusammenbestehen kann[412]. Gewiss ist ein gesund functionirender Organismus und ein logisch denkendes und ethisch wollendes Wesen
etwas sehr Merkwürdiges, und in Anbetracht aller in abstracto
möglichen[413] Wüstheiten der Aggregation etwas sehr Singu-
läres. Aber erstens gibt es auch organische Rudimente und
Missbildungen; es gibt Krankheiten; es gibt Paralogismen
und die unheilvollsten Vorurtheile[414]. Zweitens muss natürlich, wenn nicht die wissenschaftliche Betrachtungsweise, das
«scire per causas» überhaupt aufgegeben werden soll, das
Eine wie das Andere als nach «Naturgesetzen» nothwendig
angesehen werden. Und dass etwas so Wunderbares, wie ein
gesunder, logisch denkender[415] Geist und ein wohlorganisirtes,
seiner Umgebung angepasstes Lebewesen ist, aus dem Schoose
des Weltgrundes naturgesetzlich hat an der Stelle, die wir
kennen, in so zahlreichen Exemplaren, in solcher Ueberzahl
hervortreten können, während doch daneben unzählbar andere
Gebilde sinnloserer Art nach denselben Naturgesetzen und
mit denselben Elementen der Welt «möglich» gewesen sein
zu müssen scheinen: — das hängt einfach von der einmal
gegebenen realen Potenz und der «Uraustheilung» der
ursprünglichen Agentien ab, die freilich in abstracto auch
unzählbar anders gedacht werden könnte, in concreto aber
gerade so ist, wie sie ist[416], ausgestattet mit den Anlagen zu
allem dem, was in der Zeit sich abspinnt. —

Es gehört mit zu dem positiven Charakter der Welt, dass
allmählich Gebilde entstehen, in denen mancherlei einander
sub- und coordinirte Systeme sich zu einem Gesammtorga-
nismus vergliedern, in dem jedes seine besondere, von seinen
Verbandsgenossen mehr als von der umgebenden Welt abhängige physiognomische Bewegungs- und centrale Erre-
gungsweise hat. Und unter gewissen für eine gewisse Zeit
relativ identischen Collokationen weben gewisse Atomarten,

nach chemisch-organischen Entwickelungsgesetzen zu den
artifiziösesten Bewegungsformen emporgeschraubt, sie weben
auf dem Boden des Systems, das man Gehirn nennt, das aber
zunächst von den übrigen Systemen des Leibes und weiter
von den Bedingungen, unter denen das Leben dieses steht,
schlechterdings abhängig ist, das Bewusstseinsleben, das an
einer Wahrnehmungswelt, die, ihm selbst zunächst unerklärlich, aus dem Unbewusstsein emporstieg, in rastloser Denk-
und Strebethätigkeit auf individuelle Weise sich auswirkt, so
lange die im Universum für seine persönliche Existenz angelegten und es bedingenden Relationen zureichen. —

So wenig diese Vorstellung — welche nebenbei sehr leicht
für monadologische Geschmacksbedürfnisse mundgerecht
gemacht werden könnte [417] — im Stande ist, den Zeitlauf,
der in unser Bewusstsein fällt, in all seinen Färbungen,
Theilen und Stufen zu durchleuchten [418]: so hat sie doch
Einiges an sich, was mehr befriedigt als die der kantischen
Transcendentalphilosophie zu Grunde liegende Metaphysik
(vgl. § 36). Zumal als es ihr — wie schon Schopenhauer
durch sein Beispiel erwiesen hat — leicht fallen würde,
Kants apriorische Anschauungs- und Denkformen dem Gehirn
oder derjenigen Partie desselben, welche man als die pas-
sendste Repräsentation des «denkenden Subjects» glaubt
ansetzen zu sollen, als «inneres Vermögen» zu übertragen [419].

Zwar bleibt auch die kantische Erkenntnisslehre an dem
metaphysischen Grundriss haften, den der menschliche Geist
von Anfang an für seine Analysen und Erklärungen des
Wirklichen angemessen fand; auch sie erzeugt das uns
bekannte Weltspiel durch Cooporation eines subjectiven und
eines objectiven Factors. Während sie aber gegen alle Tra-
dition und natürliche Neigung der Menschheit den letzteren
sofort mit purpurner Finsterniss deckt und in die grundlosen
Tiefen wüster Allerweltsmöglichkeiten versinken lässt, so
dass er zu keiner befriediegenden Erklärung mehr taugt — er
wird nur als der absolut unbekannte Erreger (oder wie man
sonst dieses krause Causalitätsverhältniss bezeichnen mag [420])
ausdehnungsloser, successiv apprehendirter [421] Empfindungsqualitäten verschiedener Intensität angesetzt —; während
sie auch insofern mit allen natürlichen und herkömmlichen

Tendenzen bricht, als sie erstens etwas «objectiv» nennt, was nicht auf eine Realwelt an sich, sondern vielmehr auf die sogenannte «ursprüngliche Apperzeption» des metaphysischen Subjects Bezug hat[422], und als sie zweitens der Welt an sich sogar die Zeit entzieht (ohne übrigens doch wieder «Handlungen» von ihr auszuschliessen): gibt die eben charakterisirte Hypothese von dem Objectiven, dem eigentlich Realen, eine vergleichsweise reichhaltige, in ihrer äussern Physiognomie höchst anschauliche und durchweg der exacten Behandlung zugängliche Vorstellung, welche durch die Vorzüge dieses ihres äusseren Charakters sogar für die mangelhafte Fassbarkeit der hypopsychischen Innerlichkeiten einigermassen entschädigt (vgl. S. 249 f.)[423].

So sehr das Gesetz der Intensitätsabnahme der Schwerkraft, des Lichtes u. s. w., so sehr überhaupt die Erklärungsergiebigkeit der räumlichen Relationen und Veränderungen die Hypothese empfiehlt, dass unserm euklidischen Raum und folgeweise der Bewegung, in ihm auch transcendente Bedeutung und Gültigkeit zukomme[424]; so wenig andererseits Kant hat beweisen können, dass dieser Raum nur subjective Anschauungsform, nicht auch objective (transcendente) Existenz- und Beziehungsform sei[425]: so wird man doch die Möglichkeit, dass die Vertheilung der relativ selbständigen, discreten Elementaragentien und Systeme durch unsern dreidimensionlichen Anschauungsraum nichts weiter als nur eine subjective Auffassungsweise, in ihrer exacten Ausbildung nur eine werthvolle Hilfsvorstellung sei, immerhin offen halten müssen; zumal die Annahme einer wirklichen Doppelseitigkeit des Seienden etwas in hohem Grade Unbefriedigendes hat[426]. Und sollte wirklich die «Seele»[427] die räumliche Ordnung, die sie apprehendirt, aus einer Vielheit simultaner, nicht räumlich ausser einander befindlicher, nur qualitativ unterschiedener Eindrücke von Grund aus für sich neu construiren müssen, so wäre die vorgängige räumliche Ordnung der erregenden Objecte sogar etwas sehr Ueberflüssiges. Und beweisen jedenfalls lässt es sich ebenso wenig, dass die gesetzlichen Bezüge, die wir in der empirischen Welt constatiren, so sehr sie selbst durchweg an räumlichen Bestimmungen hinlaufen, nur aus correspondenten Raumverhältnissen an sich haben hervortreten können, wie dass das, was wir Raum nennen, kein transcendentes Gegenbild habe [428].

Aber andererseits wiederum : Mag der metaphysische Grund der uns bekannten Welt des euklideischen oder gar jedes «Raumes» [429] bar und ledig sein : sobald wir Menschen die causalgesetzlich organisirte Gemeinschaft von in einander wirkenden Substanzen, welche doch am verstandbefriedigendsten den transcendenten Untergrund der Erfahrungswelt darzustellen scheint, uns zu veranschaulichen suchen : immer werden wir des Raumes, und zwar unsers bekannten dreidimensionlichen, als eines unumgänglichen Vorstellungsvehikels bedürfen.

Diese Unentbehrlichkeit der Raumvorstellung für die Verständlichung des dynamischen Commerciums von Substanzen kann nicht besser dargelegt werden, als es von Kant selbst geschehen ist. Er sagt in der allgemeinen Anmerkung zum System der Grundsätze [430] (II, 778 f.) : « Um dem Begriffe der Substanz correspondirend etwas Beharrliches in der Anschauung zu geben, bedürfen wir einer Anschauung im Raume.... Um Veränderung als die dem Begriffe der Causalität correspondirende Anschauung darzustellen, müssen wir Bewegung als Veränderung im Raume zum Beispiel nehmen, ja sogar dadurch allein können wir uns Veränderungen anschaulich machen.... Die Kategorie der Gemeinschaft ist ihrer Möglichkeit nach gar nicht durch die blosse Vernunft zu begreifen [431], und also die objective Realität dieses Begriffs ohne Anschauung und zwar äussere im Raume nicht einzusehen möglich.... Wir können aber die Möglichkeit der Gemeinschaft der Substanzen.... uns gar wohl fasslich machen, wenn wir sie uns im Raume.... vorstellen [432].

Aber selbst wenn man den dreidimensionlichen « euklideischen» Raum als eine zwar für uns unentbehrliche, aber doch nur subjective Anschauungsform, alle räumlichen

Relationen als blosse Hilfsvorstellungen gelten lassen wollte :
immerhin bleibt, wie es scheint, eine reichhaltig charakterisirte, vorläufig durch nichts angefochtene, wenn auch
natürlich unter allen Umständen nur hypothetische Welt
noch übrig; es scheint nicht, dass, wenn wir überhaupt unser
Dasein im eigentlichsten Sinne «erklären» wollen (vgl.
S. 106), wir von diesem Rest Abstand nehmen können. Als
metaphysische Realität müssen wir behufs der Erklärung des
Gegebenen aus wirklich effizienten Ursachen stehen lassen:
Eine Vielheit von dynamisch gegenseitig abhängigen, zu einem einheitlichen selbst-
genugsamen Weltsystem (Universum) zusammengeschlossenen Substanzen, ihre Kräfte
verschiedener Intensität und Qualität, ihre
gegenseitigen Einwirkungen (Actiones und
Passiones), ihre gesetzmässigen Veränderungen, ein wirkliches Geschehen in einer
transcendenten Zeit[433].
Wird mit Kant auch die Zeit zu einer ausschliesslich
subjectiven Vorstellungsform gemacht, so bleibt dem Verstande gar nichts mehr von jener Welt zu denken übrig, auf
die er von Anfang an seine Erklärungsunternehmungen
glaubte abzielen zu dürfen. Stürzt die metaphysische Zeit
dahin, so sinkt auch alle im eigentlichen Sinne reale Veränderung, alles transcendent reale Geschehen, und damit weiter
alle metaphysische Causalverknüpfung und Naturgesetzlichkeit in den bodenlosen Abgrund; und über demselben breitet
sich schwarze, undurchdringliche Nacht. Mag dann auf der
Bühne unsers Bewusstseins und des Bewusstseins verwandter
Wesen sich ereignen, was da will; mag es der Denkthätigkeit
auch noch so sehr gelingen, diese Ereignisse durch geschickte
physische, psychologische und psychophysische Hilfsvorstellungen in Einklang und gesetzmässigen, wohl gar mathematisch darstellbaren Zusammenhang zu setzen, so dass
die umfassendsten und zutreffendsten Vorausberechnungen
möglich werden; mag die Hoffnung noch so berechtigt sein
und noch weiter sich steigern, alles unmittelbar erlebbare
und mittelbar constatirbare Geschehen zu der Evidenz eines
mechanischen Vorgangs emporzurücken: man wird über

diesen Sachverhalt nicht aufhören können zu staunen ; aber
da jede Beziehung auf ein Geschehen an sich prinzipiell
aufgegeben ist, so fehlt zur eigentlich genetischen Erklärung
ihrer Möglichkeit jeglicher Boden, jedes Recht und jegliche
Handhabe. Im letzten Grunde sind unsere Wahrnehmungsinhalte mit sammt der erstaunlichen Thatsache ihrer gesetzmässigen Verknüpfbarkeit durch Gedanken, Rechnungen und
anschauliche Vorstellungen e in a b s o l u t e s W u n d e r.
Und trotz aller Analysen und Relationen kommt man « in der
Hauptsache », wie Schopenhauer sagt (II, 498), « d. h. in der
E r k e n n t n i s s d e s W e s e n s d e r W e l t a n s i c h
u n d a u s s e r d e r V o r s t e l l u n g, keinen Schritt vorwärts, sondern bewegt sich nur so wie das Eichhörnchen im
Rade».

Schwerlich möchte ein Mensch eine solche Verwüstung
aller ursprünglichen Hoffnungen und natürlichen Bestrebungen des Verstandes ohne die allerzwingendste Noth über
sich ergehen lassen wollen.

Wenn es also nicht Leichtsinn und Uebereilung war, so
scheint es als tendenziöse Absicht aufgefasst werden zu
müssen, dass Kant in der transcendentalen Aesthetik auch
die Zeit, dieses für das, was im eigentlichsten Sinne «Erklärung» zu heissen verdient, unumgänglichste Vehikel, zu einer
n u r subjectiven Anschauungsform degradirte. Zwingende
Noth lag doch, scheint es, d a z u nicht vor. Jedenfalls hat er
a. a. O. nicht bewiesen, dass die Zeit nicht a u c h von transcendenter Bedeutung sein könne, dass kein metaphysisches
Geschehen, keine continuirliche Abfolge von transcendent
realen Veränderungen denkbar sein [431].

Warum sollen wir denn nun nicht auf Grund eines wissenschaftlichen Bedürfnisses von höchstem Alter und tiefstem
Ernst berechtigt sein, die Hypothese aufzustellen, dass
unter und neben dem Geschehen, das wir erleben und das
wir fortwährend nach den Momenten Vorher, Jetzt und
Nachher auffassen und articuliren, eine ergänzende Geschichte
einer transcendenten Objectenwelt sich abspinnt in einer
metaphysischen Zeit? dass wir mit unsern Gedanken und
Thaten mitten inne stehen in einer absoluten Zeit an sich?

Es ist nicht von ungefähr, dass « einsehende Männer»

gegen Kants Theorie, «welche der Zeit empirische Realität zugesteht, aber die absolute und transcendentale streitet», sich «einstimmig» auflehnten; und zwar, wie Kant selbst hervorhebt, auch solche, welche «gleichwohl gegen die Lehre von der Idealität des Raumes nichts Einleuchtendes einzuwenden» (II, 45 f.) wussten [435].

Man kann nicht sagen, dass Kants transcendentale Aesthetik ihre Einwürfe siegreich zurückgeschlagen habe.

Die nachdenklichsten Erinnerungen gegen die blosse Idealität der Zeit waren schon 1770 von J. H. Lambert in einem Briefe an Kant vorgetragen worden [436]; Lambert konnte übrigens auch dem Raume nicht alle Realität absprechen. Was Kant seiner Entgegnung (Kr. d. r. V., II, a. a. O.) als Bericht über die ihm entgegenstehende Ansicht zu Grunde legt, erschöpft Lamberts Einwände nicht; und was er davon mittheilt, widerlegt er nicht ausreichend.

Lambert hatte (I, 365) gesagt, es bedünke ihn doch, «dass auch selbst ein Idealist wenigstens in seinen Vorstellungen Veränderungen, ein Anfangen und Aufhören derselben zugeben müsse, das wirklich vorgehe und existire». Daran hält sich Kant. Aber schon der Zusatz «auch selbst ein Idealist» hätte ihm zeigen müssen, dass Lamberts eigene Ansicht weiter reichte. In Wahrheit verweist er (S. 369), was diese angeht, auf sein «Neues Organon» vom Jahre 1764, und zwar auf § 54 der Phänomenologie (II, 248), wo die später von Herbart so unablässig eingeschärften Sätze, dass auch der «Schein» erklärt werden müsse, dass er Hindeutung auf ein Sein enthalte, entwickelt werden. «Wenn in dem Schein eine Aenderung vorgeht, so geht auch in der That eine Aenderung vor»; denn auch «der Schein wird verursacht und ändert sich daher ohne die Aenderung der Ursachen nicht». Hiernach würde für Lambert, auch wenn er zugäbe, dass das Bewusstsein nur Erscheinung darböte, weil er auch von dieser Erscheinung Ursachen voraussetzt und fordert — er findet sie wie Locke in dem Commercium von Subject und Object —, mit der Thatsache der Veränderung im Bewusstsein auch der Schluss auf correspondente Veränderungen im Realen nothwendig werden. «Da ich», heisst es in dem Briefe an Kant

(S. 366), «den Veränderungen die Realität nicht absprechen
kann, bevor ich nicht eines Andern belehrt werde, so kann
ich noch dermalen auch nicht sagen, dass die Zeit (und so
auch der Raum) nur ein Hilfsmittel zum Behuf der menschlichen Vorstellungen sei». S. 369 : «Sind Veränderungen
real, so eigne ich auch der Zeit eine Realität zu». Den
Erscheinungen, meint er (wie Kant[437]), muss doch etwas
zum Grunde liegen; selbst wenn es unbekannt wäre, würde
«die Sprache des Scheins» sich so «genau und beständig
nach der unbekannten wahren Sprache» richten müssen, dass
sie statt jener dienen kann[438]. «Ich muss aber doch sagen,
dass ein so schlechthin nie trügender Schein wohl mehr als
nur Schein sein dürfte». So hält Lambert offenbar, bevor er
nicht eines Andern belehrt werden kann, an der uralten
Ueberzeugung der Menschheit fest, dass die objectiven Erscheinungen ein gesetzmässiges Verhältniss zu correspondenten Objecten an sich haben; und er rechnet zu den
unabkömmlichsten Ingredienzien der Corresponsion — wie
Helmholtz (Anm. 453) — mit den Veränderungen die Zeit.

Was bringt Kant dagegen vor? Er formulirt den ihm
gemachten Einwurf so: «Veränderungen sind wirklich (d i e s
b e w e i s t d e r W e c h s e l u n s e r e r e i g e n e n V o r s t e l-
l u n g e n, w e n n m a n g l e i c h a l l e ä u s s e r e n E r-
s c h e i n u n g e n s a m m t d e r e n V e r ä n d e r u n g e n
l e u g n e n w o l l t e). Nun sind Veränderungen nur in der
Zeit möglich, folglich ist die Zeit etwas Wirkliches». Er
berücksichtigt also den Theil des Einwurfs, welcher selbst im
Fall, dass die blosse Phänomenalität des Vorstellungswechsels
zugegeben würde, die Realität von correspondenten Veränderungen, welche diese Erscheinungen v e r u r s a c h e n,
fordern zu müssen glaubt, gar nicht.

Und wie beantwortet er den von ihm reproducirten Einwurf? «Ich gebe das ganze Argument zu. Die Zeit ist allerdings etwas Wirkliches, nämlich die wirkliche Form der
inneren Anschauung. Sie hat also subjective Realität in
Ansehung der innern Erfahrung, d. i. ich habe wirklich die
Vorstellung von der Zeit und meiner Bestimmungen in ihr».
— Aber «wenn ich selbst oder ein anderes Wesen mich ohne
diese Bedingung der Sinnlichkeit anschauen könnte, so

würden etwa dieselben Bestimmungen, die wir jetzt als Veränderungen vorstellen, eine E r k e n n t n i s s geben, in welcher die Vorstellung der Zeit, mithin auch der Veränderung, gar nicht vorkäme».

Hievon wird allerdings so viel zweifellos sein, dass wenn ich ohne diese Bedingung der Sinnlichkeit anschauen k ö n n t e, alle von dieser Bedingung abhängigen Bestimmungen in der neuen Anschauung gar nicht vorkommen würden — was darum zweifellos ist, weil es ein blank analytischer Satz ist. Aber wer verbürgt denn, mehr! wer kann es denken, dass «i c h» auch ohne die Zeit anschauen k ö n n t e, dass ich ein Wesen, in dem Veränderungen erscheinen, auch ohne Zeit anschauen und doch — von ihm eine «E r k e n n t - n i s s» gewinnen könnte? Was heisst in solchem Falle überhaupt noch Erkenntniss? (vgl. o. S. 193 f.)

Kant fährt fort: «Nur die a b s o l u t e R e a l i t ä t kann ihr (der Zeit) nicht zugestanden werden». Wir würden im Sinne Lamberts entgegnen, dass derjenige sie ihr doch wohl zugestehen m ü s s t e, welcher die uralte Absicht verfolgte, die gegebenen Erscheinungen — mit ihren Veränderungen — aus realen Ursachen zu erklären; er könnte ohne correspondente reale Veränderungen unmöglich auskommen. Und gesetzt selbst, wir räumten es Kant ein, dass die absolute Realität der Zeit nicht «z u g e s t a n d e n» werden könne; wir räumten es ein, weil sie allerdings nicht absolut zu b e w e i s e n ist: so würde Kants weitere Folgerung, dass sie also «nichts als die Form unserer inneren Anschauung» sei — auch abzulehnen sein. Aus demselben Grunde, aus welchem die absolute Realität der Zeit nicht zugestanden werden könnte, müsste sie ihr auch nicht abgesprochen werden dürfen; in Fällen dieser Art ist nichts absolut zu entscheiden. Entspringt doch nach Kant selbst «eingebildete Wissenschaft», wenn man «von Gegenständen etwas zu wissen vermeint, davon kein Mensch einigen Begriff hat», eingebildete Wissenschaft «sowohl in Ansehung dessen, der bejahend, a l s d e s s e n, d e r v e r - n e i n e n d b e h a u p t e t» (II, 314)[439]. ·

Sollen wir denn aber nicht wirklich, da eine transcendente
Zeit nicht unmöglich scheint, um dem nun einmal unabweis-
lichen metaphysischen Drange Genüge zu thun, über dasjenige,
was unsern Erfahrungen als an sich Reales zu Grunde liegt,
so viel, als wenigstens nicht angreifbar und widerlegbar, per
hypothesin festhalten, dass wir es denken als ein gesetzmässig
geregeltes dynamisches Wechselspiel vieler ewigen, unter
sich zu einer innerlich artikulirten, so zu sagen künstlerischen,
systematischen, organischen Einheit [440] verknüpfter Agentien?
Sollen wir nicht eine völlige Corresponsion in ihm statuiren
wenigstens mit jenem Commercium der phänomenalen
Substanzen, das wir in § 34 nach Kants vortrefflichem
Muster — wir wollen es nur gestehen, schon mit Rücksicht
auf eine spätere metaphysische Anwendung — charakterisirt
haben?

Wir möchten es, aufrichtig gestanden, von ganzem Herzen
gern. Ob es sich aber durchführen lässt, was wir gerne
hätten? ob sie sich ausdenken lässt, diese an der Zeit hinlau-
fende Wechselwirkung «vieler Agentien»?

Wie vieler wohl?

Setzen wir eine wie hoch auch immer gegriffene endliche
Zahl, so droht uns einerseits das fürchterliche Thomson-
Clausius'sche Temperaturgleichgewicht, das alles Verände-
rungsspiel zur Erstarrung bringt [441], andererseits nach sicher
eintretender Erschöpfung aller mit solcher Zahl möglichen
Combinationen die schale Wiederkehr alter Geschichten:
Immer von Neuem kämen nach einiger Zeit die gewesenen
Zustände zum Vorschein und wiederholten sich «wie die
Ziffern eines periodischen Decimalbruchs.... atque iterum
ad Trojam mittetur magnus Achilles» [442].

So muss es denn also wohl — eine unendliche Vielheit
sein [443]? Was heisst aber dann noch der Satz: Der Atomgehalt und der Kraftfonds der Welt ist constant? Und ist
nicht überhaupt eine «reale Unendlichkeit» [444] eine absolute
Unmöglichkeit [445]? — —

Und was weiter die transcendente Zeit angeht:
wer will den Argumenten entrinnen, durch die von jeher
bewiesen ward, dass die absolute Zeit keinen «Anfang» haben
könne [446]!

Vortrefflich, dieser Charakter der Zeit für den im Reiche der
Phänomene forschenden Geist! Von jedem erreichten Momente, von jeder unmittelbar gegebenen, empirisch realen
Gegenwart · aus sieht er nach vorwärts und rückwärts eine
unendliche Perspective sich öffnen. Ihn beschwingt und erhebt
das Bewusstsein einer u n e n d l i c h e n A u f g a b e [447]. Er
braucht auf keine Weise zu befürchten, dass es ihm je an
Material zur Arbeit gebrechen werde. Es müsste denn sein,
dass die Geschichte nicht bloss einzelner Planetensysteme,
sondern der ganzen Welt nach vorwärts oder rückwärts in
Zustände auslaufe, über die hinaus nichts mehr zu sehen und
nichts mehr zu rechnen ist.

Unglücklich aber diese Anfangslosigkeit der Zeit für
vorausgesetzte metaphysische Agentien! Wie mögen ihre
Actionen aus unendlicher Vergangenheit bis zur gegenwärtigen Wirklichkeit haben emporsteigen können? warum ward
dieselbe, wenn jetzt, nicht schon längst wirklich? — — —

Sollten wir uns aber auch in dieser Beziehung [448] resigniren
müssen; sollte auch die fundamentalste und unentbehrlichste
aller von der Wirklichkeit hervorgetriebenen metaphysischen
Hypothesen an den unüberwindlichen Verlegenheiten, die sie
hervorruft [449], Schiffbruch leiden; sollte Kant auch hier in der
Sache Recht behalten; sollte uns also wirklich nichts anders
übrig bleiben, als, wogegen er selbst sich so leidenschaftlich
sträubte (vgl. S. 205), «bloss Erscheinungen nach synthetischer Einheit zu buchstabiren, um sie als Erfahrung lesen zu können»; nichts, als die unmittelbar in
den Wahrnehmungen vorgefundenen Thatsächlichkeiten mit
einer im absoluten Raum und in der absoluten Zeit bloss
vorgestellten Welt eines Bewusstseins überhaupt (vgl. S. 94 ff.,
127 f.) in gesetzmässigen Zusammenhang zu bringen — die
nur insofern als «Thatsache» und «Realität» zu betrachten
wäre, als sie in dem unmittelbar Gegebenen, dem für uns
Allergewissesten und Allerwirklichsten [450], implicite enthalten
liegt und mit einer gewissen anthropologischen
N o t h w e n d i g k e i t [451] aus ihm als u n e n d l i c h e A u f -
g a b e erfliesst —: zu Kants höchsten und letzten Gedanken,
zu seiner genialen und kühnen Auffassung der empirisch
realen Welt als einer von Seiten ihrer «Form» subjectiv

(transcendental) nothwendigen und objectiv (an sich) zufälligen[452], spontanen Verstandesschöpfung aus anderweit, von aussen «gegebenen» Empfindungsmaterialien, werden wir nun erst recht keine Neigung verspüren können; da diesem Cardinalgedanken, trotz aller Widerrede, Verschleierung und Verclausulirung, all die Voraussetzungen über zeitliches An-sichgeschehen und transcendentes Commercium von Substanzen zu Grunde liegen, ohne die, wie F. H. Jacobi[453] mit vollem Recht bemerkte (vgl. oben S. 147), in diese Philosophie gar nicht hineinzukommen ist, und die wir zuletzt an dem Charakter der Zeit scheitern sahen, wie sie auch in der Transcendentalphilosophie selbst sich nicht zu behaupten vermögen.

ANMERKUNGEN.

---

[1] Uebrigens bemerkte auch Herbart in der dritten und vierten Auflage seines Lehrbuchs zur Einleitung in die Philosophie (1834 und 1837), § 150 (W., I, 260): Ungeachtet alles dessen, was hier und anderwärts gegen Kants Lehre vorgetragen worden, gehören seine Schriften noch heute zur gegenwärtigen Philosophie. Das Studium derselben muss diejenigen, welche sich auf Philosophie legen wollen, noch nöthiger und anhaltender beschäftigen, als Spinoza und Platon. Vgl. ferner F. E. Beneke: Kant und die philosophische Aufgabe unserer Zeit, 1832, S. 12 ff. 43 f., 83 f., 89.

[2] Ausdrücke Dilthey's im Leben Schleiermachers (1870), S. 102, 84.

[3] Vgl. z. B. A. Stadler, Kants Teleologie (1874), S. V; A. Fick, Die Welt als Vorstellung (1870), S. 5. Ueber Helmholtz' und Zöllners Anerkennung der Kantischen Leistungen handelt gut W. Tobias, Grenzen der Philosophie (1875), S. 15 ff., 159 ff. Schopenhauer erklärte schon in seiner Erstlingsschrift (1813): «Ich verdanke jenem Manne so Vieles und Grosses, dass sein Geist in Homers Worten zu mir sagen kann: Ἀχλὺν δ'αὖ τοι ἀπ' ὀφθαλμῶν ἕλον, ἣ πρὶν ἐπῆεν» (W., I, 93). Und wie Vielen hätte in den letzten zehn Jahren Kants Geist dieselben Worte zuflüstern können! Nicht unrecht hat H. Cohen, wenn er (Kants Theorie der Erfahrung, S. 7) bemerkt: «Die dem Aristoteles zugewendete verdienstvolle Arbeit hat reiche Ausbeute gebracht: sollte Kant, mit philologischer Genauigkeit behandelt, geringeren Ertrag erwarten lassen?» Gewiss! vor Allem in dem Falle, wenn es der Kantphilologie gelingt etwas Aehnliches zu leisten, als was F. A. Lange in der Geschichte des Materialismus (2. Aufl., I, 135) von den Arbeiten der neuaristotelischen Schule erwartet, nämlich uns von dem Druck der blossen Auctorität als solcher «definitiv zu befreien».

⁴ Man wird künftig Doctrinen, wie z. B. die, nach welcher die «Apriorität» des Causalitätsgesetzes dadurch «bewiesen» ist, dass der «Intellekt» schon bei dem Aufbau der räumlich ausgedehnten sogenannten «objectiven» Welt dem «Satz vom Grunde» gemäss «functionirt», indem er in «spontaner» That jeden Eindruck «den der Leib erhält», auf seine äussere Ursache bezieht und diese im «a priori» angeschauten Raum als Object dahin versetzt, von wo die Wirkung ausgeht, — womit weder der transcendentale Realismus ausgeschlossen, noch die immanente Herrschaft des Causalitätsgesetzes innerhalb des Inbegriffs der solchergestalt aufgebauten Erscheinungen «bewiesen» ist, — man wird weder diese Lehre noch die verwandte, nach welcher «wir» von einer solchen «physisch-psychischen» oder «geistigen Organisation» sind, dass wir auf «Reize» einer transcendenten Welt von Dingen in Form von sinnlichen Empfindungsqualitäten «reagiren», die sich, einer gesetzmässigen Ordnung ausser uns entsprechend, in den «apriorischen» Anschauungsformen des Neben- und Nacheinander räumlich und zeitlich gruppiren: man wird Doctrinen der Art, welche die Prinzipien der «transcendentalen Deduction» und die «Paralogismen der reinen Vernunft» nicht streng und ernst genug nehmen, ja zum Theil gänzlich ausser Acht lassen, bald nicht mehr wie bisher als «Kantisch» gelten lassen. Liegen sie doch auch allzu sichtlich jenseits der Frage, welche nachweisbar der eigentliche Keim der «Kritik der reinen Vernunft» ist, mit welcher denn doch erst das ins Leben zu treten begann, was wir die Kantische Philosophie nennen. Sie sind noch unbeeinflusst durch die Frage, welche Kant unter dem 21. Februar 1772 seinem Schüler M. Herz auseinander legte (Kants Werke, Ausgabe von Ros. u. Schub., XI, 25 ff.): «Auf welchem Grunde beruht die Beziehung desjenigen, was man in uns Vorstellung nennt, auf den Gegenstand? ... Wenn ... intellektuale Vorstellungen (nach der Inauguraldissertation de mundi sensibilis atque intelligibilis forma et principiis vom Jahre 1770 sind «hujus generis: possibilitas, existentia, necessitas, substantia, causa etc., cum suis oppositis aut correlatis») auf unserer inneren Thätigkeit beruhen, woher kommt die Uebereinstimmung, die sie mit Gegenständen haben sollen, die doch dadurch nicht etwa hervorgebracht werden, und die Axiomata der reinen Vernunft über diese Gegenstände» (wir werden z. B. an das Causalitätsaxiom zu denken haben), «woher stimmen sie mit diesen überein, ohne dass diese Uebereinstimmung von der Erfahrung hat dürfen Hülfe entlehnen?» woher stimmen unsere Vorstellungen mit den Gegenständen auch ausserhalb der Mathematik, ausserhalb der Grössenbegriffe, wo diese Uebereinstimmung begreiflich ist, weil wir diese Objecte selbstthätig erzeugen, indem «wir Eines etliche mal nehmen? Allein im Verhältnisse der Qualitäten, wie mein Verstand gänzlich a priori sich selbst Begriffe von Dingen bilden soll, mit denen nothwendig die Sachen einstimmen sollen, wie er reale Grundsätze über ihre Möglichkeit entwerfen soll, mit denen die Erfahrung getreu einstimmen muss und die doch von ihr unabhängig sind, diese Frage hinterlässt immer eine Dunkelheit in Ansehung unseres

Verstandesvermögens, woher ihm diese Einstimmung mit den Dingen selbst komme?». Erst die Kritik der reinen Vernunft glaubte diese Dunkelheit zerstreut zu haben. Jene vorgeblich kantianisirenden Lehren aber kennen das Problem nicht einmal; sie sind vielleicht acceptabler und fassbarer (vgl. F. A. Lange, Geschichte des Materialismus, 2. Aufl., II, S. 125 ff.) als Kants eigene Ideen, aber sie sind eben nicht im Sinne des Kant von 1781; man kann sie gewinnen und besitzen, ohne je die Kritik der reinen Vernunft gelesen zu haben; es genügt für sie, mit Locke's oder Mill's Relativismus (vgl. Schopenhauer, Werke, V, 91 ff.; A. Spir, Denken und Wirklichkeit, I, 132 ff.), mit Descartes' Ideæ innatæ in ihrer vorsichtigen Fassung (vgl. Descartes' Lehre von den angeborenen Ideen, von Dr. Eduard Grimm, 1873, S. 54 ff., 69 ff.; Herbart, W., V, 234 f.) und vielleicht mit Kants Inauguraldissertation (vgl. Cohen, Die systematischen Begriffe in Kants vorkritischen Schriften, 1873, S. 52, 55) bekannt zu sein. Vgl. im Text § 6.

⁵ Zeitschrift für Philosophie und philos. Kritik, 66. Band. S. 185. Vgl. J. B. Meyer, Kants Psychologie, 1870; E. Montgomery, Die Kantische Erkenntnisslehre, widerlegt vom Standpunkt der Empirie, 1871, S. 30.

⁶ So heisst es z. B. bei Fr. Paulsen, Versuch einer Entwickelungsgeschichte der Kantischen Erkenntnisstheorie, 1875, S. VI f.: «Die Untersuchung ist eine rein historische, . . . sie schliesst alle anerkennende oder ablehnende Beurtheilung des Kantischen Gedankens aus».

⁷ Eine Vernachlässigung in dieser Beziehung kann überhaupt, wie Herbart mit Recht bemerkt (Vorrede zur Einleitung in die Philosophie, 1821. W., I, 15), nur «eine leichtsinnige oder verschrobene Behandlung der Grundbegriffe aller Wissenchaften zur Folge haben».

⁸ Vgl. des Verfassers Auseinandersetzungen hierüber in dem Artikel «Ueber die Unsterblichkeit der Seele», Philos. Monatshefte, X, S. 131 f.

⁹ In anderen ist sie aber auch höchst leichtfertig und ungerecht. Um eins der ärgsten Beispiele zu nennen, so wirft er (II, 514, 517 f.) Kant in harten Ausdrücken vor, er habe die Untersuchung übergangen: «was nenne ich den Gegenstand, den ich von der Vorstellung unterscheide?» — was denn aber nun gerade die Frage ist, zu deren Lösung Kant seine Kritik der reinen Vernunft geschrieben hat (vgl. Anm. 4, und aus Kant vorzüglich Kr. d. r. V., 1. Aufl., II, 294 ff.; Proll., § 13, Anm. 3, § 18-20; Kr. d. r. V., 2. Aufl., II, 730 f.; ferner im Text S. 11, 88, § 22, § 35 und § 37). — Schopenhauer selbst zeigt übrigens durch seine eigenen Berichte und Erörterungen oft genug, dass Kant die vermisste Untersuchung nicht «übergangen» hat (vgl. z. B. S. 526); aber dann wird es ihm wieder «schwer zu glauben», dass Kant dabei «selbst sich etwas völlig Bestimmtes und eigentlich deutliches gedacht habe» (S. 521) — wie gesagt: bei dem eigentlichen Kerngedanken der Transcendentalphilosophie! — ja er meint wohl gar, es habe «ihm an gutem Willen gefehlt, um hierüber ins Reine zu kommen und sich deutlich zu erklären » (518).

¹⁰ Vgl. vorzüglich Kritik der Kantischen Philosophie (II, 496 f., 503) und Kants Prolegomena, § 13, Anm. 3, III, 147 ff., 154 ff.); und im Text § 26.

[11] Vgl. Vierf. Wurzel, § 23, I, 85 : « Die Darlegung der Allgemeingültigkeit des Gesetzes der Causalität für alle Erfahrung... und seiner... Beschränkung auf die Möglichkeit der Erfahrung ist ein Hauptgegenstand der Kritik der reinen Vernunft. »

[12] Vgl. Kants Prolegomena, § 13, Anm. 2, Werke, III, 46 : «Dass man unbeschadet der wirklichen Existenz äusserer Dinge von einer Menge ihrer Prädicate sagen könne : sie gehörten nicht zu diesen Dingen an sich selbst, sondern nur zu ihren Erscheinungen und hätten, ausser unserer Vorstellung, keine eigene Existenz, ist Etwas, was schon lange vor Locke's Zeiten, am meisten aber nach diesen allgemein angenommen und zugestanden ist. Dahin gehören die Wärme, die Farbe, der Geschmack, etc. Dass ich aber noch überdies aus wichtigen Ursachen, die übrigen Qualitäten der Körper, die man primarias nennt, die Ausdehnung, den Ort, und überhaupt den Raum, mit Allem, was ihm anhängig ist (Undurchdringlichkeit oder Materialität, Gestalt, etc.), auch mit zu blossen Erscheinungen zähle », u. s. w. Ganz ebenso war Berkeley « aus wichtigen Ursachen », die in den Principles of human knowledge (§ 9 ff.) entwickelt sind, über Locke hinaus und zur Leugnung der transcendenten Realität der primären Qualitäten vorgeschritten; und wenn er als Ursache der Erscheinungen in « uns » kurzerhand Gott ansetzte, so war das jedenfalls kein schlimmerer Ueberschritt in eine Aussage über das, was nicht perzipirt werden kann, als wenn Kant gelegentlich, wie auch hier, zunächst das « An sich » als « Dinge » bezeichnete, und dann für diese noch weiter eine « oberste Ursache » (vgl. z. B. Proll., III, 135, Anm.), in Anspruch nahm.

[13] Vgl. darüber Cohen, Die systematischen Begriffe, S. 53 f.

[14] Weshalb an der oben angeführten Parallelstelle aus den « Fortschritten, etc. » (I, 507), « die höchste Aufgabe der Transcendentalphilosophie » auch lautet : « wie ist Erfahrung möglich ? »

[15] Vgl. Versuch den Begriff der negativen Grössen in die Weltweisheit einzuführen, Allgemeine Anmerkung, I, 157 ff.

[16] Zur Erklärung des Ausdrucks vgl. S. 204, wo von allen Grundsätzen des reinen Verstandes gesagt wird : sie « sind bloss Prinzipien der Exposition der Erscheinungen ».

[17] Ebenda : « Unter Natur.... verstehen wir den Zusammenhang der Erscheinungen ihrem Dasein nach, nach nothwendigen Regeln, d. i. nach Gesetzen.»

[18] Hier wird alle «Wirklichkeit» abhängig gemacht von dem « Zusammenhang mit irgend einer · wirklichen Wahrnehmung nach den Analogien der Erfahrung, welche alle reale Verknüpfung in einer Erfahrung überhaupt darlegen».

[19] Wir sehen jetzt davon ab (vgl. S. 208 ff.), ob die erkenntniss-theoretische Grundlage der Mathematik hiermit richtig bezeichnet ist. Nur dies möchte wohl ohne Weiteres einleuchten, dass jenes «Eine », das wir etliche Mal zu nehmen haben sollen, um Grössen zu erzeugen, falls damit Raumgrössen gemeint sind, eine von dieser « Erzeugung » unabhängige, eine gegebene Grösse ist (vgl. die Bemerkung von Hobbes und Leibnitz bei Baumann, Philosophie als Orientirung über die Welt, 1872, S. 305).

²⁰ Diese Charakteristik stimmt genau zu den Ueberzeugungen auch des heutigen Empirismus (vgl. J. St. Mills Logik, III, 5, § 1 und 2): «Der Begriff der Ursache ist ein Begriff den man aus der Erfahrung gewinnen kann. Das Gesetz der Ursächlichkeit ist nur die alltägliche Wahrheit, dass man erfahrungsmässig.... antrifft. Auf gewisse Thatsachen folgen gewisse andere Thatsachen immer; und werden dies, wie wir glauben, immer thun: denn diese Wahrheit ist von gleichem Umfang mit der menschlichen Erfahrung.»

.²¹ Vgl. hierzu die ganz unzutreffenden Bemerkungen Schopenhauers, Vierf. Wurzel, W. I, 81.

²² Vgl. I, 157 ff.

²³ Vgl. z. B. Kritik der r. V., 2. Aufl., II, 776 ff.; Proll., § 15, III, 54, vgl. 159 f.; Fortschritte der Metaphysik, I, 507, 560. — Schopenhauer behauptet fälschlich, dass Kants Beispiele «sich fast jedesmal nur auf die Causalität beziehen» (II, 529).

²⁴ Vgl. z. B. A. Hölder, Darstellung der Kantischen Erkenntnisslehre, 1874, S. 109. Uebrigens hält Schopenhauer etwas ganz anderes für die Hauptaufgabe der Erkenntnisstheorie als Kant, nämlich «Erklärung der Anschauung der Aussenwelt» (W., II, 523). Wozu z. B. zu vgl. Kant, Proll., § 5 und § 22.

²⁵ Vgl. Proll., §§ 33, 45, 57.

²⁶ Beim Biber nennen wir das Analogon der Vernunft, das sich in seinen Kunsthandlungen zeigt, um den specifischen Unterschied anzuzeigen, Instinct. Kritik der Urk., IV, 369, Anm.

²⁷ Ein Nichtkantianer empfindet z. B. wahrscheinlicher Weise gar kein Bedürfniss über die «Grundlage des Inbegriffs von Erscheinungen», zumal wenn er mit Kant etwa gar Natur und Leistungsfähigkeit dieser «Grundlage» für absolut unbekannt hält, noch weiter nach einer «Ursache» dieser Grundlage auszuschauen. Vgl. aber was Kant als wissenschaftliche Nöthigung, «zu der Idee eines höchsten Wesens hinauszuschen» (Proll., §§ 57-59), beibringt; andererseits im Text § 40.

²⁸ Sonst vgl. noch Kritik der Urk., § 60, und Einleitung, IV und V (W., IV, 239 ff.; 17 ff.).

²⁹ Vgl. II, 552 ff. U. A. S. 558: «Transcendentale Sätze enthalten bloss die Regel, nach der eine gewisse synthetische Einheit desjenigen, was nicht a priori anschaulich vorgestellt werden kann.... empirisch gesucht werden soll». 559, Anm.: «Vermittelst des Begriffs der Ursache gehe ich wirklich aus dem empirischen Begriff von einer Begebenheit.... heraus, aber nicht zu der Anschauung, die den Begriff der Ursache in concreto darstellt, sondern zu den Zeitbedingungen überhaupt, die in der Erfahrung dem Begriffe der Ursache gemäss gefunden werden möchten».

³⁰ Nach Schopenhauer wohnt dieser menschliche Zug auch Hunden bei, ja geht sogar bis auf die untersten Thiere, selbst bis auf den Wasserpolypen hinab. Vgl. Vierf. Wurzel, § 20. Werke, I, 76.

31 Einwirkung der neuern Philosophie. Gœthe's Werke (Ausgabe in 6 Bänden. Cotta, 1860), VI, 505.

32 Vgl. A. Stadler: Kants Teleologie, 1874, S. 29 ff. S. 32 nennt er mit Recht das Specificationsgesetz die «Hypothese von der Begreiflichkeit der Natur».

33 Für Cohen freilich (Kants Theorie der Erfahrung, S. 203) ist noch folgender Helmholtz'sche Satz kantisch: «Das Causalgesetz trägt den Charakter eines rein logischen Gesetzes(!) (vgl. im Text § 8-13) auch darin an sich, dass die aus ihm gezogenen Folgerungen nicht die wirkliche Erfahrung betreffen, sondern deren Verständniss und dass es desshalb durch keine mögliche Erfahrung je widerlegt werden kann.» Das soll denn so viel sein, als wenn Kant sagt, das Causalitätsgesetz beherrsche darum jede wirkliche Erfahrung, weil auf ihm die Möglichkeit der Erfahrung beruhe! weil es überhaupt Erfahrung, objective Realität möglich mache! — Ein anderer Versuch, Helmholtz zum Kantianer zu machen, ist weitläufig widerlegt bei W. Tobias, a. a. O., S. 82. Vgl. oben Anm. 4.

34 Vgl. Kritik der reinen Vernunft, 2. Aufl., § 19. Metaphysische Anfangsgründe der Naturwissenschaft, W. V, 315.

35 Vgl. O. Liebmann, Zur Analysis der Wirklichkeit, S. 154 f.

36 Ausdruck von Lotze, Logik, 1874, S. 75.

37 Vgl. übrigens Herbart, Einleitung in die Philosophie, § 53; ferner Fr. Brentano's Bericht über J. St. Mills Lehre vom Urtheil in seiner Psychologie, S. 273 ff. Aber, sagt. Ch. Sigwart in der Logik, I, S. 94, wo er Mills vermeintlich originelle Lehre von der Zweideutigkeit der Copula auch erwähnt, treffend: «Mill hat Herbart so wenig als andere deutsche Philosophen beachtet» vgl. oben § 2, S. 5 f., und Kant, I, 172 ff.; und der Berichterstatter droht, beiläufig bemerkt, in eine ähnliche Einseitigkeit zu verfallen. Als er (1874) über Mill berichtete, lag von W. Jordan (1870) ein Schriftchen vor: Ueber die Zweideutigkeit der Copula bei Stuart Mill; er liess es unberücksichtigt; es lag zweitens vor Sigwarts Logik (1873), in welcher der Abschnitt S. 87-100 sowohl für die Vieldeutigkeit der Copula ergiebige Mittheilungen bietet, was uns angeht, als auch Dinge lehrt, an welchen der Fundamentalgedanke der von Brentano (a. a. O., S. 302) in Aussicht gestellten neuen (vgl. übrigens Aristot. Met. Γ, 7, 1011 b., 25 ff., Θ 10, 1051 b. 1, Anal. post. A 25, 86 b, 33) Logik zu nichte wird. Ohne dem mit Ernst an seiner Selbstbildung arbeitenden Philosophen irgend zu nahe treten zu wollen, kann man sich doch bei der Lectüre seines neuesten Werkes nicht verhehlen, dass es für ihn und für seine Psychologie sehr gut gewesen wäre, wenn er seit der Zeit, dass er aus dem trüben Dämmer scholastischer Metaphysik in die Regionen des modernen Denkens emportauchte, noch so viel philologische Arbeit auf Kant gerichtet hätte als früher auf Aristoteles, ehe er sich J. St. Mill in die Arme warf. Bis jetzt scheint er mehr über Kant als ihn selbst gelesen zu haben.

38 Vgl. Schopenhauer, II, 580: Subject und Prädicat verhält sich zu Substanz und Accidenz wie der Satz des zureichenden Grundes in der

Logik zum Gesetz der Causalität in der Natur. — Vierf. Wurzel, I, 41: Das Gesetz der Causalität b e r e c h t i g t zu hypothetischen Urtheilen und bewährt sich hiedurch als eine Gestaltung des Satzes vom zureichenden Grunde, auf welchen alle hypothetischen Urtheile sich stützen müssen.

39 Ueber Leibnizens eigene Ansicht handelt gut Sigwart in der Logik, S. 204 ff. Ebendort ist auch die von Kant nicht berücksichtigte Unterscheidung zwischen logischem und psychologischem « Grunde» einer Assertion beachtenswerth.

40 Er formulirte ihn so: «Alles muss seinen Grund haben », wo «Alles » nun sowohl ein jedes Urtheil wie ein jedes Ding bedeuten konnte.

41 Vgl. Ueberweg, Logik (1. Aufl.), § 77 und 78. Es ist übrigens angesichts von Arist. Met., 1005ᵇ, 24 f. (καθάπερ τινὲς οἴονται λέγειν Ἡράκλειτον) und 1010ᵃ, 11 (ἡ ἀκροτάτη δόξα τῶν εἰρημένων, ἡ τῶν φασκόντων ἡρακλειτίζειν) fraglich, ob Heraklit selbst als Zerstörer des ontologischen Identitätspostulats in Anspruch genommen werden sollte.

42 Baumann : Jenes (das logische) Prinzip geht bloss auf die Thatsache, dass etwas g e d a c h t oder a u s g e s p r o c h e n worden ist, nicht aber auf die Thatsache, dass das Gedachte im prägnanten Sinne wirkliche E x i s t e n z habe (375 f.). — Sigwart: Der Satz des Widerspruchs als Naturgesetz unsers D e n k e n s sagt, dass es unmöglich ist, mit Bewusstsein denselben Satz zugleich zu b e j a h e n und zu v e r n e i n e n. Eine A n w e n d u n g dieses Satzes ist das Prinzip: Es ist unmöglich, dass dasselbe zugleich s e i und nicht s e i.

43 Ich finde die synthetische Beschaffenheit des Prinzips am unumwundesten ausgesprochen bei A. Spir, Denken und Wirklichkeit, 1. Band, 1873, S. 195: «Wir können uns hypothetisch denken, dass alles Wirkliche in einem unaufhörlichen Fluss oder Wechsel begriffen sei, ohne einen Augenblick stille zu stehen und seine Beschaffenheit festzuhalten, oder auch dass jedes Einzelne zugleich auch alles Andere sei. In einer so gearteten Wirklichkeit würde der Satz der Identität offenbar keine Gültigkeit haben..... F o l g l i c h i s t d e r S a t z d e r I d e n t i t ä t..... n i c h t ein i d e n t i s c h e r, sondern ein s y n t h e t i s c h e r S a t z ». Vgl. Philos. Monathefte, XI, 273 ff., 362 ff., 422 ff. und in Beziehung auf die Behauptung, dass ein unaufhörlicher Fluss den Satz der Identität aufheben würde, was Anm. 41 und 86 über Heraklit bemerkt ist.

44 Aristoteles, Met., Γ, 3 (1005 b, 3): Διὸ πάντες οἱ ἀποδεικνύντες εἰς ταύτην ἀνάγουσιν ἐσχάτην δόξαν. φύσει γὰρ ἀρχὴ καὶ τῶν ἄλλων ἀξιωμάτων αὕτη πάντων.

45 In verworrener Weise äussert sich über unsern Gegenstand Schopenhauer, V, 113. Für ihn ist es desshalb eine « unmögliche A n n a h m e, dass in der anschaulich gegebenen Erscheinung selbst oder in dem gesetzmässigen Zusammenhang ihrer Glieder Widersprüche liegen », weil «das Anschauliche als solches gar keinen Widerspruch kennt », weil «es bloss in der abstrakten Erkenntniss der Reflexion existirt ». — Nun ist doch aber

wohl eine « Annahme » nicht « das Anschauliche als solches », sondern ein Act der Reflexion! Und warum soll « das Anschauliche als solches » nicht so geartet sein, dass es die Reflexion über dasselbe in Widersprüche verwickelt? Schopenhauer citirt selbst den « Zeno Eleaticus »; seine bekannten indirekten Beweise enthalten aber keineswegs durchweg, wie Schopenhauer sagt, « Sophismen », sondern zum Theil nur ungenügend und unbeholfen ausgedrückte Hinweise auf wirkliche und sehr ernste Schwierigkeiten.

46 So wird es z. B. Kr. d. Ukr. (IV, 4) als ein Nutzen der sonst überschwänglichen Vernunftideen betrachtet, dass sie « als regulative Principien » dienen, « die besorglichen Anmassungen des Verstandes, als ob er (indem er a priori die Bedingungen der Möglichkeit aller Dinge, die er erkennen kann, anzugeben vermag), dadurch auch die Möglichkeit aller Dinge überhaupt in diesen Grenzen beschlossen habe, zurückzuhalten. »

47 Kant selbst bemerkt (Fortsch. der Met., I, 570, Anm.): « Das Dasein ist keine Bestimmung irgend eines Dinges und welche innere Prädicate einem Dinge..... zukommen, lässt sich schlechterdings nicht aus seinem blossen Dasein..... erkennen ».

48 Nahe an die obige Position kommt auch Lotze (Logik, S. 567) heran, insofern als er zunächst den Naiven, die alles selbstverständlich finden, die Möglichkeit vorführt, dass die Gesetze unseres Denkens « ein leerer Anspruch wären, dem sich die Wirklichkeit nicht fügt, gerade so wie wir noch jetzt sie vergeblich auf manche Ereignisse anzuwenden suchen, die..... des Satzes der Identität zu spotten scheinen.» Und da er dem gegenüber die Thatsache notiren muss, dass diese Annahme von Niemand festgehalten werde; dass überall, wo die Erscheinungen sie uns aufdrängen möchten, wir den wahrnehmbaren Thatbestand nur für räthselhaft halten, so findet auch er die Frage angezeigt: worauf beruht diese Zuversicht? — Indessen er kommt auch wirklich unserer Position nur nahe; sein Standpunkt ist mit ihr nicht identisch. Der Gegensatz zu dem Obigen tritt auf S. 562 am deutlichsten hervor. Der Leser mag aber selbst erwägen, ob der daselbst statuirte Unterschied zwischen dem, was wir — nämlich als denkende Wesen — « wünschen können », und dem, was wir « verlangen müssen », von dem Lotze'schen Standpunkte selbst aus gegründet sei. « Dass jeder einzelne Inhalt der Welt sich selbst gleich sein müsse, würde das Einzige sein, was das Denken, seinem Identitätsgesetze gemäss, verlangen müsste, damit jeder von ihnen überhaupt vorstellbar werde; und diese Forderung könnte ja die Welt erfüllen.» Wir möchten einwenden: sie könnte es; sie könnte es aber vielleicht auch nicht; es ist eben bei der auch von Lotze prinzipiell beliebten Sonderung von Denken und Welt an sich von vornherein nicht abzusehen, warum eine jede Welt überhaupt « vorstellbar » sein müsse. Lotze fährt fort: « Darüber hinaus aber kann das Denken zwar für die Möglichkeit seiner ferneren Handlungen wünschen, aber nicht als denknothwendig

gebieten, dass zwischen den verschiedenen Inhalten jene abgestuften Verwandschaften (vgl. oben § 7) stattfinden, die allein ihm die Ausführung seiner Bestrebungen ermöglichen: es ist nicht denknothwendig, dass das Denken müsse stattfinden können»; — wie, meinen wir, es auch an sich recht gut vorstellbar oder denkbar ist, dass es eine Welt gibt, die nicht «vorstellbar» ist. Aber eine solche fictive, weder denk- noch vorstellbare Welt ficht uns gar nichts an. Sollten wir Grund haben aus dem unmittelbar wahrgenommenen Sein zu dem hypothetischen Ansatz eines dahinterliegenden Seins vorzuschreiten, so werden es wahrscheinlicher Weise doch unsere Denkbedürfnisse sein, die uns dazu antreiben. Dass wir ein solches Sein, sobald wir über seine Naturbeschaffenheit nachzudenken beginnen, unserm Denken gemäss denken werden, muss dabei als die einzige der Beachtung werthe Voraussetzung gelten. Will aber Jemand den Grund, welcher «die Inhalte möglicher Vorstellungen in unsere Wahrnehmungen treten lässt», obwohl die solcher Art zu Stande kommende Welt von logischer Constitution ist, durchaus als «vom Denken unabhängig» denken, wie Lotze (S. 563), so muss er auch nicht mehr glauben «fordern» zu dürfen, dass dieser übersinnliche Grund «seinem Identitätsgesetze gemäss» sei (vgl. § 40).

[49] Gleichwohl gibt es Leute, welche die Zumuthung zu erfüllen sich anheischig machen. Vgl. J. St. Mill in der Examination of Sir Hamilton's philosophy, 3 ed., 1867, S. 84 f.

[50] Vielen scheint daher der Satz, dass jede Veränderung ihre Ursachen haben müsse, ebenso selbstverständlich als das Princ. id. et contrad. Vgl. die von A. Spir, Denken und Wirklichkeit, I, 279, angeführten Stellen aus H. Spencer, Taine und Lewes. Auch Schopenhauer erklärt (Vierf. Wurzel, W., I, 90), «dass es uns sogar zu denken unmöglich ist, dass dieses Gesetz irgendwo in der Erfahrungswelt eine Ausnahme leide.» Bekanntlich ist J. St. Mill anderer Meinung (Logik, III, 21, 4); aber er schrickt auch vor dem «Denken» des sich Widersprechenden nicht zurück! (Vgl. vor. Anm.)

[51] Ich sehe, dass auch Ed. v. Hartmann den «naiven Realismus» des Herrn von Kirchmann mit der Frage ängstigt, ob denn so selbstverständlicher Weise der logische Satz vom Widerspruch als formell bestimmendes metaphysisches Prinzip für das Was und Wie der Welt angesetzt werden könne? (J. H. von Kirchmanns erkenntnisstheoretischer Realismus, 1875, S. 9). Man wird nach dem Obigen wissen, was man von solcher Beängstigung zu halten hat.

[52] Herbart, Metaphysik (W., III, 144): «Zum anschauenden Verstande passt als Gesellschafterin eine denkende Sinnlichkeit, gerade so wie das eiserne Holz zum hölzernen Eisen. Dies hätte Kant sogleich bemerken müssen, da er nur eben zuvor das Erkenntnissvermögen aus zwei seiner eigenen Angabe nach ganz heterogenen Stücken zusammengesetzt hatte. Dass er dennoch das Unterscheidungsmerkmal des einen Stücks zum Prädicat des andern macht, kann ihm die Logik unmöglich verzeihen».

53 Uebrigens entspricht dieser Wortgebrauch völlig dem Sinn, in welchem Schelling nach Hegels Tode alle rationale Wissenschaft, alle aprioristische Entwickelung blosser Denknothwendigkeiten als die n e g a t i v e Philosophie seiner eigenen noch zu erwartenden, der « positiven Wissenschaft » gegenüberstellte ; vgl. W., I [10], S. 213 ff. S. 214 : « Alle jene Formen, die man als apriorische bezeichnet, schliessen eigentlich nur das N e g a t i v e in aller Erkenntniss ein; das, o h n e welches keine möglich ist — also die logische conditio sine qua non — nicht aber das Positive », u. s. w.

54 Vgl. II, 676.

55 Vgl. I, 158.

56 Kant treibt den Missbrauch, Dinge als solche, Subjecte, reale Eigenschaften als solche, Prädicate zu nennen, weit. So ist es bei ihm ganz gewöhnlich, Substanz als dasjenige zu bezeichnen, was nur als Subject und nicht als Prädicat eines andern Dinges existirt (vgl. z. B. Proll., § 4, III, 25, § 46 f., III, 102 ff.; Kr. d. r. V., II, 201, 319, und oben S. 26 ff.): und er nennt dies geradezu einen « logischen Vorzug », der einem D i n g e « zukomme »! Vgl. Schopenhauer, II, 580.

57 Vgl. Cohen, a. a. O., S. 199.

58 Wie der Causalitätssatz die Unterlage aller Induction.

59 Aehnlich Lotze in der Logik, S. 76. Uebrigens ist der Satz nur eine Ausführung und Determination der aristotelischen Formel : τὸ αὐτὸ ἅμα ὑπάρχειν καὶ μὴ ὑπάρχειν ἀδύνατον τῷ αὐτῷ καὶ κατὰ τὸ αὐτὸ καὶ ὅσα ἄλλα προσδιορισαίμεθ' ἄν.

60 Zu der aristotelischen von Andern oft wiederholten Beschränkung des Conträren auf τὰ πλεῖστον ἀλλήλων διεστηκότα liegt gar kein wissenschaftliches Motiv vor. Vgl. Spir, a. a. O., S. 203.

61 Vgl. Herbart, Einleitung in die Philosophie, W., I, 208 f.

62 Schopenhauer, II, 560 : « Sind zwei Dinge zugleich und doch nicht Eins, so sind sie durch den Raum verschieden.»

63 Nach unserer Sprachweise : « hinzuzukommen braucht.»

64 Vgl. Kritik Eberhards, W., I, 454. Kritik d. r. V., II, 463 ff. Herbart, Metaphysik, § 32, und erste Anmerkung zum dritten Capitel der ersten Abtheilung, W., III, 117 f.; 131, 145 ff. Chr. Sigwart, Logik, I, 351. O. Liebmann, Zur Analysis der Wirklichkeit, 211, Anm.

65 Chr. Sigwart, a. a. O., I, 87. Vgl. ebenda, S. 368.

66 Kant, I, 158.

67 Vgl. Locke, Essay conc. hum. underst., IV, 8, 9. Das ganze Capitel ist für Kants « classischen » Unterschied zwischen analyt. und synthetischen Urtheilen viel ergiebiger als die von ihm selbst (Proll., § 3) citirte Stelle: IV, 3, 9 f.

68 Der frühesten von den drei 1763 erschienenen Arbeiten Kants. Vgl. H. Cohen, Die systematischen Begriffe, S. 14 ff., 23 f. S. 30, Anm.

69 Vgl. Fortschritte der Metaphysik, I, 510 f.

70 Vgl. Baumgartens Metaphysica, § 40.

71 Lotze hat für das, was gemeint ist, den verständlicheren Ausdruck « zusammengeräth » (Logik, S. 3, 5 f. und sonst).

72 Schopenhauer bemerkt tadelnd von dem bedeutsamsten dieser Verstandesgesetze, dem Causalgesetze, dass es Kant als allein in der Reflexion, also in abstracter, deutlicher Begriffserkenntniss vorhanden und möglich annehme, daher keine Ahndung davon habe, dass die Anwendung desselben aller Reflexion vorhergehe (Vierf. Wurzel, I, 81). Träfe diese Bemerkung zu, so wäre im Text für « eingeordnet hat », « einordnet » gesagt worden; mit dem ersteren sollte angedeutet werden, dass wir im Zustande der Reflexion diese Ordnung schon als eine fertige vorfinden. Bei der Dunkelheit, die nach Kants Darstellung auf dem Vorgang im Einzelnen liegen bleibt, kann man nicht schlechtweg sagen, dass die Einordnung eine unbewusste sein solle; aber folgende, schon oben § 4, S. 12 f. zum Theil angezogene Aeusserung Kants streift ganz nahe an solche Voraussetzung an und rechtfertigt jedenfalls unsere Fassung (Kr. d. r. V., II, 167): « Es geht... hiermit so, wie mit andern reinen Vorstellungen a priori (z. B. Raum und Zeit), die wir darum allein aus der Erfahrung als klare Begriffe herausziehen können, weil wir sie in die Erfahrung gelegt hatten und diese daher durch jene allererst zu Stande brachten. Freilich ist die logische Klarheit dieser Vorstellung... nur alsdann möglich, wenn wir davon in der Erfahrung Gebrauch gemacht haben, aber eine Rücksicht auf dieselbe als Bedingung der synthetischen Einheit in der Zeit, war doch der Grund der Erfahrung selbst und ging also a priori vor ihr vorher. »

73 Es wird unsererseits damit nicht gesagt, dass diese Parallele völlig in der Natur der Sache gegründet sei. Vgl. Baumann, a. a. O., S. 316, 326 und im Text § 20, S. 79 f.

74 Es braucht wohl kaum hervorgehoben zu werden, dass empirisch reale Unmöglichkeit gemeint ist (vgl. § 11 ff.).

75 Bekannt ist Condillac's Geschichte der marmorbekleideten organischen Statue; er behandelt seine Pflegebefohlene ebenso romanhaft wie Rousseau seinen Emile. Aber auch nüchternere Schriftsteller gerathen, wenn sie die Genesis des menschlichen Seelenlebens beschreiben wollen, allzuleicht in willkürliche Träume. Vgl. z. B. H. Steinthal, Logik, Grammatik und Psychologie, § 36: Stufen des Seelenlebens vor dem Entstehen der Sprache.

76 Es geht aus den Berichten über die Gesichtseindrücke operirter Blindgeborner zweifellos hervor, dass alle Operirte, selbst die Dame von Dr. Wardrop, bei der eine Verwachsung der Iris zu trennen war, sofort die Eindrücke in räumlicher Ordnung auffassten und in Beziehung auf ihre Richtung unterschieden. Selbst die von Schopenhauer beigebrachten Zeugnisse widersprechen seiner Theorie, dass die blosse Sinnesempfindung auch in den edelsten Sinnesorganen nichts mehr sei als ein an sich selbst stets subjectives Gefühl, als « ein Vorgang im Organismus selbst, als solcher auf das Gebiet unterhalb der Haut beschränkt » (Vierf. Wurzel, § 21, I, 52; vgl. S. 58, 59, 81). S. 72: Chesseldens Blinder hielt sein Zimmer « für eine glatte, verschieden gefärbte Oberfläche ». S. 73 aus Franz' Buch, The

Eye : Caspar Hauser...'. whenever he looked through the window upon external objects, such as the street, garden, etc., it appeared to him as if there were a shutter quite close to his eye.... S. 74, von operirten Blindgebornen : Sie stellen sich manchmal vor « that all objects t o u c h t h e i r e y e s and lie so n e a r to t h e m that they are afraid of stumbling against them.» — Donders theilt mit, er habe wenige Minuten nach der Geburt ein Kind einen vorgehaltenen Gegenstand binocular fixiren und bei Bewegungen verfolgen sehen. Vgl. Wundt, Physiol. Psychologie, S. 642. K. Stumpf, Ueber den psychologischen Ursprung der Raumvorstellung, S. 217, 276, 294 f.

77 K. Stumpf, a. a. O., S. 253, 283, 287, 307. Vgl. Baumann, a. a. O., S. 313. Hering, Beiträge zur Physiologie, S. 25 ff., 254 f. Helmholtz, Physiol. Optik, S. 801. O. Liebmann, Zur Analysis der Wirklichkeit, S. 161-168.

78 Dieser Punkt ist, wie auch Alex. Bain (the Senses and the Intellect, 3. ed., 1868, S. 388) hervorhebt, schon von Th. Reid gut beleuchtet ; exacter hat den Gegenstand Wheatstone behandelt, indem er durch eine zweckmässige Modification seines reflecting stereoscope den Einfluss bestimmte, den die Convergenz der Augenachsen einerseits und die Grösse des Netzhautbildes (resp. die objective Entfernung) andererseits auf die sinnliche Grössenwahrnehmung gesondert ausüben. Einen Auszug aus seinem Bericht in den Philosophical transactions (1852) gibt Bain, a. a. O. S. 385 ff. Vgl. Wundt, a. a. O., S. 612. Schopenhauer, a. a. O., I, 67, 69. K. Stumpf, a. a. O., S. 276.

79 So auch die subjectiven Gesichtserscheinungen auszusondern wusste : « Da sie bei Bewegungen des Auges sich mitbewegen, werden sie gleich als subjective Erscheinungen von den objectiven getrennt; und es wird ihnen keine Realität zugeschrieben » (Helmholtz, Physiol.- Optik, 625).

80 Ueber die meiner Ansicht nach unauflösliche Schwierigkeit von « Bewegungen », die, sei es spontan, sei es durch geradlinige Einwirkung (resp. Einwirkungen) von aussen, wie wir auf Grund empirisch wohl fundirter Prinzipien glauben, w i r k l i c h stattfinden, zu sagen, ob sie auch als solche und in welcher Form sie sich im absoluten Raum darstellen (sie können ja schon in Rücksicht auf das nächst übergeordnete System durch genau gegensinnige Bewegungen des Systems, dem sie selbst angehören, aufgehoben sein, wie die Bewegung des in einem Boot fahrenden Passagiers, der, rückwärts schreitend, dem am Ufer stehenden Freunde noch eine Weile die Hand reicht, vgl. Berkeley, Principles, § 113-115): welche Aufgabe voraussetzt, dass es irgendwo einen absolut ruhenden und als solchen erkennbaren Körper gäbe, nach dem sich alle Raumlagen bestimmen liessen (aber fieri potest, ut nullum revera quiescat corpus, ad quod loca motusque referantur, sagt Newton; er hätte übrigens mit Rücksicht auf die allgemeine Gravitation und Wechselwirkung aller kosmischen Massen mehr sagen müssen, als « fieri potest »), — hierüber ist seit den Philosophiæ Naturalis Principia Mathematica (Schol. Def., VIII) oft gehandelt worden, wenn auch nicht immer mit hinlänglicher Unterscheidung von w i r k l i c h e r und a b s o l u t e r Bewegung. (So bilden schon bei Newton veri und relativi motus einen conträren Gegensatz.) Während wir kein Mittel haben, über die letztere endgiltig zu

urtheilen, halten wir diejenige Bewegung (innerhalb eines relativ selbstständigen Systems) für w i r k l i c h , von der die empirisch gültige vis impressa (vgl. § 32 und 40) bekannt ist. So ist seit Newtons Gravitationslehre kein Zweifel, dass sich w i r k l i c h die Erde um die Sonne dreht, während wir ihre jedesmalige Stellung zu etwaigen Weltachsen nicht anzugeben wissen. Es ist gewiss, dass unser Körper und nicht die Pflastersteine sich bewegen, über die wir schreiten. Vgl. vorzüglich Kant, Metaphys. Anfangsgründe der Naturw., V, 427 ff. C. Neumann, Ueber die Prinzipien der Galilei-Newton'schen Theorie, S. 16 ff., S. 31. O. Liebmann, Ueber relative und absolute Bewegung, Philos. Monatshefte, VIII, 97 ff. Nunmehr auch in der Schrift : Zur Analysis der Wirklichkeit, S. 110 ff.

[81] Vgl. Lotze, Medicinische Psychologie, 365 f., 386 f. Baumann, a. a. O., S. 315 f. Lotze : « Wer nicht zugibt » dass die Ausdrücke « oben und unten, rechts und links » eine « Beziehung auf die durch Muskeln und Tastgefühl uns zum Bewusstsein kommende K ö r p e r l a g e einschliessen », der möge selbst bestimmen, was er « darunter zu verstehen im Stande ist». Baumann sieht in der « freien Verfügung, welche der Geist über jene Vorstellungen besitzt », so dass wir « uns in jeden Punkt des Raumes, jeden wirklichen und angenommenen, versetzen und von dort aus den Raum mit Bezug auf diese gewählte Lage bestimmen können» — was ja unzweifelhaft möglich, obwohl nicht jedem gleich leicht ist — den Beleg dafür, dass « diese Bestimmungen r e i n e Vorstellungen des Geistes sind ». In Wahrheit sind sie durch und durch vom lebendigen Leibe und seinen sinnlich gefärbten Coordinatenaxen abhängig. Unsere Fähigkeit, dass wir sie von dem tastbaren Leibe und allen überflüssigen sinnlichen Beisätzen trennen und damit hinter uns treten, auf die Sonne und unter den Sternen umher wandern können, ist nur ein Beweis für die Abstractionsfähigkeit unserer Phantasie. Wenn man uns erzählt, dass alle unsere Gefühle und Theorien in Wahrheit nur Molekularmusik in unserm Gehirne seien, so ertappen wir uns wohl auf dem wunderlichen Traume, wie wir selbst einen Kopf über unsern Kopf erheben und unser metamikroscopisches Auge von oben her und von hinten herunter auf die absolut transparente Gehirnschale richten, um den Schwingungen der Molekule zuzuschauen, welche diese wunderbare Musik zu Stande bringen.

[82] Vgl. Kant, Kr. d. r. V., 1. Aufl., W., 93 ff.

[83] Wie für diejenigen Theoretiker, welche die räumliche Einkleidung gewisser Qualitäten erst nachträglich entstehen lassen, doch immerhin diese Qualitäten selbst schon « Data » für die räumlichen Distinctionen (« Localzeichen ») enthalten.

[84] Kant selbst schwankt. S. 156 : «Alle Erscheinungen sind in der Zeit. Diese kann auf z w e i f a c h e Weise das Verhältniss im Dasein derselben bestimmen, entweder sofern sie nacheinander oder zugleich sind ». S. 157: «Aller Wechsel und Zugleichsein sind nichts, als so viel Arten (modi der Zeit), wie das Beharrliche existirt.... Simultaneität und Succession sind die einzigen Verhältnisse in der Zeit.... Der Wechsel trifft die Zeit selbst nicht, sondern nur die

Erscheinungen in der Zeit (sowie das Zugleichsein nicht ein Modus der Zeit selbst ist, als in welcher keine Theile zugleich, sondern alle nach einander sind). Wollte man der Zeit selbst eine Folge nach einander beilegen, so müsste man noch eine andere Zeit denken, in welcher diese Folge möglich wäre». S. 766: «Die Zeit bleibt und wechselt nicht». S. 157: «Die Beharrlichkeit drückt überhaupt die Zeit, als das beständige Correlatum alles Daseins der Erscheinungen…. aus». S. 158: «Aller Wechsel in der Zeit kann nur als ein Modus der Existenz dessen, was bleibt und beharrt, angesehen werden». Vgl. Schopenhauer, W., I, Satz vom Grunde, 29 f.; II, 8, 11, 559 f.; V, 107 und sonst. O. Liebmann, Ueber subjective, objective und absolute Zeit. Philosoph. Monatshefte, VII, 463 ff., und nunmehr in der Schrift: Zur Analysis der Wirklichkeit, S. 70 ff.

[85] Er heisst in den Metaph. Anfangsgründen der Naturw., V, 404: «Bei allen Veränderungen der körperlichen Natur bleibt die Quantität der Materie im Ganzen dieselbe, unvermehrt und unvermindert.» Vgl. Schopenhauer, Vierf. Wurzel, I, 43.

[86] Persius, Sat., III, 83 f. Vgl. Lucrez, I, 150, 265 f., 790 ff. Es ist aber auch gut die Vorgeschichte dieser Axiome und die bei ihrer Entstehung waltenden erkenntnisstheoretischen Motive zu bedenken. Bei Parmenides ist der Beharrlichkeitssatz das ontologische Correlat zu dem Princ. identitatis. Dieser Philosoph dachte rigoros und streng — Aristoteles freilich (Phys., Θ 3, 253ᵃ, 32) sagt: es war ἀρρωστία τις διανοίας — indem er ohne alle empirischen Rücksichten, alle sinnliche Wahrnehmung überspringend und missachtend, das Sein mit dem Denken meisterte (ὡς τῷ λόγῳ δέον ἀκολουθεῖν, nach Arist. de gen. et corr., A 8, 325ᵃ, 14): Nur das Eine, unveränderlich und ewig Seiende ist (als solches, als Seiendes) denkbar, und nur das Denkbare ist wirklich; es war die äusserste Consequenz jener auch bei Kant an der S. 34 ff. besprochenen Stelle anklingenden, sonst aber gerade von diesem Philosophen durchaus perhorrescirten Vorstellung, dass was vom Denken überhaupt von Allem überhaupt gilt; die Spitze war gegen die heraklitische Lehre gerichtet, welche Kant (II, 292) so ausdrückt: «dass alles fliessend und nichts in der Welt beharrlich sei». (Uebrigens wird aber doch P. Schuster, wenn er in seinem Heraklit 1873, S. 201-222, 242 u. 245 den Ephesier gegen den Vorwurf, das Identitätsprincip verletzt zu haben, in Schutz nimmt, so weit Recht haben, als der Philosoph nicht für die Uebertreibungen der Schule und die Consequenzmacherei der Gegner verantwortlich gemacht werden darf; auch würde selbst die Annahme eines continuirlichen Flusses der localen wie qualitativen Veränderung — man braucht übrigens nicht, wie Schuster S. 166, Anm. 1 will, das «Tempo des Werdens überall gleich rasch zu nehmen» — das ontologische Identitätspostulat nicht nothwendig aufheben — vgl. oben § 13 Anfang, § 14, S. 248 f. und Anm. 41, 104, 128, 192, 238 —; nicht einmal die Stabilität ist ganz aufgehoben; bleibt doch in allem Wechsel und Wandel allerwegen das πῦρ ἀείζωον; bleibt doch der «πηλός», aus welchem der göttliche Töpfermeister sein [Spielwerk knetet; bleiben doch die μέτρα, die

εἱμαρμένη, wonach alles sich zündet und erlischt; und verfällt doch auch hier die Menge mit ihrem Glauben an ein Werden aus Nichts und ein Vergehen in Nichts der Verachtung!) Die Späteren, indem sie das parmenideische Verstandesbedürfniss mit dem in der Wahrnehmung Gegebenen zu versöhnen suchten, anerkannten wenigstens so viel, dass allem Wechsel ein Constantes, Ewiges zu Grunde liege, dass Schöpfung, absolutes Werden unmöglich sei. Empedokles nannte Thoren die, οἳ δὴ γίγνεσθαι πάρος οὐκ ἐὸν ἐλπίζουσιν. ἐκ τοῦ γὰρ μὴ ἐόντος ἀμήχανόν ἐστι γενέσθαι. Alles was die Menschen entstehen und vergehen nennen, ist nur μῖξίς τε διάλλαξίς τε μιγέντων, Mischung und Entmischung der vier Elemente, der ῥιζώματα τῶν πάντων. Auch Anaxagoras' Homoeomerienlehre ruhte auf der Ueberzeugung : ὡς οὐ γενομένου οὐδενὸς ἐκ τοῦ μὴ ὄντος (Arist., Phys., A 4). Von demselben Prinzip ausgehend, haben Leukipp und Demokrit dann die atomistische Metaphysik begründet (Arist. de gen. et corr., A 8). Das Beharrliche waren die unzähligen, untheilbaren Korpuskeln verschiedener Gestalt, deren Bewegungen und Configurationen alle Weltzustände erklären sollten. Zu Aristoteles' Zeit aber war der Satz τὸ μηθὲν ἐκ μὴ ὄντος γίγνεσθαι, πᾶν δ'ἐξ ὄντος, wie der Philosoph an verschiedenen Stellen hervorhebt (z. B. Phys., A 4, 187ª, 27, 35; Metaph., K 6, 1062ᵇ, 25), κοινὴ δόξα, κοινὸν δόγμα nahezu aller Physiker; nämlich aller mit Ausnahme von Plato, wenn man Plato ernstlich für einen «Physiker» halten will (Aristoteles stellt ihn und die Pythagoreer Met., B 4, 1001ª, 9 ff. den Physikern entgegen); jedenfalls lehrte er das Werden der Welt aus dem μὴ ὄν. Indessen auch er hatte ein Beharrliches, ewig sich selbst Gleiches in seinen Ideen (immutabiles essentiæ rerum, vgl. § 14); und sein sogenanntes μὴ ὄν (die inhaltsleere Form oder Nochunform der Vielheit und des Werdens: der Raum) ist doch auch, wenn gleich nicht im platonischen, so jedenfalls in dem vulgären Sinne als ein Existentes zu bezeichnen, und erhält als solches auch bei Plato Prädikate wie sie die Physiker überhaupt zu Aristoteles' Zeit der Materie beizulegen pflegten; sie ist das constante Substrat alles Wechsels, vgl. Timæus, 48 E. ff. Wenn Aristoteles das Axiom von der Unvergänglichkeit des eigentlich Seienden κοινὴ δόξα der Physiker nennt, so hat der Ausdruck übrigens nichts von dem Geringschätzigen der platonischen Terminologie an sich. Auch das Princ. id. et contrad., das ihm doch als die πασῶν βεβαιοτάτη ἀρχή, als die ἀρχὴ καὶ τῶν ἄλλων ἀξιωμάτων πάντων gilt, wird δόξα genannt (Met., Γ 3, 1005ᵇ, 18, 33). Gleichwohl konnte nach streng wissenschaftlicher Schätzung bei der Unnachweisbarkeit von Atomen, von ὁμοιομερῆ und dgl., bei der Unmöglichkeit, die Beharrlichkeit ihrer Quantität und Qualität in allen Veränderungen zu constatiren, der Satz nur für eine Hypothese gehalten werden Zunächst ein aus Verstandesbedürfnissen entsprungener, von einzelnen Beobachtungen begünstigter, tastender Versuch, zeigte sie sich zu anschaulichen Erklärungen geeignet; man fand das thatsächlich Gegebene bei fortschreitender Untersuchung nirgends ihr widerstrebend; man adoptirte sie immer allgemeiner, fand sie immer allgemeiner in der Natur bestätigt ; man setzte, sie werde sich wohl immer bewähren, erwartete die Widerlegung und liess sich vorläufig durch die Möglichkeit einer solchen, die sich schon einstellen würde, nicht anfechten. Die Hypothese ward für Viele ein Axiom; namentlich für die wohl, welche von Tag zu Tag immer mehr zu erproben Gelegenheit erhielten, wie sehr die Natur überhaupt den Charakter der Ordnung, Gesetzmässigkeit, Begreiflichkeit und Verstandesmässigkeit an sich trage. Von einem wirklichen «Beweise» ist bei all diesen Physikern nirgends die Rede. (Vgl. Kant, III, 105, Anm.: Ohne Zweifel, weil man keine «Beweisthümer» dafür hatte. «Der gemeine Verstand.... ersetzte diesen Mangel durch ein Postulat, denn aus der Erfahrung selbst konnte er diesen Grundsatz nimmermehr ziehen.....») Ausserdem tritt die Erwägung nirgends störend dazwischen, wie denn wohl von Beharrlichkeit materieller Substanz gesprochen werden könne, da doch alles Materielle zunächst nur — Object vorstellender Wesen sei, die als solche so wenig continuirlich sind wie ihre Wahrnehmungen. Vgl. §§ 24 ff., 40.

87 Vgl. Streitschrift gegen Eberhard, I, 454 f., über essentialia, attributa; extraessentialia (modi und relationes); ferner Descartes' Principia philosophiæ, I, 62: Distinctio rationis est inter substantiam et aliquod ejus attributum, etc.; sowie Kr. d. r. V., W., II, 160; ferner oben § 14.

88 Nach I, 435 (Streitschrift gegen Eberhard) aber ist «die Beharrlichkeit zwar ein Attribut der Substanz — aber im Begriffe der Substanz selber nicht als Bestandstück (ut constitutivum) enthalten, sondern nur eine zu-reichende Folge aus demselben (rationatum); und der Satz: eine jede Substanz ist beharrlich, ist ein synthetischer Satz»: wie eben auch sonst, im Widerspruch zu den Stellen des Textes, behauptet wird; vgl. z. B. noch Proll., III, 25.

89 Aehnlich sagten auch die Anaxagoreer: Τὸ γίνεσθαι τοιόνδε καθέστηκεν ἀλλοιοῦσθαι. Andern aber war aller Wechsel σύγκρισις καὶ διάκρισις, und sie lehnten die Möglichkeit auch der qualitativen Veränderung ab. (Arist., Phys., A 4, 187ª, 29 ff.) Vgl. Anm. 86 den Satz aus Empedokles und im Text, 248 f.

90 Vgl. S. 127: «Die Zeit verläuft sich nicht, sondern in ihr verläuft sich das Dasein des Wandelbaren. Der Zeit also, die selbst unwandelbar und bleibend ist, correspondirt in der Erscheinung das Unwandelbare im Dasein, d. i. die Substanz, und bloss an ihr kann die Folge und das Zugleichsein der Erscheinungen der Zeit nach bestimmt werden».

91 Dieser Gedanke wiederholt sich in den Beweisen aller drei Analogien; vgl. S. 157, 769, 169, 770, 181. Zweimal erscheint er in der Form: die absolute Zeit ist kein Gegenstand der Wahrnehmung (S. 169, 181). Uebrigens ist seine Wurzel wohl in dem von Kant viel gelesenen und citirten Lucrez zu suchen; vgl. dort I, 459 ff.: tempus... per se non est; nec per se quemquam tempus sentire fatendumst semotum ab rerum motu placidaque quiete.

92 Vgl. O. Liebmann, Ueber subjective u. s. w. Zeit, a. a. O., S. 474 f. (parallel mit «Zur Analysis der Wirklichkeit», S. 85 f.)

93 Noch befremdlicher kommen einige Bemerkungen bei Gelegenheit der Auflösung der Antinomien heraus. Vgl. z. B. S. 438: «Alles in dem Inbegriff der Erscheinungen ist veränderlich.»

94 Kant selbst sagt, Kr. d. r. V., 2. Aufl., § 24, II, 749, von den «inneren Wahrnehmungen», dass wir «die Bestimmung der Zeitlänge oder auch der Zeitstellen» für dieselben «immer von dem hernehmen müssen, was uns äussere Dinge Veränderliches darstellen».

95 Vgl. C. G. Reuschle: Philosophie und Naturwissenschaft, 1874, S. 74 ff. S. 77: «Das Ergebniss unserer letzten Betrachtungen ist, dass alle astronomischen Grössen veränderlich sind und als constant nur für beschränkte Zeiträume gelten können.»

96 Vgl. Kant, Kr. d. r. V., II, 748 f., 95; und Baumann, a. a. O., S. 292 f.

97 Vgl. Lotze, Logik, S. 520: «Auch die einfachen sinnlichen Empfindungen kommen uns nicht fertig von aussen; sie können vielmehr, wenn wir überhaupt die Vorstellung dieser Aussenwelt festhalten, nur als Rückwirkungen unserer eigenen geistig sinnlichen Natur auf die von dorther kommenden Reize gelten; sie sind a priori uns eigenthümliche Möglichkeiten des Empfindens», u. s. w. In diesem Sinne ist aber auch Condillac Apriorist, denn er setzt die «Sensibilität» als «Grund der Möglichkeit» des intellectuellen Lebens seiner Statue voraus.

98 Vgl. Wundt, Physiol. Psychologie, S. 725, 516. Alex. Bain, The Senses and the Intellect, 3. ed., S. 94 ff.

99 Vgl. Kant, II, 291.

100 Schleiermacher (Monologen): «Wenn ich in mich zurückgehe..... so ist mein Blick ausgewandert aus dem Gebiete der Zeit und frei von der Nothwendigkeit Schranken..... das Licht der Gottheit geht mir auf..... Und wie ich mich finde, wie ich mich erkenne durch die Betrachtung, das hängt nicht ab von Schicksal oder Glück, nicht davon, wie viel der frohen Stunden ich geerntet..... und wie die äussere Darstellung dem Willen ist gelungen; denn das ist alles ja nicht Ich, ist nur die Welt..... Des Geistes Leben kann keine Welt verwandeln und keine Zeit zerstören; es erschafft selbst erst Welt und Zeit» (vgl. Schopenhauer, Parerga, Bd. II, § 140; W., VI, S. 288 ff.). — Auch pflegt die Bemerkung nicht selten unter den «Beweisen» für die Unsterblichkeit der «Seele» aufzutauchen, dass der Gedanke an eine Zerstörung, ein Ende, ein Nichtsein des eigenen «Ich» unausführbar sei. Und doch hat in dieser Beziehung schon Kant die abkühlende Bemerkung: «Wir selbst können aus unserem Bewusstsein darüber nicht urtheilen, ob wir als Seele beharrlich sind oder nicht, weil wir zu unserem identischen Selbst nur dasjenige zählen, dessen wir uns bewusst sind und so allerdings nothwendig urtheilen müssen, dass wir in der ganzen Zeit, deren wir uns bewusst sind, eben dieselben sind» (Kr. d. r. V., II, 292). Vgl. Condillac, Traité des Sensations, I, 4, 14; II, 8, 26.

101 Ich möchte mit diesem Zusatz wenigstens die Fälle streifen, wo wir, aus Schlaf oder Ohnmacht erwachend, unmittelbar das Gefühl haben, wie als ob das Fahrzeug nun vom Lande stiesse, wo das Vorher fehlt, wo erst nachträgliche Reflexion uns die sonst unmittelbar gegebene Continuität des Flusses und der Vorwärtsbewegung wiederbringt. Beim e r s t e n Erwachen des Bewusstseins und der individuellen Zeit mag wohl der überreiche Inhalt des fortrauschenden Lebensquells jede Erinnerung an das vielleicht doch dagewesene Stutzen über das Wunder des absoluten Anfangs schnell untergetaucht haben.

102 Vgl. Wundt, Physiolog. Psychologie, S. 750 ff.

103 Wundt freilich ist der merkwürdigen (an Herbart erinnernden, vgl. Metaphysik, § 289, W., IV, 244) Ansicht (Physiologische Psychologie, S. 684, 752 ff.), dass, weil wir den Wechsel der V o r s t e l l u n g e n überall als einen u n s t e t i g e n auffassen (auch wenn die verursachenden Eindrücke vollkommen stetig in einander übergehen), d i e Z e i t s e l b s t an sich ein discretes Gebilde sei («wir schieben ein kleines Intervall (!) zwischen unsere Vorstellungen») und n u r d u r c h d i e v e r f ü h r e r i s c h e P a r a l l e l i s i r u n g m i t d e r a u s d e h n u n g s l o s e n L i n i e d e n S c h e i n d e r S t e t i g k e i t a n g e n o m m e n h a b e! Als ob die Zeit gleich den wechselnden einheitlichen Vorstellungen wäre, und nicht etwas, was durch sie alle mit sammt dem eingeschobenen «kleinen Intervall» (S. 754 heisst es ein «Z e i t intervall», S. 753 «eine Zwischen z e i t», und ist nach S. 755 angefüllt von «dem Halbdunkel des allgemeinen Bewusstseins») hindurchgeht. Nein, die Zeit ist so continuirlich als das Bewusstsein, das, obwohl es in der Zeit einsetzt und aufhört, und Unterbrechungen durch tiefen Schlaf und Ohnmachten erleidet, gleichwohl den primitiven Begriff der continuirlichen Zeit in sich entstehend findet.

104 Es ist sehr liebenswürdig von Schopenhauer, dass er erklärt, sein pietätsvoll verehrter Lehrer Kant «stelle dies auch so dar»; aber ganz wahr ist es nicht. Kant war nicht sowohl darauf aus zu zeigen, wie wir des Wechsels als eines solchen inne werden, als wie wir seine einzelnen Momente zeitlich unterstellen; dazu diente ihm das Beharrliche; ganz abgesehen davon, dass ihm an erster Stelle die Zeit selbst «das beständige Correlatum alles Wechsels» war. Wir haben die Stelle, welche Schopenhauer für seine vermeintliche Uebereinstimmung mit Kant in Anspruch nimmt (Kr. d. r. V., 1. Aufl., S. 183, II, 157) schon oben (S. 68) citirt. Vgl. vorzüglich: «Ohne dieses Beharrliche ist..... kein Z e i t v e r h ä l t n i s s..... dieses Beharrliche an den Erscheinungen ist das Substratum aller Zeitbestimmung.» Die einzige Stelle, wo mir in Kant der Schopenhauersche Gedanke entgegengetreten ist, steht in der Kr. d. r. V., 2. Aufl. (allgemeine Anmerkung zum System der Grundsätze, II, 779); hier heisst es: «Alle Veränderung setzt etwas Beharrliches in der Anschauung voraus, u m a u c h s e l b s t n u r a l s V e r ä n d e r u n g w a h r g e n o m m e n z u w e r d e n». Leider wird dieser Ansatz zum Richtigen sofort durch den allen Thatsachen der inneren Wahrnehmung zuwiderlaufenden und nur aus polemischen Tendenzen erklärlichen Zusatz paralysirt: «I m i n n e r n S i n n a b e r w i r d

gar keine beharrliche Anschauung angetroffen.» Das Ich soll bei Kant auch als «Substantia phænomenon» nichts gelten. Im Uebrigen hat auch Schopenhauer unrecht, wenn er für die blosse Wahrnehmbarkeit des Flusses der Lebensinhalte ein doppeltes Beharrliches, eins für den äusseren, eins für den inneren Sinn nöthig findet; er hätte doch aus seinem Kant wissen sollen, dass die Inhalte des äusseren Sinnes zugleich auch dem inneren angehören (vgl. z. B. Kant, II, 43, 93, 302, 307). Gelegentlich versteigt sogar auch er sich zu der Behauptung, « dass der Begriff Substanz keinen anderen wahren Inhalt hat, als den des Begriffs Materie » (so z. B. II, 544) Vgl. im Text, S. 244 ff.

105 Ueber die innerhalb dessen, was wir im allgemeinsten Sinne Vorstellung nennen, ursprüngliche Scheidung von Empfindung und Gefühl, von Wahrnehmung und Vorstellung im engeren Sinne, vgl. § 28. Dort ist auch von dem Unterschied zwischen Vorstellungsinhalt und Vorstellungsactus die Rede.

106 Vgl. Wundt, a. a. 0., S. 725 : «Man darf..... wahrscheinlich den doppelten Umfang des längsten Taktmasses als diejenige Zahl successiver Klangvorstellungen betrachten, welche dem ganzen Umfange des inneren Blickfeldes nahe kommt ».

107 Vgl. Vierordt, Der Zeitsinn, 1868. Wundt, Physiol. Psychologie, S. 781 ff.

108 Ebenso unter der 2. Analogie (S. 162), wo noch hinzugefügt wird : « Die Vorstellungen der Theile folgen auf einander ». Vgl. ferner II, 93 : «Als in einem Augenblick enthalten, kann jede Vorstellung niemals etwas anderes als absolute Einheit sein.» Weiter gehören hierher die Stellen, in denen die Lehre vorgetragen wird, dass wir uns keine Linie denken können, ohne sie in Gedanken zu ziehen, «keinen Cirkel, ohne ihn zu beschreiben, die drei Abmessungen des Raums gar nicht vorstellen, ohne aus demselben Punkte drei Linien senkrecht auf einander zu setzen » (II, 748). Vgl. § 20, S. 71, Anm. 96. Auf demselben Prinzip beruht Herbarts Erklärung des räumlichen Vorstellens vermittelst seiner Reihentheorie, W., VI., 120 f.; dort u. A. «Das ruhende Auge sicht keinen Raum».... « man versuche ganz starr vor sich hinzusehen, man wird spüren, dass der Raum schwindet» (!) Mit noch kräftigerer Hervorhebung der Nothwendigkeit vorangegangener Bewegungen (namentlich der tastenden Hand und des Auges) für die Entstehung einer im Raum coexistenten Mannigfaltigkeit von Empfindungsqualitäten folgen demselben Prinzip ferner die englischen Assoziationspsychologen. Vgl. vorzüglich A. Bain, The Senses and the Intellect, 3. ed., 1868, S. 94 ff., 371 ff. S. 184 : Succession is the simplest fact..... But co-existence is highly complex. The chief points involved in it are those now (p. 183) mentioned : — a series of contacts and the inversion of the series by an inverted movement (vgl. Herbart, a. a. 0., S. 120; Kant, II, 178). The repetition of these with the same mental effects, constitutes that notion of permanence..... implied in the object world, the universe as co-existing in space (in der Note wird eine Stelle ,aus H. Spencers Principles of Psychology angezogen, wo dasselbe gelehrt wird). Dazu vgl. die Kritik der Herbartschen Ansicht von Lotze, in Rudolf Wagners

Handwörterbuch der Physiologie, III[1], 1846 (Seele und Seelenleben), der
Herbart'schen und Bain'schen, bei K. Stumpf, Ueber den psychologischen
Ursprung der Raumvorstellung, 1873, S. 30-71.

[109] In wie fern « gegeben » ist?

[110] Uebrigens ist nicht völlig ersichtlich, ob Kant in jedem Moment der
successiv fortschreitenden Apprehension blosse mathematische, aber qualitativ gefärbte Punkte, oder Berkeley's optische Punkte (minima visibilia),
oder noch grössere Raumabschnitte als «absolute Einheiten» perzipiren
lassen wollte, was er sich unter den « absoluten Einheiten » dachte, von
denen er (Anm. 108) spricht. Die Stellen, welche von der Vorstellung der
geraden Linien, des Cirkels u. s. w. handeln, legen den Gedanken nahe,
er möchte wohl zu allen räumlichen Apprehensionen Trendelenburgs « con-
structive Bewegungen» für nöthig gehalten haben; was denn aber doch
den Thatsachen der Selbstbeobachtung gar zu sehr zuwider laufen würde.
Muss doch Trendelenburg selbst gelegentlich zugestehen, dass obwohl « der
Eindruck eines elektrischen Funkens so momentan ist, dass er die
wirkliche Bewegung nur an einem Punkte ihrer Bahn auffasst und
dadurch als Bewegung nicht zur Empfindung bringt », «wir dessen ungeachtet in der Nacht beim Blitze die ganze Stube sehen· und alle
Gegenstände unserer Umgebung wahrnehmen» (Log. Untersuchungen,
3. Aufl., I, 222). Und wie sollten wohl alle qualitativen Unterschiede der
Wirklichkeit jedesmal in die Raumschemata hinein construirt werden?!
(Vgl. Cohen, Kants Theorie der Erfahrung, S. 142 ff.) Bedeutend grotesker
fällt die Vorstellung aus, wenn Kant ein concretes Beispiel gibt. « So
kann ich, heisst es II, 720, meine Wahrnehmungen zuerst am Monde und
nachher an der Erde..... anstellen », was denn allerdings « absolute Einheiten » wären, gegen deren successive Auffassung keine Theorie und keine
Selbstbeobachtung etwas haben würde und könnte.

[111] Es handelt sich dabei allerdings in den allermeisten Fällen nur um
Bruchtheile einer Secunde; aber für exacte Zeitbestimmungen sind diese
Zeittheilchen um so störsamer, als die «persönliche Gleichung» nicht ein-
mal constant bleibt. « Innerhalb eines einzigen Tages beobachteten Wolfers
und Nehus am Passageinstrument Differenzen bis zum Betrag von 0,22" »
(Wundt, a. a. O., S. 168, wo auch weitere Beispiele).

[112] Vgl. Physiol. Psychol., S. 730 ff.

[113] S. 726.

[114] S. 747, 749, 753, 755.

[115] S. 718: «Der innere Blickpunkt kann sich abwechselnd verengern
und erweitern. Streng genommen ist es also kein Punkt, sondern ein
Feld von etwas veränderlicher Ausdehnung. Selbst bei instantaner elektri-
scher Erleuchtung kann man von einer Druckschrift mehrere Wörter auf
einmal erkennen». S. 752 wird hervorgehoben, dass in Folge der Nothwendigkeit « schärferer Accommodation», kleinere Objecte sogar langsamer
perzipirt werden als (innerhalb gewisser Grenzen) grössere; « grosse Buchstaben können z. B. schon bei einer Zeitdauer gelesen werden, bei der
kleine nicht einmal als Buchstaben erkannt werden.» Vgl. ferner S. 737, 753 f.

116 Jedenfalls eine gesundere, organischere und aufklärsamere Abstraction und Fiction als die Condillacsche Statue mit blossem Geruchssinn, welcher der Tastsinn erst ganz zuletzt verliehen wird. Vgl. Aristot., de an., B. 2, 413b, 2: Αἰσθήσεως πρῶτον ὑπάρχει πᾶσιν ἀφή · ὥσπερ δὲ τὸ θρεπτικὸν δύναται χωρίζεσθαι τῆς ἀφῆς καὶ πάσης αἰσθήσεως, οὕτως ἡ ἀφὴ τῶν ἄλλων αἰσθήσεων. A. a. O., 32: τὰ μὲν ζῶα ἔχει πάσας (αἰσθήσεις), τὰ δέ τινας, τὰ δὲ μίαν τὴν ἀναγκαιοτάτην, ἀφήν.

117 In der dem (Anm. 108 citirten) Stumpfschen Buche als «Anhang» beigegebenen «Mittheilung» Lotze's wird dieser Vorgang (S. 318 f.) folgendermassen instructiv symbolisirt: «Jeder Reiz a bewirkt zunächst eine seiner eigenen Qualität entsprechende Empfindung α, welche sich in eine andere β ändert, wenn die Qualität des a in die andere b übergeht; aber jeder Reiz erweckt ausserdem eine zweite Empfindung ν, welche abhängig ist von dem erregten Punkte N und welche sich in π ändert, wenn N in P übergeht, oder richtiger, wenn der Reiz vom Punkte N auf den andern Punkt P wandert. Jeder Eindruck, welcher einer Localisation unterliegen soll, ist daher als eine Assoziation» (der Ausdruck ist natürlich in anderem Sinne gemeint als in dem, in welchem wir von Ideenassoziation sprechen, und insofern nicht gerade glücklich gewählt), «zweier Eindrücke anzusehen, die einander ebensowenig stören, als zwei mit einander verknüpfte Vorstellungen auch sonst im Bewusstsein ihre qualitativen Inhalte gegenseitig modifiziren», u. s. w. Wenn wir in dieser Auseinandersetzung die Punkte N und P durch zwei aufeinanderfolgende Stellungen des bewegten Fühlhorns ersetzen und dieselben zwei unmittelbaren Muskelgefühlen ν und π correspondiren lassen, so gibt sie auch für unsern hypothetischen Fall die erforderliche Belehrung und Aufklärung.

118 Hiezu vgl. die Parallelstelle, S. 163: «Man sieht bald, dass..... Erscheinung im Gegenverhältniss mit den Vorstellungen der Apprehension nur dadurch als das davon unterschiedene Object derselben könne vorgestellt werden, wenn sie unter einer Regel steht, welche sie von jeder andern Apprehension unterscheidet und eine Art der Verbindung des Mannigfaltigen nothwendig macht.» In diesen Worten tritt nun allerdings auch schon ganz deutlich die Nichtübereinstimmung mit dem vulgären transcendenten Realismus hervor, mit dem mehrere im Text mitgetheilte Wendungen völlig zu coincidiren scheinen: Das «Object» der «Erscheinung» wird zwar mit den «Vorstellungen» der Apprehension in «Gegenverhältniss» gesetzt, aber doch auch so als nur «vorgestellt» angesehen.

119 Vgl. Herbert Spencer, First Principles, § 47, Uebersetzung von B. Vetter, S. 161: «Die Beziehung der Gleichzeitigkeit, welche nicht ursprünglich gegeben sein kann in einem Bewusstsein, dessen Zustände reihenweise auftreten, kommt nur dann zur Unterscheidung, wenn es sich zeigt, dass gewisse Beziehungen der Folge ihre Glieder im Bewusstsein in jeder beliebigen Ordnung mit derselben Leichtigkeit darbieten, während die übrigen nur in Einer Ordnung auftreten; Beziehungen, deren Glieder sich

nicht umstellen lassen, werden als eigentliche F o l g e n , Beziehungen dagegen, deren Glieder gleichgültig in welcher Reihenfolge auftreten, als G l e i c h z e i t i g k e i t e n erkannt.» Vgl. Anm. 108.

120 Indessen, es gibt doch auch Lust- und Unlustempfindungen, sogar abgesehen von denen, die Kant in der Kritik der Urtheilskr., Einl., VII, W., IV, 29 ff. bespricht, in denen ich ebenso gut mit andern Menschen und meinen sonstigen Auffassungen zusammentreffe, wie in meinen objectiven Urtheilen über Elasticität z. B. und Schwere. Gäbe es keine allgemein gültigen Bestimmungen über menschliches Wohl und Wehe : wie wollte man je verstehen, was es heisst, für das Glück und Wohlergehen Anderer : der Kinder, der Gesellschaft, der Nation, aller Menschen, besorgt zu sein ?

121 Nach II, 38 sind auch « die Farben nicht Beschaffenheiten der Körper, deren Anschauung sie anhängen, sondern auch nur Modificationen des Sinnes des Gesichts, welches vom Lichte auf gewisse Weise affizirt wird..... nur als zufällig beigefügte Wirkungen der besondern Organisation mit der Erscheinung verbunden.»

122 Plato, Theätet, 158ᵇ f. Aristoteles, Metaph., Γ 5, 1069ᵇ, 2 ff., c. 6, 1011ᵃ, 5 ff.

123 Wie die Reflexionen, deren « Ausschlag » schliesslich durch die Kritik der reinen Vernunft dargeboten ward, gerade bei diesem Satze einhakten, ist schon mehrfach angedeutet. Vgl. Briefe an M. Herz, vom 21. Februar 1772 und 1. Mai 1781 (XI, 26, 49).

124 Vgl. Proll. § 27, III, 73 : « Nothwendigkeit der Bestimmung des Daseins in der Z e i t ü b e r h a u p t . »

125 Den Vorzug der Wahrnehmungen mit offenen, wachen Augen vor phantastischen und traumhaften Gesichtserscheinungen haben auch Descartes und Leibnitz hinlänglich angegeben. Vgl. u. A. Desc., Med. 6. Leibnitz, Nouv. essais sur l'entendement, IV, 2, 14.

126 Baumann, a. a. O., S. 287. Aehnlich aber auch schon Platon an vielen Stellen ; vgl. z. B. Theätet, 166ᵈ ff.

127 Die « objective » Gültigkeit der rein mathematischen und logischen Urtheile ist offenbar sui generis ; sie bewegen sich zunächst in einer völlig idealen und formalen Sphäre. Dass sie trotzdem nicht dazu verurtheilt sind, blosse Spiele des Verstandes und der Imagination zu sein, ins Leere hinausgreifende Ansprüche, « blosse selbstgemachte Hirngespinnste, denen gar kein Gegenstand correspondirt » (Kant, Proll., III, 50) : das ist wieder (vgl. S. 76) ein eigenthümlicher Zug unserer empirischen Wirklichkeit. Sie würde uns freilich auch gleichgültig und abgeschmackt sein, wenn sie jemals anders wäre. Der archimedische Satz über das Verhältniss des Inhalts eines Kegels, einer Halbkugel und eines Cylinders von gleicher Grundfläche und Höhe gilt auch, wenn Wahrnehmung dergleichen Körper exact nie bietet ; aber wo sie solche Gebilde zeigt, überall stehen sie ebenso unweigerlich in dem Verhältnisss von $1 : 2 : 3$, wie 2×2 das Produkt 4 ergibt, und wie dasselbe nicht zugleich etwas conträr Anderes ist, und wie dieselben Bedingungen nicht zu verschiedenen Zeiten und an verschiedenen Raumstellen

verschiedene Folgen haben. Auch David Hume bemerkt (Enquiry conc. h. u., Sect. 4, 1): Wenn es auch niemals einen Kreis oder ein Dreieck in der Natur gegeben hätte, so würden doch die von Euklid dargelegten Wahrheiten für immer ihre apodiktische Gewissheit behalten. Vgl. § 12, S. 36, Anm. 53, und Kants Bemerkung über die «Existenz» regelmässiger Sechsecke, I, 172.

128 So heisst es z. B. in einer solchen Unternehmung bei E. Dühring (Cursus der Philosophie, S. 22): «Im..... einheitlichen Weltdasein» — er meint unsere «objective Welt», vom «Bewusstsein überhaupt» gelöst und zu einem An sich verselbstständigt (vgl. a. a. O., S. 62) — « ist keine Veränderung denkbar, die nicht auf der Grundlage einer Beharrung vor sich ginge.... Schon der Begriff einer reinen Veränderung, in der nichts Beharrliches sein soll, zeigt an sich selbst eine Unhaltbarkeit. Ein Anderes werden heisst nicht völlig neu entstehen. Absolute Veränderlichkeit ist daher ein unvollziehbarer Begriff.» Abgesehen davon, dass Herakliteer, z. B. Protagoras diesen Begriff wirklich vollzogen haben, — auch Kant findet (II, 202) dass «ich eine jede existirende Substanz in Gedanken aufheben kann, ohne mir selbst zu widersprechen» — so beweist die Thatsache, dass wir eine Verbindung nicht vollziehen können, niemals etwas gegen eine Existenzmöglichkeit des Charakters, wie er hier vorliegt, nichts gegen eine Realmöglichkeit an sich. «Möglichkeit, Dasein und Nothwendigkeit hat noch Niemand anders als durch offenbare Tautologie erklären können, wenn man ihre Definition lediglich aus dem reinen Verstande schöpfen wollte», sagt auch Kant (II, 202).

129 Den Gedanken von der Einheit der Zeit äusserte auch J. H. Lambert; und zwar schon in dem ersten Briefe an Kant (November 1765). Kants W., I, 348.

130 Andererseits freilich ist nach W., II, 161 «eine leere Zeit..... kein Gegenstand der Wahrnehmung»; die Abstraction kann eben vieles «wegnehmen», was in Wirklichkeit unauflöslich mit Anderem verknüpft ist. Für uns ist die objectiv wirkliche Zeit nie leer; so wenig leer wie — eine objectiv wirkliche Kugel. (Vgl. § 22, S. 96. Anm. 127.)

131 Andererseits ist es höchst merkwürdig, wie die werthschätzenden Prädicate, welche er von seinem ganz anders gearteten «Bewusstsein überhaupt» vorträgt, zum Theil völlig auch auf das unsrige passen. In der am weitesten getriebenen Hervorhebung seines erkenntniss-theoretischen Werthes heisst es (Kr. d. r. V., 2. Aufl., § 16, II, 733, Anm.), es sei der «höchste Punkt », «an den man die ganze Logik und nach ihr die Transcendentalphilosophie heften muss» (vgl. Proll., § 37). Unser «Bewusstsein überhaupt» hat insofern eine ähnliche Stellung, als seine Inhalte um ihrer Widerspruchslosigkeit willen — nach diesem Princip wurden sie ausgesondert — natürlich der «ganzen Logik» Genüge thun. Und verstehen wir unter Transcendentalphilosophie die Erörterung derjenigen geistigen Factoren, welche für die Constituirung einer «objectiven Welt» wesentlich sind, so

ist es ja wohl ohne weitere Analyse klar, wie unser « Bewusstsein überhaupt » wirklich der « höchste Punkt » ist, an den sie nur immer geheftet werden kann.

132 Der Unterschied zwischen Hilfsbegriff und Hypothese kommt § 40 ausführlicher zur Erörterung und Verwerthung. Der Ausdruck Hilfsbegriff stammt übrigens aus Herbart, vgl. z. B. Einleitung, W., I, 264; ebenda ist S. 190 und 270 für das im Text Folgende zu vergleichen.

133 Wir sind übrigens nicht in der Lage, uns mit ihnen, so wie sie da sind, völlig in Uebereinstimmung zu befinden (vgl. § 40).

134 Vgl. J. B. Meyer, Kants Psychologie, S. 209 ff., und des Verfassers Artikel « Ueber die Unsterblichkeit der Seele », a. a. O., S. 128 ff.

135 Die Unterscheidung beider tritt am klarsten heraus, in den « Fortschritten der Metaphysik » (I, 500 ff.); sie stehen dort als « logisches » und « psychologisches » Ich einander gegenüber.

136 Vgl. z. B. Kr. d. r. V., II, 319 : « Der nackte Verstandesbegriff von Substanz enthält nichts weiter, als dass ein Ding als Subject an sich, ohne wiederum Prädicat von einem andern zu sein, vorgestellt werden sollte. » Vgl. Anm. 56.

137 Kant selbst nennt Proll., § 46, III, 103, das Ich « G e f ü h l e i n e s D a s e i n s ».

138 Vgl. II, 300 : « Das Reale äusserer Erscheinungen ist wirklich nur in der Wahrnehmung und kann auf keine andere Weise wirklich sein. » Proll., § 25 (III, 68), werden « Realität » und « Empfindungsvorstellung » gleich gesetzt. Und Materie ist das, « was in der Erscheinung der Empfindung correspondirt » (II, 32).

139 Damit wäre denn, wie es scheint, Kant bei derselben radicalen Skepsis angekommen, wie Hume in seinem Treatise upon human nature (I, 4, 2 ; 6). Aber selbst Hume muss zugeben, dass das wechselnde Bündel von Vorstellungen, welches nach ihm den ganzen Inhalt des menschlichen Bewusstseinslebens ausmacht, ein allen Phasen gemeinschaftliches Theilelement —

a) eben das Ich — zeigt. Und wenn er bezweifelte, ob man daraus eine « Substanz » machen dürfe : wer weiss was er gethan hätte, wenn ihm der kantische Begriff einer substantia phænomenon aufgegangen wäre ? Auch setzte er den Substanzbegriff überhaupt als einen gemachten und erdichteten an; die körperlichen Substanzen standen ihm nicht höher als die psychischen. Und vielleicht hätte er bei seinen berkeley'schen Grundüberzeugungen gemeint, dass « s o b a l d m a n » — kantisch geredet — « S u b s t a n z e n a n n i m m t » (II, 305), das Ich früher auf dieses Prädicat Anspruch hätte, als die Materie. Vgl. § 40.

140 So die Benennung in den Fortschritten der Metaphysik, W., I, 522.

141 Vgl. S. 778 : « die Zeit fliesst beständig ».

142 Vgl. Berkeley, Principles of human knowledge, § 34 - 41.

143 Vgl. Locke, a. a. O., II, 1, 25 ; IV, 11, 5, 9; 11; IV, 2, 14.

144 Vgl. Lotze, Logik, S. 18 ff.

[145] So notirt z. B. W. Roscher in der Geschichte der National-Oekonomik, S. 7 : «Das kanonische Recht ist noch nicht bis zu derjenigen Abstraction durchgedrungen, welche sich aus den einzelnen werthvollen Dingen zum Begriffe des Werthes im Allgemeinen erhebt».

[146] Vgl. Locke, a. a. O., III, 1, 2; 6, 21; 10, 9.

[147] Wir würden sagen : die generelle Vorstellung.

[148] Vgl. ebenda, S. 443 : «Es kann gar keinen möglichen Sinn haben, von einer andern W a h r h e i t unserer Vorstellungen zu sprechen, als von einer p r a k t i s c h e n. Unsere Vorstellungen von den Dingen können gar nichts anderes sein, als S y m b o l e.... Wenn wir jene Symbole richtig zu lesen gelernt haben, so sind wir im Stande, mit ihrer Hilfe unsere Handlungen so einzurichten, dass dieselben den gewünschten Erfolg haben, d. h. dass die erwarteten neuen Sinnesempfindungen eintreten. » Aehnlich Pop. wiss. Vorträge, II, 88 ff., 204 f. Vgl. Plato's Theätet, 166 ff. Berkeley, a. a. O., § 3. Schopenhauer, II, 537 ff. Vierf. Wurzel, § 28.

[149] Das p r a k t i s c h e Motiv dieses Ansatzes ist klar. Es ist für unsern Verkehr mit den Dingen werthvoll und zum Theil nothwendig, alle perzipirbaren Theilinhalte und Unterschiede zu berücksichtigen ; wird hier etwas übersehen, kann es leicht gefährlich werden.

[150] Für die Sonne versucht es Kant von seinen Principien und Kenntnissen aus in der ausserordentlich phantasievollen Naturgeschichte des Himmels (V, 176) : « Lasset uns der Einbildungskraft ein so wundersames Object, als die Sonne ist, g l e i c h s a m v o n N a h e m vorstellen » u. s. w. Aber auch er sieht sie dabei immer noch aus beträchtlicher Entfernung in der Vogelperspective. Und Andere haben es nach ihm nicht anders vermocht. — Und wie sollen wir uns z. B. gewisse Wärmegrade «vorstellen» ? Helmholtz (Pop. wiss. Vorträge, II, 121) sagt : « Welche Wirkungen wir einer Temperatur von 28 Millionen Graden zuschreiben sollen, darüber können wir uns gar keine Idee machen » : schon beträchtlich viel früher, denke ich, müssen blosse Analogien und arithmetische Zeichen helfen. — Dass für die Ansetzung der objectiven Bewegung noch ganz andere Momente als Perzeptionsstellung und Entfernung oder Nähe in Betracht kommen, ward § 16, S. 58, mit Anm. 80 auseinander gesetzt. Nach den im Text und Anm. 148 über die Wahrheit, Richtigkeit und Genauigkeit der Vorstellungen vorgetragenen Lehren allein wäre auch der Ptolemäismus gerade so wahr, richtig und genau, wie der Copernicanismus. Vgl. Berkeley, a. a. O., § 58, 113-115.

[151] Abgesehen natürlich von der durch die Luftbrechung gegebenen und durch ihr Gesetz beschränkten Möglichkeit, die auch für die Wahrnehmung besteht.

[152] Selbst Lotze neigt, trotz der ihm sonst eigenen Subtilität und Behutsamkeit, zum Theil nach dieser Seite : «Was unmittelbar unter dem Einfluss äusserer Reize in uns entsteht, d i e E m p f i n d u n g o d e r d a s s i n n l i c h e G e f ü h l, ist an sich nichts als ein Zustand unseres Befindens, eine Art wie uns zu Muth ist. » Nach ihm löst das Wort, « die Schöpfung eines

Namens », z. B. grün oder roth, das « früher Ungeschiedene » : « unser Empfinden von dem Empfindbaren, auf das es sich bezieht »; und er erblickt in diesem Vorgang den Anfang « jener Thätigkeit », die wir « denken » nennen (Logik, 1874, S. 15, 22 [§ 8]). Wir unsererseits halten den Unterschied zwischen Empfindung und Gefühl, zwischen Empfindungsinhalt und Empfinden, nicht für spontan gemacht, sondern für gemerkt, vorgefunden; wenn man will: « gegeben »; wir meinen, dass den ersten auch die Thiere fassen. Wir glauben nicht, dass wir « uns » fühlen und dass « uns » zu Muth ist, ehe wir und ohne dass wir (im empirischen, phänomenalen Sinne) Inhalte und Objecte ausser « uns » setzen; das Bewusstseinsphänomen, meinen wir, hat von vornherein p o l a r e n Charakter : kein Subject ohne Object.

¹⁵³ Wir glauben auch nicht, was z. B. Steinthal (Grammatik, Logik und Psychologie, 1855, S. 236) für möglich hält, dass « die niedrigsten Thierarten » bloss « Gefühl » ohne « Empfindung » haben. Vgl. Anm. 116. Wir glauben auch nicht an eine nachträgliche Verräumlichung ursprünglich nichträumlicher (nur qualitativ und intensiv bestimmter) Einzelempfindungen. Vgl. vorzüglich Lotze hinter der Schrift von Stumpf, Ueber den psychologischen Ursprung der Raumvorstellung, S. 313 ff., und dagegen Stumpf selbst, a. a. O., S. 86 ff., 107 ff., 308.

¹⁵⁴ Es scheint uns demnach auch, wenn man unter einem « Sinne » das Organ für Wahrnehmungen innerhalb des Nichtich versteht (und diese, wie z. B. J. H. von Kirchmann, der « Selbstwahrnehmung » gegenüberstellt), thöricht geredet, wenn man einen sechsten, den « Muskelsinn », aufstellt, « dessen Organe die motorischen Nerven und Muskeln sind » (J. H. von Kirchmann, a. a. O., S. 5). Die « objectiven » Wahrnehmungen des « Muskelsinnes » sind Tastwahrnehmungen ; das Uebrige sind theils· subjective Gefühle, theils Schlüsse aus ihnen. Vgl. oben § 21, S. 83 ff.; ferner E. H. Weber, Berichte über die Verhandlungen der kgl. sächs. Gesellsch. der Wissenschaften, math. phys. Cl., 1849, S. 122 (auch bei K. Stumpf, a. a. O., S. 40, Anm. **). Lotze, Medic. Psychologie, § 26. Al. Bain, The Senses and the Intellect, 3. ed., S. 59, 64 ff., 90 ff.

¹⁵⁵ Z. B. «fühlen wir den Grad der Innervation, die wir den Augenmuskelnerven zufliessen lassen » (Helmholtz, Physiol. Optik, S. 797).

¹⁵⁶ Muskelgefühle mit eingeschlossen. K. Stumpf, a. a. O., S. 41, Anm. : « Die Bewegung meines Gliedes kann auch ein Anderer wahrnehmen, die Muskelcontraction kann er nicht spüren.»

¹⁵⁷ Vgl. Schopenhauer, V, 90, 112, und Kant, Proll., § 25.

¹⁵⁸ Treffend nennt J. St. Mill, in der Examination of Sir W. Hamiltons philosophy, 3. ed., S. 222 ff., das « Objective » p e r m a n e n t p o s s i b i l i t y o f s e n s a t i o n. Vgl. Logik, 8. Aufl., I, 5, 5, Anm. Aehnlich bezeichnet Kant (II, 171) objective « Erscheinungen als m ö g l i c h e Wahrnehmungen ». Es fehlt beidemal nur der Zusatz der normativen Situation, unter der die mögliche Wahrnehmung gedacht werden soll. Vgl. Fechner, a. a. O., S. 113, und Aristoteles, de an., Γ 425 b, 25 — 426 a, 27. Und oben § 4, S. 10 f.

159 Vgl. z. B. neuerlich noch E. Dühring, Cursus der Philosophie, S. 18 ff., S. 36 f.

160 Dühring, a. a. O., S. 19.

161 Logik, S. 163.

162 Vgl. Locke, Essay concerning hum. underst., IV, 8, 4 ff. Und oben S. 64 ff.

163 Vgl. O. Liebmann, a. a. O., S. 477.

164 Vgl. Tyndall, Essays on the use and limit of the imagination in science, 1871, S. 64 f. : Perhaps the mystery may resolve itself into knowledge at some future day, etc. Vielleicht!?

165 Omne possibile aut habet rationem aut minus. Si habet rationem, aliquid est ejus ratio. Si non habet nihil est ejus ratio.... Si nihil foret ratio alicujus possibilis, foret ex nihilo cognoscibile, cur illud sit; hinc ipsum nihilum repræsentabile et aliquid; nihil aliquid. Hinc quoddam possibile impossibile; quod absurdum. Vgl. Kant, I, 412 ff.

166 Wie z. B. Dühring meint, a. a. O., S. 18 f.

167 Kant sagt in der Kritik (1. Aufl., II, 162) offenbar unpassender « etwas » (« setzt etwas voraus »).

168 Vierf. Wurzel, § 20, W., I, 34 ff.

169 A. a. O., S. 42 f.

170 Vgl. W. Wundt, Die physicalischen Axiome und ihre Beziehung zum Causalprinzip, 1866. Seine beiden ersten Axiome lauten : Alle Ursachen in der Natur sind Bewegungsursachen, und : Jede Bewegungsursache ist ausserhalb des Bewegten. Das vierte ferner : Die Wirkung jeder Ursache verharrt.

171 Vgl. z. B. Logik, III, 4, 1; 5, 3; 4; 7.

172 So Fechner, a. a. O., S. 120 : « Man sagt : aber es muss doch ein Grund sein, dass sich Sonne und Erde nach einander hin bewegen.... Dieser Grund ist.... das Gesetz...., dass, wenn. diese Verhältnisse des Zusammenseins der Materie gegeben sind, diese neuen daraus folgen.»

173 Lotze symbolisirt (Logik, S. 87) dieses Verhältniss zwischen Ursache und Wirkung treffend durch die typische Formel A + B = C (im Gegensatz zur Identitätsformel A = A).

174 «Entwickelungsmöglichkeit» ist freilich ausserdem ein vieldeutiges und bedenkliches Wort. Ich verstehe hier darunter jedenfalls nichts, was sich bloss aus sich selbst zu actualisiren im Stande wäre; ich verstehe darunter die «Möglichkeit» derjenigen Entwickelung, welche unter den der Lebensdauer und Leistungsfähigkeit des organischen Keimes günstigsten äusseren Bedingungen stattfinden würde : sie bezieht sich auf ein Maximum, das in dieser Beziehung erreichbar ist; und sie ist für jeden Keim ein individuell Determinirtes. Ein Eichbaum wird nie Orangen oder gar Affen hervorbringen; und seine Lebensdauer wird nie 1000 Jahre, seine Höhe nie 100 Meter übersteigen (die besondere Eichel, welche vorliegt, hat vielleicht sogar nicht annähernd diese für die Species gültigen Maximalaussichten).

175 II, 431 werden sie «einschränkende Bedingungen» genannt, welche trotz der Beständigkeit der als Ursachen mitwirkenden «Vermögen» der Dinge die Wirkungen «in veränderlichen Gestalten erscheinen» lassen.

176 Vgl. Baumgarten, a. a. O., § 216: «Omnis substantia si patitur, habet.... potentiam passivam, receptivitatem».

177 Vgl. Baumgarten, a. a. O., § 704: «Actio a sufficienti principio, quod agenti internum est, dependens est spontanea: eine selbstthätige Handlung.... Jam omnis actio proprie talis a principio, quod agenti internum est, dependet.... Ergo omnis actio proprie talis est spontanea».

178 In der kleinen Abhandlung über den transcendentalen Idealismus hinter dem Gespräch über Idealismus und Realismus, 1787, S. 222 f.

179 Logik, II, 5, 4: Obgleich wir die Blausäure das Agens nennen, welches den Vergifteten tödtet, so ist die Gesammtheit der organischen und Lebenseigenschaften in der Kette von Wirkungen, die sein empfindendes Wesen so rasch zu Ende bringt, eben so thätig wirksam, wie das Gift. Alles Leidende ist immer handelnd und trägt in derselben Weise, wie jede von den andern Bedingungen, zur Hervorbringung der Wirkung bei, als deren blosser Schauplatz es gewöhnlich dargestellt wird. (Die letzte Bemerkung geht wohl gegen die aristotelisirende Schulphilosophie; jedenfalls ist es aristotelischer Grundsatz: Ἡ ποίησις καὶ τὸ πάθος ἐν τῷ ποιουμένῳ, de an., Γ, 2, 426ᵃ, 2 f.)

180 «Alle Grösse eines bloss im Raum möglichen Objects muss aus Theilen ausserhalb einander bestehen.»

181 Vgl. vorzüglich Vierf. Wurzel, § 20, a. a. O., S. 34 ff. Kritik der kantischen Philosophie, II, 547.

182 Vgl. dazu etwa Kant, II, 430: «Jede Ursache setzt eine Regel voraus, danach gewisse Erscheinungen als Wirkungen folgen, — und jede Regel erfordert eine Gleichförmigkeit der Wirkungen, die den Begriff der Ursache als eines Vermögens gründet, welchen wir, so ferne er aus blossen Erscheinungen erhellen muss, seinen empirischen Charakter nennen.»

183 «Um», wie J. St. Mill (Logik, III, 12, 2) sagt, «Dr. Chalmers' trefflich gewählten Ausdruck zu gebrauchen» (Ueber Dr. Chalmers vgl. a. a. O., 5. 9, Anhang).

184 Principles of human knowledge, Sect. 25, 48, 62 ff., 103 ff. Ueber ähnliche Ansichten Späterer handelt J. St. Mill in der Logik, III, 5, 5; 9.

185 Freilich urgirt er die Relativität der Objecte nur, um hinterher die eben so deutliche Relativität des Subjects zu übersehen. Kant blickte hier klarer und unbefangener. Vgl. z. B. Proll., § 49 (III, 107): Ebenso wie «die Frage, ob die Körper ausser meinen Gedanken als Körper existiren, ohne alles Bedenken verneint werden muss», ebenso muss es auch die andere: «ob ich selbst als Erscheinung des innern Sinnes (Seele nach der

empirischen Psychologie) ausser meiner Vorstellungskraft in der Zeit existire ». Und Kr. d. r. V. (II, 306) : « Wenn ich das denkende Subject wegnehme, muss die ganze Körperwelt wegfallen, als die nichts ist als die
Erscheinung in der Sinnlichkeit unseres Subjects .... Dadurch erkenne ich
zwar freilich dieses denkende Selbst seinen Eigenschaften nach nicht besser,
noch kann ich seine Beharrlichkeit, ja selbst nicht einmal die Unabh-
hängigkeit seiner Existenz von dem etwanigen transcendentalen
Substratum äusserer Erscheinungen einsehen ». Vgl. auch die Stellen, in
denen erörtert wird, dass Raum und Zeit ohne gegebene Empfindungsmaterialien, dass das Denken und seine Kategorien ohne Anschauungen
— nichts sind, nicht erlebt werden können. Z. B. II, 299, 742 ff., 773 ff.
Ueber die in Stellen dieser Art daneben freilich hervortretende Vermischung
der constanten, empirischen Erscheinung, die wir Bewusstsein nennen, mit
der formalen Bedingung meiner Gedanken und ihres Zusammenhangs
vgl. oben § 25.

186 Vgl. ausserdem Proll., §§ 44, 57 f.

187 Durch Conjectur hinzugefügt.

188 An der dort citirten Stelle nennt Kant das « Vermögen », welches
« die Gleichförmigkeit der Wirkungen » bezeichnet, « Ursache ». Nach unserer
Bemerkung auf S. 142 (vgl. Anm. 172) müssen wir den Ausdruck « Grund »
für angemessener halten.

189 Newtons Ausdrücke sind übrigens — wenigstens unsern Gewohnheiten gegenüber — nicht gerade glücklich gewählt. Mit der Anziehung
der Centra, « quæ sunt puncta mathematica », soll nicht gemeint
sein « species vel modus actionis », nicht « causa aut ratio physica »;
es sollen ihnen nicht zukommen « vires vere et physice ». Offenbar
brauchte für denjenigen, welcher — etwa wie Fechner und Kant — die
physische Kraft selbst nur als einen Hülfsausdruck für das Bewegungsgesetz fasst, dieselbe nicht abgelehnt werden; ihm reduzirt sich das Physische selbst letztlich auf mathematische Beziehungen. Für den, welcher
innerhalb des Phänomenalen und seiner immanenten Relationen bleiben
wollte, blieb etwas Anderes abzuweisen, nämlich das Metaphysische,
die transcendente Kraft, die causa transiens, die causa
efficiens im eigentlichsten Sinne. Newton war nun freilich bekanntlich weit
davon entfernt, eine solche causa efficiens überhaupt unzulässig zu finden,
so sehr er in der Schlussbetrachtung seines Werkes alle « Hypothesen »
als seiner Experimentalphilosophie fremd erklärte. In dem bekannten Briefe
an Bentley (aus dem Jahre 1693) fand er es wohl denkbar, dass « die un-
beseelte Materie auf andere Materie durch gegenseitige Berührung wirke »;
nur gegen die actio in distans sträubte er sich. Uns erscheint es
nicht wunderbarer, dass Körper ohne Berührung auf einander wirken
(im eigentlichsten Sinne), als dass sie es thun, wenn sie sich berühren. Aber wir sind uns bewusst, dass wenn wir dergleichen ansetzen,
wir beidemal uns in metaphysischen Vorstellungen bewegen und dass der
Vorgang beidemal gleich unbegreiflich ist. Man kann nicht sagen, dass

Newton den prinzipiellen Unterschied zwischen empirischer Realität (oder
Phänomenalität) und transcendenter Realität (oder metaphysischem An sich
sein), zwischen Thatsachen und metaphysischen Erklärungen, zwischen
wahrnehmbaren Successionen und mathematischen Relationen einerseits
und metaphysischen Innerlichkeiten und Actionen andererseits, scharf gefasst
habe. Vgl. übrigens J. St. Mill, Logik, III, 5, 2. F. A. Lange, Gesch. des
Mat., 2. Aufl., I, 260 ff. O. Liebmann, Zur Analysis u. s. w., 374, Anm.

190 Vgl. Schopenhauer, Vierf. Wurzel, W., I, 44.

191 System des transcendentalen Idealismus, 1800, S. 317 f.

192 Dass man mit der Einbildungskraft sich auch Wirklichkeiten vorstellen, dass man mit dem Denken auf Entitäten gerathen könne, die man
behufs mehrerer Erklärung des unmittelbar Wirklichen als metaphysisch
real ansetzen muss, fiel dem Anhänger Fichte's nicht ein. Uebrigens ist der
Gedanke, alle Substanz in Handlung, Bewegung zu verflüssigen, nicht erst
von Fichte ersonnen; vgl. Plato's Theätet, 152^d ff., 156^d ff. — Auch Schopenhauer hält die Materie für einen « Gegenstand des Denkens allein »
(W., III, 53), für « den Widerschein unsers eigenen Verstandes, das nach
aussen projicirte Bild seiner alleinigen Function », « ein zu jeder Realität
als ihre Grundlage Hinzugedachtes » (Vierf. Wurzel, W., I, 82), sie « kann
nur in abstracto gedacht, nicht aber angeschaut werden » (W., II, 582).
Dabei wird mit der romantischen Nonchalance, die diesen Philosophen nur
allzu häufig auszeichnet, Kant nachgesprochen, dass « das in der Welt
vorhandene Quantum derselben » — das « vorhandene » Quantum
von etwas blos « in abstracto Hinzugedachtem » ist ja wohl ein Sideroxy-
lon ! — « nie vermehrt noch vermindert werden kann ». — Interessant sind
auch die weiteren Auslassungen dieses Philosophen über die Materie; sie
müssen aber hier übergangen werden; vgl. besonders W., I, 29 (Vierf.
Wurzel); II, 560 f., 582, 589; IV, 56; V, 92, Anm., 93, 109.

193 Philosophie des Unbewussten, 4. Aufl., S. 475 f., 464, Anm. Vgl. über
diese spiritistische Allwissenheitsmetaphysik: W. Tobias, Die Grenzen der
Philosophie, S. 189 ff.

194 Bei Ed. von Hartmann « kann die Kraft das Bewegliche sein » (a. a. O.,
S. 464, Anm.)

195 Für Erdkörper beispielsweise nach dem « Gewicht » in derselben
Entfernung vom Erdmittelpunkt, etwa 45° n. Br. Meeresniveau.

196 Kant, II, 434 f. : « Das Vermögen ist beständig, indessen die Wirkungen, nach Verschiedenheit der begleitenden und zum Theil einschrän-
kenden Bedingungen, in veränderlichen Gestalten erscheinen. »

197 Die Verwirklichung? Besser: die eventuelle Verwirklichung, die reale
Möglichkeit. Vgl. J. St. Mill, Logik (III, 5, 10, 8. Aufl., Uebers. von Gomperz,
Bd. III, S. 362) : « Die wahre Definition der Kraft ist nicht Bewegung, son-
dern Potenzialität der Bewegung. »

198 Ich übersehe nicht, dass Kant selbst die bei seinen Prinzipien durchaus mögliche und ihnen, wie es uns scheint, sogar am nächsten liegende
Theorie der Materie, wie sie oben entwickelt ward, letztlich wieder in die

Vorstellung von **materieller Continuität** umgebogen hat; ich komme unten (in einer Anm. zu § 40) auf sie zurück; ich halte sie für willkürlich; auf alle Fälle widerspricht sie den Thatsachen.

[199] Vgl. Zöllner, Ueber die Natur der Cometen, S. 427 ff.

[200] Vgl. Zöllner, a. a. O., S. 471 ff.

[201] Kant wollte bekanntlich mit demselben die Schwierigkeiten beseitigen, die in der Vorstellung einer **successiven Bewegungsmittheilung** an einen schlechthin ruhenden Körper liegen. Anstatt mit der gewöhnlichen Ansicht im relativen Raum einseitig einem Körper A eine Geschwindigkeit beizulegen und einen andern als ruhend anzusetzen, wird die Geschwindigkeit für den absoluten Raum unter A und B im umgekehrten Verhältniss der Massen so repartirt, dass A die seinige allein, B dagegen die seinige in entgegengesetzter Richtung **zusammen mit dem System** erhält, in dem er sich in relativer Ruhe befindet. Die einander entgegengesetzten Bewegungen von A und B (Newtons « actio » und « reactio ») sind hierbei jederzeit mechanisch gleichwerthig und heben sich daher gegenseitig auf; da damit aber nicht die Bewegung des Systems, dem B angehörte, aufgehoben ist, so **scheinen** sich nunmehr beide im absoluten Raum zur Ruhe gekommenen Körper der Anfangsbewegung von B entgegen und mit der diesem in der Repartition zugewiesenen Geschwindigkeit in den relativen Raum hinein zu bewegen.

[202] So erklärt schon Locke (seinerseits wohl von der Lehre der Cartesianer abhängig; vgl. z. B. Logique von Port Royal, III, 19; éd. Jourdain, 1868, S. 267, 273), a. a. O., IV, 3, 16, die Corpuscularhypothese für diejenige, welche mehr als jede andere « an intelligible explication » zu geben im Stande sei. Und er hat von diesem Standpunkt aus jene « Erklärung » von der Wärme gegeben (« a very brisk agitation of the insensible parts of the object, which produces in us the sensation »), welche Joule selbst so beifallswürdig fand, dass er sie bekanntlich einer seiner Abhandlungen (Philos. Transact., 1850) als Motto vorgesetzt hat. Vgl. Anm. 255.

[203] Vgl. Platon, Philebus, 55ᵉ: Πασῶν που τεχνῶν ἄν τις ἀριθμητικὴν χωρίζῃ καὶ μετρητικὴν καὶ στατικήν, ὡς ἔπος εἰπεῖν φαῦλον τὸ καταλειπόμενον ἑκάστης ἂν γίγνοιτο, nämlich nichts als ein unbestimmtes, blindes, empirisches Tasten und Schätzen.

[204] Es sind z. B. doch die seelischen Phänomene nicht absolut unfixirbar: sie lassen sich theilweise in flagranti belauschen, theilweise in der Erinnerung reproduciren. Wir können uns selbst, wir können Andere an den bleibenden Aeusserungen des seelischen Lebens, wir können z. B. die « Seele » eines Volkes an seiner Sprache, seiner Litteratur, seinen Institutionen, seinen Sitten, u. s. w. studiren. Das Experiment ist uns weder an uns noch an Andern ganz verschlossen. Vgl. ferner F. A. Lange, Gesch. des Materialismus, 2. Aufl., II, 394 ff., 401 ff.

[205] Vgl. F. A. Lange, a. a. O., II, 376 ff., 442; und desselben Schrift gegen die herbartsche mathem. Psychologie: Die Grundlegung der mathem. Psych., 1865.

206 Ich möchte wohl sehen, wie ein solcher « reiner » Psycholog ein psychisches Phänomen, wie die bei jedem Augenaufschlag neu erzeugte Wahrnehmungswelt, aus blosser « innerer » Wahrnehmung — etwa der mitspielenden Muskelgefühle? — « erklären » möchte? Oder sollen wir das ganze Gebiet der Sinneswahrnehmungen (und wohl auch der ausgeführten Willensentschlüsse?) von Seiten der « Psychologie » einfach preisgeben? Vgl. Lange, Gesch. des Mat., a. a. O., S. 397.

207 Vgl. besonders die schon S. 117 citirte Stelle: « Die Erscheinung vor dem äusseren Sinne hat etwas Stehendes oder Bleibendes » u. s. w. (II, 304).

208 Vgl. Baumann, a. a. O., S. 305 f., 322 ff.

209 Es ist einer der grössten Irrthümer Berkeley's, dass er glaubte und lehrte, der « train of sensations or ideas », der mit Gottes Hilfe in « uns » gewirkt werde, zeige schon an sich selber, ohne Einschaltung einer — sei es nun bloss vorgestellten oder correspondent wirklichen — objectiven, räumlich-zeitlichen Welt, Gesetze und sei der Vorausberechnung zugänglich.

210 Er meint natürlich: mathematisch, im Raum, wie der Begriff eines Dreiecks.

211 Wie steht hier wieder hinter Kant sein Schüler Schopenhauer zurück, der oft ziemlich unverständig sich gegen die Tendenz und Hoffnung ausspricht, alle Naturerscheinungen, insbesondere die chemischen Processe, noch einmal mechanisch zu erklären! Vgl. u. a. II, 146 ff., 168, 632; III, 354.

212 Vgl. vorzüglich: « Es kann alles nichts helfen. Wir müssen die physische Causalreihe, ohne irgend welche Berücksichtigung des sogenannten Bewusstseins, durch das Hirn hindurch bis zu der ersten Veranlassung der ganzen plötzlichen Bewegung zurückverfolgen.... Jede Antwort, welche sich hier auf Vorstellungen u. s. w. beruft, gilt einfach als gar keine Antwort.... Ist die mechanische Weltanschauung richtig, so muss hier der ganze nachfolgende Effect ausgegangen sein von den in das Auge dringenden Lichtwellen in Verbindung mit den im Gehirn vorhandenen Spannkräften. »

213 Fechner (Einige Ideen zur Schöpfungs- und Entwicklungsgeschichte der Organismen): « Das einfachste organische Wesen, ein sog. Moner oder eine als einfache nackte Zelle mit Zellenkern sich darstellende Amoebe, kann alle die mannigfaltigen Gestaltänderungen, welche eine Kautschukmasse durch äusseren Druck und Zug anzunehmen vermag, spontan annehmen. » Aristoteles, Phys., Θ 2, 252ᵇ, 22 : Τὸ ἔμψυχον αὐτὸ φαμεν ἑαυτὸ κινεῖν (vgl. aber 253ᵃ, 9).

214 Er erwartete aber dergleichen auch in Beziehung auf die chemischen Vorgänge nicht.

215 Auf die anfänglichen « Geschöpfe von minder zweckmässiger Form » folgten durch natürliche Zeugung « wiederum andere, welche angemessener ihrem Zeugungsplatze und ihrem Verhältnisse unter einander sich ausbildeten », indem z. B. « gewisse Wasserthiere sich n a c h u n d n a c h zu Sumpfthieren und aus diesen nach einigen Zeugungen zu Landthieren ausbildeten ». Es ist interessant, mit diesen nüchternen Vorstellungen die romanteske Biogonie Schopenhauers zu vergleichen (W., II, 168 ff.; IV, 40 ff.).

²¹⁶ S. 419 ist die Freiheit zunächst « eine reine .... Idee », die nichts von der Erfahrung Entlehntes enthält — wie es uns ja allerdings ein Leichtes ist, durch blosse Negation empirischer Bestimmungen « reine », auch völlig fictive «Ideen» zu bilden; auch unsere Idee ist vorerst eine reine Negation der in der Erfahrung überall nachweisbaren causalen Abhängigkeit des Späteren von dem Früheren; Kant selbst aber belehrt uns (II, 463): « Alle Bedingungen, die der Verstand jederzeit bedarf, ... vermittelst des Wortes unbedingt wegwerfen, macht mir noch lange nicht verständlich, ob ich alsdann noch etwas oder vielleicht gar nichts denke. » Unsere negative Idee wird zunächst zur « Unabhängigkeit der Willkür von der Nöthigung durch Antriebe der Sinnlichkeit », was den Gegensatz einer Nöthigung durch andere, nicht sinnliche, z. B. verständige Motive offen hält. Aber auch diese Position wird verlassen, indem jene Unabhängigkeit der Willkür S. 428 einem « Vermögen » gleichgesetzt wird, « sich unabhängig von der Nöthigung durch sinnliche Antriebe — von selbst zu bestimmen », oder wie es S. 434 heisst, « eine Reihe von Begebenheiten von selbst anzufangen, so dass in ihr selbst nichts anfängt»; — was völlig auf einer Linie steht mit dem vielmals wiederholten Satze, dass « die Vernunft », die übrigens fortwährend wie ein Gespenst in die Erörterung hineinragt, zeitlos, anfangslos die Willkür bestimme. Kant vermag es nicht über sich zu gewinnen, das « Intelligible », dem prinzipiell jede Behaftung mit der Zeit abgesprochen ist, von Thätigkeiten, Bestimmungen, Affectionen, Wirkungen frei zu halten, die — ausser der Zeit zu denken — unmöglich ist. — S. 419 soll das Motiv dieser mystischen Conception angegeben werden, welche uns zu denken aufbürdet, was wir nicht ausdenken können, wovon auch alles uns vertraute Sein kein Beispiel bietet: da durch Ansetzung einer endlosen Causalkette « keine absolute Totalität der Bedingungen im Causalverhältnisse herauszubekommen ist, so schafft sich die Vernunft die Idee von einer Spontaneität, die von selbst anheben könne zu handeln ». Auf solche Weise kann sich am Ende, da im Empirischen keine absolut gleichmässige Bewegung und kein absolut ruhender Körper « herauszubekommen » ist, die Vernunft, oder sprechen wir weniger feierlich, die Einbildungskraft auch solche Bewegungen und Körper « schaffen ». Im Uebrigen würde das Motiv nur auf den Ansatz eines absoluten Anfangs der Causalreihe und Weltveränderungen, auf eine Schöpfung, auf die Thesis der ersten Antinomie hinausführen (Kant sieht selbst in der Anmerkung zur Thesis der dritten Antinomie, dass « eigentlich » zunächst nichts anderes « dargethan » sei: I, 357); wir sagten schon wie wir darüber denken (§ 28, S. 128 f.). — S. 420 und 429 wird auf die Voraussetzung der « praktischen Freiheit », « dass obgleich etwas nicht geschehen ist, es doch habe geschehen sollen », ein starker Accent gelegt, um die Unabhängigkeit der Willkür von Naturursachen — wie nun für sinnliche Ursachen gesagt wird — zu erweisen; dieses « Sollen », so wird behauptet, drücke eine Nothwendigkeit aus, « die in der ganzen Natur sonst nicht vorkomme »; es sei in ihr unmöglich, « dass etwas anders sein soll, als es in der That ist »: — als ob es gar keine von der idealisirenden Phantasie entworfene

Muster und Normen gäbe, nach denen wir z. B. den Werth einer Sache, z. B. den ästhetischen, bemessen; auch wenn wir recht wohl wissen, dass sie anders nicht sein konnte, so sagen wir doch, dass sie es sollte; nur so nämlich würde sie uns befriedigen. Kant sagt: «Wir können gar nicht fragen: was in der Natur geschehen soll, eben so wenig als, was für Eigenschaften ein Cirkel haben soll». Wie schlecht doch passt dieser Beleg! Gerade geometrische Ideale halten wir oft genug der Natur vor, die ganz exact sie nie uns bietet. (Vgl. ausserdem Kants eigene Auseinandersetzungen über Plato's Ideen, vorzüglich über seinen Idealstaat: II, 253 ff.; hier heisst es z. B. S. 255: «Dass niemals ein Mensch demjenigen adäquat handeln werde, was die reine Idee der Tugend enthält, beweist gar nicht etwas Chimärisches in diesen Gedanken,» u. s. w. Nachher, S. 256, ist ferner von «Ideen» der Gewächse, Thiere, ja der ganzen Naturordnung die Rede). — Nach S. 429 drückt jenes Sollen «eine mögliche Handlung aus, davon der Grund nichts anders, als ein blosser Begriff ist; da hingegen von einer blossen Naturhandlung der Grund jederzeit eine Erscheinung sein muss»; — jedoch wenn eine solche «mögliche Handlung» wirklich werden soll, muss jener Begriff erst als Motiv vor dem innern Sinne erscheinen; der Werth, den er für die Denkungsart des Menschen hat, wird abgeschätzt; danach bestimmt sich die Handlung; und der in Kants Worten angelegte Gegensatz zwischen Begriff und Erscheinung verschwindet dann in nichts. — S. 423 ff., 428, 433, 677 (vgl. Fortschritte der Metaphysik, I, 529, 573) wird an demselben Subjecte der Sinnenwelt, «derselben Ursache», eine doppelte Seite unterschieden, ein empirischer und ein intelligibler Charakter, und ersterer wird «als das sinnliche Zeichen» des zweiten bezeichnet, als ob es nach Kant so ohne Weiteres feststünde, dass jedem empirischen Subject ein intelligibles, ein Ding an sich entspricht; die Paralogismen sind nicht der Meinung; vgl. besonders die Anm. zu II, 292, andererseits I, 429, Anm. Und nun soll gar nach S. 424 der intelligible Charakter «dem empirischen gemäss gedacht werden müssen»; wenn dergleichen Gemässheit im Sinne der kantischen Prinzipien wäre, warum huldigt der Philosoph nicht dem transcendentalen Realismus, der alles, z. B. den dreidimensionlichen Raum, der intelligiblen Welt — man weiss freilich oft nicht, worauf hin — gemäss findet.

²¹⁷ Vgl. vorzüglich S. 419: «Die Freiheit im praktischen Verstande ist die Unabhängigkeit der Willkür von der Nöthigung durch Antriebe der Sinnlichkeit;.... eine Willkür ist sinnlich, so ferne sie durch Bewegursachen der Sinnlichkeit afficirt ist; sie heisst thierisch».... S. 429: «Bei der leblosen oder bloss thierisch belebten Natur finden wir keinen Grund, irgend ein Vermögen nur anders als bloss sinnlich bedingt zu denken. Allein der Mensch.... ist sich.... in Ansehung gewisser Vermögen ein bloss intelligibler Gegenstand, weil die Handlung desselben gar nicht zur Rezeptivität der Sinnlichkeit gezählt werden kann»....

²¹⁸ S. 423: Die doppelseitige Betrachtung der menschlichen Causalität «widerspricht keinem von den Begriffen, die wir uns von Erscheinungen und von einer möglichen Erfahrung zu machen haben». S. 437:

«Dass Natur der Causalität aus Freiheit wenigstens nicht wider-
streite, das war das Einzige, was wir leisten konnten.... Wir haben
auch gar nicht einmal die Möglichkeit der Freiheit beweisen wollen;
denn dieses wäre auch nicht gelungen, weil wir überhaupt von keinem
Realgrunde und keiner Causalität aus blossen Begriffen a priori die Möglichkeit erkennen können». S. 427 wird bescheiden gefragt: «Ist es
nicht möglich, dass.... die empirische Causalität selbst.... Wirkung
einer nicht empirischen, sondern intelligiblen Causalität sein könne?....
Es thut dem Verstande und seinen physischen Erklärungen nicht den mindesten Abbruch, gesetzt, dass es übrigens auch bloss erdichtet
sein sollte, wenn man annimmt».... S. 429: «Dass die bloss nach
Ideen erwägende Vernunft Causalität habe, wenigstens wir uns nur dergleichen an ihr vorstellen». S. 430: «Die Vernunft erklärt Handlungen
für nothwendig, die.... vielleicht nicht geschehen werden, von allen aber
gleichwohl voraussetzt, dass die Vernunft in Beziehung auf sie Causalität haben könne.... Nun lasst uns hierbei stehen bleiben und wenigstens als möglich annehmen....» S. 431: «Bisweilen finden wir,
oder glauben wenigstens zu finden, dass die Idee der Vernunft...»

²¹⁹ Physiol. Optik, 454: «Wir nehmen nach den Aussagen unsers
eigenen Bewusstseins mit Bestimmtheit ein Prinzip des
freien Willens an, für welches wir ganz entschieden Unabhängigkeit
von der Strenge des Causalgesetzes in Anspruch nehmen.... Gerade den
uns am besten und genausten bekannten Fall des Handelns betrachten wir
als eine Ausnahme von jenem Gesetze». Vgl. Descartes, Princ. philos.,
I, 41, und Schopenhauers Lösung der von der norwegischen Societät aufgestellten Preisaufgabe: Num liberum hominum arbitrium e sui ipsius
conscientia demonstrari potest? (W., IV.; vgl. Satz vom Grunde, W., I, 48 f.).

²²⁰ So wird S. 420 die «Unabhängigkeit der Willkür von Naturursachen»
bis dahin gesteigert, «selbst wider ihre Gewalt und Einfluss etwas hervorzubringen». Und S. 430 heisst es: «Es mögen noch so viel Naturgründe
sein, die mich zum Wollen antreiben.... das Sollen, das die Vernunft ausspricht, setzt dem Maass und Ziel, ja Verbot und Ansehen
entgegen.... Die Vernunft gibt nicht demjenigen Grunde,
der empirisch gegeben ist, nach und folgt nicht der
Ordnung der Dinge, so wie sie sich in der Erscheinung
darstellen, sondern macht sich mit völliger Spontaneität eine eigene Ordnung nach Ideen, in die sie die
empirischen Bedingungen hineinpasst». (Ob sich diese freilich
wohl bei dem bezeichneten Gegensatz «hineinpassen» lassen? Ob dabei
nicht die Naturordnung durchbrochen wird?)

²²¹ Man kann sie als die innere, d. h. die psychische Seite von Lange's
«im Gehirn vorhandenen Spannkräften» ansehen. Anm. 212.

²²² Man sieht: es fehlt diesen kantischen Prinzipien zu der «astronomischen» Haltung des Laplace - Du Bois'schen Weltgeistes (vgl. Lange, a. a. O.,
II, 148 ff.; daneben J. St. Mills Logik, III, 5, 7) nichts als die Umsetzung der
psychischen Triebfedern in mechanische Grössen; und selbst diese Umsetzung,

wie nahe berührt sie Kant, wenn er die Nothwendigkeit erörtert, alle Kategorien an äusseren Anschauungen zu exhibiren! alle qualitativen Veränderungen auf Bewegungen zu reduciren! wenn er in jeder besondern Naturlehre nur so viel eigentliche Wissenschaft findet, «als darin Mathematik anzutreffen ist», wenn er auf die «Schranken» hinweist, die dem Versuche entgegenstehen, aus dem blossen inneren Bewusstsein ohne Beihilfe äusserer empirischer Anschauungen «Selbsterkenntniss» zu gewinnen (oben S. 166; vgl. Anm. 224).

223 Vgl. z. B. Roscher, Grundlagen der Nationalökonomie, 12. Aufl., 1875, § 13, mit Anm. 2.

224 Wie Kant die «Gemeinschaft» dieser «objectiven Welt» und insbesondere desjenigen Theils derselben, den wir unsern Körper nennen, mit der sogenannten «Seele» und den psychischen Phänomenen dachte, soweit wir uns dabei ausschliesslich des Leitfadens der erlebbaren Erfahrung bedienen, ist am besten in der ersten Auflage (II, 306 ff.) auseinandergesetzt. Vgl. vorzüglich S. 308: «Nun ist die Frage.... bloss von der Verknüpfung der Vorstellungen des innern Sinnes mit den Modificationen unserer äusseren Sinnlichkeit und wie diese unter einander nach beständigen Gesetzen verknüpft sein mögen, so dass sie in einer Erfahrung zusammenhängen. So lange wir innere und äussere Erscheinungen als blosse Vorstellungen in der Erfahrung mit einander zusammenhalten, so finden wir nichts Widersinniges und welches die Gemeinschaft beider Art Sinne befremdlich machte». Zwar ist Sinn und Absicht dieser Bemerkungen nicht zu vollkommener Klarheit und Schärfe herausgearbeitet — Kant entschuldigt sich S. 309 selbst damit, dass bei «eingewurzelten» Irrthümern «die Berichtigung sofort zu derjenigen Fasslichkeit zu bringen, welche in andern Fällen gefordert werden kann, unmöglich» sei — für denjenigen indessen, welcher die hier spielenden möglichen Gegensätze erwägt, zielen sie deutlich genug auf einen Gedanken und Standpunkt, wie er etwa in Fechners Psychophysik entwickelt worden ist, auf einen Standpunkt, der, völlig «positivistisch», wie er ist, nicht einmal durch Hume'sche Skepsis alterirt werden kann: Ueber die Gleichung $y = f(x)$, in der die Variable y die psychischen Zustände und Veränderungen bedeutet, x die physischen (und umgekehrt), so weit beide durch Erfahrung nachweisbar sind oder aus mehr oder weniger zwingenden Hypothesen sich ergeben — beispielsweise über die Abhängigkeit des Intelligenzgrades von der Grösse oder Textur des Gehirns oder der Muskelcontraction von dem Willensimpuls — werden sich Beobachtungen und Experimente, Messungen und Rechnungen anstellen lassen, um das «beständige» Gesetz der gegenseitig abhängigen Variation zu finden: auch wenn es keine transcendente Seelenmonas gibt (vgl. Proll., § 44, III, 99: «Ob die Seele eine einfache Substanz sei, das kann uns zur Erklärung der Erscheinungen derselben ganz gleichgültig sein» u. s. w.). Solche physiopsychologischen und psychophysischen Verknüpfungsgesetze lassen sich eben genau so gut als Ziel und Object wissenschaftlich empirischer Forschung ins Auge fassen, wie das mathe-

matische Verhältniss zwischen dem von mir gesehenen Object ausser meinem Leibe und dem vermittelst des Augenspiegels für einen Andern zu versichtbarenden, von mir nur vorstellbaren Bildchen meiner Netzhaut: wenn auch letzteres mit ersterem in keiner t r a n s c e n d e n t - d y n a m i s c h e n Gemeinschaft steht; oder wie zwischen einer wirklich gesehenen Farbenqualität und ihrer Helligkeit einerseits und der Schwingungsfrequenz und Schwingungsamplitüde eines nach Analogie sichtbarer Stoffe vorgestellten Aethers andererseits: selbst wenn es keine Netzhaut und keinen Aether a n s i c h gibt; oder wie zwischen dem, was Fechner die «Empfindungsgrösse», und dem, was er den «fundamentalen Reihwerth» nennt. «Sobald wir aber die äusseren Erscheinungen hypostasiren, sie nicht mehr als Vorstellungen, sondern in derselben Qualität, wie sie in uns sind, auch als ausser uns f ü r s i c h b e s t e h e n d e Dinge, ihre Handlungen aber, die sie als Erscheinungen gegen einander im Verhältniss zeigen, auf unser denkendes Subject beziehen, so haben wir einen Charakter der wirkenden Ursachen ausser uns, der sich mit ihren Wirkungen in uns nicht reimen will» u. s. w. (II, 308). Vgl. Anm. 189.

225 Vgl. Fechner, a. a. O., S. 127 f.

226 Fechner, Atomenlehre, S. 122.

227 Fechner, a. a. O., S. 111. Vgl. Locke, Essay conc. hum. underst., IV, 6, 11.

228 Die Elasticität fungirt hier als s y n t h e t i s c h e s Prädicat (vgl. oben die Stelle III, 62: «Zergliedert man alle seine synthetischen Urtheile, soferne sie objectiv gelten»). In § 4 der Proll. wird aber als Beispiel für ein durch blosse «Z e r g l i e d e r u n g» (A n a l y s i s) eines empirischen Begriffs entstandenes Urtheil folgendes angeführt: «Luft ist eine elastische Flüssigkeit, deren Elasticität durch keinen bekannten Grad der Kälte aufgehoben werden kann» (III, 25). Angesichts solcher Schwankung seitens des Erfinders des «classischen» Unterschieds selbst, kann man es den Gegnern nicht verdenken, den Unterschied zwischen analytischen und synthetischen Urtheilen schwankend und fliessend zu finden (vgl. § 28, S. 131).

229 Vgl. Schopenhauer, II, 543: «Bei allen Urtheilen, die eine physische Qualität bezeichnen», z. B. «wenn ich sage: dieser Körper ist schwer, hart, flüssig, grün, sauer, alkalisch, organisch u. s. w., wird» durch das Urtheil «eine Causalität (sein Wirken) ausgedrückt».

230 Es ist interessant zu beobachten, wie dieselbe Wärme von demselben Kant in dem Urtheil: das Zimmer ist warm (§ 19, Anm., S. 59), wegen ihrer Beziehung auf das Gefühl, «welches jedermann als bloss subjectiv erkennt», zur Ausbildung eines «Erfahrungsurtheils» als überhaupt ungeeignet bezeichnet wird.

231 Wie wir aus § 21 wissen: in Form der Aufeinanderfolge «absoluter Einheiten».

232 Bekanntlich hat dieser Satz das Befremden und den Tadel Schopenhauers hervorgerufen: «muss . . . . . können, dies ist eine problematisch-apodiktische Enuntiation» u. s. w. (W., II, 535; vgl. III, 153). Das hat ihn

indessen nicht gehindert, diesen tadelnswerthen «so auf der Spitze balan-
cirenden Satz» sich selbst anzueignen (III, 284). Und warum soll auch nicht
eine reale Möglichkeit als die unumgängliche Bedingung für Etwas bezeichnet
werden können? So ist z. B. die «Möglichkeit», ein Eichbaum zu werden,
nothwendig, damit etwas noch als lebendige Eichel gelte (vgl. Anm. 174).
So gilt auch für Schopenhauer als unerlassliche Existenzbedingung eines
Jeglichen, dass es mindestens soweit «möglich überhaupt» sei, dass es
«den unserm Intellekt angehörenden Gesetzen a priori gemäss» sich zeige
(II, 554).

²³³ Ein solcher Gedanke ist sicherlich «möglich». Aber auch ein anderer
liegt nicht fern : dass nämlich die «ersten Quellen unsers Denkens» — und
der «transcendentalen Affinität» aller «Erscheinungen» in dem einheitlichen
Wesen des Universums, dem wir als Glieder angehören, begründet liegen;
dass beispielsweise Raum und Zeit sowie Substanz und Causalität die nothwendigen Fundamente oder allbeherrschenden Schemata dieses Universums
sind.

²³⁴ Schopenhauer tadelt auch diese Bezeichnung und mit ihr auch die
dahinterliegende Theorie (II, 535; III, 153) — und acceptirt und explizirt
die Theorie mit Anwendung des kantischen Terminus (III, 554)!

²³⁵ Vgl. S. 112 f. Anm. 134.

²³⁶ Vgl. A. Hölder, a. a. O., S. 20, 89 ff., 93.

²³⁷ Bekanntlich hat Schopenhauer (und nach ihm auch Andere) die kantische Apriorität der Kategorien (oder der für Schopenhauer und seine Anhänger
allein werthvollen : der Causalität) sowie des Raumes und der Zeit in eine
organische Präformation des Gehirns umgedeutet, die mit
den spezifischen Sinnesenergien auf eine Linie gestellt wird (vgl. z. B.
Schopenhauer, W., V, S. 92, 95). In § 27 der 2. Aufl. der Kritik der r. V.
(II, 758, vgl. auch ebenda S. 38 ff. und oben Anm. 4) ist das zureichende
Mittel zu finden, um Kant vor solchen Deutungen zu bewahren.

²³⁸ Ein anderes Bedenken, das im Anschluss an das im Text Vorgetragene
leicht aufsteigen kann und Kants Position noch mehr erschüttern zu müssen
scheint, will ich wenigstens an dieser Stelle erwähnen, obwohl es in Wirklichkeit Kant so wenig trifft, dass er selbst arglos mit ähnlichen Ideen spielt;
ich will es erwähnen, erstens weil Kants ganz eigenartige Denkart dadurch
noch kräftiger sich herausstellt, und zweitens weil das, was Kant solchem
Bedenken berechtigter Weise entgegenhalten kann, von Neuem zu den
Zweifeln zurückführt, die er nicht beschworen hat. Man kann sagen: Wie?
wenn unserm vergleichsweise continuirlichen phänomenalen Ich, das mit
seinen Gedanken, Gefühlen und Willensacten den Objecten, die auch in
andere Bewusstseine fallen können, gegenüber allerdings als ein Eigenes und
Selbiges sich weiss, gar kein constantes und einheitliches
Wesen an sich entspräche? Wenn seine Einheit und Substanzialität
im Wesentlichen keine andere wäre, als die des Regenbogens oder Wasser-
falls? Wie? wenn es die Resultante vieler, vielleicht sogar unablässig
wechselnder und nur ihre Zustandsweisen von einer zur andern

übertragender Substanzen wäre? Möglichkeiten, wie sie schon Locke aufgestellt und angenommen hat (vgl. a. a. O. II, 27, 9 ff.).

Gegen solche Einwände könnte Kant mit vollem Rechte entgegnen, dass sie seine Transcendentalphilosophie so wenig in die Enge zu treiben oder wankend zu machen vermöchten, dass er sie sich selbst habe aneignen und sie den «rationalen» Psychologen zum Aergerniss habe vorhalten können (vgl. oben S. 115 f. und Kr. d. r. V., 2. Aufl., II, 794 f., Anm.; 1. Aufl., a. a. O., 292, Anm.). Es sei eben etwas total Anderes, rationale Psychologie und Transcendentalphilosophie: letztere handle nicht von der Einheit und Constanz der «Seele», sondern der menschlichen Intelligenz. Mag doch das metaphysische Ich aus mehreren Substanzen constituirt sein; mögen diese doch selbst von Moment zu Moment wechseln: es bleibt immer doch und erhält sich auch durch die Vielen, erhält sich auch im transcendenten Wechsel die «ursprüngliche reine Apperzeption», der innere Focus und Centralpunkt unserer Intelligenz — mag sie doch an sich realiter beruhen worauf und constituirt sein woraus sie will; es erhält sich der letzte Einheitspunkt unsers denkenden Wesens; es bleibt der transcendentale Quellpunkt aller Kategorien, durch deren Schematisirung in der feinen Zeitform den höchsten und allgemeinsten Naturgesetzen apodiktische Gewissheit, universale Anwendbarkeit und stricte Nothwendigkeit kommt.

Indessen, so wenig wir verkennen, wie originell und tiefsinnig das Alles gedacht ist: sobald ausser dem transcendentalen Grunde unsres geistigen Wesens, wie bei Kants dualistischer (oder pluralistischer) Metaphysik, noch ein Nichtich gedacht wird, das auf «uns» wirkt, dem wir die sinnlichen Materialien zu unserer Denkarbeit verdanken sollen, bleibt eben der andere Zweifel unbeschwichtigt, der Zweifel: warum wir diesem Ding an sich oder diesen Dingen an sich die Fähigkeit absprechen sollen, die beispielsweise Berkeley direkt seinem «Gott» beilegte, in und mit jenen Materialien zugleich thatsächliche Nothwendigkeiten, Gesetzmässigkeiten uns zu imprägniren, die wir, vielleicht weil sie im Nichtich bleibend liegen, zu merken und aufzuspüren, nicht zu erzeugen haben: welche letztere Fähigkeit von Kant unserm Verstande allein mit willkürlicher Freigebigkeit zuerkannt wird.

[239] Vgl. F. Beneke, a. a. O., S. 33 ff. — Kant seinerseits sieht in der Ableitung des Begriffs Ursache aus den verglichenen übereinstimmenden Folgen vieler Begebenheiten auf vorhergehende Erscheinungen Dichtung: «seine Allgemeinheit und Nothwendigkeit wäre alsdann nur angedichtet.... weil sie nur auf Induction gegründet wäre». In Wahrheit sind auf solche Induction gegründet das Galileische Trägheitsaxiom, das der Kantianer Schopenhauer (nicht gegen Kants Meinung) ein Corollar des Causalitätsaxioms nennt (vgl. S. 141), ferner Sätze wie: der Raum hat drei Dimensionen, Wasser = H_2O, Alaun krystallisirt in regulären Octaedern, Wismuth ist ein diamagnetischer Stoff u. s. w. Wir sprechen diese Sätze mit dem Anspruch auf Allgemeinheit und Nothwendigkeit aus, obwohl wir allerdings die letztere nicht bis auf den Grund zu durchleuchten wissen. Wir begreifen

psychologisch jeden Versuch, diese Nothwendigkeit straffer anzuziehen und gleichsam zu rationalisiren, können aber, was zunächst den transcendentalen Versuch Kants betrifft, nicht finden, dass die Berufung auf einen hypothetischen spontanen Verstand ihr eine grössere Festigkeit und eine so zu sagen mathematischere Evidenz verleihe, als sie in der Erfahrung selbst besitzt.

240 Dass man z. B. auf Grund solcher Mittel Erscheinungen bis auf Bruchtheile der Minute vorhersagen kann.

241 Was natürlich nicht bloss bei den typischen Fällen der Geometrie stattfindet. Vgl. Helmholtz, Pop. wiss. Vortr., II, 188 f. Lotze, Logik, S. 342: «Der Chemiker, der gewiss ist, in einem anzustellenden Versuche nur einen ganz bestimmten Körper unter den Händen zu haben, auf ihn nur ein ganz bestimmtes Reagens einwirken zu lassen und alle fremdartigen Bedingungen vor dem Einfluss auf sein erwartetes Resultat ausgeschlossen zu haben, bezweifelt nicht, dass die Reaction, die er in diesem einen Versuche beobachtet, sich ganz identisch in allen Wiederholungsfällen einstellen werde; die singuläre Wahrnehmung hat für ihn sogleich die Geltung einer allgemeinen Wahrheit» — ganz wie in der Raum - und Zahlenwissenschaft, bloss dass jene vorausgesetzte Gewissheit schwerer erreichbar ist und die so gewonnene Nothwendigkeit nicht den Charakter mathematischer Evidenz an sich hat. In ganz anderer Lage ist der Biolog, der Arzt, der Pädagog, der Staatsmann; Organismen und gar Aggregationen von solchen gegenüber bleiben aller Forschung nach Gesetzen vielerlei Zweifel übrig, Zweifel, wie sie z. B. Locke (vgl. u. A. a. a. O., IV, 6, 15) vorträgt (vgl. auch Helmholtz, Phys. O., 450 ff.): aber auch solche Zweifel sind unfähig, das Causalitätsaxiom selbst zu erschüttern.

242 Vgl. II, 102: «Es würde möglich sein, dass ein Gewühl von Erscheinungen unsere Seele anfüllte, ohne dass doch daraus jemals Erfahrung werden könnte. Alsdann fiele aber auch alle Beziehung der Erkenntniss auf Gegenstände weg, weil ihr die Verknüpfung nach allgemeinen und nothwendigen Gesetzen mangelte, mithin würde sie zwar gedankenlose Anschauung, aber niemals Erkenntniss, also für uns so viel als gar nichts sein.» S. 103: «Der Begriff einer Ursache ist nichts anders als eine Synthesis dessen, was in der Zeitreihe folgt, mit andern Erscheinungen nach Begriffen; und ohne dergleichen Einheit, die ihre Regel a priori hat, und die Erscheinungen sich unterwirft, würde durchgängige und allgemeine, mithin nothwendige Einheit des Bewusstseins in dem Mannigfaltigen der Wahrnehmung nicht angetroffen werden. Diese würden aber alsdann auch zu keiner Erfahrung gehören, folglich ohne Object, und nichts als ein blindes Spiel der Vorstellungen, d. i. weniger als ein Traum sein.»

243 Erfahrung ist hier Einordnung aller Wahrnehmungsinhalte in die objective Zeit.

244 Vgl. a. a. O., S. 188, 468 f., III, 127.

245 Schon in dem einzig möglichen Beweisgrund (1763) heisst es in dieser Beziehung (I, 172): «Um die Richtigkeit» einer Aussage über das Dasein einer Sache «darzuthun, sucht man nicht in dem Begriffe des Subjectes.... sondern in dem Ursprunge der Erkenntniss, die ich davon habe. Ich habe, sagt man, es gesehen oder von denen vernommen, die es gesehen haben.» (So kommt z. B. «dem Seeeinhorn die Existenz zu, dem Landeinhorn nicht.»)

246 Vgl. Lotze, Logik, § 8.

247 Vgl. Kant, II, 184, wo der Unterschied zwischen einem «empirischen» und einem «reinen Begriff» erörtert wird. J. Bergmann, Grundzüge der Lehre vom Urtheil, 1876, S. 14. Ferner Schopenhauer, II, 566 ff. (vgl. auch S. 535). Freilich hat gerade Schopenhauer die Vermischung dieses Unterschiedes oft genug benutzt, um gegen Kant die unberechtigtsten Einwendungen zu erheben; vgl. z. B. a. a. O., 511 ff., 524 f., 531, 537 ff., 562.

248 Ich meine mit ethischer Dependenz nicht etwa das, was Schopenhauer unter «praktisch Nothwendigem» versteht, nicht die Abhängigkeit der Handlung von den vorliegenden, durch die Neigungen des empirischen Charakters in ihrem Gewicht bestimmten Motiven — diese Abhängigkeit unterscheidet sich in allem Wesentlichen gar nicht von der physischen, constituirt gar keine besondere, den übrigen zu coordinirende Spezies des «Satzes vom Grunde» —; ich meine das, was Schopenhauer als Inhalt des «praktisch Nothwendigen» ablehnt, gerade die Abhängigkeit unserer praktischen Ueberlegungen von moralischen Ideen (im Herbartschen Sinne), von gewissen Imperativen, deren Verwirklichung wir als «Pflicht» empfinden, auch wenn wir uns ihnen entziehen.

249 Vgl. z. B. Kr. d. r. V., 2. Aufl., § 17 (II, 736): «Die synthetische Einheit des Bewusstseins ist eine objective Bedingung aller Erkenntniss, nicht deren ich bloss selbst bedarf um ein Object zu erkennen, sondern unter der jede Anschauung stehen muss, um für mich Object zu werden, weil auf andere Art und ohne diese Synthesis das Mannigfaltige sich nicht in einem Bewusstsein vereinigen würde» u. s w. § 27 (S. 756, Anm.): «Ich will nur in Erinnerung bringen» (vgl. ebenda, S. 676 f., Anm.) «dass die Kategorien im Denken durch die Bedingungen unserer sinnlichen Anschauung nicht eingeschränkt sind.... und nur das Erkennen dessen, was wir uns denken, das Bestimmen des Objects, Anschauung bedürfte». Ferner die Ausführung des viel citirten Satzes (II, 56): «Gedanken ohne Inhalt sind leer, Anschauungen ohne Begriffe sind blind», wie sie II, 209 gegeben wird: «Wenn ich alles Denken (durch Kategorien) aus einer empirischen Erkenntniss wegnehme, so bleibt gar keine Erkenntniss irgend eines Gegenstandes übrig; denn durch blosse Anschauung wird gar nichts gedacht» u. s. w. Und in den Fortschritten der Metaphysik sagt er (I, 568 f.): «Durch die blosse Anschauung ohne Begriff wird der Gegenstand zwar gegeben, aber nicht gedacht» — er ist für die «Apperzeption», den

Verstand noch nichts: er ist blind — «durch den Begriff ohne correspondirende Anschauung wird er gedacht, aber keiner gegeben» — er ist leer
— «in beiden Fällen also wird nicht e r k a n n t».

²⁵⁰ D a s i s t d i e w a h r e «A n a l o g i e», d i e z w i s c h e n d e m
e m p i r i s c h - o n t o l o g i s c h e n V e r h ä l t n i s s d e r C a u s a l i t ä t
u n d d e m l o g i s c h e n d e s G r u n d e s u n d d e r F o l g e s t a t t -
f i n d e t. Vgl. Schopenhauer, II, 554 f.

²⁵¹ Vgl. Anm. 173.

²⁵² Schopenhauer, W., II, 553: «Was im Allgemeinen (als Regel) apodiktisch
ist (ein Naturgesetz), ist in Bezug auf einen einzelnen Fall immer nur
problematisch, weil erst die Bedingung wirklich eintreten muss, die den
Fall unter die Regel setzt».

²⁵³ Es versteht sich von selbst, dass wir im Sinne unseres § 32 (vgl.
Anm. 89) für das Gesetz auch die physische Kraft als Realgrund einsetzen
können; so «erfolgt» die Bewegung des Stempels im Cylinder der Hoch-
druckmaschine aus der (durch die) Expansionskraft des Wasserdampfes.

²⁵⁴ Gut hat Auguste Comte entwickelt, wie der Glaube der Menschheit
an die Unverbrüchlichkeit der Naturgesetze ganz allmählich entstanden ist:
Erstens aus der Einsicht in die m a t h e m a t i s c h e und l o g i s c h e Gesetzmässigkeit und Nothwendigkeit; so begriff man überhaupt, was Nothwendigkeit sei, man b i l d e t e diesen Begriff. Zweitens aus der immer umfassender constatirten Gleichförmigkeit des Naturlaufs und der immer ausgiebiger
und exacter glückenden Vorhersagung und Vorherberechnung der Ereignisse (z. B. der astronomischen). Man dachte die ausnahmslose Allgemeinheit der Gesetze, auf denen diese Vorausberechnungen ruhten, nach Analogie
der logischen und mathematischen Nothwendigkeit. Und da, können wir
hinzufügen, der Erfolg an die Bedingungen so schlechterdings «ohne
Willkür und Wahl» sich knüpfte, oft genug unerbittlich gegen Neigungen
und Wünsche lief, so dichtete man frühzeitig in die Nothwendigkeit des
naturgesetzlichen Geschehens etwas von dem Z w a n g hinein, den fremde
Gewalten über uns ausüben (Vgl. Helmholtz, Pop. wiss. Vortr., II, 189 f.).
Noch heute stossen wir gelegentlich selbst bei den aufgeklärtesten Schrift-
stellern auf Wendungen, die in der Naturgesetzlichkeit so etwas wie «ein
ewiges metaphysisches Fatum» finden, das «über Menschen und Götter
herrsche»; so K. Snell, Newton und die mechanische Naturwissenschaft,
S. 8. Derselbe Autor prädicirt freilich gleich daneben von der Naturgesetzlichkeit «mathematische Nothwendigkeit». Aber gerade der Entstehungsprocess
unseres Glaubens an Naturnothwendigkeit lehrt deutlich, welch principieller
Unterschied zwischen dem mathematischen (resp. logischen) und dem empirischen Gebiete, zwischen dem «Erfolgen» hier und dort besteht; die Nothwendigkeit, die dort in Unmittelbarkeit und Evidenz sich aufdrängt, ist hier
vorerst nur eine nach Analogie hinzugedachte, hypothetische, vorläufig undurchsichtige. Es ist kein Wunder, dass dort alsbald die deductive Methode
Arbeit findet und Früchte pflückt: hier umständliche Inductionen schlechterdings den Anfang bilden mussten und müssen, und dass am äussersten
Ende der Arbeit erst eine «mathematische Physik» in der Ausprägung der

auf inductivem Wege gewonnenen Vorstellungen über die im Hintergrund des Wahrnehmbaren liegenden einfachsten Vorgänge in mathematischen Formeln die Nothwendigkeit, Ewigkeit und Unumstösslichkeit zu begründen sucht, deren die Mathematik in Beziehung auf ihre Gesetze von vornherein und unmittelbar gewiss ist.

255 Hume waren diese Tendenzen nicht unbekannt; er war sich ihres Werths und ihrer Tragweite wohl bewusst; schon Locke hatte davon den richtigen Begriff. Vgl. a. a. O., IV, 3. 25: «Wenn die Figur, Grösse, Structur und Bewegung der Bestandtheile zweier Körper bekannt wäre, so würden wir zuverlässig, ohne Versuche zu Hilfe zu nehmen, einige von ihren Wechselwirkungen erkennen, sowie wir die Verhältnisse eines Dreiecks anschauen. Kennten wir die mechanische Beschaffenheit der Bestandtheile des Schierlings, sowie ein Uhrmacher die mechanische Einrichtung der Uhr, wir würden mit eben derselben Gewissheit voraussagen können, dass der Schierling tödten werde, als der Uhrmacher erkennt, dass ein Stückchen Papier, zwischen das Triebwerk gelegt, dasselbe hemmt u. s. w. Jetzt wo wir auf Versuche angewiesen sind» — und nun legt er die Keime der Hume'schen Skepsis — «können wir nie sicher sein, ob ein ähnlicher Fall dasselbe Resultat ergeben wird. Ein Satz wie: Alle Menschen werden durch Schierling vergiftet, kann nicht mit absoluter Gewissheit behauptet werden; gibt es doch Thiere, welche Schierling ohne Nachtheil geniessen; wir wissen nicht, ob nicht die organische Constitution von Menschen gelegentlich gerade in derjenigen realen Eigenschaft mit jenen Thieren übereinstimmen werde, welche den Schierling unschädlich macht» (6, 15). Vgl. S. 255 f. u. Anm. 202 u. 241.

256 Die Undurchdringlichkeit nennt Kant (V, 350) «nichts mehr oder weniger als qualitas occulta». Ueber das Unbegreifliche, das in der gleichförmigen Fortsetzung einer angefangenen Bewegung steckt, handelt D. Hume, Enquiry conc. hum. understanding, IV, 2. Die Thatsache der allgemeinen Gravitation der kosmischen Massen aber war Newton selbst unbegreiflich (vgl. Anm. 189; dazu Kant, Metaph. Anfangsgr., V, 364 ff., und Proll., III, 121). Herbert Spencer zeigt, wie selbst ein hypothetischer Aether hier keine völlige Aufklärung bringen würde (Grundlagen der Philosophie, deutsche Uebers., S. 59 f.). Derselbe behandelt a. a. O. auch von Neuem die Räthsel, welche an dem Begriff der absoluten Bewegung und der Mittheilung der Bewegung haften (S. 54 ff.; vgl. oben S. 156 f. und Anm. 80, 201; ferner Schopenhauer, W., II, 116 f.).

257 In ·jeder Beziehung naiv verfährt Schopenhauer mit dem Causalitätsaxiom und seiner «Apriorität». Er verwirft das Erfolgen in unserm ersten und im zweiten Sinne: das empirische Gesetz (z. B. der Gravitation) hat ihm nur eine «prekäre Gewissheit» (Vierf. Wurzel, § 20, W., 1, 44): so wird man also aus ihm nichts «schliessen» können (vgl. § 39); und gegen die Reduction aller, z. B. der chemischen Naturprocesse auf mechanische Bewegungen, poltert er (vgl. z. B. II, 146 ff.: Das sind «Phantasien, Sophisticationen, keine Wissenschaft»; «dergleichen kann nicht gelingen»; weitere Stellen, Anm. 97); er verwirft ferner Kants transcendentalen Beweis; und

doch hat nach seiner Ansicht Hume geirrt, wenn er in den Causalitäts-
verbindungen das «Erfolgen», die «Nothwendigkeit», das «propter hoc» als
erschlichen verurtheilte. Er weiss nämlich einen neuen «Beweis» für die
unbedingte Gültigkeit des Causalitätsaxioms. Da uns, meint er, Objecte im
Raume nur entstehen, indem «wir» die a priori vorausgesetzte
Ursache unserer Empfindungen in den Raum «projiciren» (vgl. oben § 6;
§ 28, S. 125 f.): «wie sollte also das Gesetz der Causalität erst aus der
Erfahrung geschöpft sein, deren wesentliche Voraussetzung es selbst
ist» (Vierf. Wurzel, a. a. O., S. 79). Ganz schön! aber wichtiger als die
subjective Ursprünglichkeit des Gesetzes ist uns und war jedenfalls
auch für Kant die objective Allgemeingültigkeit innerhalb
der — meinetwegen auf Grund der Schopenhauerschen Voraussetzung —
entstandenen «Erfahrung»; auf letztere, nicht auf erstere kam es Hume
gegenüber an. Warum soll nun aber, gesetzt «Objecte» entstünden uns
wirklich so wie Schopenhauer sagt (vgl. aber S. 125), warum soll in der
Welt jener Objecte selbst das Causalitätsgesetz immanente Gültigkeit
absolut allgemeinen Charakters besitzen? Antwort: «Es bleibt
gewiss, dass jede Veränderung Wirkung einer andern ist, da dies a priori
feststeht» (Vierf. Wurzel, a. a. O., S. 88). Das ist aber erst Kants Behauptung,
dass das Causalitätsaxiom als «Erkenntniss a priori mit unstreitiger Gewissheit wirklich und gegeben ist»; wenn wir nun aber, kantisch geredet,
hiernach auch nicht «fragen dürfen, ob sie» — solche Erkenntniss —
«möglich sei, denn sie ist wirklich», so fehlt doch gerade noch die Beantwortung der vitalen kantischen Frage: «**wie** sie möglich sei». Wie
kann sie «a priori feststehen»? Antwort: «Weil es uns a priori bewusst und daher (!) ein transcendentales für alle mögliche Erfahrung gültiges, mithin ausnahmsloses Gesetz ist» (a. a. O., S. 41). Das ist
denn aber doch wirklich naiv, angesichts der vielen perniziösen Irrthümer,
deren sich die Menschheit zeitweilig «a priori bewusst» war, daraus auf
objective Allgemeingültigkeit einen Schluss zu wagen. An einer Stelle (S. 92)
steigert sich diese Harmlosigkeit sogar bis zu der die kantische Lehre
geradezu umkehrenden Behauptung, die Realität und Apriorität des Gesetzes
der Causalität folge schon daraus, dass wir vor aller Erfahrung wissen (!),
dass jede mögliche Begebenheit in irgend einer Causalreihe eine bestimmte
Stelle haben müsse. Aber woher «wissen» wir das? In derselben Naivetät
wird übrigens mit dem Substanzaxiom verfahren. II, 560: «Unsere Erkenntniss von der Beharrlichkeit der Substanz, d. i. der Materie, muss auf einer
Einsicht a priori beruhen, da sie über allen Zweifel erhaben ist,
daher nicht aus der Erfahrung geschöpft sein kann». — Es kann
kaum anders als aus dem von Zöllner (Ueber die Natur der Cometen, S. VIII)
angedeuteten Grunde erklärt werden, dass dieser Schopenhauersche Apriorismus unter Vertretern der exacten Wissenschaften hat einen erheblichen
Anhang finden können; zumal der Philosoph fortwährend in ganz crassen
Realismus zurückfällt, der sich gelegentlich sogar bis zu der Lehre steigert, die Retina empfinde unmittelbar die **Richtung** des in ihre
Dicke eingedrungenen Lichtstrahls (vgl. z. B. a. a. O., S. 56, 58-60,
64, 72, 76, 79, 82; dazu oben § 7 und Anm. 4).

258 So erscheint es z. B. Descartes, ohne die Gewissheit, dass ein Gott ist und dass derselbe nicht täuschen kann, unmöglich, jemals irgend einer Sache sicher zu sein (vgl. Méd. 3ᵐᵉ, éd. J. Simon, S. 82).

259 Während sonst, wie wir sahen, zwischen Folgen und Erfolgen, zwischen chronologischer und causaler Succession ein prinzipieller Unterschied gemacht wird, wird hier unvermittelt von der wechselseitigen «Folge der Bestimmungen» auf den «Grund» derselben übergesprungen; übrigens auch für «Wahrnehmungen» höchst unerwartet «Substanzen» untergeschoben. Folgendes ist der Wortlaut im Anschluss an die oben citirte Stelle:.... «als objectiv vorzustellen. Nun ist aber das Verhältniss der Substanzen, in welchem die eine Bestimmungen enthält, wovon der Grund in der andern enthalten ist, das Verhältniss des Einflusses» u. s. w.

260 Vgl. Fechner, a. a. O., S. 87.

261 Den leeren Raum überhaupt will Kant damit nicht leugnen; «der mag immer sein, wohin Wahrnehmungen nicht reichen.... er ist alsdann für alle unsere mögliche Erfahrung gar kein Object» (II, 180).

262 Selbst ein so derber, schwer zu erschütternder Empirist und Materialist wie Montgomery, findet sie, a. a. O., S. 125, «grossartig».

263 Schon 1763 vernehmen wir (I, 158 f.): «Wie etwas aus etwas anderm, aber nicht nach der Regel der Identität fliesse, das ist etwas, welches ich mir gerne möchte deutlich machen lassen.... Wie soll ich es verstehen, dass weil Etwas ist, etwas Anders sei? Eine logische Folge wird eigentlich nur darum gesetzt, weil sie einerlei ist mit dem Grunde.» (Folgt ein Beispiel: die Fehlbarkeit des Menschen, abgeleitet aus der Endlichkeit seiner Natur, in der sie schon implicite liegt.) «Allein der Wille Gottes enthält den Realgrund vom Dasein der Welt.... durch das Eine wird das Andere gesetzt.... Ein Körper A ist in Bewegung, ein anderer B in der geraden Linie derselben in Ruhe. Die Bewegung von A ist etwas, die von B ist etwas anders, und doch wird durch die eine die andere gesetzt. Ihr möget nun den Begriff vom göttlichen Wollen zergliedern, so viel Euch beliebt, so werdet Ihr niemals eine existirende Welt darin antreffen, als wenn sie darin enthalten und um der Identität willen dadurch gesetzt sei und so in den übrigen Fällen.... Der Realgrund ist niemals ein logischer Grund und durch den Wind wird der Regen nicht zufolge der Regel der Identität gesetzt». — Und gegen den absurden Versuch, auch das «Dasein» (z. B. Gottes) aus Begriffen zu deduziren, fällt in demselben Jahre (I, 172) die kühle Bemerkung, welche oben Anm. 245 herangezogen ward. Vgl. S. 14 f., Anm. 64, 68.

264 Z. B. C. Göhring, System der kritischen Philosophie, II, 132.

265 Vgl. Proll., Einl., III, 5; § 4, S. 22 f.; § 5, S. 29 ff.; § 40, S. 95, Anm.; § 57, S. 124 ff., 162 f. Kr. d. r. V., Vorrede zur 1. und 2. Aufl.; ferner: II, 254, 648 ff. (besonders 654); I, 350 ff., 360 f., 488; VII, 98; XI, 8 f., 27 f., 31, 64 f.

266 Vgl. die von Kant, III, 6 f., Anm. citirte Aeusserung Hume's: «Metaphysik und Moral sind die wichtigsten Zweige der Wissenschaft; Mathematik und Naturwissenschaft sind nicht halb so viel werth». Aehnlich Kant selbst, I, 574.

267 Einl. in die Philos., W., I, 261 f.

268 Vgl. Proll., § 27, Schluss. Kr. d. r. V., 1. Aufl., II, 94 f., 102 ff.; und Lotze, Mikrokosmus, II, 8.

269 «Es ist ein Gott eben deswegen, weil die Natur auch selbst im Chaos nicht anders als regelmässig und ordentlich verfahren kann» u. s. w.

270 Vgl. S. 119, 187, Anm. 223.

271 Worte Lotze's (Logik, S. 90).

272 Vgl. Anm. 50.

273 Um so unberechtigter erscheinen uns daher jetzt die Prädicirungen, welche er sich, Proll., § 4, III, 27, in Beziehung auf die «reinen synthetischen Erkenntnisse» erlaubt (sie wurden oben S. 136 mitgetheilt); sie sind Hume's Erinnerungen gegenüber sogar fast unbegreiflich.

274 Kant braucht den Terminus transcendental; das Wort ändert den Gegensatz nicht, den wir ausprägen wollen.

275 Für Kant waren auch die Gleichheiten des Ein mal Eins synthetische Urtheile a priori (vgl. S. 17); was ich nur hervorhebe, weil man gelegentlich diesen Ansatz wunderlicherweise als eine zur Widerlegung Kants benutzbare, erst noch zu ziehende absurde Consequenz seiner Lehre aufgestellt findet (vgl. Funcke, Grundlagen der Raumwissenschaft, 1876, S. 80).

276 Solche Construction ist einigermassen dem physicalischen Experiment verwandt; schon Kant hat diese Zusammenstellung gemacht (Vorrede zur Kr. d. r. V., 2. Aufl., II, 667 f.). Kein Mensch kann z. B., ohne zu probiren, indem er construirt, aus blossen Begriffen wissen, was für Vierecke es sein mögen, in denen sich die schneidenden Diagonalen in umgekehrt proportionale Abschnitte zerlegen; gerade so wie er a priori nicht wissen kann, was für eine Farbe herauskommen wird, wenn er zwei bestimmte Spectralfarben in einem gewissen Intensitätsverhältniss mischt; obwohl das Eine so prädestinirt ist wie das Andere. Aber wenn das Experiment vollendet ist, so ist das eine Mal die Abhängigkeit durchsichtig, das andere Mal nicht (vgl. Anm. 241). Und darum ist es andererseits auch wieder für den Anhänger der Lehre von angeborenen «Erkenntnissen» wohl erlaubt, mit Leibnitz (Opp., ed. Erdmann, S. 208), die ganze Arithmetik und Geometrie als angeboren zu betrachten, nicht aber die Physik und Chemie. Die mathematischen Wissenschaften sind allerdings «en nous d'une manière virtuelle»; sie sind in uns zusammen mit der Fähigkeit, zu denken, zu zählen und im Raume anzuschauen.

277 Ich leugne insofern gar nicht, was Kant behauptet (II, 36), dass «alle geometrischen Grundsätze . . . niemals aus allgemeinen Begriffen . . . sondern aus der Anschauung und zwar a priori mit apodiktischer Gewissheit abgeleitet werden»: wie ich auch nicht in Abrede stelle,

323

dass «wir, ohne die Anschauung zu Hilfe zu nehmen, vermittelst der blossen Zergliederung unserer Begriffe» (a. a. O., S. 703) keine Summirung von Zahlen zu Stande brächten; wenn man «Anschauung» nennen will, was beim Setzen von Eins zu Eins vor sich geht; und wenn man sich unter dem «Begriff» der Zahl n noch etwas anders denken kann als:

$$1 + 1_{II} + 1_{III} + 1_{IIII} \ldots + 1_{n-1} + 1_n.$$

278 a = e; b = d; was durch Rückgang auf das 11. euklideische, das Parallelenaxiom, welches die Natur unseres Raumes ausspricht, zu erweisen wäre; also a + b = c + d; also a + b + c = e + d + c = 2 R. Vgl. Helmholtz, Pop. wiss. Vortr., I, 20.

279 Vgl. Locke, a. a. O., IV, 8, 8.

280 Ausdruck Kants, Kr. d. r. V., II, 85.

281 Vgl. S. 117 f. Sehr abschätzig läuft dem gegenüber die Erörterung, Proll., § 38b, III, 85 ff.; man werde, heisst es beispielsweise S. 87, in dem «gleichförmigen» und «unbestimmten» Raume «gewiss keinen Schatz von Naturgesetzen suchen». Und doch wird gerade auch hier wieder hervorgehoben, dass die geometrischen Lehrsätze eigentlich implicite schon in der «ursprünglichen Regel» liegen, die der «Verstand» der Construction der Figuren «zum Grunde legte», und dass sie aus dieser «abgeleitet» werden: wonach diese Sätze denn wenigstens in Beziehung auf diese «ursprüngliche Regel» nichts «Synthetisches» beibrächten. Und wenn man weiter erwägt, wie diese Regel doch ohne den Raum, in dem sie exhibirt wird, nichts ist; dass der Raum, wie Kant selbst sagt (S. 87), «das Substratum aller auf besondere Objecte bestimmbaren Anschauungen, die Bedingung der Möglichkeit und Mannigfaltigkeit der letzteren» ist, so dürfte man wohl ansetzen müssen, dass die letzte Quelle, aus der die geometrischen Sätze erfliessen, denn doch der Raum mit seinen charakteristischen Eigenthümlichkeiten sei (vgl. II, 195; IV, 244 f). Es folgt das Gesetz der einander in geometrischer Proportion schneidenden Sehnen allerdings aus der «Natur» des Cirkels und insofern zunächst aus dem diese Natur setzenden «Verstande», aber insofern doch auch wieder «unabhängig vom Verstande», als der Satz in der Complication des constitutiven Cirkelbegriffs mit diesem unserm Raume enthalten liegt. Der Verstand muss sich der Natur des «Substratums aller Anschauungen, der Bedingung ihrer Möglichkeit» unterordnen und anbequemen; er könnte den Satz pure aus sich selbst und für sich selbst mit der «Gleichheit der Halbmesser» nicht «zugleich» in den Begriff hineinlegen. Und wenn wir den Satz beweisen, so geschieht es doch so, dass wir «den reichhaltigen Sinn, der im Raume liegt, bloss zu erforschen» und ans Licht zu bringen suchen. — Kant sagt: Im Raume liegt «kein Schatz von Naturgesetzen». Und doch: womit anders als mit Voraussetzung und Zugrundelegung des Raumes und seiner Verhältnisse hat er nach dem Vorgang Anderer (vgl. Whewell, Gesch. der induct. Wissenschaften, deutsche Uebers., II, 155 ff.) das Newtonsche Gravitations-

gesetz a priori deduzirt? (Proll., a. a. O., Metaph. Anfangsgründe der Naturw., W., V, 373 ff.). — Vgl. die von G. E. Schulze angeregte, zum Theil völlig zutreffende Philosophie der Mathematik des in seiner romantischen Grundstimmung übrigens der Mathematik abgeneigten (vgl. z. B. Vierf. W., W., I, 77; Welt als Wille, W. II, 222 f.; III, 47) Schopenhauer, Vierf. Wurzel, § 35-39; § 46; Welt als Wille, I, § 15 (W., II, 82 ff.); II, c. 13 (W., III, 142 ff.); ferner: Kritik der kantischen Philosophie, W., II, 518 f.; W., II, 63-66; 78 f.; III, 38-41. Er wünscht, dass mehr, als es von Euklid geschehen sei, die in der räumlichen Anschauung liegende unmittelbare Evidenz der geometrischen Wahrheiten bloss herausgehoben werde; dann werde der Beweis auch wirkliche E i n s i c h t (cognitio) und nicht blosse U e b e r f ü h r u n g (convictio) bewirken. Aehnlich hatte schon Antoine Arnauld die Unnatürlichkeit der euklideischen Beweisart getadelt. Vgl. Art de penser, IV, 9, f. (hier unter Anderm: Der Hauptfehler des Euklid ist: avoir plus de soin de la c e r t i t u d e que de l ' é v i d e n c e et de c o n v a i n c r e l'esprit que de l ' é c l a i r e r; daher z. B. die häufige Anwendung des i n d i r e k t e n Beweises und fremdartiger Argumente, de voies étrangères, d'où les choses ne dépendent point s e l o n l e u r n a t u r e); und die Nouveaux éléments de géométrie, im 40. Bande seiner ges. Werke.

282 Vgl. Sigwart, Logik, I, 47; 89.

282 Vgl. Sigwart, Logik, I, 47; 89.

283 Aehnlich schon Schopenhauer; z. B. W., III, 38: «Dass Zeit und Raum d e m S u b j e c t anhängen . . . . hat schon einen genügenden Beweis an der gänzlichen Unmöglichkeit, Zeit und Raum wegzudenken . . . . Die H a n d k a n n A l l e s fahren lassen, nur sich selbst nicht»; V, 90: «Wenn man jene E r k e n n t n i s s f o r m e n (Raum und Zeit), wie das Glas aus dem Kaleidoskop wegziehen könnte» u. s. w. Hiermit tritt aber auch gleich die grosse Gefährlichkeit der kantischen Lehre hervor. Und was würde uns für die wichtigsten Erkenntnissinteressen diese in unserer «Organisation» begründete apriorische Raumform helfen, wenn diese «Organisation» es etwa daneben gestattete, dass zwei Subjecte unter gleichen Bedingungen zwei verschiedene I n h a l t e apprehendirten? wogegen weder der Kantianismus noch das erkenntisstheoretische «Arcanum», das man in der sogenannten «Organisation» annimmt (vgl. H. Cohen, über Lange, Preuss. Jahrbb., XXXVII, 373), ein Präservativ darbietet.

284 Vgl. Kr. d. r. V., II, 436: «Unsere äussere sinnliche Anschauung möchte eine andere sein als im Raume».

285 Vgl. S. 720: «Es mag sein, dass a l l e endliche denkende Wesen hierin mit dem Menschen nothwendig übereinkommen müssen (wiewohl wir dieses nicht entscheiden können)».

286 Ueber diese «grund- und bodenlose Schwärmerei» handelt in vielen Stücken völlig zutreffend Herbart in der Metaphysik (W., III, 144 ff.). Bei den Engländern hat indessen diese Schwärmerei eine merkwürdige mathematische Ausbildung erhalten durch George Boole's Investigation of the Laws of Thought (1854). Nachdem er herausgebracht hat (S. 50), dass das

Fundamentalgesetz unsers Denkens (das Princ. contradictionis und exclusi tertii) durch eine Gleichung zweiten Grades : x (1 — x) = 0 auszudrücken sei, eröffnet er die Perspective eines Denkens entsprechend einer Gleichung dritten Grades, the real nature of which it is impossible for us, with our existing faculties, adequately to conceive, but the laws of which we might still investigate as an object of intellectual speculation. Vgl. Anm. 52.

287 So bleibt also 1781 die «Hoffnung», welche er 1770 in der Inauguraldissertation (§ 15 D.) ablehnte, wie es scheint, offen.

288 Unter denselben trafen wir auch das Galileische Trägheitsaxiom (S. 140). Gerade seine Verbindung mit den «reinen» Verstandesgesetzen zeigt, wie problematisch und elastisch diese «Reinheit» überhaupt ist. Jedenfalls merkte die wissenschaftlich über das Gegebene reflectirende Menschheit bis auf Galilei so wenig von seiner Apriorität, dass sie die orbiculare Fortsetzung einer angefangenen Bewegung für das wahrhaft Natürliche hielt. Vgl. Anm. 256.

289 Vgl. Kant, Fortschr. der Met., W., I, 566.

290 Logik, III, 21, 4; vgl. Anm. 48, 50.

291 Philos. Monatshefte, V, 7.

292 Proll., § 38b; III, 88. In Beziehung auf den hierbei spielenden Begriff «Erfahrung», vgl. ausser S. 179, 185 f. J. Witte, Beiträge zum Verständniss Kants, S. 17 ff.

293 Kr. d. r. V., 2. Aufl., II, 756.

294 Kant selbst nennt, II, 569, mögliche Erfahrung «etwas ganz Zufälliges». Vgl. A. Stadler, Kants Teleologie, S. 53-73, und oben S. 134 ff.

295 Vgl. S. 136.

296 Das thun wir denn auch redlich. Vor allem veranlasst uns dazu die eigenthümliche Art, wie sich unser animalisches Leben abspinnt. Bei der Abhängigkeit desselben von den Einflüssen der Dinge ringsumher auf den Leib ist es wunderbar, wie schnell es uns gelingt den grössten Theil unserer Muskelactionen so einzuschulen, dass sie mit einem Minimum geistiger und nervöser Anstrengung, fast unbewusst im normalen Geleise bleiben. Wir erfahren es ungesucht und unablässig, dass die geringste Abweichung des Muskelgefühls von dem Gewöhnlichen auch mit einer Abweichung von den normalen äusseren Umständen verbunden ist und sind ohne diese Warnungen und Erinnerungen völlig sorglos. Wir haben früh das instinctive Vertrauen gewonnen, dass jene unsern Leib beherrschenden Einflüsse, so vielgestaltig sie sind, so doch auch durch feste Gesetze geregelt sein müssen : und diese Sicherheit kann die auf das Leibesleben und die in demselben millionenfach bewährte Constanz der Relationen gerichtete Reflexion immer nur steigern. Vgl. Anm. 254, und Baumann, a. a. O., S. 282 f., 285 f.

297 Schon von Herbart monirt (Metaphysik, § 35, W., III, 122). Vgl. ferner oben S. 133, 137).

298 Vgl. Anm. 49. Zu diesen Sonderlingen gehört auch Ueberweg. Vgl. die Kritik der Herbartschen Metaphysik, in der Gesch. d. Philos., 3. Aufl., III. 315, Anm. — Und im Bereiche theologischer Gläubigkeit hat man sich oft darin gefallen, die Logik überhaupt als etwas zu bezeichnen, was gegen die Mysterien der «Offenbarung» nicht aufkommen dürfe. «Mulier» (die Logik) «taceat in ecclesia», pflegte z. B. Luther zu sagen (vgl. Luthers Werke, Walch, X, 1396 f.).

299 Kürzlich folgerte auch A. Spir in einem kleinen Artikel in den Philos. Monatsheften (XII², S. 49), «Zur Frage nach den ersten Principien», aus dem Satze : Die Natur der Dinge an sich ist mit sich selbst identisch, folgende zwei «unmittelbar» : Dem Wesen der Dinge an sich ist alle Veränderung fremd (Beharrlichkeit der Substanz), und : Alle Veränderung ist bedingt, d. h. von Ursachen abhängig. «Hier zeigt es sich klar, aus welchem Grunde der Satz der Causalität a priori gewiss ist.» Zu dem ersten Folgesatze vgl. oben § 14.

300 «Zeit und Raum in ihren denknothwendigen Bestimmungen, abgeleitet aus dem Satze des Widerspruchs», 1875. — Auch Schopenhauer, so sehr er gegen das absolut Nothwendige eifert, steht dem Drange, mit dem Begreifen so weit vorzudringen, nicht fern. So versucht er z. B. den Raum dadurch nothwendig zu machen, dass er ihn für das unerlassliche Complementum der Zeit erklärt und beide zusammen, indem er sie als «Bedingung der Realität» fasst. (Vierf. Wurzel, § 18, W., I, 29.)

301 Vgl. S. 32 ff., Anm. 86.

302 Vgl. Kant gegen Eberhard, I, 406 :.... «spricht von Blumen und Früchten, die die unbestrittenen fruchtbaren Felder der Ontologie verheissen». Ueber den historischen Verlauf der «logischen Metaphysik» handelt gut Fries, Neue Kritik der Vernunft, I, 201 f. Er vergleicht den Versuch, aus der Logik Metaphysik zu schaffen, mit dem Verfahren, «wenn Jemand durch das Fernrohr zur Astronomie kommen wollte, ohne einen Himmel, den er beobachtete».

303 Baumann, a. a. O., S. 329. — Es ist natürlich, dass den Vertretern des Credo quia absurdum auch diese Anwendung der Logik (vgl. Anm. 298), um vorgeblicher «Majestät und Hoheit» gewisser Sachen willen nicht absolut verbindlich scheint. Gefällt sich doch selbst ein Descartes in dem insipiden Zweifel, ob 2 + 3, wenn Gott nicht wahrhaftig wäre, wirklich = 5 sein möchte.

304 Sehr deutlich treten die psychologischen Motive des Spinozismus im Tractatus de intellectus emendatione hervor. Vgl. vorzüglich § 99.... ut omnes nostræ perceptiones ordinentur et uniantur, requiritur, uti, quam primum fieri potest.... inquiramus, an detur quoddam ens et simul quale, quod sit omnium rerum causa, ut ejus essentia objectiva (natürlich im scholastischen Sinne) sit etiam causa omnium nostrarum idearum et tum mens nostra.... quam maxime referet naturam. Dazu vergl. die

Grundzüge der ausgebildeten Theorie. A. a. O., § 92: Si res sit in se sive ut vulgo dicitur (dies zu beachten gegen den Vorwurf der Absurdität des folgenden Terminus) causa sui, tum per solam suam essentiam debebit intelligi etc. Eth. I, Def. 8: Per æternitatem intelligo ipsam existentiam, quatenus ex sola rei æternæ definitione necessario sequi concipitur. IV, 28: Summum ens, quod mens intelligere (?) potest, Deus est (Præf. zu demselben Buch: Ens, quod Deum seu Naturam appellamus); h. e. ens absolute infinitum et sine quo nihil esse neque concipi potest (I, Def. 3: cujus conceptus non indiget conceptu alterius rei. Vgl. Schelling, W., I 10, 211). In trefflicher Weise erörtert den Begriff des absoluten Seins, dem man sich denkend nicht entziehen, und den man doch so wenig «begreifen» kann, Herbert Spencer, a. a. O., S. 39 ff., 86 ff. Vgl. Anm. 310.

305 Wacker kämpft für die Prärogative und absolute Selbstgewissheit der «reinen» Logik gegen George Boole's mathematische Einmischungen und Uebergriffe (B. leitet u. A., a. a. O., S. 49 ff., allen Ernstes das Princ. contradictionis aus einer mathematischen Formel ab) W. Stanley Jevons in der Schrift: Pure Logic or the Logic of quality apart from quantity: with Remarks on Boole's System and on the Relation of Logic and Mathematics, 1864, § 6, 35, 57, 59 f., 173, 183 ff., 203 ff. Es wird auch niemand ernstlich in Abrede stellen, dass die 5 ersten euklideischen Axiome schon Spezificationen und Anwendungen absolut evidenter allgemeiner Gesetze sind, die man nur als logische (resp. ontologische, vgl. oben S. 36 ff.) bezeichnen kann. Vgl. a. a. O., § 25, 44.

306 Kr. d. Ukr., IV, 19 ff.

307 Kr. d. r. V., II, 10, 594 ff., 682 f. Kr. d. pr. V., Vorrede, VIII, 105 ff. Kr. d. Ukr., IV, 291-302, 366 ff. Fortschritte der Metaphysik, I, 535 ff. — Vgl. für Kants Zug nach dem absolut Nothwendigen aus der vorkritischen Periode besonders den einzig möglichen Beweisgrund zu einer Demonstration des Daseins Gottes (1763), I, 164 ff.; vorzüglich den Beweis der Thesen: 1) Es ist schlechterdings unmöglich, dass gar nichts existire (S. 180); 2) Es existirt ein schlechterdings nothwendiges Wesen (S. 185 f.); und die Abwägung des Werthes des ontologischen und kosmologischen Beweises (S. 283 ff.). Letzterer erbringt seiner Ansicht nach « die grösste Wahrscheinlichkeit von der Welt »; « allein dieser Ueberzeugung wird viel an der Ausführlichkeit, die der frechsten Zweifelsucht trotzt, ermangeln ». (Die Application auf die empirische Begründung des Causalitätsaxioms drängt sich auf: auch sie erzeugt die grösste Wahrscheinlichkeit von der Welt und ist ohnmächtig gegen die «frechste Zweifelsucht».) Höchst charakteristisch für Kants Demonstrir- und Deduzirtemperament ist in der Kr. d. r. V. selbst der convulsivische Versuch, den « Scandal der Philosophie und allgemeinen Menschenvernunft, das Dasein der Dinge ausser uns bloss auf Glauben annehmen zu müssen », durch einen «genugthuenden Beweis» zu beseitigen. Vgl. a. a. O., II, 773 ff., 685 f. Anm.

308 Vgl. Anm. 294.

309 Vgl. Anm. 254, und G. Boole, a. a. O., 407 ff.

³¹⁰ Herbert Spencer, a. a. O., S. 95 : «Die Denkgesetze verbieten es uns
schlechterdings, einen Begriff von absoluter Existenz zu bilden; zu
gleicher Zeit aber verhindern uns dieselben Denkgesetze, uns von dem
Bewusstsein von absoluter Existenz loszumachen.» Uebrigens haben wir
immerhin auch ein Analogon von der absoluten Existenz, die wir voraussetzen, eben so gut wie — wir bemerkten es oben — von den consecutiven Attributen, die wir mit ihm verketten. Wir haben es — in jedem
gegebenen Bewusstseinsmoment und seinen Inhalten. «Das Dasein», sagen
Kant (vgl. W., I, 173; II, 467) und Herbart (vgl. besonders W., III,
117 ff., 145 ff.), «ist die absolute Position eines Dinges»; «der Begriff der
Position oder Setzung ist völlig einfach und mit dem vom Sein überhaupt
einerlei.» So absolut gesetzt, so zweifellos seiend ist der unmittelbaren
Erkenntniss der Inhalt jeder jedesmaligen Wahrnehmung (vgl. S. 89 f., 112).
Und selbst wenn wir hinterher in metaphysischer Speculation, weil uns
dieses absolut gesetzte Sein absolut unverständlich ist, über die gegebene
Wirklichkeit hinausschweifen und nach «dem ersten Grunde ihrer Möglichkeit» (vgl. Kant, II, 313) fragen, indem wir sie, diese unmittelbare Wirklichkeit, von einem «transcendentalen Gegenstande» abhängig denken :
selbst dann bleibt das Wirkliche, welches wir unmittelbar erleben, wenn
auch von dem Denken zur Abhängigkeit degradirt und also nicht mehr
«absolut», doch wenigstens die absolute ratio cognoscendi, aus der wir an
der Hand der absolut gewissen logischen Gesetze die absolute ratio essendi
zu erschliessen suchen. Gelingt es nun auch nicht, den «Begriff» der
letzteren, ihre innere Constitution zu fassen : die absolute Nothwendigkeit,
die wir in ihr voraussetzen, hat jedenfalls ihre Analogie; ihre Analogie in
dem ohne Zuthun und wider Wunsch «gegebenen» Wahrnehmungswirk-
lichen, auf dessen «Erklärung» wir ausgingen. Freilich ein wundersamer
Zirkel, in dem unser Denken läuft !

³¹¹ Vgl. J. St. Mill, Logic, III, ch. 11 und 12.

³¹² Vgl. Anm. 318.

³¹³ Vgl. K. Snell, Newton und die mechanische Naturwissenschaft, S. 63.

³¹⁴ Physiol. Optik, 454.

³¹⁵ Vgl. J. St. Mill, Logic, III, 5, 7; 16, 2. G. Th. Fechner, Atomenlehre,
2. Aufl., S. 195.

³¹⁶ § 26, S. 110 ff.; § 31, S. 142; § 32, S. 146; § 33, S. 167 ff. Anm.
139, 185, 224. Vgl. ferner: Rob. Zimmermann, Ueber Kant und die pos.
Philosophie, Wien 1874 (S. 6 : der Darstellung des Verhältnisses des Standpunkts und der Methode der letztern zu jener der krit. Philosophie überhaupt ist diese Abhandlung gewidmet). Der innere Zusammenhang zwischen
der Denkweise Comte's und Kants geht aber entschieden viel weiter, als
er in dieser Schrift nach dem Vorgange von Emile Littré (A. Comte et la
philos. pos., 2ᵉ éd., 1864) angesetzt wird. Man kann es nach den historischen Wurzeln beider schon erwarten — vgl. hierüber vorzüglich neben
Littré's Buch und J. St. Mills Essay über Comte (A. Comte and positivism,

1865) A. Richl, Der philosophische Kriticismus, 1. Band : Geschichte und Methode des philos. Krit., 1876) — ; und die blosse Lectüre der Paralogismen reicht hin, um es zu sehen.

317 Auch Herbart bemerkt (W., III, 188): «Das Thun eines Dinges, wovon ein anderes Ding leidet, welcher Begriff von der Physik überall vorausgesetzt wird », — Herbart selbst findet ihn (vgl. a. a. 0., S. 198 f.) widersinnig — «hat bei Kant keinen Platz». Vgl. oben S. 148, 153 ff.

318 Wenn er auch gelegentlich (II, 304) jede Frage «über die Art, wie dasjenige an sich selbst existiren möge, was doch kein Ding an sich, sondern nur die Erscheinung eines Dinges überhaupt ist» — Materie und denkendes Ich — für eine «durch Missverstand» erzeugte «Vernünftelei» erklärt, so ist er doch von der Existenz der «Dinge an sich selbst» so überzeugt, dass er denjenigen, welcher sie etwa leugnete, mit der spitzigen (wenn auch nicht gerade absolut stichhaltigen; vgl. z. B. F. H. Jacobi, W., II, 35) Bemerkung abfertigt, dass «daraus der ungereimte Satz folgen würde, dass Erscheinung ohne etwas wäre, was da erscheint» (II, 676 f.). Und so sehr er auch jede Einmengung «hyperphysischer Erklärungsarten» (z. B. «Einfluss immaterieller Wesen») in die Naturwissenschaft ablehnt und dieselbe «jederzeit nur auf das zu gründen» fordert, «was als Gegenstand der Sinne zu Erfahrung gehören und mit unsern wirklichen Wahrnehmungen nach Erfahrungsgesetzen in Zusammenhang gebracht werden kann» (Proll., § 44, 57, 58; III, 99, 127, 135) — was ganz positivistisch herauskommt — so befriedigt ihn andererseits aber auch die streng phänomenalistische und positivistische Naturwissenschaft nicht; «denn Erfahrung thut der Vernunft niemals Genüge» (a. a. O., § 57, S. 125. Vgl. oben S. 205 und Anm. 265 f.). «Wer kann es wohl ertragen, dass wir von der Natur unserer Seele bis zum klaren Bewusstsein des Subjects (vgl. oben § 25 ff.) und zugleich zu der Ueberzeugung gelangen, dass seine Erscheinungen nicht materialistisch können erklärt werden (vgl. o. S. 110 f.), ohne zu sagen, was denn die Seele eigentlich sei ... Wer kann sich bei der blossen Erfahrungserkenntniss in allen kosmologischen Fragen ... befriedigen, da ... eine jede nach Erfahrungsgrundgesetzen gegebene Antwort immer eine neue Frage gebiert» (a. a. O.). «Und ... viele, ... bis zu einer gewissen Höhe getrieben, ... können» auf empirischem Wege «gar nicht aufgelöst werden; z. B. woher Materien einander anziehen?» (§ 56, S. 121; vgl. o. 227). Unbegreiflich bleibt auch das «Zeugungsvermögen» (a. a. O., S. 122, Anm.). Ferner: «Wer sieht nicht bei der durchgängigen Zufälligkeit und Abhängigkeit alles dessen, was er nur nach Erfahrungsprincipien denken und annehmen mag» (vgl. oben S. 228 f.), «die Unmöglichkeit, bei diesen stehen zu bleiben» (Proll., § 57, S. 125 f.), und nicht nach dem «Grund» dieser «Kette nach allgemeinen Gesetzen verknüpfter Erscheinungen» zu fragen (S. 128). — Mos. Mendelssohn hatte in den «Morgenstunden» (1785, S. 116) den Trumpf ausgespielt: «Wenn ich Euch sage, was ein Ding wirkt oder leidet, so fragt nicht weiter, was es ist!» In den Bemerkungen zu Jacobs Prüfung dieser Morgenstunden (VI, 395 f.)

zeigt Kant, dass ich auf diese Weise «nichts als Beziehungen von etwas kenne auf etwas anderes, davon ich gleichfalls nur äussere Beziehungen wissen kann», und wünscht zu erfahren, ob über dieses blosse Beziehungswissen hinaus «nicht die Frage ganz rechtmässig sei, was denn das Ding, das in allen diesen Verhältnissen das Subject ist, an sich selbst sei» (vgl. Schopenhauer', W., II, 117; Herbert Spencer, a. a. O., S. 95 f.).

319 Schon die vorige Anmerkung enthält dergleichen. Eine andere Frage wird durch den Schluss des Paragraphen 39 hervorgedrängt. Lässt sich über die «Nothwendigkeit» gerade dieser Elementaragentien der empirischen Welt auf dem Wege der Logik, Mathematik und mathematischen Physik schlechterdings kein Aufschluss gewinnen, warum soll der Verstand nicht, anstatt sich zu resigniren, nun einmal versuchen, hierüber auf anderem Wege zu der Einsicht zu kommen, die ihm auf dem bisher betretenen versagt scheint? warum soll er nicht beispielsweise durch Annahme von Zwecken und idealen Werthen, die verwirklicht zu werden verdienten, die starren Residua der mechanischen Naturerklärung zu verflüssigen versuchen, welches Unternehmen denn eben doch von vornherein metaphysisch geartet ist? Vgl. Lotze, Medicin. Psychologie, S. 22, 28. Mikrokosmus, 1. Aufl., I, 432 ff.; II, 3 f.; 7 ff., 23. Zur Resignation ist ja immer noch Zeit. In unserem Falle z. B., wenn, nachdem der teleologische Gedanke hin und hergeworfen ist, sich schliesslich zeigt, dass er auf wissenschaftlichem Wege und in wissenschaftlicher Form weder zu begründen, noch auch nur auszuprägen ist (vgl. Mikrokosmus, I, 433; II, 14).

320 Hume selbst freilich beherbergte schon in dem Ausdruck «Impression», den er für Wahrnehmung anwandte, ein recht solides Stück traditioneller Metaphysik.

321 Aus welchen theologischen Gründen Berkeley selbst nicht Solipsist sein konnte, ist bekannt; vgl. Principles of hum. knowledge, § 146 f.; und O. Liebmann, Zur Analysis u. s. w., S. 30 f.

322 Vgl. Anm. 139 und 224.

323 Vgl. S. 77 ff., 163 f.

324 Seine completen Augen existiren natürlich für ihn nur in Form einer übrigens grossentheils aus blossen Spiegelbildern und Analogien gebildeten Hilfsvorstellung; denn er sieht nur den äussersten Rand seiner Augenhöhlen und tastet kaum mehr als die Lider.

325 Fechner, Atomenlehre, 1. Aufl., S. 104.

326 Von demselben ist ihm natürlich das meiste blosse Hilfsvorstellung.

327 Uebrigens die Wendung eines, wie ich voraussetze, Nichtpositivisten. (O. Liebmann, a. a. O., S. 143.)

328 Worte Fechners, a. a. O., S. 28. — Vgl. S. 155 f. Anm. 189, 222.

329 Vgl. indessen S. 156 ff.

[330] Unter dem von F. A. Lange eröffneten Gesichtspunkt, der S. 167 zur Besprechung kam, scheint sie sogar nur als wissenschaftliches Provisorium gelten zu dürfen, als eine Ansicht, die auf einer höheren Staffel des Wissens unnöthig wird. Das hat, wie ich sehe, auch A. Spir (Empirie und Philosophie, 1876, S. 37) hervorgehoben. Nachdem er den Lange'schen Gedanken, dass bei consequenter Durchführung des Gesetzes von der Erhaltung der Kraft und hinlänglicher Einsicht in das mechanische Getriebe auch die complicirteste «Handlung» ohne Rücksicht auf ein mitspielendes Bewusstsein und seine Vorstellungen und Neigungen müsste begründet und erklärt werden können, reproducirt hat, fährt er fort: «Wer an dem Gesetze von der Erhaltung der Kraft festhalten will, muss also consequenterweise das Dasein anderer Menschen leugnen». Nun wird man freilich das behauptete «muss» als zu weit gehend bezeichnen dürfen: aber auch das allein stricte folgende «kann» genügt, um die Hypothese, von der der Text spricht, unter dem Aspect des Gesetzes von der Erhaltung der Kraft und der durchgeführten mechanischen Einsicht — als wissenschaftlich überflüssig zu erklären. Dabei kann ja allerdings immer noch der schillerische Drang, «in dem All der Schöpfung» nicht «allein» stehen zu wollen, der selbst «in die Felsensteine Seelen träumt», es sogar bewirken, dass, wie Spir a. a. O. sagt, «Jedermann viel stärker an das Dasein anderer Menschen als an die unbedingte Gültigkeit des Gesetzes von der Erhaltung der Kraft glaubt»: — aber solcher «Glaube» (vgl. Anm. 307) wäre mehr im poetischen Gemüth als im wissenschaftlichen Verstande erwachsen. Vgl. jedoch S. 105 f., 126 f.

[331] Wir sagten schon (S. 126), dass ohne Voraussetzung solcher überhaupt keine Wissenschaft möglich sei.

[332] Vgl. S. 121 ff.

[333] Vgl. Anm. 318.

[334] In der bekannten Stelle in Plato's Sophistes (247 D. E.) wird es geradezu als ein Merkmal des «ὄντως» Seienden betrachtet, die Kraft zum Thun und Leiden zu besitzen (δύναμιν εἴτ᾽ εἰς τὸ ποιεῖν . . . . εἴτ᾽ εἰς τὸ παθεῖν). Vgl. J. St. Mill, Dissert. and Discuss., III, 355.

[335] Vgl. Anm. 317, 318, und Kant, Metaph. Anfangsgr., drittes Hauptstück, Lehrsatz 3, Anm., V, 407 f.

[336] Vgl. Tyndall, Die Wärme als eine Art der Bewegung, 2. deutsche Aufl., 1871, S. 186: «Die Vereinigung von 1 Pfund Wasserstoff mit 8 Pfund Sauerstoff kommt nach seinem Arbeitswerth der Hebung von 47 Millionen Pfund auf 1′ Höhe gleich.... Die Entfernungen, welche die Atome vor ihrer Verbindung trennen, sind so klein, dass sie sich jeder Messung entziehen und dennoch gewinnen die Atome, indem sie diese Wege zurücklegen, eine hinreichende Geschwindigkeit, um sich mit der angegebenen Kraft aufeinander zu stürzen». Vgl. oben S. 124 f., 130, Anm. 150.

[337] Vgl. oben S. 165 f.

[338] Vgl. Anm. 255.

[339] Anm. 318 und 319. Vgl. S. 83, Anm. 80, 95. — Am deutlichsten tritt das theoretische Ungenügen hervor, wenn man mit der Metaphysik, die Materialismus genannt wird (vgl. Helmholtz, Physiol. Optik, S. 796; A. Spir, Denken und Wirklichkeit, I, 421 f.), nichts weiter als transcendent real ansetzt, als Atome und ihre mechanischen Bewegungen. — Ueber diesen Punkt äussert sich Schopenhauer so drastisch wie treffend, W., II, 32 ff. Gesetzt, so entwickelt er, wir hätten die anschaulichen Vorstellungen, durch die der Atomismus so anziehend wirkt, und die «im Grunde das Ziel und Ideal aller Naturwissenschaft» sind, bis zu dem Punkte getrieben, wo die von allen vitalen, empfindenden und bewussten Wesen unabhängig gesetzten (vgl. oben § 28, S. 136) materiellen Elemente und mechanischen Processe nun schliesslich auch noch das Leben, die thierische Sensibilität, das Bewusstsein gebären sollen, «so würden wir eine plötzliche Anwandlung des unauslöschlichen Lachens der Olympier spüren, indem wir wie aus einem Traum erwachend, mit einem Male inne würden, dass sein letztes, so mühsam herbeigeführtes Resultat, das Erkennen, schon beim allerersten Ausgangspunkt .... als unumgängliche Bedingung vorausgesetzt war» u. s. w. (vgl. oben S. 79, 96 f., 109 f., 128 f.). «So enthüllte sich unerwartet die enorme petitio principii; und der Materialist gliche dem Freiherrn von Münchhausen, der zu Pferde im Wasser schwimmend, mit den Beinen das Pferd, sich selbst aber an seinem nach vorn übergeschlagenen Zopf in die Höhe zieht». — In was für ein homerisches Gelächter muss man freilich erst ausbrechen, wenn derselbe Schopenhauer uns nun selbst eine Metaphysik zumuthet, in der nicht bloss der Herr von Münchhausen sich an seinem Zopf, sondern dieser Zopf noch wieder besonders sich an dem Herrn von Münchhausen oder dem Pferde in die Höhe zieht. Zunächst . nämlich huldigt der Idealist und Kantianer Schopenhauer, der das Hysteron-proteron des unkritischen Materialismus so köstlich an den Pranger zu stellen weiss, selbst demselben vulgären Realismus und Materialismus, mitsammt der berüchtigten sécrétion de la pensée des Cabanis. Nur verlangt er, dass man von dieser «Physik» (vgl. o. Anm. 189), welche «das An-schauen und Denken» (à la Münchhausen) «immer mehr aus dem Orga-nismus» erklären werde, weiter zu der «wahren Metaphysik» vorschreite, in welcher Cabanis' (und K. Vogts) reale Welt mit ihren elementaren Naturkörpern und organischen Leibern für das «Product oder viel-mehr Erscheinung» und «Sichtbarkeit» (das geht nämlich alles in Eins; dabei sind Subjecte, denen etwas «erscheinen» kann, Augen, die etwas «sehen» können, erst in Organismen; und das Unorganische ist vor allem Organischen dagewesen, «Pflanzen früher als Thiere») «eines Geistigen» (des Willens, des «Ewigen im Menschen») ausgegeben wird, während «das Geistige im Menschen» (die Erkenntniss, das Bewusstsein), damit natürlich auch das Sehen der «Sichtbarkeit» und das «Anschauen» der «Erscheinung», blosse Gehirnfunktion, «Product» seines Physischen ist u. s. w. (Vgl. a. a. O., S. 159-182, 504; Ueber den Willen in der Natur, W., IV, 19 ff., 99 ff.)

[340] Vgl. Baumann, a. a. O., S. 248 ff., 253 ff. Brentano, Psychologie, I, 140.

³⁴¹ Es ist wohl kaum zu erinnern nöthig, dass Kant in Wendungen dieser Art «transcendental» da braucht, wo, genauer geredet, der Terminus «transcendent» erforderlich wäre.

³⁴² Man lässt es z. B. in suspenso, ob es nicht vielleicht bloss die transitorische Form, der zeitweilige harmonische Zusammenklang vieler absolut dauerhaften, in die Composition ein- und wiederaustretenden Elementarsubstanzen ist. Vgl. Anm. 238.

³⁴³ Vgl. z. B. Helmholtz, Pop. wiss. Vorträge, II, 55. Schopenhauer, V, 92 f., 99. Willen in der Natur, IV, 44. Schopenhauer bemerkt auch richtig, dass Locke bei seiner Theorie der Wahrnehmung «das Gesetz der Causalität als ein absolutes» gefasst und eine transcendente Zeit angenommen habe; wenn er weiter hinzufügt, dass dieser Weg in der kantischen Philosophie «nicht mehr offen» stehe, so ist es am Ende gerade sehr übel, dass Kant den Weg zu einer Hypothese der Art nicht offen liess.

³⁴⁴ Vgl. Condillac, Traité des sensations, IV, 5, 1. Helmholtz, Physiol. Optik, 193 f., und oben S. 74 f.

³⁴⁵ So erinnert auch Herbart gegen die vermeintlich unumstösslichen metaphysischen Conclusionen der Reinholdschen «Theorie des menschlichen Vorstellungsvermögens» (wenn über irgend etwas, so seien über Vorstellung und deren Wirklichkeit alle Philosophen einig. Wer nun Vorstellungen zugebe, der müsse auch ein Vorstellungsvermögen zugeben, ohne welches sich keine Vorstellung denken lasse): «Hätte er damit bloss sagen wollen, die Wirklichkeit des Vorstellens beweise dessen Möglichkeit, so hätte er recht gehabt, aber Nichts gewonnen.»

³⁴⁶ Vgl. Herbert Spencer, Grundlagen der Philosophie, S. 100. Siehe oben S. 136.

³⁴⁷ Vgl. besonders Condillac, a. a. O., II, 5, 2 ff., und dazu IV, 5, 1, sowie oben S. 125 f., Anm. 153 ff.

³⁴⁸ Worte Lotze's, Mikrokosmus, I, 374 f. Vgl. D. Hume, Ueber den menschlichen Verstand, Uebers. von Kirchmann, S. 140. Baumann, a. a. O., S. 270.

³⁴⁹ Es ist immer gut, wenn eine in abstracto mögliche Ansicht ihre consequente Ausgestaltung und abschliessende Formulirung findet; das Verdienst für den naiven Realismus diese Arbeit geleistet zu haben, gebührt J. H. von Kirchmann; am concisesten ist seine Ansicht dargestellt in dem Vortrag: Ueber das Prinzip des Realismus (1875). Kirchmanns Metaphysik ruht auf folgenden Axiomen: 1) das Wahrgenommene ist; 2) das sich Widersprechende ist nicht; 3) im Collisionsfalle ist der erste Satz dem zweiten untergeordnet. So ist denn die ganze objective Welt da draussen mit allen Farben, Tönen und Gerüchen, nach Abzug der «Widersprüche», so wie wir sie wahrnehmen, auch an sich. Der Scrupel der Idealisten, auf welche Weise die Eigenschaften einer Sache, so wie sie an sich sind, wie Kant sagt, «in meine Vorstellungskraft hinüber wandern

können» (Proll., § 9, III, 37), oder wie Schopenhauer sich drastischer ausdrückt, «durch die Sinne und die Oeffnungen ihrer Organe in den Kopf
hineinspazieren» können (Vierf. Wurzel, I, 53), wird mit — einer Metapher
beseitigt, die nur wiederholt, was jene Philosophen für unmöglich halten.
S. 7: «Der Inhalt fliesst gleichsam durch das Wahrnehmen aus dem
Gegenstande in das Wissen über»; (er «ist im Gegenstande und im Wissen
nicht bloss der gleiche, sondern der identische»). S. 59: «Es ist nicht bloss
die formlose Empfindung, welche von dem Gegenstande kommt, sondern all
ihr Inhalt (jedoch wird S. 11 mit aristotelisirender Restriction hinzugefügt:
unter Zurücklassung der «stofflichen Seinsform») nach Raum, Zeit, Gestalt,
Bewegung, Grösse und den materiellen Qualitäten fliesst beim Wahrnehmen in das Wesen über». — Die sonst gewöhnlich in Anschlag gebrachten
Medien: Luft, Aether, Sinnesorgane, Nerven, werden bei dieser «Theorie»
gar nicht berücksichtigt. Von solchem Standpunkt sagt A. Bain einmal
(Mental science, 3. ed., p. 158) treffend: «Wer annimmt, dass aus der
Wirkung realer Ursachen mit Ueberspringung der letzten Glieder unmittelbar
die entferntere Ursache nachgebildet werden könne, huldigt einer Denk-
methode, die keiner Erklärung bedarf; er ist schon fest entschlossen, sich mit Allem zufrieden zu geben».

350 Vgl. Locke, a. a. O., 1, 3, 24 ff.

351 «Mais cela doit s'entendre de la condition naturelle des corps»,
sagt Antoine Arnauld im Sinne dogmatischer Gläubigkeit zu Gunsten der
«Mysterien» der Incarnation und Transsubstantiation (Art de penser, IV,
12, Schluss). Vgl. Anm. 303.

352 Es wird nicht leicht sein zu sagen, ob jene regulative Hypothese
oder die Erkenntniss der Bedeutung des Tastsinnes früher war (vgl. S. 59,
125 f.); schwerlich kann die Hypothese als ein «reiner» Gedanke des Geistes
angesehen werden; und jedenfalls ging der objectiven Ausmusterung an der
Hand des Tastsinns die unterschiedslose Behandlung aller Wahrnehmungen als «objectiver» voran.

353 Vgl. J. St. Mill, An Examination of Sir W. Hamiltons phylosophy, 262 f.

354 Schopenhauer, W., II, 528: «Materialität ist es allein, die das reale
Ding vom Phantasiebilde unterscheidet». Nämlich, was Wache und Gesunde
als «Materialität» bezeichnen; Wache und Gesunde haben keine Tast-
phantasien; natürlich ist das kein synthetischer, sondern ein identischer
Satz: Subject und Prädicat sind Wechselbegriffe.

355 Phædrus, 250ᵈ: Ὄψις ἡμῖν ὀξυτάτη τῶν διὰ σώματος ἔρχεται
αἰσθήσεων. Rep. 507ᶜ: Ἆρ᾽ οὖν ἐννενόηκας τὸν τῶν αἰσθήσεων δημιουργὸν
ὅσῳ πολυτελεστάτην τὴν τοῦ ὁρᾶν τε καὶ ὁρᾶσθαι δύναμιν ἐδημιούργησεν;
— Aristoteles, de an., 429ᵃ, 3: Ἡ ὄψις μάλιστα αἴσθησίς ἐστι. —
Descartes, wenn er beschreiben will, was clara et distincta perceptio,
Locke, wenn er klar machen will, was intuitive knowledge sei, beide
bedienen sich des Hinweises auf die Thätigkeit des Auges. Vgl. Kant,
Anthropologie, § 18 (W., VII. 48). E. H. Weber, Ber. d. sächs. Ges. d. Wiss.,

math.-phys. Classe, 1852, S. 99 f. W. Wundt, Beiträge zur Theorie der Sinneswahrnehmung, S. 33 f. L. Geiger, Ursprung und Entwickelung der menschlichen Sprache und Vernunft, S. 39 ff., 73 ff. K. Stumpf, a. a. O., S. 23 ff.

356 Doch sind auch «begreifen» und «fassen» von hohem Werth.

357 Vgl. Al. Bain, The Senses and the Intellect, 3. ed., S. 232. Helmholtz, Pop. wiss. Vortr., II, 63.

358 Vgl. S. 117 ff., 131 f., 148, 152 f., 156 ff.; und J. Bergmann, Grundzüge der Lehre vom Urtheil, S. 4 f.

359 Die Rose ist roth, aber bricht auf, duftet, welkt u. s. w.; jedoch auch: «roth wie Blut ist» (nämlich jetzt) «der Himmel» und «der Hund bellt, die Ziege meckert, Asa foetida stinkt, die Rose duftet» (nämlich diese Art der Manifestation ist ihre bleibende Eigenthümlichkeit).

360 Vgl. S. 148 ff., 158 f. — F. A. Lange sagt in der Gesch. des Mat. (II, 205): «Indem wir das Ding Schritt für Schritt auflösen, bleibt uns immer der noch nicht aufgelöste Rest, der Stoff, der wahre Repräsentant des Dinges. Ihm schreiben wir daher die entdeckten Eigenschaften zu. So enthüllt sich die grosse Wahrheit, ««kein Stoff ohne Kraft, keine Kraft ohne Stoff»», als eine blosse Folge des Satzes, ««kein Subject ohne Prädicat, kein Prädicat ohne Subject»»; mit andern Worten: wir können.... nicht anders auffassen als die Stammbegriffe unsers Verstandes bedingen». Diese in kantischen Farben schillernde Stelle (dass sie nicht correct kantisch ist, wird nach Anm. 4, und allem, was sonst über die erkenntnisstheoretische Bedeutung der kantischen Stammbegriffe gesagt ist, keiner weiteren Auseinandersetzung mehr bedürfen; vgl. auch Anm. 364) hat darin recht, dass allen «entdeckten» physischen «Eigenschaften» und «Kräften» dasjenige unterbreitet bleibt, was wir von Anbeginn als fremde οὐσία, als Nichtich, als objective Existenz und Realität uns gegenüber dachten; das ist der «Stoff», welchem die Qualitäten inhäriren: «objective Realität, räumliche Wirklichkeit und Materialität sind Wechselbegriffe».

361 Vgl. S. 114, 117 ff.

362 Vgl. Anm. 137; S. 77 f., 121.

363 Vgl. S. 121 ff.

364 Ob «Existenz, Realität, Substanz, Subject» also wohl «reine» Verstandesbegriffe sind? Vgl. S. 26 ff., Anm. 247. — Wenn die Cartesianer beweisen wollen, dass die «Seele» die Fähigkeit hat, dergleichen «Ideen» spontan zu bilden (Logique de Port Royal, I, 1; éd. Jourdain, 1868, S. 39: de les former de soi-même), so thun sie es indirect, indem sie die Annahme, sie kämen uns «von aussen», durch die «Sinne», ad absurdum führen. Wir haben aber auch einen «innern Sinn»; und «ist» nicht auch das von aussen Wahrgenommene? Vgl. S. 111. Und das Wort «Gelegenheit», das sie anwenden, um den Beitrag der sinnlichen Thatsachen,

den auch sie nicht wegleugnen können, zu bezeichnen (vgl. z. B. a. a. O.,
S. 40 : . . . donnent occasiou à l'âme de se former diverses idées, qu'elle
ne se formerait pas sans cela) ist — sehr elastisch. (Der Herausgeber der
Art de penser bemerkt übrigens seinerseits a. a. O., S. 120 : je n'aurais
formé la notion abstraite d'existence, si je n'avais connu d'abord
mon existence personnelle; wir würden sagen : wenn wir nicht
lebten; vgl. S. 134 ff.). — F. A. Lange, der mit seinem Anm. 360 citirten
Ausdruck «Stammbegriff unseres Verstandes» den Verdacht erweckt, als
huldige auch er der Lehre von den «reinen Begriffen», speciell von der
«Reinheit» des Substanzbegriffs, bemerkt a. a. O., S. 128 : «Wenn man findet,
dass die Synthesis der Eindrücke im Ding die Kategorie der Substanz
voraussetze, so ist zu fragen : als Kategorie? Die Antwort kann nur
verneinend ausfallen. Vielmehr ist die sinnliche Synthesis der Eindrücke die Grundlage, aus welcher eine Kategorie der Substanz erst entwickelt wird.» Und S. 127 wird es als «eine Aufgabe der Zukunft» bezeichnet, «zu zeigen, dass es ein reines Denken im Sinne der Metaphysiker, von denen Kant in diesem Punkte keine Ausnahme
macht, gar nicht gibt». Es wird nicht näher erörtert zu werden brauchen, dass ich mit der (übrigens bei einem «Kantianer» höchst frappirenden) Bemerkung nicht bis zu der seltsamen Art von Ableitung, die sie mit
dem Substanzbegriff versucht, übereinstimme; mir war nur interessant, wie
auch hier nach einem sinnlichen Hintergrund und Anreiz der Cardinal- und
Grundformen unseres «Verstandes» ausgeschaut und das «reine Denken»
(wie es z. B. Plato characterisirt und übt; vgl. etwa Rep., 510 B, 511 C.)
pure verurtheilt wird. — Mit der Substanz verwandt ist der Begriff der
Identität (vgl. Anm. 86), verwandt wie das «Wesen» (§ 14), wie die Realität;
verwandt, wenn auch nicht dasselbe : es lassen sich auch identische
Geschwindigkeiten, Bewegungsrichtungen, identische (gesetzmässige) Folgeverbindungen denken. Die Kategorie fehlt in Kants transcendentaler Tafel
ebenso wie das «Wesen». Und doch ward gerade sie seit Platons Theätet
und Sophistes am häufigsten und einstimmigsten wegen ihrer Spontaneität
und Reinheit angezogen; wir selbst rechneten sie, S. 192, zu den in den
Denkfunktionen liegenden begrifflichen Momenten. Auch liess sie sich recht
wohl wie die Kantischen aus einer Analyse des Urtheilsacts herauspräpariren; wenn anders diejenigen Logiker recht haben, welche in jedem
logischen Urtheil nur eine Gleich- und Ungleichheitserklärung über zwei
Termini sehen (vgl. z. B. Jevons, Pure Logic, § 17). Aber in Beziehung
selbst auf diesen ausgezeichneten «Stammbegriff» des menschlichen Geistes
wurde es uns schon oben a. a. O. fraglich, ob man nicht in gewissem
Sinne sagen dürfe, dass er in der Wahrnehmung, dem Gegebenen «liege».
— Mit grosser Wärme pflegte sich in den letzten Jahrzehnten der Apriorität
dieses Begriffes, den der Geist «sich selbst verdanke», A. Trendelenburg
anzunehmen. Aber wenn er aus dem Stil einer gewissen affectvollen Bewegung heraustritt, muss auch er, gleichsam unwillkürlich, der Abhängigkeit
selbst dieser reinen Kategorie von den gegebenen Gegenständen Zeugniss
geben. Nachdem er (Logische Untersuchungen, 3. Aufl., II, 210 f.) von dem
«Geiste» ausgesagt hat, dass er «seinen Begriff des Identischen», der

«durch keine Wahrnehmung, durch keine Erfahrung der wechselnden Erscheinungen gegeben» sei, der Causalität «eingestalte» — was wie eine Verbindung des radicalsten Heraklitcismus und eines gewissen kantisch-platonischen Apriorismus sich darstellt — heisst es weiter in schroffem Abfall von diesem Standpunkt zu unbefangener Anerkennung des Thatsächlichen: «Das Identische ist allenthalben die Hülfe des Geistes, und ohne das Identische wäre er rathlos. Das Identische des Gegenstandes ist ihm Bedingung, um überhaupt zu erkennen.... Der Mensch erhebt seine wechselnde Selbstempfindung nicht eher zum identischen Selbstbewusstsein, als bis sein Denken an den Dingen so weit erstarkt ist, um sie als bleibend wieder zu erkennen» — womit denn der Herakliteismus, wie bei Kant (vgl. S. 115), auf die Sphäre der «inneren» Erscheinungen beschränkt und im Ganzen die «Dinge», der «Gegenstand» zum Lehrmeister im Identischen gemacht werden. Dagegen würde ein Empirist etwa nur einzuwenden haben, was oben (S. 77, 114 ff.) gegen Kants Lehre von dem continuirlichen Flusse in der Seele erinnert werden musste (vgl. S. 38).

365 Es hat nie an solchen gefehlt, welche die objective Existenz als transcendent reale entweder geradezu wahrnehmen oder aus gewissen Gefühlen mit «Nothwendigkeit» erschliessen lassen. Woran sie sich dabei zumeist halten, das ist das auch von uns mehrfach (wenn auch mit mehr Reserve und nicht ausschliesslich) benutzte (vgl. z. B. 83 f.; aber daneben auch S. 125) Gefühl des unweigerlichen Zwanges, mit dem die Wahrnehmungen im Raume auftreten: dieses Gefühl ist ihnen entweder ohne Weiteres gleich der «Wahrnehmung» des transcendent Objectiven oder es scheint ihnen «nothwendig», dass es auf die Existenz eines solchen ausgedeutet werde. Inzwischen sind die Wahrnehmungen, auf die sie zielen, an sich nichts weiter als erlebte Bewusstseinsinhalte mit einer gewissen begleitenden Nota, der Nota, dass sie im Gegensatz zu anders erlebten Thatsachen mit einem eigenthümlichen Gefühle der Unausweichlichkeit erlebt werden. Und aus diesem Gefühle folgt mit «Nothwendigkeit» nichts. Baumann, a. a. O.: «Vorstellungen, die ich nicht willkürlich habe, sondern als aufgenöthigt, d. h. zu denen ich mich nicht frei verhalte, die ich nicht habe und nicht haben kann, das sind eben so und so beschaffene Vorstellungen und weiter nichts». Liesse sich mit der Idee, Thatsachen der Art auf fremde Existenzen zu beziehen, nichts machen, was unsern Erklärungsdurst befriedigte, so wäre sie so gut oder so schlecht, wie andere — Einfälle auch. Uebrigens drängen sich dem Fieberkranken seine Wahngebilde, und dem Gesunden die Spiegelbilder, entoptischen Erscheinungen und Träume auch mit dem Gefühl des Zwanges auf: und wir halten keinen von beiden für berechtigt, «Wahrnehmungen» der Art für «objective Existenzen» oder für Hinweise auf solche zu halten.

366 Vgl. S. 105 f. — Nach dem, was S. 125 ff. und 242 f. auseinandergesetzt wurde, wird man nicht vermuthen, dass ich die Kühnheit hätte, das, was der Klarheit wegen begrifflich gesondert werden musste, auch der Zeit nach zu scheiden, dass ich das unmittelbare Daseins- und Lebens-

gefühl mit seinen Wohl- und Wehenüancen und verschiedenfarbigen Empfindungsinhalten von den (wenn auch noch so embryonalen) Ansätzen des Gedankens über «Ich» und «Nichtich» zeitlich trennen möchte. Sobald unser animalisches (sinnlich empfindendes) Leben beginnt, wird mit Wahrnehmung und Gefühl alsbald auch das Denken, Erklären und Zurechtlegen bei der Hand sein (vgl. S. 57 f., 78, 83 f., Anm. 152).

367 Aristot., Phys., Θ 252b, 18 ff.: Οὐδεμιᾶς γὰρ ἐν ἡμῖν ἐνούσης κινήσεως ἐνίοτε ἀλλ' ἡσυχάζοντες ὅμως κινούμεθά ποτε, καὶ ἐγγίνεται ἐν ἡμῖν ἐξ ἡμῶν αὐτῶν ἀρχὴ κινήσεως ἐνίοτε κᾶν μηθὲν ἔξωθεν κινήσῃ (vgl. oben S. 166 ff.).

368 Bekanntlich schon für die Eleaten; vgl. im übrigen Herbart, Einl., 2. Ausg., § 122, Anm. (W., I, 186 f.), § 125 f. (S. 194 ff.). Aristoteles fragt (Phys., Α 3; 186a, 18) höchst naiv: Ἀλλοίωσις διὰ τί οὐκ ἂν εἴη;

369 Vgl. Aristot., Met., Γ 2, 1003b, 22 ff.

370 Vgl. Herbart, a. a. O., § 118, § 122; W., I, 177 f., 185 f.; Sigwart, Logik, S. 226; oben § 14.

371 Oder sollen wir den wechselnden Inhalt unsers Bewusstseinslebens etwa wie eine Musik ansehen, die durch Anschlag dieser und jener mit einem transcendenten centralen Subject verknüpften Saite in reactiver Thätigkeit der inneren μονοποιότης dieses Subjects gemäss sich abspielt? Wie kommt es dann aber, dass die Centralsubstanz des Systems einerseits in Wahrnehmungen, andererseits in Phantasien, Gefühlen, Gedanken, Strebungen reagirt? oder ist, was als Empfindung und Gefühl, als Gedanke und Willensentschluss für uns vielseitig sich auseinander legt, an sich auch nur von wechselnden Relationen abhängige Einheit? oder ist Einiges nur Reaction, Anderes aber Nachwirkung und Nachklang? Anderes spontane Action? und wie wäre wohl die Verbindung dieser psychisch thätigen centralen Einheit mit den in sie mündenden und in ihr die Bewusstseinsmusik erregenden Saiten zu denken?

372 Vgl. Helmholtz, Pop. wiss. Vortr., II, 192 f.

373 Schon in voraristotelischer Zeit gab es aber Philosophen (wie z. B. Heraklit), welche alles in unablässiger Bewegung dachten: ἀλλὰ λανθάνειν τοῦτο τὴν ἡμετέραν αἴσθησιν (Aristot. Phys., 253b, 9 ff.)

374 Vgl. Locke, a. a. O., II, 23, 1.

375 Vgl. z. B. Opp. philos., ed. Erdmann, S. 730.

376 Vgl. Anm. 192, u. F. H. Jacobi, a. a. O., S. 68 f. Aber schon Aristoteles bemerkt: Οὐκ ἔστιν ἀναγκαῖον, ἅ τις λέγει, ταῦτα καὶ ὑπολαμβάνειν. Metaph., 1006a, 25 f.

377 Lothar Meyer, Die modernen Theorien der Chemie, § 154 f.

378 Vgl. F. A. Lange's Bemerkungen über Redtenbachers Dynamidensysteme mit Elasticitätsachsen (Gesch. des Materialismus, 2. Aufl., II, 195 f.).

[379] Vgl. S. 80, 180. Kant, der in den metaph. Anfangsgr. d. Naturw.
(V, 352) ganz der Ordnung gemäss zugesteht, dass durch den Beweis der
unendlichen Theilbarkeit des Raumes «die der Materie lange noch nicht
bewiesen» sei — wogegen Schopenhauer gleich keck behauptet (II, 589):
«Die unendliche Theilbarkeit der Materie folgt a priori und unwidersprechlich aus der des Raumes, den sie erfüllt» — Kant hat ebenda
(S. 351 ff.) einen «Beweis» für die «physische» Theilbarkeit der Materie
bis ins Unendliche vorgetragen, der aber schwerlich jemand befriedigen
kann. Er macht nämlich die unerweisliche Voraussetzung, dass jeder
Massenpunkt nur insofern einer gewissen räumlichen Sphäre durch Repul-
sivkraft Undurchdringlichkeit verleihe, als jeder Punkt dieser Sphäre selbst
sich gegen seine Umgebung repellirend verhalte; welche Voraussetzung die
Thesis schon implicite in sich enthält. Und die Continuität der Materie,
welche auf diese Weise statuirt wird, hat sich nun einmal für die Erklärung
der Naturvorgänge als untauglich erwiesen. — Wir haben wahrhaftig auch
das Bedürfniss, in dem Universum eine unendliche Fülle von Elementaragentien vorauszusetzen. Aber die Grenzenlosigkeit des Raumes eröffnet
uns für dieses Bedürfniss eine so ausreichende Szene, dass, nachdem das
in den Erscheinungen der Isomerie, prismatischen Farben u. s. w. vorliegende experimentum crucis für die Discontinuität der Materie ganz
bestimmt entschieden hat (vgl. Fechner, Atomenlehre, S. 57), und wir an
der actio in distans keinen erheblichen Anstoss nehmen (vgl. Anm. 189), wir
nicht mit Kant (V, 353 f.) «a priori» die Thesis aufzustellen wagen, dass
der Raum zwischen zwei Punkten «nicht durch die Sphäre der Wirksamkeit
einer einzigen Monade angefüllt sein» kann; obwohl wir andererseits,
wie gesagt, auch gegen eine etwa aus empirischen Gründen aufsteigende
Nothwendigkeit weiterer Theilung unserer jetzigen Atome «a priori» nichts
Stichhaltiges einzuwenden finden. Vgl. Lange, Gesch. des Mat., II, 201 f.

[380] Tyndall, a. a. O., S. 186 ff.: «Wir werden nun dem Wasser, dieser
wunderbaren Substanz, unsere Aufmerksamkeit schenken und es durch die
verschiedenen Phasen seines Daseins verfolgen» u. s. w.

[381] Vgl. S. 153.

[382] Leibnitz, Nouv. Essais, III, 6, 24 (Opp., ed. Erdmann, 317): Il semble
que depuis peu le nom des formes substantielles est devenu infame
auprès de certaines gens et qu'on a honte d'en parler. Cependant il y a
encore peut-être en cela plus de mode que de raison etc.
Vgl. oben § 14.

[383] Vgl. W., II, 632, 161 ff.

[384] Was Schopenhauer allerdings gar keinen Scrupel bereitet. Schon bei
Behandlung des «Reizes» (Vierf. Wurzel, W., I, 47. Welt als Wille, W., II,
137), der «Ursache» im Bereich des Pflanzenlebens, äussert er sich sonder
Harm: «Wirkung und Gegenwirkung sind hier einander nicht gleich»
u. s. w.

[385] Vgl. Anm. 330.

[386] Vgl. Dühring, Cursus der Philosophie, S. 102 ff.

387 Individuen von dem Typus J. G. Hamann - F. H. Jacobi werden natürlich zu einem solchen «Bewundern» nicht aufgelegt sein. Vgl. F. H. Jacobi, a. a. O., S. 51 ff.

388 Vgl. Helmholtz, Pop. wiss. Vorträge, II, 140.

389 «Der Umlauf des Geldes, das täglich durch unsere Hände cirkulirt, liegt uns noch näher als der Umlauf der Gestirne» u. s. w. (W. Klein, Die gegenwärtige wirthschaftliche Lage Deutschlands, 1876, S. 73). Vgl. L. Geiger, a. a. O., I, 102 ff.

390 Vgl. die treffenden Erörterungen Herbert Spencers über die «Natur der Socialwissenschaft», in der Einleitung in das Studium der Sociologie (deutsche Uebers., 1875), I, 59 ff.

391 S. 57, 59 f. Anm. 81. — Derselbe Leib lieferte auch die ältesten Maasstäbe und für unser Zahlensystem die Grundzahl. Vgl. H. Hankel, Zur Gesch. der Mathematik, 1874, S. 18 ff.

392 Vgl. S. 248 f.; und Locke, a. a. O., II, 8, 22; 30, 2; 31, 2; IV, 4, 4.

393 Vgl. Helmholtz, Pop. wiss. Vortr., II, 98.

394 J. H. von Kirchmann (vgl. Anm. 349) macht natürlich diese Entwickelungsphase nicht mit. A. a. O., S. 57 f. zieht er es vor, die «Entstehung» der secundären Qualitäten, «durch oder mit» den von der Naturwissenschaft angesetzten «seienden Aetherschwingungen schon in der Aussenwelt vor sich gehen» zu lassen; «beide» (die Wellenbewegungen der Atome und die Qualitäten) «können untrennbar und mit einander vereint in der Natur bestehen und Eigenschaften der Dinge bilden».

395 Helmholtz, a. a. O.: «Die Beziehungen der Zeit, des Raumes, der Gleichheit und die davon abgeleiteten der Zahl, der Grösse, der Gesetzlichkeit, kurz das Mathematische, sind der äusseren und inneren Welt gemeinsam und in diesen kann in der That eine volle Uebereinstimmung der Vorstellungen mit den abgebildeten Dingen erstrebt werden.»

396 Vgl. Plato, Theätet, 184c ff.

397 Die Vorgänge in den Nerven mit eingeschlossen. Vgl. W. Wundt, Grundzüge der physiologischen Psychologie, S. 237 ff., über «die Aufgabe einer physiologischen Mechanik der Nervensubstanz».

398 So äussert sich mit Erregung z. B. K. Rosenkranz (Psychologie, 3. Aufl., S. 458): «Man künstele doch mit Nervenschwingungen so viel man wolle, so wird man doch nie das Bewusstsein herauskünsteln, denn es ist primitiver Weise über alle Natur hinaus». In demselben Sinne sprach sich aber schon Galen aus: Οὐκ ἐνδέχεται τῶν στοιχείων ἀπαθῶν μὲν ὄντων, ἐξ ἀναισθήτων δὲ πολλῶν συνελθόντων ἐν αἰσθητικὸν ἀπεργάσασθαι σῶμα. ... Αἴσθησις δέ γε πάντη γένους ἐστὶν ἑτέρου σχήματός τε καὶ βάρους καὶ σκληρότητος, ἃ τοῖς ἀτόμοις ὑπῆρχεν (de elem. sec. Hipp., I, 3 p., 431). — Am geflissentlichsten und schroffsten hat die reale Sonderung von Ich und Leib Descartes und seine Schule durchgeführt (vgl. z. B. Descartes' Meditationen, II und VI, und die Logik

von Port Royal, a. a. O., S. 73 ff., 334; der Herausgeber der letzteren, Jourdain, fügt als Ergänzung der Descartes'schen Argumente, S. V f., noch hinzu : 1) que tout phénomène de conscience implique l'unité et l'identité du principe pensant, und 2) la force volontaire et libre, opposée à l'inertie de la matière ou à son aveugle et fatale activité). Vgl. oben S. 169 ff., 247 f., Anm. 219; und Kants Paralogismen der reinen Vernunft, II, 306 ff.

399 Vgl. S. 244 f.

400 Vgl. Anm. 339.

401 Vgl. Lange, Gesch. des Mat., II, 163.

402 Auch Kant neigt manchmal nach der Seite dieses kritisch modifizirten Spinozismus, indem er ihn, wie Leibnitz, zugleich monadologisch wendet, ohne aber, wie Leibnitz, den allseitigen Influxus aufzugeben. Vgl. z. B. II, 288 f.: «Wäre Materie ein Ding an sich selbst, so würde sie als ein zusammengesetztes Wesen von der Seele als einem einfachen sich ganz und gar unterscheiden. Nun ist sie aber bloss äussere Erscheinung, deren Substratum durch gar keine anzugebende Prädicate erkannt wird; mithin kann ich von diesem wohl annehmen, dass es an sich einfach sei.... und dass also der Substanz, der in Anschung unsers äusseren Sinnes Ausdehnung zukommt, an sich selbst Gedanken beiwohnen, die durch ihren eigenen inneren Sinn mit Bewusstsein vorgestellt werden können. Auf solche Weise würde eben dasselbe, was in einer Beziehung körperlich heisst, in einer andern zugleich ein denkendes Wesen sein, dessen Gedanken wir zwar nicht, aber doch die Zeichen derselben in der Erscheinung anschauen können. Dadurch würde der Ausdruck wegfallen, dass nur Seelen.... denken; es würde vielmehr wie gewöhnlich heissen, dass Menschen denken, d. i. eben dasselbe was, als äussere Erscheinung, ausgedehnt ist, innerlich (an sich selbst) ein Subject sei, was nicht zusammengesetzt, sondern einfach ist und denkt.» Vgl. S. 802, und oben Anm. 221 f., und S. 249 f.

403 Ueber die etwaige physiognomische Seite unserer logischen Gedanken verdient gelesen zu werden: O. Liebmann, a. a. O., S. 487 ff.

404 Sollte es vielleicht auch hyperpsychische geben? Sollte vielleicht das innere Leben von Planetensystemen oder gar des Weltalls von solchem hyperpsychischen Character sein?

405 Worte von Helmholtz (Pop. wiss. Vortr., II, 193). in das vorliegende Bedürfniss umgebogen.

406 Vgl. S. 223 ff., Anm. 304, 310. Schopenhauer poltert gegen das Absolutum. Aber was sind seine «Materie», seine «ursprünglichen Naturkräfte» (vgl. Vierf. Wurzel, W., I, 45; und oben S. 151 f.), was vor Allem sein «Wille» (Welt als Wille, W., II, 160 ff.) Anderes als etwas «Unbedingtes»? Vgl. Anm. 300.

407 Vgl. Spinoza, Eth., Pars II, die Lemmata hinter Propos. XIII.

408 Vgl. Herbart, Metaphysik, W., III, 138 : « Organismen sind nicht das Selbständigste, sondern das Abhängige und Bedürftige » u. s. w.

409 Vgl. Kant, W., II, 256.

410 Vgl. S. 254. — Ebenso wenig ist natürlich an einen « letzten Zweck » gedacht ; ein solcher Begriff ist, wenn damit ein letzter, vollkommenster Weltzustand gemeint ist, ebenso absurd, wie der • einer ersten Ursache (Ursache im Sinne von § 30 genommen). Es ist überhaupt die Rede nicht davon, ob die Welt als Ganzes « vollkommener » werde. Vgl. F. H. Jacobi, a. a. O., S. 82 ff. — Uebrigens hat hoffentlich nicht einmal die Menschheit « letzte » Zwecke und Ziele; aber allerdings höchste (absolute) Werthe kennt sie.

411 Vgl. Lange, a. a. O., II, 246 f.

412 Vgl. ausser der oben (Anm. 269) aus Kant angezogenen Stelle, vorzüglich Leibnitz, Mathem. Schriften, II², S. 134; Kant, Kritik der Urtheilskraft, § 64, § 74 ff., § 77 ; Herbart, Metaphysik, W., III, 135 ff.; Baumann, a. a. O., 351 f.; Liebmann, a. a. O., S. 370 ff.; 487 ff.; Dühring, a. a. O., S. 101 ff.

413 Es ist ein Hauptmangel der platonischen und aller platonisirenden Metaphysik das in abstracto denkbare Chaos als wirkliche concrete Realität zu isoliren und den ordnenden Gewalten (den Ideen und Zwecken) als eine eigene zweite Realität gegenüber zu stellen (Tim., 46c :....
ἀμφότερα τὰ τῶν αἰτιῶν γένη, χωρὶς δὲ ὅσαι μετὰ νοῦ καλῶν καὶ ἀγαθῶν δημιουργοὶ καὶ ὅσαι μονωθεῖσαι φρονήσεως τὸ τυχὸν ἄτακτον ἑκάστοτε ἐξεργάζονται. Vgl. Phädon, 99b).
Aristoteles wusste, dass ἀφαίρεσις und χωρισμὸς verschiedene Dinge seien.

414 Aristoteles, Met., A 4, 984b, 32 : Ἐπεὶ καὶ τἀναντία τοῖς ἀγαθοῖς ἐνόντα ἐφαίνετο ἐν τῇ φύσει.... καὶ πλείω τὰ κακὰ τῶν ἀγαθῶν καὶ τὰ φαῦλα τῶν καλῶν κτλ. Lotze, Mikroskosmus, II, 29 ff.

415 Ueber die Verwandtschaft und den prinzipiellen Unterschied physicalischer und logischer Gesetze und Nothwendigkeiten handelt gut und eindringlich George Boole, a. a. O., S. 407 ff. Vgl. oben Anm. 254.

416 Die allgemeine Naturgesetzlichkeit ist vergleichsweise die rationale Seite des Wirklichen (vgl. Anm. 53); die Art der Naturgesetze und die Distribution der sie verwirklichenden Elementarsubstanzen das Positive an ihm : aus unzählbar « Möglichem » etwas durchaus Einziges. Ob das « Beste » im leibnizischen Sinne, darüber streitet man sich seit Jahrhunderten nutzlos. Vgl. Anm. 319; ferner W. Gass, Optimismus und Pessimismus, 1876; und J. St. Mills Bericht über Dr. Chalmers' natürliche Theologie (Logik, III, 5, 9; Uebers. von Gomperz, II, 55).

417 Mit allgemeinem Influxus physicus freilich; die Monaden müssen « Fenster » haben. Vgl. Anm. 402, und meine Auseinandersetzungen in den Philos. Monatsheften, X, 113 ff.

418 Ganz abgesehen von dem Spontaneitätsgefühl, das wir trotz aller
Einsicht in die Naturgesetzlichkeit und Naturnothwendigkeit so wenig los
werden wie den sinnlichen Eindruck, dass die Sonne auf- und untergeht,
und dessen Aussage doch, wenn sie wahr wäre, das Gesetz von der Erhaltung der Kraft vernichten würde, übrigens selbst absolut nicht weiter
verständlich zu machen ist (vgl. Anm. 216, 218, 220): wer vermag auch nur
zu «erklären», warum eine Schwingung der Atome von dieser Schnelligkeit
einen Ton von dieser Höhe, warum eine Aetherwelle von dieser Länge
statt Blau nicht vielmehr Roth oder Gelb an die Empfindung abgibt? (Vgl.
Fechner, a. a. O., S. 50; Aubert, Physiologie der Netzhaut, § 54, S. 106;
Wundt, a. a. O., S. 553.) Und wie wird überhaupt so etwas wie Empfindung
und Bewusstsein gemacht?

419 Freilich stünde dieses «denkende Subject» wieder so sehr nach
allen Seiten mit der ganzen Welt in systematisch abgestuftem dyna-
mischem Commercium, dass sich schwer sagen liesse, wie viel von den
Kategorien, in denen es denkt, sein Eigenthum sein soll; nie und
nirgends kommt ein Gehirn und ein cerebrales Bewusstsein in isolirter
Selbständigkeit vor (vgl. Anm. 408). Aber gerade im Anschluss an diesen
Sachverhalt würde sich auch sofort von Neuem eine schon einmal (S. 220 ff.;
vgl. S. 119, Anm. 233) berührte Hypothese herzudrängen, welche, indem
sie die Nothwendigkeit der kantischen Apriorität noch straffer anzöge und
Kants vage und absolut fictive Möglichkeiten von andern Erkenntniss-
und Denkweisen abschnitte, dem metaphysischen Bedürfniss nach dieser
Seite hin einen wirklich abschliessenden Ruhepunkt gewährte. Ich meine
die Hypothese, welche die «transcendentale Einheit der Apperception»
pantheistisch modifizirte, welche die apriorischen Formen, welche und
wie viele es denn eben sein mögen, nicht sowohl als Constitutionen
unserer (individuellen oder anthropologischen) Intelligenz, sondern
einer jeden aus dem Weltgrunde jemals möglicherweise emporsteigenden
betrachtete. «Verum consultius videtur, littus legere cognitionum per intellectus nostri mediocritatem nobis concessarum quam in altum indagationum
ejusmodi mysticarum provehi», sagte Kant, als er in seiner Inauguraldissertation zu ähnlich probablen, leichtbeschwingten Hypothesen geführt
ward (I, 330); er hat am Ende recht; — es ist nur gar so schwer, aller
Metaphysik zu entsagen.

420 Kr. d. Ukr., W., IV, 37:.... «ob zwar das Wort Ursache, von
dem Uebersinnlichen gebraucht, nur den Grund bedeutet, die Causalität
der Naturdinge, zu einer Wirkung gemäss dieser ihren eigenen Naturgesetzen .... zu bestimmen».

421 Vgl. S. 80 ff.

422 Vgl. oben S. 180, 186, und F. E. Beneke, a. a. O., S. 33 ff.

423 Jedenfalls vermag sie einen wissenschaftlich zugänglicheren und zu-
länglicheren Ersatz zu bieten, als gewisse, mehr belletristische und journa-
listische als philosophische Kreise ihn in einem den beliebigsten Zumuthun-
gen entgegenkommenden, aber schlechterdings nichts, vor Allem nichts von

der wirklich gegebenen Vielheit und Veränderung « erklärenden » alleinen Willen, Unbewussten oder sonst einem Aufsehen erregenden « rechtzeitigen » Wort zu finden scheinen, das, wie J. H. von Kirchmann, a. a. O., S. 40, treffend bemerkt, als « Schemel für die faule Vernunft » (vgl. Kant, II, 596) sich anbietet, « die nur zu gern bereit ist, mit einem geheimnissvollen Namen sich abspeisen zu lassen und so die schwere Mühe der Beobachtung, der Analyse und Induction sich zu ersparen ». Vgl. F. A. Lange, a. a. O., II, 277 ff. W. Tobias, a. a. O., S. 178. O. Liebmann, a. a. O., S. 261 f., 280 ff. Hier wird besonders die Unfähigkeit jener unbestimmten metaphysischen Alleinheitsprincipien zur Erklärung der quantitativen Verschiedenheiten alles empirischen Seins und Geschehens gebührend hervorgehoben.

424 Vgl. Ueberweg, Logik, § 44. Baumann, a. a. O., S. 314, 349 f.

425 Die Folge der Kantischen Lehre ist natürlich, dass « die Newtonsche Vorstellung des Weltbaues » keinen Anspruch auf transcendentale Realität hat. Kant erklärt sich ganz unumwunden für diese Folge, II, 212 f.

426 Ursprünglich bekanntlich von Spinoza vorgetragen, findet diese Metaphysik heute als ein, wie Al. Bain sich ausdrückt (Geist und Körper, 1874, deutsche Uebersetzung, S. 171), « vorsichtiger und gemässigter Materialismus » namentlich im Kreise englischer Philosophen und Psychologen lebhafte Anerkennung, sogar bei solchen, die wie Henry Maudsley alle Metaphysik und philosophische Psychologie mit dem « Kollern der Darmgase » im Leibe unfruchtbarer Weiber auf eine Werthlinie stellen (vgl. Maudsleys Physiologie und Pathologie der Seele, deutsch bearbeitet von R. Böhm, 1870, S. 3, 7, 9 f., 12 ff., 17, 21, 33). Auch Al. Bain huldigt der spinozistischen Lehre von der einen Substanz mit den zwei «Attributen», durch welche, wie er sagt (S. 171), « der Contrast zwischen Geist und Materie (vgl. ob. Anm. 398) gewahrt » werde. A. a. O., S. 160: «Während wir den geistigen Kreislauf von Empfindung, Gemüthsbewegung und Denken durchlaufen, findet gleichzeitig ein ununterbrochener physischer Kreislauf von Wirkungen statt». S. 161: «Die logische Folge ist mithin nicht Geist als Ursache des Körpers oder Körper als Ursache des Geistes, sondern Geist-Körper als Ursache des Geist-Körpers; eine viel verständlichere Auffassung». S. 241: «Die Argumente für zwei Substanzen haben ... gänzlich alle Stützen verloren, sie sind nicht mehr mit der bestehenden Wissenschaft und einem klaren Denken vereinbar. Die eine Substanz dagegen mit zwei Klassen von Eigenschaften, zwei Seiten, einer physischen und einer geistigen — eine Einheit mit zwei Gesichtern — scheint allen Bedürfnissen des Falls zu genügen». Das Letztere nun glauben wir unsererseits nicht. Bain selbst sieht sich genöthigt, über seine vorgeblich allbefriedigende, « verständliche Auffassung » hinzuzufügen : «Wir müssen aber damit umgehen wie in der Sprache des Athanasianischen Glaubensbekenntnisses, ohne die Personen zu vermengen oder die Substanz zu theilen»; was denn doch so viel heisst als : diese Auffassung ist so mysteriös wie die kirchliche Trinitätslehre. — Gelegentlich findet man in diesem Lager den Versuch, die mysteriöse Doppelseitigkeit dadurch dem Verständniss näher zu bringen, dass man «etwas Neutrales» zum Grunde

legt, was nur in doppelter Erscheinungsweise auftrete, etwa so, wie dieselben Aetherschwingungen einerseits dem Auge das Licht, anderseits dem Tastsinn als Wärme erscheinen. Offenbar aber hinkt diese Vergleichung gewaltig. Denn wo ist ausserhalb der «neutralen» Realität das «Auge», wo ist der «Tastsinn», dem' die Indifferenz von Geist-Körper einmal als Bewusstsein, einmal als (nicht wahrgenommener, sondern transcendenter) Körper «erscheint»? Vgl. oben S. 262 f.

427 Wie z. B. Lotze annimmt (u. a. hinter dem Stumpfschen Buche, S. 316); vgl. oben S. 260 f.

428 Kant freilich findet es von vornherein «widersprechend zu sagen, dass eine blosse Vorstellungsart» wie der Raum, «auch ausser unserer Vorstellung existire» (Proll., III, 112). Und so gefasst, ist es ja wohl auch «widersprechend»; aber es fragt sich eben gerade noch, ob der Raum «blosse Vorstellungsart» sei; niemand glaubt, dass er als blosse Vorstellungsart an sich existire, sondern als etwas dieser Vorstellungsart Entsprechendes. Und von Kants resoluter Verneinung der transcendenten Realität von Raum (und Zeit) darf man wohl auf denjenigen Kant Berufung' thun, welcher in Beziehung auf alle transcendenten Ansätze aus blosser Speculation, «sowohl in Ansehung dessen, der bejahend, als dessen, der verneinend behauptet», oft genug sein Verdict ausspricht (z. B. II, 314).

429 Vgl. S. 212 f.

430 Vgl. oben S. 166, 248 f.

431 Vgl. II, 802: «Wie überhaupt eine Gemeinschaft von Substanzen möglich sei.... liegt ohne Zweifel.... ausser dem Felde aller menschlichen Erkenntniss».

432 Natürlich können wir uns selbst, wenn wir uns als Substanz denken, auch nur localisirt im Verkehr mit andern Substanzen vorstellen. Factisch verlegen wir den Centralheerd unserer geistigen Arbeit in den Kopf, dorthin, wo der Schnittpunkt der Coordinatenachsen liegt, nach denen wir den Objecten ihre räumliche Beziehung zu uns bestimmen. Vgl. Anm. 77.

433 Vgl. Ueberweg, Logik, § 40 ff. Helmholtz, Physiol. Optik, S. 445: «Die einzige Beziehung, in welcher wirkliche Uebereinstimmung unserer Wahrnehmungen mit der Wirklichkeit stattfinden kann, ist die Zeitfolge der Ereignisse mit ihren verschiedenen Eigenthümlichkeiten. Die Gleichzeitigkeit, die Folge, die regelmässige Wiederkehr der Gleichzeitigkeit oder Folge kann in den Empfindungen ebenso stattfinden, wie in den Ereignissen». Aehnlich Pop. wiss. Vorträge, II, 206 ff. Vgl. Anm. 395 und § 19.

434 Uebrigens wird es Kant selbst schwer, seine Lehre festzuhalten; wo er unbefangen sich geben lässt, schiebt sich ihm eine Realität der Veränderungen in die Gedanken, derjenigen gleich, von der wir Andern auch reden. So wird z. B., II, 319 erinnert, dass wenn man auch die Seele als Substanz bezeichne und ihr das Attribut des Einfachen beilege, «man dadurch über das, was die Seele bei den Weltveränderungen treffen könne, nicht im Mindesten unterrichtet werde».

435 Vgl. A. Spir, Denken und Wirklichkeit, I, 263 ff. — Auch pflegen diejenigen, welche nichteuklideische Räume für «möglich» halten, von der «Zeit» zu behaupten, dass sie einzig in ihrer Art sei. Vgl. z. B. G. Boole, Laws of Thought, S. 174 ff. — Worauf die Bemerkung bei Dühring, Cursus der Philosophie, S. 71 («Aehnliche mystische Kühnheiten, wie wir sie bezüglich des Raumes angetroffen haben, sind der heutigen Mathematik auch bezüglich der Zeit nicht ganz fremd geblieben»), sich bezieht, ist mir unbekannt.

436 Kants W., I, 365-369.

437 Anm. 318.

438 Nämlich wenn man mit Locke (vgl. S. 238 und Anm. 343) das Causalitätsaxiom als absolut gültig denkt.

439 Auch Schopenhauer schärft uns — zum Ueberdruss oft, wie er bei seinen Lieblingsideen pflegt — die in Parmenideischen Farben schillernde Lehre ein, dass das Ding an sich jenseits der Formen für das Viele und die Veränderung liege, dass es ein Einziges, Bleibendes, Unvergängliches, Unveränderliches, die Zeit aber (wie der Raum) nur Anschauungsform unsers Intellekts sei. Wenn es danach aber gilt, das doch nicht wegzuleugnende Dasein unsers Bewusstseinslebens mit seinen vielen Inhalten und Veränderungen zu erklären, so zeigt sich bei ihm wie bei Parmenides sofort die ἀρρωστία διανοίας (vgl. Anm. 86). Oede Phrasen von «Objectivation», «Willensacten» u. dgl. suchen über die Thatsache wegzutäuschen, dass, um die unmittelbar gegebene Gegenwart — die auch nach Schopenhauer (vgl. z. B. V, 90, 112 ; VI, 288) das Allergewisseste ist — zu «erklären», doch angenommen werden muss, dass an dem «Unveränderlichen» sich etwas ereignet (vgl. z. B. II, 173, 178 ff.; IV, 45 ff.), dass es damit der ihm «fremden» Zeit anheimfällt und dass aus dem Begriff eines absolut Identischen, eines innerlich undifferenzirten und ungegliederten Alleinen überhaupt keine «Erklärung» gewonnen werden kann. Vgl. Kant, II, 375 f.

440 Die von uns vorgestellte und charakterisirte Einheit (vgl. auch S. 263 f.) ist offenbar weder dem in Anm. 423 gegen andere Alleinheitsprinzipien vorgetragenen Tadel ausgesetzt, noch wird sie von dem Herbartschen Bedenken (W., III, 199) betroffen, es möchte «nun gar zu viel Verbindung zwischen den Dingen gestiftet» sein. Es handelt sich für uns um gerade so viel Verbindung, als die Thatsachen zulassen und zu fordern scheinen ; es handelt sich für uns um die höchste und vollkommenste Verwirklichung jener ontologischen **Analogien** logischer Gesetze, welche Kant die Prinzipien der «Homogeneität» und «Specification» genannt hat (II, 511; vgl. S. 503 ff.; oben S. 22 ff.; Schopenhauer, Vierf. Wurzel, W., I, S. 1 f.; und G. Boole, a. a. O., S. 410 ff.) ; es handelt sich um eine reichhaltige, um eine innerlich gegliederte Einheit; um eine Einheit in der Vielheit; kurz um eine hypothetische Vorstellung, die sonst zwar Vieles dunkel und unbestimmt lassen muss, aber auf das bestimmteste postulirt, dass beides : die Einheit des Universums, sowie die

Vielheit in ihm, gleich sehr gewahrt sei. Immerhin mag das Zusammenbestehen relativ selbständiger Individualitäten mit einem absoluten allbefassenden Einen im wesentlichen sogar mysteriös bleiben (vgl. Anm. 431), auch sich nicht näher ausführen lassen; es mag selbst der Begriff einer relativen Selbständigkeit bedenklich und die Möglichkeit der Spezification und «Individuation» des Einen unerklärlich sein: — aber was soll denn, um den alten Anstoss an dem ἓν καὶ πολλὰ (vgl. Platon, Phileb., 14c ff.) zu beseitigen, aufgegeben werden? Die Wechselwirkung, welche die Einheit aller Weltkräfte fordert? oder das Bewusstsein, welches mindestens Eine individuelle Subsistenz — sogar πρὸς ἡμᾶς als Prototyp aller andern — im Wechsel des Vielen gewährleistet? Die letztere erleben und «fühlen» wir in ihrem empirischen Charakter unmittelbar; und der Wechselwirkung zwischen einem hinzugedachten metaphysischen Subject und metaphysischen Objecten bedürfen wir, weil die wechselnden Modificationen des empirischen Ich befriedigend «erklärt» nicht anders werden können, als durch Annahme von aufeinander wirkenden Substanzen; diese aber müssen ihrerseits wieder zur Einheit verbunden gedacht werden, wenn ein dynamisches Commercium herauskommen soll; εἰ μὴ ἐξ ἑνὸς ἦν ἅπαντα, οὐκ ἂν ἦν τὸ ποιεῖν καὶ τὸ πάσχειν ὑπ' ἀλλήλων, sagte schon völlig richtig Diogenes von Apollonia (bei Aristoteles, de gen. et corr., A 6, 322b, 13).

Die von uns postulirte metaphysische Einheit in der Vielheit hat kürzlich in einigen treffenden Sätzen H. von Struve characterisirt in den Philos. Monatsheften, XII[3], S. 122, 124 f., 128 ff. Ich kann freilich mit seiner grossentheils wolflanisirenden, durchweg dogmatischen Deduction dieser Vieleinheit und der wunderlichen und gezwungenen Verbindung — zwar auch mit Denkanalogien, aber nicht mit den logischen Prinzipien der Gattungen und Arten (Kant, II, 508), sondern — mit dem Principium contradictionis und dem Princ. rat. sufficientis (!) nicht übereinstimmen (vgl. ob. S. 221 ff.); aber in seiner Charakteristik selbst (sowie in dem psychologischen Unterbau seiner Ableitungen) erscheint mir Mehreres recht glücklich getroffen; und Einiges scheint mir so sehr zur weiteren Erläuterung meines eigenen obigen Gedankens zu dienen, dass ich mir nicht versagen kann, es zum Theil herauszuheben: «Das Sein.... ist trotz seiner Identität nicht monoton, nicht quantitäts- und qualitätslos, sondern enthält in sich Unterschiede.... (S. 122). Das Sein ist identisch und doch zu gleicher Zeit verschiedenartig, mannigfaltig.... d. h. das Sein ist nicht absolut einartig, sonst könnte es nicht mannigfaltig sein; aber es ist auch nicht absolut mannigfaltig, sonst könnte es nicht identisch sein.... Die Mannigfaltigkeit ist keine unendliche (vgl. ob. S. 22, Anm. 379);.... umgekehrt, die Identität des Seins hat nicht eine absolute Monotonie zur Folge, hebt nicht den Wechsel und die Mannigfaltigkeit seiner Momente auf, gibt das Sein nicht dem wechsellosen Tode, dem Nichts preis, sondern beruht wesentlich auf der inneren Einheit, Gleichförmigkeit und Unveränderlichkeit aller seiner, auch der verschiedenartigsten und mannigfaltigsten Momente.... (S. 124). Unser innerer Sinn stellt sich uns.... dar als eine einheitliche zusammengefasste Mannigfaltigkeit von einzelnen Momenten, die in einem beständigen Zusammenhange mit einander sich befinden. Da nun dieser Zusammenhang nicht der Ausfluss unserer subjectiven Willkür ist.... so müssen wir (? ob. A. 365) ihm eine objective Geltung zuerkennen und vermöge der Identität des Seins dem Sein überhaupt vindiziren.... Wenn das Sein eine Vielheit einzelner Momente, einen Wechsel und eine Eigenartigkeit derselben enthält, dabei aber dennoch überall in jedem dieser Momente Ein Gesetz, Ein Wesen zur Erscheinung bringt, so ist beides nur dadurch realisirbar, dass alle Momente sich in Zusammenhang mit einander befinden.... (S. 128). Somit ist innerer Zusammenhang, Beziehung aller Momente des Seins auf einander ein unmittelbares Erforderniss der Ineinsbildung seiner Einheit und Vielheit, seiner Identität und Verschiedenheit, seiner Gleichartigkeit und Eigenartigkeit.... (S. 129). Vielheit.... ist nicht Folge des Wesens und dieses nicht Ursache, sondern beide Momente sind gleich originale und unmittelbare Grundlagen des Seins.... Das Sein ist kein starres, todtes, kein monotones, absolut identisches, sondern seinem Wesen nach ein bewegliches, lebendes, ein Wechsel und Verschiedenheit in sich fassendes.... Vermöge der Organisation unseres individuellen Seins nehmen wir.... am Sein überhaupt zuerst die Vielheit, den Wechsel wahr und fragen darauf nach der Einheit, nach dem Unveränderlichen.... Aber diese Aufeinanderfolge unserer Erkenntnissacte, dieses Suchen des Wesens, des Gesetzes.... besagt durchaus nicht, dass das Wesen das Primäre, die Erscheinung dagegen» (die Terminologie des Autors ist hier und in einigen andern Fällen unpassend und irreleitend; gemeint ist mit der «Erscheinung» die Auslegung des einheitlichen Wesens in dem Vielen) «das Secundäre sei; dass das Gesetz dem Wechsel vorausgehe, dass das Unveränderliche die Voraussetzung des Veränderlichen sei. Man kann.... die Vielheit.... nicht aus der Einheit, dem Wesen ableiten, sondern muss anerkennen, dass sie beide.... neben und miteinander im Sein als solchem gegeben sind.... Beides sind nur verschiedene Seiten ein und desselben Seins».... (S. 131 f.).

Vgl. auch die Charakteristik der Vieleinheitslehre Heraklits bei Schuster, a. a. O., 228 ff., Pseudoaristot. de mundo, c. 5, und Hippokrates bei Simpl. zu Aristot., Phys., 203ᵃ, 23 (fol. 106): Σύμπνοια μία, πάντα συμπαθέα διὰ τὴν ἀρχέγονον ἐν τοῖς νοητοῖς αὐτῶν προυπάρχουσαν ἕνωσιν.

⁴⁴¹ Vgl. Helmholtz, Pop. wiss. Vortr., II, 115. R. Mayers Rede auf der Innsbrucker Naturforscherversammlung, 1869. C. G. Reuschle, Philosophie und Naturwissenschaft, 1874, S. 101 ff.

⁴⁴² Wendung J. St. Mills (Logik, III, 5, 7).

⁴⁴³ Vgl. Anm. 379.

⁴⁴⁴ Ausdruck von K. Snell, a. a. O., S. 18.

⁴⁴⁵ Vgl. Lange, Gesch. des Mater., II, 239.

446 Vgl. ausser dem oben S. 128 f., 140 bemerkten vorzüglich die antithetische Seite der antinomischen Erörterungen Kants, II, 338-344, 356-359; sie vervollständigen dasjenige, was in den Erörterungen der transcendentalen Aesthetik uns mangelhaft geblieben zu sein schien.

447 Vgl. oben S. 128, und Kant, II, 393, 401 f., 405.

448 Vgl. S. 226 ff., Anm. 239 f., 256, 310, 416, 418.

449 Zu diesen gehört auch die unendliche Theilbarkeit der absoluten Zeit. Vortrefflich auch diese Eigenschaft an einer Hilfsvorstellung; unmöglich, wie es unserm Verstande scheint, an etwas Wirklichem, Realem.

450 Vgl. S. 112, 126.

451 Vgl. S. 163.

452 Vgl. S. 218, 225, Anm. 294.

453 Uebrigens theilt dieser selbst in dem Gespräch «Idealismus und Realismus» (1787, S. 97 ff., W., II, 196 ff.) mit, dass auch er den «paradoxen Satz», «dass, was wir Succession nennen, eine blosse Erscheinung sei» ...., «seit fünfzehn Jahren und länger gegen manchen Philosophen vertheidigt» habe, ohne dass ihm Einer einen logischen Fehler habe zeigen können; Mendelssohn habe es sogar unbedenklich gefunden «ihn gelten zu lassen». Sein Argument ist übrigens ein anderes als das kantische; es ist dasjenige, welches Schopenhauer durch einen «Beweis» zu beseitigen sucht (III, 45), «dem analog, dass jedes Blatt Papier eine Dicke haben muss, weil sonst das ganze Buch keine hätte».

NACHTRAG.

Zu **Anmerkung 89**. — Ich sehe nachträglich, dass die Kürze meines
(der citirten aristotelischen Stelle angelehnten) Ausdrucks in Verbindung
mit der schillernden Diction des Anaxagoras (es gilt auch von unserm Falle,
was Aristoteles, de an., A 2, in Beziehung auf seine psychologische
Bestimmungen im Gegensatz zu den reiferen und exacteren Aufstellungen
des Demokrit bemerkt: ἧττον διασαφεῖ περὶ αὐτῶν) leicht zu dem Missverstand verleiten kann, als solle irriger Weise dem Anaxagoras eine Lehre
abgesprochen werden, die er doch offenbar vertreten habe. Käme es bloss
auf Worte an, so gibt es ja hinreichende Zeugnisse, um es über allen
Zweifel zu erheben, dass gerade er den τρόπος der σύγκρισις und διάκρισις
für die Kosmogonie in Anspruch nahm. Vgl. Bonitz, Ind. Aristot., 49b; und
Simpl., zu der citirten Stelle aus Aristot., Phys. (187a, 29; fol. 34b). Aber
andererseits ist die Möglichkeit, wie die Lehren von einer zu unterschieds-
loser Einheit (und gegenseitiger Durchdringung?) uranfänglich «gemischten»
Verbindung der qualitativ verschiedenen Elemente (σπέρματα) und von der
Reduction des Werdens einerseits auf qualitative Veränderung, andererseits
auf (mechanische?) Verbindung und Scheidung («ἀπ' ἐόντων χρημάτων
συμμίσγεταί τε καὶ διακρίνεται») innerlich zusammenbestehen können, so
wenig einzusehen, dass Porphyrius sie geradezu verschiedenen Autoren
(die dritte dem Empedokles und Demokrit) beilegte (wogegen Simpl., a. a. O.,
sich genöthigt sieht, den authentischen Wortlaut der anaxagoreischen
Physik zu citiren); dass ferner Aristoteles erstens (de gen. et corr., A 1,
314a, 13) in Beziehung auf die Identificirung von Werden und ἀλλοίωσις
bemerkt: καίτοι Ἀναξαγόρας γε τὴν οἰκείαν φωνὴν ἠγνόησεν
(diese «οἰκεία φωνή» nämlich hätte ihn auch hierin zu einem Genossen
des Empedokles und Leukippos machen müssen, welche ἀλλοίωσις und
γένεσις schieden), und zweitens (a. a. O., c. 10) darlegt, wie wenig An.
im Stande gewesen sei, sich den Begriff der «Mischung» und die in

ihm liegenden Schwierigkeiten aufzuhellen (vgl. besonders 327ᵃ, 34 f.: ἀδύνατον γάρ ἐστι μιχθῆναί τι ἕτερον ἑτέρῳ, καθάπερ λέγουσί τινες, womit doch wohl die Atomistiker und nicht, wie Prantl will, «die spätere Richtung der eleatischen Lehre und namentlich etwa Zeno» gemeint ist; ferner ᵇ, 19 f.: οὐ καλῶς οἱ πάντα ποτὲ ὁμοῦ καὶ φάσκοντες εἶναι καὶ μεμῖχθαι; ferner 328ᵃ, 6 ff.: οὔτε σύνθεσις ταὐτὸ καὶ μίξις ἀλλ' ἕτερον . . . . οὔτε κατὰ μικρὰ σωζό- μενα δεῖ τὰ μιγνύμενα φάναι μεμῖχθαι. σύνθεσις γὰρ ἔσται καὶ οὐ κρᾶσις οὐδὲ μίξις, οὐδ' ἕξει τὸν αὐτὸν λόγον τῷ ὅλῳ τὸ μόριον; das wirklich Gemischte aber muss «ὁμοιομερές» sein; nicht der mangel- haften Unterscheidungsfähigkeit unserer Wahrnehmung bloss so erscheinen; sonst ist am Ende τὸ αὐτὸ τῷ μὲν μεμιγμένον, ἐὰν μὴ βλέπῃ ἰξύ, τῷ Λυγκεῖ δ'οὐδὲν μεμιγμένον; ferner ᵇ, 22: ἡ μίξις τῶν μικτῶν ἀλλοιω- θέντων ἕνωσις); und dass man jedenfalls die klare und consequente Zurückführung alles Werdens und aller Veränderung auf σύγκρισις und διάκρισις im Sinne räumlicher, mechanischer Verbindung (σύνθεσις, σύστασις, συμπλοκή, περίπλεξις) und Trennung (διάλυσις) erst dem Empedokles und vor Allem den Atomistikern zuschreiben darf.

_____

In den folgenden beiden Indices beziehen sich die grösseren Zahlen auf die Seiten, die kleineren auf die Nummern der Anmerkungen.

SACHREGISTER.

Schöpfung
(absolutes Werden)

63 f. 66 f. 98 f. 101 ff. 105 f. ⁸⁶

secundäre Qualitäten

8 258 ¹² ¹²¹ ³⁹⁴

Seele
(vgl. Ich)

109 117 135 267 ¹⁰⁰ ¹⁸⁵ ²²⁴ ³¹⁸

Sein
(vgl. Logik und Ontologie, Gegenstand, Object)

Verschiedene Arten des Seins 34 36 ff.
45 47

Sein überhaupt 33 41 45 49

Empirisches Sein 37 f. 40 45 ff. 50
198 f.

Hypothetisches, intelligibles 37 f. 58
234 f.

Absolutes Sein, vgl. das Absolute.

Sinnlichkeit

in theoretischer Hinsicht 93 178 184

in praktischer Hinsicht 169 ²¹⁷

Specification

Gesetz der Specification 22 f. 218 ³²

Spontaneität
(vgl. Handlung)

des Verstandes 24 27 31 60 f. 84 108
147 179 ff. 184 187 191 f. 203 207
²³⁸ ³⁶⁴

der Vernunft ²²⁰

Spontaneitätsgefühl 248 ²¹⁹ ³⁹⁸ ⁴¹⁸

Spontane Veränderung (Bewegung) 58
168 f. 247 f. 254 ²¹³ ²¹⁶ ³⁶⁷

Subject
(vgl. Ich)

Logisches Subject und Prädicat 25 f.
43 244 ff.

Ontologisches im Gegensatz zum logischen 26 28 43 70 117

«Das denkende Subject» 108 116 ff.
176 209 213 220 239 ⁴¹⁸

Das «letzte» («erste») Subject 147 f.
152 159 161 246 258

« Transcendentales », metaphysisches
Subject 74 114 f. 122 142 183 186
201 235 241 247 250 259 ff.

Substanz
(vgl. Verstandesbegriffe, Subject, An
sich, forma substantialis, Wesen)

Begriff 113 f.

Beharrlichkeit der Substanz 24 50 f.
§ 17 ff. ⁸⁵ f.

Aus dem Princ. identitatis abgeleitet ²⁹⁹

Verhältniss zu den Accidenzen 24 ff. 50

Verhältniss zur Handlung 147 f.
152 f. 158 ¹⁹²

Verhältniss zur Kraft 150 152 f. 158 f.

Substantia phænomenon 65 98 104 113
147 149 155 173 ¹³⁹

synthetisch

Gegensatz zu analytisch 33 42 f. 46 f.
49 f. 131 209 ff. ⁴³ ⁶⁷ ²²⁸ ²⁶³

Synthetische Urtheile a priori 9 f. 14 ff.
23 53 64 ff. 137 163 177 197 206
225 ²⁷⁵ f.

Existenzialsätze synthetisch 35 43 f.
¹²⁸ ²⁴⁵ ²⁶³

transcendent
(vgl. Grund, An sich)

Transcendente Betrachtungsweise 236 f.
259

transcendental
²⁷⁴ ³⁴¹

Transcendentale Deduction (Beweisart)
10 14 f. 34 41 45 f. 67 69 73 76
80 98 f. 103 131 134 138 179 ff.
190 197 ff. 225

überhaupt
(vgl. Bewusstsein, Sein)

Zeit überhaupt 54 95 ¹²⁴

Raum überhaupt 95

Erkenntnisse überhaupt 43

Urtheilen überhaupt 178

Einer Anschauung die Art überhaupt
bestimmen, wie sie zu Urtheilen
dienen kann 177

Anschauung überhaupt 184

Metaphysisches Commercium 146 187
201 238 260 ff. 268 f. 271 274
419 440

Unbegreiflichkeit desselben 431

Welt
(vgl. Wechselwirkung, An sich)

Mundus phænomenon 82 95 120

Vorzug der objectiven (Erscheinungs-)
Welt vor den Wahrnehmungen 95 f.
127

Einheit der Welt 14 173 174

Verbindung der Vielheit und der Einheit
in der Welt an sich 269 402 417 440

Wesen
(essentia)

50 ff. 70 149 f. 248 f. 254 256

Verwandtschaft mit Substanz 51 87 364
(336)

Wesentliche Eigenschaften 44 131 245 f.
248 f. 87 371

Wirken
(vgl. Handlung)

83 174 238 250 189 229 318

Wirklichkeit
(vgl. objectiv, Sein, gegeben)

Empirisch wirklich (wahr) 57 59 89 91
126 183 198 f. 232 f. 148 189

Kriterium der Wirklichkeit 191 230 f.

Die Wirklichkeit der äusseren Gegenstände der der Gedanken gleich-
gestellt 111 f. 185

Transcendente Wirklichkeit 189

Zeit
(vgl. Unendlichkeit)

Kants 68 267 269 ff.

Definition Schopenhauers 46

Ein discretes Gebilde? 77 103

Erlebte Zeit 74 ff. 127 f.

Vorgestellte Zeit 74 77 ff. 127 f.

Absolute Zeit 56 62 69 74 96 f.

Relative Zeit 54

Objective Zeit 53 f. 61 130

Transcendente Zeit 146 267 269 ff.
343 395 433

Die Zeit bloss subjectiv? 269 ff. 446
449 453

Modi der Zeit 54 62 84

æquabiliter fluit 73 78 102

Bleiben der Zeit 73 f. 117 f. 90

Einheit und Einzigkeit der Zeit 99 102 f.
105 f. 129 435

Zeitanfang 128 274 f.

Zeitbestimmung 68 70 72 79 81 83
85 f. 99 ff. 116 200 202 119

Substrat der Zeit 68

Grundsätze, durch die Zeitbedingung
afficirt 46 ff. 53

Verlegenheiten, die der Zeitbegriff mit
sich führt 129 274 ff. 446 449

Zufälligkeit

der besonderen Naturgesetze 23 227 f.

der Massen- und Kräftevertheilung 228 f.
319

der Erfahrung 225 276 294

alles Geschehens 140 227 318

Absolute Zufälligkeit 135 227 229

Zweck

Zweckmässigkeit der Naturproducte 168

Zweckmässigkeit für unser Erkenntnissvermögen 22

Harmonie teleologischer und mechanischer Betrachtungsweise 265 412

Letzte Zwecke? 410

NAMENREGISTER.

Neumann, C. 80
Newton 12 17 71 f. 74 78 156 159
  162 168 196 207 227 f. 233 80 189
  201 256 281 425

Parmenides 86 439
Paulsen, Fr. 6
Platon 28 97 125 191 244 1 86 (291)
  122 126 148 192 203 334 355 364 396 413
  440 (347)
Port Royal (Logique de) 202 364 398
Prantl 350
Protagoras 128
Ptolemæus 14 141 156 150

Redtenbacher 378
Reid, Th. 78
Reinhold, K. L. 345
Reuschle, C. G. 95 441
Riehl, A. 316
Rosenkranz, K. 398
Roscher, W. 145 223

Schelling 6 9 104 f. 158 53 191 304
Schiller 169 390
Schleiermacher 1 210 100
Schmitz-Dumont 222 300
Schopenhauer 1 5 ff. 20 26 ff. 46 52 f.
  73 77 125 128 f. 134 140 148
  150 ff. 171 f. 174 f. 193 f. 209 216
  221 227 236 254 263 270 3 4
  (279) 9 ff. 21 23 f. 30 38 45 50 56 62
  72 76 78 84 f. 100 104 148 157 168 f.
  181 190 192 211 215 219 229 232 234 237
  239 247 f. 250 252 257 281 283 300 318
  339 343 349 354 379 384 406 439 440 453
Schulze, G. E. 281

Schuster, P. 86 440 (340)
Sigwart, Ch. 33 37 39 42 64 f. 282 370
Snell, K. 254 313 444
Spencer, Herbert 33 50 108 119 256 304
  310 318 346 390
Spinoza 65 49 148 ff. 211 223 225
  1 304 402 407 426
Spir, A. 4 (279) 43 50 299 330 435
Stadler, A. 3 32 294
Steinthal, H. 75 153
Struve, H. von 440 (347 f)
Stumpf, K. 70 ff. 108 153 f. 156 355

Taine, H. 50
Tobias, W 3 33 193 423
Trendelenburg 110 364
Tyndall 164 336 380

Ueberweg 41 298 424 433

Vierordt 107

Weber, E. H. 154 355
Weber, W. 159
Wheatstone 78
Whewell G 281
Witte, J. 1 292
Wolff 50 74 93 138 145 147 204 206
  210 222 224
Wüllner 159
Wundt, W. 81 76 78 98 102 f. 106 f.
  111_115 170 355 397 418

Zeno 45 350
Zimmermann, R. 316
Zöllner 3 199 f. 257 (320)

Berichtigung von Druckfehlern.

S. 50, Z. 15 v. u.)
S. 75, Z. 2 v. o. } Streitschrift anstatt Preisschrift.

S. 81, Z. 19 v. o.: physischem und psychischer, anstatt psychischem physischer.

S. 149, Z. 9 v. o.: phænomenon für phænomena.

S. 159, Z. 19 v. u. : 1759 statt 1758.

S. 283, Anm. 41 : Ἡράκλειτον, ἀκροτάτη, ἡρακλειτίζειν.

S. 299, Z. 7 v. o.: Dühring statt Dührnig.

S. 300, Anm. 139, Z. 6 : das Ich statt des Ich.